2012年国家社科基金西部项目
"企业视角的社会主义核心价值体系推行模式和路径研究"前期成果
批准文号：12XGL001

YONGDAN JILIANG ZHONGREN
SHOUJIE SHEHUIZHUYI HEXIN JIAZHI TIXI QIYE
JIANXING MOSHI YANTAOHUI LUNWENJI

勇担
脊梁重任

——首届社会主义核心价值体系
企业践行模式研讨会论文集

主　编　田野
副主编　黎伟　谢维贵

四川大学出版社

责任编辑：王　玮
责任校对：罗　丹
封面设计：米迦设计工作室
责任印制：王　炜

图书在版编目(CIP)数据

勇担脊梁重任：首届社会主义核心价值体系企业践
行模式研讨会论文集 / 田野主编. —成都：四川大学出
版社，2013.4
　ISBN 978-7-5614-6598-1

Ⅰ.①勇… Ⅱ.①田… Ⅲ.①企业-价值-中国-文
集　Ⅳ.①F279.23-53

中国版本图书馆 CIP 数据核字（2013）第 068249 号

书　名	**勇担脊梁重任——首届社会主义核心价值体系企业践行模式研讨会论文集**
主　编	田　野
出　版	四川大学出版社
地　址	成都市一环路南一段 24 号 (610065)
发　行	四川大学出版社
书　号	ISBN 978-7-5614-6598-1
印　刷	郫县犀浦印刷厂
成品尺寸	170 mm×235 mm
印　张	20.25
字　数	382 千字
版　次	2013 年 7 月第 1 版
印　次	2013 年 7 月第 1 次印刷
定　价	50.00 元

◆读者邮购本书，请与本社发行科
　联系。电话:85408408/85401670/
　85408023　邮政编码:610065
◆本社图书如有印装质量问题，请
　寄回出版社调换。
◆网址:http://www.scup.cn

目　录

理　论　篇

理 论 篇

社会主义核心价值体系企业推行模式研究框架建构

黎 伟

（四川大学工商管理学院）

中国共产党第十七届中央委员会第六次全体会议通过的《中共中央关于深化文化体制改革推动社会主义文化大发展大繁荣若干重大问题的决定》中指出：社会主义核心价值体系是兴国之魂，是社会主义先进文化的精髓，决定着中国特色社会主义发展方向。必须强化教育引导，增进社会共识，创新方式方法，健全制度保障，把社会主义核心价值体系融入国民教育、精神文明建设和党的建设全过程，贯穿改革开放和社会主义现代化建设各领域，体现到精神文化产品创作生产传播各方面，坚持用社会主义核心价值体系引领社会思潮，在全党全社会形成统一指导思想、共同理想信念、强大精神力量、基本道德规范。

作为社会最基本的经济细胞，企业不光肩负着创造物质财富的经济责任，也肩负着推行社会主义核心价值观的精神文化责任。首先，企业是社会生产力的承担者。企业创造的产品和服务是物质财富和精神财富的复合体。其创造出来的产品和服务除了具有物质功能外，都附加有精神功能。其次，企业是生产关系的践行者，企业在生产经营中，要处理好资本和劳动力之间的关系，既能保证资本的合理回报，也要保证员工的工作、生活质量。企业处理生产关系的方式也决定了整个社会的价值取向。再次，企业是社会经济系统中的微观中枢，它连接着股东、员工、顾客、供应商、政府、社区等利益相关者。企业和利益相关者之间是社会共生关系，企业的价值判断和行为方式极大地影响着利益相关者的福利，也极大地影响着这些利益相关者的价值观念。企业的利益相关者要和它保持良好关系，就需要接受它的价值影响。因此，如果企业有好的价值体系，那么它的利益相关者就会受到好的影响；如果企业有坏的价值体系，那么它的利益相关者就会受到坏的影响。

理论篇

如果企业都遵循社会主义核心价值体系进行运作和教育员工、影响利益相关者，社会主义价值体系就不是口号，而是活生生的生产力、生产关系和社会关系。因此，从企业的视角，通过企业价值观体系的建设、企业文化的建设，从而影响整个社会的价值观转变和塑造，推行社会主义核心价值观，具有重大的现实意义。我们选择对企业推行社会主义核心价值体系的方法和途径进行研究，为企业推行社会主义核心价值体系提供现实可行的方法和模式，具有重大的理论意义。

一、国内外研究述评

对于这个课题，国外学者的研究主要是从企业文化价值观、品牌价值观与社会价值之间的关系为角度进行的。迪尔和肯尼迪（Deal & Kewnedy，1982）、阿钦（Ouchi，1981）、帕斯卡和阿索斯（Pascale & Athos，1981）、薛恩（Shcein，1968）等学者都提出，企业文化与社会伦理道德建设有密切关系。特奇瑞和李特温（Taqiuri & Litwin，1968）、范·马勒（Vam Maanen，1976，1979）、斯米克（Smircicn，1983）、瑞利（O'Reilly，1991）等学者都认为，企业文化有社会功能，能影响社会价值观的转变。（Czellar，S. & Palazzo，2004）认为，企业品牌价值观会影响社会文化；亚利弗和弗兰克斯（Yaniv，E. & Farkas，F.，2005）、席勒（Wheeler，A.）、瑞奇（Richey，R.G.）托克曼和斯比斯克（Tokkman，M. & Sabynski，C.J.，2006）认为，企业品牌价值观与顾客价值观相匹配，可以获得顾客认同，从而影响社会价值观。

国内学者相关研究比如郑哲（2008）、纳敏（2010）、孙琳（2007）等提出企业文化建设和企业道德建设都应该加入社会主义核心价值体系的内容，只有建设具有社会主义核心价值体系特征的企业文化和企业道德，才能规范员工行为，为社会主义伦理道德建设服务。孙云山（2009）、夏亚芳（2009）等提出企业文化建设的社会价值问题，认为企业文化建设是社会价值观建设的一个重要组成部分，通过企业文化建设，可以影响社会的价值观。

综上所述，国内外研究者都关注企业文化建设对社会价值体系建设的重要意义，也都关注企业对外传播的品牌价值观对社会的影响。但是，大多数研究者还没有从企业文化价值观与品牌价值观统一的角度去实证研究企业价值观管理对社会主义核心价值体系的影响。笔者认为，企业内部的企业文化建设和企业外部的品牌价值观传播对社会主义核心价值体系在企业中的推行具有重大意义，只有统一的企业文化价值观和企业品牌价值观，才能使企业内、外部传递的价值观相一致。通过这种管理，企业能够对内塑造员工价值体系，对外影响利益相关者价值观。企业建设符合社会主义核心价值体系要求的企业文化和品牌价值观，可以从企业这个微观经济细胞角度推动社会主义核心价值体系建设，使社会主义核心价值体系在生产力和生产关系上得以实现。

本研究提出了社会主义核心价值体系推行的新视角，即从企业角度推行社会主义核心价值体系具有重大的理论意义。提出从企业文化建设和品牌价值观建设两个方面，在企业内部和企业外部践行社会主义核心价值体系，为践行社会主义核心价值体系提供了可行的重要思路。提出和开发了社会主义核心价值体系的实现程度测量工具，具有重大理论意义。验证了企业践行社会主义核心价值体系会对企业产生什么样的社会效益和经济效益影响，为企业提供了实践参考。总结了企业推行社会主义核心价值体系的具体方法，并将其总结成有效的管理模式，供企业管理者参考，具有重大现实意义。

二、本研究的主要内容、基本思路、研究方法、重点难点、基本观点和创新之处

本研究的主要内容分为五个部分。

1. 研究社会主义核心价值体系在企业中的具体表现形式

《中共中央关于深化文化体制改革推动社会主义文化大发展大繁荣若干重大问题的决定》中指出，社会主义核心价值体系主要包含四个方面的内容：坚持马克思主义指导地位；坚定中国特色社会主义共同理想；弘扬以爱国主义为核心的民族精神和以改革创新为核心的时代精神；树立和践行社会主义荣辱观。但是，中央的文件中对社会主义价值观体系的表述是高度概括性的，是对社会各个阶层的共同要求，对企业这个社会的经济细胞所应推行的社会主义核心价值体系的内涵并没有明确的定义。因此，我们研究社会主义核心价值体系在企业中的具体表现形式，为企业推进社会主义核心价值体系奠定了基础。

2. 研究实现社会主义核心价值体系的测量工具

对于企业、社会组织和个人在价值观管理中认同和践行社会主义核心价值体系的程度需要一个衡量标准。本研究将致力于开发一套测量工具，测量企业、社会组织和个人在多大程度上认同和践行社会主义核心价值体系。

3. 研究企业推行社会主义核心价值体系对员工进行价值观塑造、对利益相关者进行价值观影响的社会效果

企业推行社会主义核心价值体系主要的途径有两条：在企业内部，建设符合社会主义核心价值观取向的企业文化体系，通过企业文化管理中的理念管理、行为管理、形象管理，对员工价值观体系进行塑造，使员工的价值观取向符合社会主义核心价值体系的要求；在企业外部，企业通过经营行为、企业员工对外交往及企业品牌价值观的传播，对企业的利益相关者进行价值观影响，使企业的利益相关者受到符合社会主义核心价值体系的企业文化价值观和企业品牌价值观影响，从而对社会主义核心价值体系产生认同。因此，笔者提出以下假设。

假设1：企业的企业文化价值观中社会主义核心价值体系的实现程度越高，企业员工认同和践行社会主义核心价值体系的程度越高。

假设2：企业的品牌价值观中社会主义核心价值体系的实现程度越高，企业的利益相关者认同和践行社会主义核心价值体系的程度越高。

假设3：企业员工认同和践行社会主义核心价值体系的程度越高，企业的利益相关者认同和践行社会主义核心价值体系的程度越高。

4. 研究企业推行社会主义核心价值体系对员工进行价值观塑造、对利益相关者进行价值观影响的经济效果

社会主义核心价值体系是社会主义中国优秀价值观的集合，企业通过诚信、和谐等优秀的社会主义核心价值观的实践，在内部管理上获得员工的认同，在外部经营上获得合作伙伴的赞赏，在经营过程中将产生良好的经济效益。因此，笔者提出以下假设。

假设1：企业的企业文化价值观和品牌价值观中社会主义核心价值体系实现的程度越高，企业员工效能越高。

假设2：企业的企业文化价值观和品牌价值观中社会主义核心价值体系的实现程度越高，企业利益相关者与企业合作效果越高。

假设3：企业的企业文化价值观和品牌价值观中社会主义核心价值体系的实现程度越高，企业效能越高。

5. 研究企业推行社会主义核心价值体系的有效方法和模式

通过对大量企业的问卷调研和对案例企业的深入分析，本研究将致力于总结出企业推行社会主义核心价值体系的具体方法，并将其总结成有效的管理模式，供企业管理者、学者和政府管理者参考推广。

本研究的主要研究方法是实证研究，通过30~50家企业的问卷调查，进行统计研究；同时，选取3~5家企业作为案例，深入探索，形成案例报告。具体的技术路线如图1所示。

```
┌─────────────────┐  ┌─────────────────┐  ┌─────────────────┐
│国内外社会主义核心 │→│国内外企业文化建设进│←│国内外品牌建设进行 │
│价值体系推行的综述 │  │行价值体系推行的综述│  │价值体系推行的综述 │
└─────────────────┘  └─────────────────┘  └─────────────────┘
                            │
                            ↓
              ┌───────────────────────────────┐
              │基于前人研究成果和理论推导，提出理论假设│
              └───────────────────────────────┘
                            │
                            ↓
              ┌───────────────────────────────┐
              │      第一次问卷调查，验证研究工具      │
              └───────────────────────────────┘
                            │
                            ↓
              ┌───────────────────────────────┐
              │  确立样本、问卷调查、获取数据、收集材料  │
              └───────────────────────────────┘
                            │
                            ↓
              ┌───────────────────────────────┐
              │利用SPSS统计、分析数据，验证理论假设及工具组合模型│
              └───────────────────────────────┘
                            │
                            ↓
              ┌───────────────────────────────┐
              │      个案研究验证问卷调查结果       │
              └───────────────────────────────┘
                            │
                            ↓
              ┌───────────────────────────────┐
              │           结论与讨论            │
              └───────────────────────────────┘
```

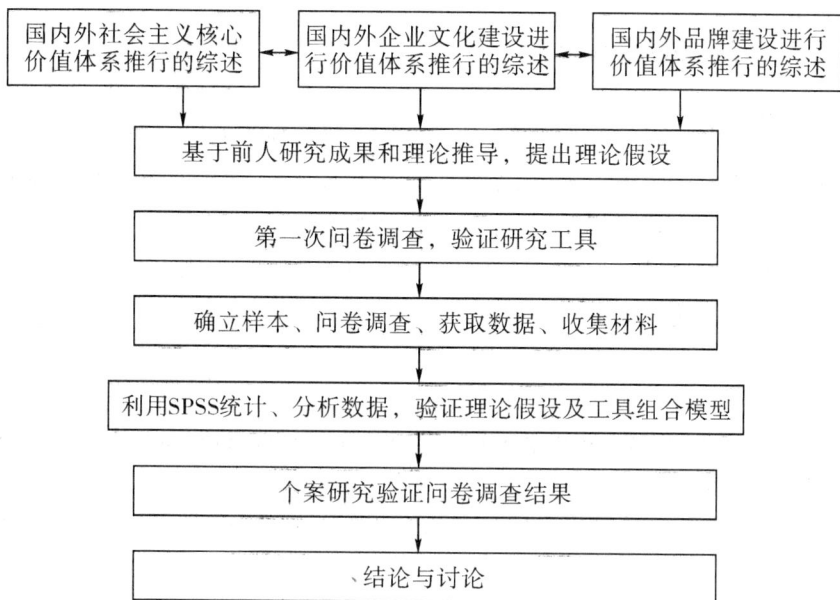

图1　社会主义核心价值体系企业推行模式研究技术路线

　　本研究的重点是验证企业在企业文化建设和品牌价值观建设中践行社会主义核心价值体系对企业员工效能和企业效能的影响。难点是要开发出一套测量践行社会主义核心价值体系程度的工具。如何在推行社会主义核心价值体系的时候使企业取得良好的社会效益和经济效益。

　　本研究的主要创新点有以下三点。

　　第一，提出了企业作为国家和社会的经济细胞推行社会主义核心价值观具有极其重大的社会意义；提出了通过企业的企业文化建设和品牌价值观建设，在企业内部和外部践行社会主义核心价值体系，从而塑造员工的价值观和影响企业利益相关者的价值观，为践行社会主义核心价值体系提供了可行的重要思路。

　　第二，提出对社会主义核心价值体系的实现程度进行测量，并开发测量企业、社会组织和个人在价值观管理中认同和践行社会主义核心价值体系实现程度的测量工具。

　　第三，验证企业践行社会主义核心价值体系对企业产生什么样的社会效益和经济效益影响。

理论篇

三、本研究的后续展望

本文仅提出了社会主义核心价值体系企业推行模式的研究框架，研究的实证部分还有待进一步开展。本文提出的研究框架已经获得 2012 年度国家社科基金西部项目《社会主义核心价值体系企业推行模式及实现路径研究》（批准文号：12XGL001）的资助。笔者将通过严谨的科学调查和案例分析对本文中提出的理论假设进行验证和讨论。

参考文献：

本书编写组.《中共中央关于构建社会主义和谐社会若干重大问题的决定》辅导读本［M］. 北京：人民出版社，2006.

纳敏. 基于社会主义核心价值体系的企业核心价值观与企业文化研究［J］. 经济问题探索，2010（12）.

孙琳. 国有大型企业核心价值体系建设探讨［J］. 科学与管理，2007（10）.

孙云山. 社会主义核心价值体系与企业核心价值观［J］. 政府法制，2009（14）.

夏亚芳. 从企业文化建设视角论企业的社会价值［J］. 科技进步，2009（11）.

郑哲. 社会主义核心价值体系视域中的企业文化与道德［J］. 企业经济，2008（3）.

Czellar, S., Palazzo, G. *The Impact of Perceived Corporate Brand Values on Brand Preference: An Exploratory Empirical Study*. Working Paper. University of Lausanne Institute of International Management, 2004, pp. 1−19.

Denison, D. R., Spreitzer, G. M. 1991. *Organizational culture and organizational development: A competing values approach*. Research in Organizational Change and Development, 5: 1−21.

Kotter, J. P, Heskett, J. L. 1992. *Corporate culture and performance*. New York: The Free Press.

O'Reilly, C. A., Chatman, J., Galdwwell, D. F. 1991. *People and organizational culture: A profile comparison approach to assessing person-organization fit*. Academy of Management Journal, 34 (3): 487−516.

Quinn, R. E., & McGrath, M. R. 1985. *The transformation of organizational cultures: A competing value perspective*// P. J. Frost, L. F. Moore, M. R. Louis, C. C. Lundberg, J. Martin (Eds.), Organizational culture: 315−334. Beverly Hills, CA., SAGE.

Wheeler, A. R. Richey, R. G., Tokkman, M. Sabynski, C. J. *Retaining Employees for Service Competency: The role of corporate brand identity*. Journal of Brand Management,

2006：14 (1/2)，p96—113.

Yaniv，E.，Farkas，F. *The Impact of Person-Organization Fit on the Corporate Brand Perception of Employees and of Customers*. Journal of Change Management，2005，Vol. 5，No. 4，p447—461.

理
论
篇

普世价值与社会主义核心价值观的建构

宋西雷

（中共江苏省委党校）

近年来，在全球化问题影响下，普世价值的讨论一度成为中国学术界的热点。同时，我国关于社会主义核心价值体系的讨论也广泛开展，要求建构中国的社会主义核心价值观，以向西方所宣扬的"自由、平等、博爱"普世价值表明自己的立场。若要架构社会主义核心价值观离不开对普世价值的认识。

一、马列主义与普世价值

在马克思列宁主义经典文献中没有直接关于"普世价值"的论述，但是贯穿在这些文献中的立场、观点对我们认识普世价值具有重要的指导意义。

马克思和恩格斯在《共产党宣言》中指出："毫不奇怪，各个世纪的社会意识，尽管形形色色、千差万别，总是在某种共同的形式中运动的，这些形式，这些意识形式，只有当阶级对立完全消失的时候才会完全消失。"从这里可以看出：首先，人类各个历史发展阶段的社会意识是有差别的，有时是对立的；其次，这种"千差万别"的社会意识是在"某种共同的形式中运动"的。很明显，这个"共同的形式"是指"社会意识"的"共同的形式"，按照马克思主义基本原理的理解，包括哲学、价值在内的人类精神生产都具有社会意识性，都属于社会意识。"社会意识具有'共同的形式'是指各式各样的社会意识在各个不同的历史发展阶段中相互之间具有一些相同、相通、相似的属性特征或诉求。"（董晋骞，2010）（也就是现在所说的普世价值）由此可以看出，马克思、恩格斯认为它不仅在人们的经验中，而且在实际生活中都可以得到验证。

恩格斯在《反杜林论》中通过对杜林的"永恒真理、永恒道德、永恒正义"（今天，有些人称之为"普世价值"）的剖析，阐明了"一切以往的道德论归根结底都是当时的社会经济状况产物……道德始终是阶级的道德……我们还没有超出阶级的道德……",断然否定"道德世界也有凌驾于历史和民族差别之上的不变的原则",同时指出"只有在不仅消灭了阶级对立,而且在实际生活中也忘却了这种对立的社会发展阶段上,超越阶级对立和超越对这种对立的回忆的、真正人的道德才成为可能……"即"永恒道德"。当然,这里恩格斯批判的是道德的"永恒性"问题,由此可见,道德或价值具有一定的社会历史阶段性,不同的发展阶段孕育着不同的共同价值观或道德。

马克思、恩格斯在《德意志意识形态》中指出:"其次,随着分工的发展也产生了个人利益或单个家庭的利益与所有互相交往的人们的共同利益之间的矛盾;同时,这种共同的利益不是仅仅作为一种'普遍的东西'存在于观念之中,而且首先是作为彼此分工的个人之间的相互依存关系存在于现实之中。"由此可以看出:一方面,这种共同利益不是以往理论思想家所谓的抽象利益。这种共同利益存在于人们之间的生产关系、社会关系之中,是一种关系存在。另一方面,这种共同利益是各种现实的利益矛盾冲突的结果,可以构成"利益的共同体的形式"。"由于私人利益和公共利益之间的这种矛盾,公共利益才以国家的姿态而采取一种和实际利益(不论是单个的还是共同的)脱离的独立形式,也就是说采取一种虚幻的共同体的形式。"现实的利益矛盾冲突也是各阶级、各阶层、各国家、各民族矛盾冲突的主要内容。各阶级、各阶层、各国家、各民族都会有自己的"特殊利益","这些特殊利益始终在真正地反对共同利益和虚幻的共同利益,这些特殊利益的实际斗争使得以国家姿态出现的虚幻的'普遍'利益对特殊利益进行实际的干涉和约束成为必要"。"正是由于共同利益的这种作用,使得普世价值不仅在国家内部的和国家之间的存在和提倡成为可能,而且在现实的意义上,国家的或国家之间的、各地区的、各民族的普世价值不仅是必要的,而且是必需的。"(董晋骞,2010)

列宁在《无产阶级革命和叛徒考茨基》中通过对考茨基的"纯粹民主"(即抽象的、普世的民主),阐述了民主的具体性、阶级性。针对考茨基的论述,列宁深刻地指出:"如果不是嘲弄理智和历史,那就很明显:只要有不同的阶级存在,就不能说'纯粹民主',而只能说阶级的民主。考茨基谈论'纯粹民主'的目的是蒙骗工人,以便回避现代民主即资本主义民主的资产阶级实质。"这一论断显然也是对现在鼓吹民主是普世价值的那些人说的。

以上马克思主义经典作家的有关论述,对我们认识当今的普世价值具有重要的指导意义。首先,普世价值是具体存在的,它是人们在一定阶段关于一些基本价值诉求达成的共识;其次,普世价值是随着社会的不断发展而不断丰富的，也就是说不同的发展阶段有不同的共同价值观，并非永恒的；第三，普世价值是基于共同的利益而产生和存在的，一旦共同利益消失，普世价值也就没有必要了。

二、普世价值的特性

马克思主义经典作家的有关论述给我们认识普世价值，提供了重要的指导方法。这种因共同利益而存在的价值取向即普世价值，不是脱离某个价值主体而独立存在的抽象，而是在人类社会进步和交往中逐渐形成的具有一定社会历史性、一定具体差异性、共同的基本价值准则和理念。

这里有几点还需要澄清。

（一）普世价值是不断演变和发展的，具有一定的社会历史性

人类在不同的社会发展阶段，利益内容不同、社会需求不同，那么，这种基于共同利益而产生的普世价值自然也就不同，因而，普世价值不是绝对的、适用于一切时代的，其具体内容与每一个社会发展阶段是紧密结合的。以前被人类当作普世价值的东西，随着社会历史的发展已经不再具有普遍的适用性，而且，人类在某一个历史发展阶段的价值取向是与人类在每个阶段的社会经济发展状况紧密联系的，它还要随着不同历史时期的具体条件的变化而被赋予不同的内容，随着社会的发展而不断地完善和丰富。如中国共产党在进行新民主主义革命、社会主义革命、社会主义改革时，总是不失时机地指出各种具体的普世价值：在新民主主义时期提倡的是反帝反封建；在社会主义革命时期提倡的是民主、爱国、团结等；在社会主义改革时期提倡的爱国、荣辱、创新、和谐等都是一种具体的普世价值。

（二）普世价值是人类在交往中逐渐形成的共同的基本价值取向（也就是底线价值），是得到大多数认可的，因而具有共同性

普世价值是人之为人最为基础的价值准则，就现实的层面而言，可以用交叉共识、重叠共识的方式去寻找。如"'己所不欲，勿施于人'被称为全球伦理，即全球底线伦理的黄金规则。在今天看来，这个共识似乎只要通过一个抽象的求同存异就可以达到，但事实上，它是千百年来各民族对自身存在的生命体验的结晶"（沈湘平，2010）。再者，人们对一种价值的共同认可，是这种价值成为普世价值的必然要素。作为生活在同一个地球上的人类，不论属于哪个国家、民族，都是具有社会性的人，都必须在社会中生产和生活，在处理人与

自然、人与社会、人与人关系中都不可避免地会碰到相同或相似的问题。这就必然会形成一些共同的利益或需要，产生一些共同的价值准则和价值理念。而普世价值作为一种全球性的普遍价值，它是全人类的共识。如人权（即广泛意义上的生命至上），"任何人类历史的第一个前提无疑是有生命的个体的存在。因此第一个需要确定的具体事实就是这些个人的肉体组织，以及受肉体组织制约的他们与自然界的关系"（马克思，恩格斯，1972）。它规定了每个人存在当有的人格尊严以及为人的基本权利与义务；如幸福，相信每一个现代公民都不会否认，而且作为人都不愿意活在不幸中；再如和谐，它是关于人类与自然、人与社会、个人与群体、人与自身心灵、物质文明与精神文明、社会进步与人的自由全面发展之间关系最佳存在状态的价值理念等。当然，以上的价值取向只是普世价值其中的一部分，只要是能从根本上和总体上规定现今人类的价值取向或价值理念都可纳入。

（三）普世价值在不同的国度和不同的问题上形式有所不同，具有一定的差异性

这种基于共同利益而形成的普世价值虽然内容上具有共同性，但是会根据不同的情况被赋予新的具体表现形式。在存在较多共同利益的领域或问题上，如科技进步、环境保护、防灾减灾、卫生防疫、预防犯罪等，价值的共同性就较多，在体育竞技等领域也更容易达成价值共识。而在利益竞争、利益冲突较多的领域，价值的共同性就较少，如阶级关系、劳资关系等。再者，由于各民族发展状况的不同，人们对普世价值的认识程度不一，落实普世价值的能力也不同，这就决定了在实现普世价值的过程中出现了差异性。如西方和我国都认可"自由"是普世价值，但是西方国家的"自由"和我国的"自由"在形式上却不同，表现在文化上，在我国是"百花齐放、百家争鸣"，而在西方呢？

三、普世价值与社会主义核心价值观的建构

我们解析普世价值是为了建构社会主义核心价值观，西方资本主义国家自建立以来便将"自由、平等、博爱"作为其核心价值，即西方所谓的普世价值，并一贯如一地宣扬。用通俗化的语言来表述，虽然西方人对什么是真正的平等、自由、博爱的内涵把握不确切，但是他们却认可了。有人不禁要问，我们有这样的核心价值吗？当然，这里不是要和西方进行意识形态对抗或者比较，只是要说明我们作为现存社会主义国家中的大国，尤其是建设具有中国特色的社会主义时，有必要构建自己的核心价值。

理论篇

社会主义核心价值是那些在社会主义价值体系中居统治地位、起指导作用的价值理念。比如，以人为本、共富、和谐、协作等，它们是对社会主义核心价值体系中核心内容和精神实质的高度凝练及抽象概括，集中体现了这种核心价值体系的根本目标和要求。因此，建构社会主义核心价值一方面要充分显示我们建设的是社会主义，但不要陷入姓"社"姓"资"的怪圈；另一方面，要用通俗化的语言来表述，只有大众化才能形成真正的历史合力，这一点从我党在革命建设各个时期提出的口号产生的作用就可看出。那么，社会主义核心价值是什么呢？

（一）协作

协作可以作为社会主义核心价值是基于以下两点考虑的：其一，协作是对和谐的进一步深入，它是基于和谐情况下出现的如只协同不配合、只配合不和睦、只和睦不协调、只协调不团结、只团结不合作等诸问题阐发的。在此意义上，社会协作就是自觉协同配合，它是在和谐的基础上内部各要素自觉地协调合作。其二，协作是实现人的自由全面发展的目标的现实路径选择。人的自由全面的发展是社会主义社会区别于其他一切社会的显著特征和根本标志，是人类社会发展的最高目标。它的内涵至少包括人的能力的发展、人的社会关系的丰富和发展、人的多样性需要得到满足的发展、人的自由个性的发展等方面。但是，我们并没有这样的条件来实现如此目标，更何况我们现在还处在社会主义初级阶段，人们的温饱问题才刚刚解决，要谈人的自由全面的发展有点过早，因此就带来了理想与现实的断裂。（很多社会问题就是由此而来的，如"90后"现象等）这就需要我们思考其现实进程即我们要逐步地进行。现实问题摆在眼前，就需要我们解决。笔者认为构建社会主义协作型社会可以作为一个过渡选择。只有社会的各个成员明确了自己的位置并实现了自己在这个位置上的价值，时我们才能提出人的"自由而全面"发展。因此，现时期我们可以把协作作为核心价值提出。

（二）以人为本

人是价值的最终决断者，核心价值的构建不能偏离人而空谈。以人为本真正体现了社会主义核心价值，它是对马克思主义关于人的全面发展理论的继承、丰富和发展，也是对毛泽东关于人民是创造世界历史的动力思想的概括和发展。以人为本的真实内涵，简言之：为了人民，依靠人民。一切为了人民，一切依靠人民，二者的统一构成以人为本的完整内容。这里的"人"是具体现实的人，主要体现在人的私人利益、生存权、尊严、发展权；是社会主体，是大力推进社会主义小康、和谐、协作社会进程的主体，不是自然界的主宰。而其中的"本"是出发点和落脚点，是大力推进社会主义现代化的力量源泉。在现实意义上，就是要求我们坚持全心全意为人民服务，始终把广大人民的根本利益作为国家工作的出发点和落脚点，尊重社会发展客观规律与尊重人民历史主体地位的一致性，为崇高理想而奋斗与为最广大人民谋利益的一致性，完成各项工作与实现人民利益的一致性。

（三）共同富裕

共同富裕是指全体人民通过辛勤劳动、互相帮助而达到丰衣足食的一种生活水平，它既是社会主义的本质要求，也是我国人民的奋斗目标。它不是同时、同步、同等的富裕，而是以先富带动后富的逐步富裕，是普遍富裕基础上的差别富裕，是消除两极分化和贫穷基础之上的普遍富裕。而且这里的共同富裕不仅仅是物质生活的富裕，还要包括精神生活的富裕，它是以物质的共同富裕的为基础的全面富裕。高度的物质文明和高度的精神文明，既是我国社会主义现代化的重要内容，也是我国共同富裕的主要内容。只有物质生活的富裕、精神文化生活的丰富、人的自身文明素质的提高等方面的有机结合才能构成社会主义共同富裕的真实特征。也就是说，人民生活的改善并不单指物质生活的改善，而是指物质生活和精神生活的协调发展，是人类生活各方面的全面提高。因此，把共同富裕作为社会主义的核心价值追求，既是必要的也是必需的。

（四）和谐

和谐是指在事物发展中的一种相对均衡、统一的状态，它是社会存在的理想状态，包括人与社会的和谐、人与人的和谐、人与自然的和谐，是一与多、个体与群体、活力与秩序的辩证统一。正如马克思、恩格斯在《共产党宣言》中所指出的："代替那存在着阶级和阶级对立的资产阶级旧社会的，将是这样一个联合体，在那里，每个人的自由发展是一切人的自由发展的条件。"按照马克思、恩格斯的设想，共产主义社会将在生产力高度发展的基础上，消除阶级、城乡、脑体之间的对立和差别，实现每个人自由而全面的发展，在人与人之间、人与自然之间都形成和谐的关系。而我们现在搞的是社会主义，还不能达到像共产主义社会那样的高度和谐，但它已经具备了实现社会和谐的基础、前提和条件，是能够实现社会和谐的。从社会主义走向共产主义的过程，就是逐步把可能性变成现实性、逐步实现社会和谐并走向更高层次社会和谐的过程。因此，把和谐纳入社会主义核心价值既体现社会主义的本质规定，又符合

理论篇

15

中国国情和中国人民话语体系。

社会主义核心价值是一个有机的整体，各项之间互相联系、互相影响、互相促进，它们结合在一起完整地表述了社会主义的总体要求和本质属性，它是以中国特色社会主义建设的成功实践经验为基础提炼出来的，体现了我国现实的意识形态需求，又有丰富的民族文化传统底蕴。

四、结论

马克思主义经典作家关于普世价值的论述为我们建构社会主义核心价值观提供了指导方法，我们要建构的社会主义核心价值观可以是协作、以人为本、共同富裕、和谐等普世价值。

参考文献：

董晋骞. 论普遍价值——与陈先达先生商榷［J］. 辽宁大学学报：哲学社会科学版，2010
　（3）.

冯虞章. 怎样认识所谓"普世价值"［N］. 人民日报，2008-9-10.

教育部邓小平理论和"三个代表"重要思想研究中心. 关于"普世价值"的若干问题［J］.
　求是，2008（22）.

刘利华. 普世价值范畴体系初探［J］. 首都师范大学学报：社会科学版，2010（1）.

沈湘平. 公共性视野中的普世价值［J］. 河北学刊，2010（5）.

文平. "普世价值"辨析［J］. 红旗文稿，2009（10）.

徐崇温. "自由、平等、人权是人类共同的普世价值！"辨析［J］. 学习论坛，2010（7）.

张维为. "普世价值"的来龙去脉［J］. 学习时报，2009（2）.

中共中央马克思恩格斯列宁斯大林著作编译局. 马克思恩格斯选集：第1卷［M］. 北京：
　人民出版社，1972：24；37-39；271.

中共中央马克思恩格斯列宁斯大林著作编译局. 列宁选集：第3卷［M］. 北京：人民出版
　社，1995：600-601.

中共中央马克思恩格斯列宁斯大林著作编译局. 马克思恩格斯文集：第9卷［M］，北京：
　人民出版社，2009：99-100.

论文化产品与社会主义核心价值观

汤 晖

（四川师范大学经济与管理学院）

我国正处在改革开放 30 年、建设中国特色社会主义的关键时期，各阶层社会成员的思想呈现出复杂多样的特征，急需一种占主导地位的核心价值观来指导。这一价值观一定是反映了全社会成员长期的、稳定的基本价值取向和精神追求，是成体系、系统化的，能够潜入成员的心灵深处，影响他们的思想和行为，可供他们共同遵守和维护，并能代代相传下去的。然而，社会成员对核心价值观的解读、接受和遵循需要一个过程、一个好的方式和渠道，也就是说，核心价值观能否有效发挥对社会成员的影响力，能否作为社会成员的价值传统和文化精神长期持续地传递下去，需要对社会成员进行正确的引导。引导不仅仅是单纯的宣传和学习，更需要一个将核心价值观"大众化""具体化"的过程。那么，这一核心价值观是什么？怎样通过一种有效的方式将核心价值观大众化和具体化呢？这些问题都是当前亟待解决的课题。

一、社会主义核心价值观

党的十六届六中全会明确了社会主义核心价值观的内容与任务。党的十七大再次提出，要建立社会主义核心价值体系，增强社会主义意识形态的吸引力和凝聚力。胡锦涛总书记在党的十七大报告中指出："社会主义核心价值体系是社会主义意识形态的本质体现。要巩固马克思主义指导地位，坚持不懈地用马克思主义中国化最新成果武装全党、教育人民，用中国特色社会主义共同理想凝聚力量，用以爱国主义为核心的民族精神和以改革创新为核心的时代精神鼓舞斗志，用社会主义荣辱观引领风尚，巩固全党全国各族人民团结奋斗的共同思想基础。"要实现这一目标，不只是理论文化领域和党政部门的任务，社会各界，尤其是以意义的生产和传播为主的文化产业界，更要能够以其自身的专业和优势，在社会主义核心价值观的巩固和扩大影响力方面提供强有力的支持和推动。胡锦涛总书记进一步又从建设社会主义核心价值体系、建设和谐文化、培育文明风尚、弘扬中华文化，建设中华民族共有精神家园，推进文化创新，增强文化发展活力四个方面，对推动文化大发展大繁荣做了重要阐述。而文化大发展、大繁荣的重要标志，就在于生产出有影响力的文化产品。因此，文化产品是核心价值观得以凝聚和传播的重要载体。

价值观，本身就是社会文化的核心组成部分。就文化本身而言，包括了艺术、法律、道德、习俗、信仰、知识、才能、习惯等，是一个非常复杂的综合体。文化经济学的创始人，英国的罗斯克（1871）认为，文化是生活的自我实现，并主张应该将文化和艺术价值纳入经济理论的分析框架。只有这样，才能够有效地将物质发展和精神进步结合起来，真正提高人类的价值[1]。国际文化经济学会会长（斯罗斯比，1998）认为，文化是非常复杂的，现存的各种文化是人类所有行为的结果。他把文化的含义分为文化产业和社会价值两种，同时要具备四种条件：特殊性态、多数人的遵从、超越时代性和集团性质。在不同的社会领域、集团及社会成员身上，都会呈现出具体的、特殊的文化形态（罗斯克，2005）。池上（1998）认为，文化是一种状态或氛围，可以促使人们相互学习。在联合国世界文化与发展世界委员会（WCCD，1995）的报告中，对具体经济发展环境中的文化做出了两种解释（戴维·思罗斯比，2004）。在第一种解释中，文化被看作是文化产业（文化工业）所进行的一系列活动。在现实的经济社会中，可用"文化部门"来表示文化的这种功能；第二种解释则是从社会学和人类学的角度出发，把文化看作是一系列的，作为不同社会功能基础的态度、实践和信念，反映的是特定社会的价值和传统，而这些价值和传统又是经历了漫长的演进过程，一代一代传下来的。

可见，价值观的树立和传承离不开一定时代和社会的文化。到了今天社会主义市场经济时代，价值观更是与社会主义中国的文化密切相关，在有中国特色社会主义市场经济的情况下，社会主义核心价值观又不可避免地与社会的微观市场主体——文化产品以各种形式结合在一起。文化产品的价值表现在很多方面，董建斌（2008）认为，文化产品的使用价值在于其具有的认知功能，即能够降低或消除人们对主客观世界认识的不确定性，并且这种认知功能不会随着时间的推移而消失（董建斌，2007）。岳红记、何炼成、刘吉发（2007）将文化产品的价值分为使用价值和社会价值。前者指的是文化产品能够满足人们某方面文化需要的属性，包括认知价值、审美价值和伦理价值，不同文化产品的使用价值中这三种价值的组合和比例都不一样，比如报纸、图书的认知价值比较大，艺术产品中审美价值比重高等。几种使用价值彼此交融，彼此制约，归根到底是一种真、美、善的关系。文化产品的社会价值指的是其推动人类总的思想发展的属性，是文化产品的文化属性，也是文化产品特有的价值范畴（岳红记，何炼成，刘吉发，2007）。陈庆德（2007）在《文化产品的价值判定与形式表达》一文中，运用马克思关于商品拜物教的理论对文化产品的价值进行了较深入的剖析。他认为，提供某种象征意义，通过符号的建构来获得价值存在的方式，是文化产品的原生价值，是其作为社会性和精神性存在的必然体现。而正是凭借这种象征意义、这种作为社会性建构的本质的价值所赢得的可接受性或满意度，文化产品的价值才得以实现向商业的转换。在这个过程中，蕴含在文化产品中的，彼此重叠和交叉的艺术价值、审美价值抑或单纯的娱乐价值就衍生出相应的市场交换价值（陈庆德，2007a）。

显然，文化产品最重要的价值，就体现在以其符号化的象征意义，来建构和传递意义中最核心的成分——价值观。而当产品具备市场交换价值时，蕴含在其中的价值观就能得到更自然、广泛的接触、理解和接受。以下将从文化产品的定义及类型两个方面进一步探索产品对核心价值观的承载、推动及传播作用。

二、文化产品的含义与核心价值观

广义上，与社会意义的产出相关的一切产品都可称为文化产品。一般而言，学界都将满足人们"精神需求"的产品称之为文化产品。相关界定还有：所谓文化产品，是指由文化人和文化行业生产出来的，含有文化性、艺术性或文化含量高的文化载体和服务（李东华，2006）。文化产品是从精神产品当中分离出来的专门用来交换的劳动产品。精神产品相对于物质产品和服务产品而言，是指人类在社会历史发展过程中所创造的、体现社会发展进步的精神成果，包括思想、文化、道德、宗教、教育、科学、文学和艺术等观念形态的产品（郭俊华，李洪琴，2007）。文化产品是感觉与情感被表述的结构，不仅源于个体的欲望与快乐，同样也源于集体的、共享的经验（吉姆·麦克盖根，2001）。

本文根据文化产品与核心价值观的关系，着重从价值的角度来定义文化产品。涉及的要素包括文化产品价值的创造主体，文化产品的基本功能及结构等。本文将文化产品界定为：文化产品是由文化企业根据文本生产出来的，用于流通和消费的意义的符号化载体，其核心是满足人们的思想、情感等精神需求，形式上包括有形的物质、无形的服务以及不可复制和替代的过程。

这个界定需要从三个方面来理解：第一，文化产品是基于文本创作的转化形式。电影、电视、音乐、广播、印刷物、电子出版物、电脑游戏、演出、广告等，无不与文本的创作密切相关，并强烈依赖符号创作者（作家、编剧、词曲作者等）的工作。另外，在现实的文化市场上，这些符号创作者却并非文化产品最主要的价值提供者，而那些将文本转化为可消费和流通产品的文化企业同样在文化产品价值的创造和传播中发挥着更重要的作用。第二，文化产品流通和消费的是意义，意义源于个人的理解和解释，文化产品对消费者而言是否有价值取决于他们的主观解读和判断。并且消费者还可以在原有文本的基础上生产自己的意义，反过来又对生产者产生影响。因此这个过程是可逆的，生产者和消费者不再鲜明对立，而是彼此影响、相互融合。第三，由于消费者角色的转化以及体验产品等新产品类型的出现，文化企业提供的产品从传统的以内容为主，到现在的内容、平台和技术并重，产品价值的实现和提升需要依赖符号创作者、文化企业和文化消费者的相互协作和共同努力。

以电影《唐山大地震》为例。这部电影是从一个家庭的角度去审视灾难，彰显了中国人的顽强、坚韧和人间大爱。影片的内容让许多地震的亲历者都特别震撼。尤其是在"5·12"汶川大地震之后，这种题材的文化产品对激发国人抗震救灾的精神，发扬互助友爱的真情极具现实和时代意义。可以说，电影的创作者，包括原著作者、电影的创作人员等，从弘扬社会主义核心价值观的角度上，的确做到了如评论所说的："坚持社会责任与主流情感相统一，坚持本土化的故事元素，富于时代精神和传统美德，是中国电影实践'三贴近'创作原则的一个重要收获。"同样，这部电影的发行和宣传方在扩大电影的关注度和知名度，让更多的人走进电影院来欣赏这部商业元素并不浓厚的主旋律电影方面，也发挥了极其重要的作用。他们让符号创作者的工作得到了更多的关注和认同，让意义在更大范围内得到传播。《唐山大地震》在当时创造了6.7亿元国产电影最高票房的纪录，不仅获得了商业上的成功，而且体现了社会主义核心价值观在更广大社会成员中获得理解和接受的成功，多数观众在银幕前泪光闪动、激动哽咽就是证明。社会主义核心价值观是"魂"，文化产品是"体"，文化产品对社会核心价值体系构建和传承具有独特的作用。更重要的一个方面是，电影观众在消费电影的过程中，早已不再是意义的单纯接收方，他们有自己的理解、自己的解读、自己的观点。他们同样在建构意义，巩固和扩大核心价值观的传播和影响。所以说，文化产品的力量，很大程度上取决于凝结其中的核心价值体系的力量，当创作方、发行传播方和接收方都认同这一核心价值体系的时候，他们都会贡献力量去进一步推动和扩大文化产品在各个领域的成功。因此，这一定义强调的是价值观的接收方——广大社会成员在价值观的树立和传承过程中所占据的重要地位和作用。

三、文化产品的类型与核心价值观

不同类型的文化产品，在承载和传播核心价值观方面也会有不同的表现和特征。因此，同样需要基于核心价值观的引导和传承功能，对文化产品做一类型上的划分。目前，按照对文化产业的分类，从形式上可将文化产品分为：新闻服务产品、出版发行产品、广播电影电视产品、文化艺术服务产品、网络文化服务产品、文化休闲娱乐服务产品、相关文化服务产品等（《光明日报》，2011，9）。还有学者（陈庆德，2007）在产权归属的层面上，将文化产品划分为归属为个体（私人）产品、共有产品与公共产品三种主要类型。这种划分的主要目的，是明晰不同文化产品的供给来源，并确认供给者的身份（陈庆德，2007b）。

上述对文化产品的分类，各有标准、各有侧重，然而就产品对价值的承载和体现而言，这些分类大多都较为静态化和平面化，难以体现价值的来源、类型和趋势。本文在这些分类的基础上，从一个更为动态和立体的角度，将文化产品划分为阅读型、观赏型和互动型三种。

（一）阅读型文化产品（间接体验型产品）

阅读型文化产品主要包括书籍、报纸、杂志等，其核心价值就是内容，内容是对消费者最重要的吸引物。具体形式包括小说、散文、诗歌、纪实、报道、评论以及乐谱等，以文字、图片等静态的符号为主要的表达形式，其中蕴藏着各式各样的故事、见闻、知识、信息、资讯……好的内容让人有反复阅读、回味的动力和想要收藏的欲望。它们是最翔实、最具体、最丰富的内容载体，通常也是其他文化产品的主要文本来源。这类产品普遍不具备和消费者的互动环节，消费者需要进入创作者的世界，去体会他们的思想、情感和经历，在他们的带领下去了解和感受不同时空下的各色人生，学习相关的知识，获得特定的信息，受到潜移默化的影响和教育。

阅读型文化产品的生产和消费往往是分开的，即使生产者会在后续产品的创作过程中考虑消费者的偏好和意见，并对原作品加以调整或修改，但在时间和空间上，生产和消费是分离的，生产者和产品也是分离的。无论消费者做出何种反应，产品已经在那里，内容和形式都已相对固定，变动很小。阅读型产

理论篇

品能够给予消费者较大的思想空间和想象空间，但也要求他们具备一定的文字识别和理解能力，以及与内容相适应的历史、文化等背景知识。从产品与消费者的关系来讲，这类产品的消费者主要属于内容的被动吸收者，在消费过程中思想卷入较深。

反映社会主义核心价值观的文化产品大多集中在这一类产品当中，其中尤以报纸、期刊为主，着重对核心价值观的内容和相关的各种观点进行介绍和宣传。其特点主要表现为可以将核心价值观以非常直接、明晰的方式进行传播，同时还能有效充当各种学术及实践界对其进行思索和探讨的平台。

（二）观赏型文化产品（半直接体验型产品）

观赏型文化产品主要包括影视作品、音乐、现场表演等。这类产品同样是独立于消费者的，但不同于阅读型产品的是，它们属于马克思所说的第二种情况，即产品和生产行为是相结合的，产品不能离开生产者而独立存在。虽然随着技术的发展，许多产品都可以通过碟片或以下载的方式转化为物质形式为消费者所拥有，具备了生产与消费分离的条件，但从内容表达上看，生产者始终是与产品合为一体的。即使消费者观赏时没有与生产者处在同一个时空，如观看影视剧，但双方的距离感却比阅读型产品近得多，消费者观赏的是生产者以形象、声音、肢体等方式来生动表达的产品。

观赏型产品有一个很突出的特点，就是即使依托的是固定的文本，但产品受表演者及其表演状态、水准、情景甚至观看者的影响而具有即时的价值和意义。尤其在文本为人们广为熟悉的情况下，受众关注的是文本得到了怎样的演绎和诠释，引申出了什么样不同的意义。这时，内容不再是重点，而怎样以更形象、生动、直接且具有特色的方式展现给消费者，给他们提供更多元的意义解读，激发他们更多的想象，提高他们的观赏价值才是重点。

观赏型文化产品比阅读型产品更加的动态、形象和生动，能够调动消费者更多的感官和情感参与，对基本消费技能的要求不高。就产品和消费者的关系而言，消费者仍然主要以被动吸收为主，以视听等方式进行消费，在消费过程中情感卷入较深。

上述例子中的《唐山大地震》就属于这一类型的文化产品。演员真切、投入的表演，逼真的特技场面，将观众带到了惊心动魄的灾难现场，一同去感受自然的无情以及人间的大爱。

（三）互动型文化产品（直接体验型产品）

互动型文化产品如真人秀、主题公园里形式多样的参与项目等。这类产品的生产和消费是不能分开的，产品也不能离开生产者和消费者而独立存在。这类产品具有非物质性的特点，基本脱离了生产的标准化和规模化，产品生产和消费时的活动和整个过程成为关注的重点。消费者与生产者交换的不再是产品或服务，而是享受、愉悦、意外、舒适的过程，产品的好坏判断主要取决于消费者，他们是价值创造的主体，是产销合一的核心。互动型产品强调的不再是传统经济学中的要素产品、服务等看得见摸得着的要素部分，而是互动过程中消费者的个人体验。消费者本身作为要素在过程中发生了改变，与过程发生了互动。

简单地说，互动型产品承载的是一种生活形态的体验，以某些产品或服务为媒介，为消费者创造出印象深刻的感受。其内容主要包括人与人之间的交流、沟通与合作，同时营造出一种活动于其中的环境、氛围和风格。这时，消费者不再是产品的被动吸收者，而成了主动吸收者甚至主动沉浸者，在消费过程中深度卷入的是思想、情感，还有直觉、能力等更多东西。

目前，以互动型文化产品来承载和传播核心价值观的产品还十分有限，但这是一个最能深入人心且最容易让社会成员接受和认同的产品类型。今后需要在这一类型的产品开发上多下工夫。

在上述分类中，虽然每一类都列举了典型的产品代表，但那只是最常见的价值承载体，并未包含所有的产品形式。这种分类强调的不是有形或无形、私有或共有等仅跟产品及生产者有关的类型区分，而是紧密结合了消费者在产品类型中的重要作用，着重关注了对消费者而言产品带给他们的不同类型的核心价值。

更进一步讲，无论是内容型、观赏型还是互动型的文化产品，对于消费者来说，本质上都是一种体验产品。因为在消费的整个过程中，消费者的时间和注意力，不管是一整块的，还是碎片式的、零散式的，都是一种刚性的投入。因此，他们的身心，或是感官，或是情感，或是思想，或是身体，或是整个人的全部，多多少少融入了消费的过程中，可以是个人体验，也可以是群体体验，可以是有交互的，也可以是没有交互的。这个消费过程和他们自身的参与是分不开的，产品的价值，取决于他们消费时的感知。从这个角度讲，上述三类产品根据消费者身心参与及与产品交互的程度大小，可被同时命名为间接体验型产品、半直接体验型产品和直接体验型产品。

四、齐头并进开发三类文化产品

如上文所说，在这三类文化产品中，体现和弘扬社会主义核心价值观的多集中在第一类产品当中，在第二类产品中所占比例相对较低，在第三类产品中就更少了。而对社会主义核心价值观的提倡、宣传和弘扬，不能仅仅停留在口头和书面上，应该采用更丰富多彩的形式、更多样化的类型，才能让社会成员有更真切的体会和认识。当他们从文化产品的被动吸收者逐渐转化为主动吸收者甚至沉浸者的时候，当他们有了更直接和真切的体验后，核心价值观才会深深印入他们的头脑中，并且能够自动体现在他们的日常行为中，从而实现对核心价值观真正有效的学习、吸收和践行。因此，对凝聚有社会主义核心价值观的三类文化产品的开发要齐头并进。仍以《唐山大地震》为例，这部电影改编自小说《余震》，小说最先发表在《人民文学》上，后由北京十月文艺出版社出版，是以期刊和书籍形式存在的第一类文化产品。改编成电影后，小说发展成了更容易让人接受的，以视听方式消费的第二类文化产品。许多观众都是看了电影后再去关注小说的，而且电影给他们的印象更深刻，给他们的感动更多。在互动型文化产品方面，目前已建成的唐山地震遗址博物馆、地震遗址纪念公园等，也在互动体验型文化产品的开发上迈出了探索性的一步。公园的主体建筑是中国·唐山地震博物馆，建筑面积 12000 平方米，由纪念展馆和科普展馆两个分展馆组成，是国内目前最大的地震主题展馆。纪念展馆位于博物馆地下一层，展出照片近 500 幅，实物 300 余件，复原式景观 4 组，蜡像 30 余尊。这个纪念馆让很多游客印象深刻，许多人都感叹纪念馆充分体现出"对自然的敬畏、对生命的关爱、对科学的探索、对历史的追忆"。这样的体验，光靠前两类文化产品是难以达到效果的。当然，目前这一产品在形式上仍然以静态展示为主，如果能够尝试更多让游客亲身体验的项目，具备互动型产品的多项特征，相信会让游客对产品承载的核心价值观有感同身受的体会和真心的感动，并能实实在在地体现在他们今后的行为中。

本文对文化产品的含义和类型的探讨，均强调了要巩固马克思主义思想的指导，树立社会主义中国的共同理想，发扬民族精神和时代精神，必须充分调动广大社会成员的积极性，让他们真正投身到对社会主义核心价值观的践行中。而认识、理解和接受核心价值观是首要的工作，在这一工作中，社会成员也不是仅仅处在被动了解和接受的位置，他们同样可以通过阅读、观赏、亲身体验等方式，通过承载有核心价值观的文化产品有效地发挥自己的主动性和创造性，从而参与到核心价值观的进一步巩固和增强的过程中。因此，对三类文化产品进行齐头并进地开发，提高大众在消费中的体验成分及参与的可能性，是让社会主义核心价值观真正深入人心的极为有效的途径。

参考文献：

陈庆德. 文化产品的分类分析 [J]. 江海学刊，2007 (3)：101.

陈庆德. 文化产品的价值判定与形式表达 [J]. 思想战线，2007 (5)：29－33.

董建斌. 论文化商品的使用价值、价值与价格 [J]. 企业家天地，2008 (1)：213－215.

郭俊华，李洪琴. 文化商品的二重性特性与生产商的社会责任 [J]. 前沿，2007 (8)：168－171.

李东华. 文化产品价值分析 [J]. 科技广场，2006 (6)：123－124.

麦克盖根，吉姆. 文化民粹主义 [M]. 桂万先，译. 南京：南京大学出版社，2001：78.

约翰·罗斯金，王青松，匡咏梅. 拉斯金读书随笔 [M]. 于志新，译. 上海：上海三联书店，2000.

岳红记，何炼成，刘吉发. 试论文化产品的价值与价格 [J]. 经济师，2007 (4)：224－226.

John Ruskin. *On Art and Life* [M]. London：Penguin Books，2005.

理论篇

批判与重构：当代中国信用文化建设的思考

包国强[1]　黄　诚[2]　董　甜[1]

（1. 武汉工业学院，2. 武汉生物工程学院）

一、批判：当代中国社会信用现状堪忧

社会信用是经济发展到一定阶段的产物。社会信用是维系交易进而满足市场主体理性预期所需要的经济纽带，是市场经济的生命和灵魂。近年来，尽管我国在社会信用体系建设方面取得了一定的成绩，但受转轨时期产权制度、法律法规体系建设、信用文化培育等方面因素影响，我国社会信用体系发展仍然比较滞后，成为制约我国市场经济发展的"瓶颈"。

在我国，信用从不同视角有不同的内涵。从伦理道德层面看，信用指的是诚实守信。从经济层面看，信用指的是经济上一种借贷行为，建立在市场经济的契约关系之上，它强调的是规范和监督，体现的是平等自由、等价交换和正当权利的法律原则，是一种"契约信用"。从法律层面讲，信用指的是民事主体具有的偿还债务的能力，从而在社会上获得相应的信赖和评价。目前我国经济生活中的诚信缺失现象严重，信用文化缺失，主要表现在以下几个方面。

1. 政府信用现状

政府信用是社会信用体系重要的组成部分，是整个社会信用体系的核心，坚持政府推动对于建立中国特色社会信用体系具有非常重要的意义。新华社新闻信息中心温希强曾经指出，当前我国政府信用通常包括三个层次的含义：第一层指国家对外的所谓"主权信用"，如对外借款、国债等；第二层指政府作为国有资产管理者参与市场活动时所表现出来的信用；第三层指政府作为整个市场的守望者所表现出来的信用。在第一个层次上，我国政府的信用有口皆碑，在国际上成功地塑造了一个信用政府。而我国政府在后面两个层次上的信用表现却不尽如人意。政府信用失范问题在不同地区还不同程度地存在，有法

不依，执法不严，政策缺乏连续性、稳定性，政府职能越位、缺位、错位，腐败现象等时有发生。长期以来，我国对政府信用文化建设一直重视不够。新中国成立初期，计划经济体制的确立，国家信用代替了其他信用，人们对国家的计划和权威深信不疑，形成了"唯上信上"扭曲了的信用文化；"文化大革命"时期对儒家思想的全面否定和批判，更是对传统信用文化的摧残；改革开放以来，计划经济体制被打破，取而代之的是商品经济、市场经济，由于信用文化的断层，与市场经济相适应的诚信文化没有成为整个社会各级政府、企业、个人的价值观，而一味追逐经济利益，唯利是图，信任虚无主义却占了上风。在经济转型过程中，政府一方面没有及时地通过正式制度的安排，对诚信理念的形成起到推动作用；另一方面在繁杂的政务活动中，也忽视了政府自身信用文化的建设，政府公信力的下降就是明显的佐证。

2. 企业信用现状

企业是市场经济的微观主体，企业信用行为的好坏不仅与自身的生存和发展有关，而且直接关系着经济社会的有序运行与健康发展，企业信用水平是衡量经济社会发展程度的一个重要标志。我国企业信用文化发展严重滞后，信用观念淡薄严重侵蚀着企业的发展，使企业信用风险加剧。

3. 个人信用现状

诚信是一项重要的道德准则，能指引人们正确处理各种关系，是做人的根本，也是国家生存和发展的根本。在发达国家，信用已经成为参与经济活动的第一需要，个人信用制度比较完善，信用观念深入人心。当前我国正在向社会主义市场经济体制转变，社会信用体制还不完善，人们道德意识的进步还不能很好地适应市场经济体制的利益取向原则，尽管人们在个人信用认知方面表现得普遍较好，对基本的信用行为和范畴具有比较清晰的认识，但在具体行为方面却表现得不太乐观，对待具体问题时还比较缺乏自律意识，知行脱节现象比较严重，个人信用的发展还有很长一段路要走。有关调查显示，目前银行业务中个人信贷风险率已经达到15％左右，大学生申请国家助学贷款逃单率接近50％。此外，大学生为找工作伪造、编造各种证书及考试作弊现象更是司空见惯。

4. 社会信用管理体系现状

在欧美等发达国家，诚信制度已有一百多年的历史，形成了较为完善的信用监管体系、信用法律体系和发达的信用服务业，信用消费已经超过全社会消费总量的10％，企业经营活动的80％都是信用支付，逃废银行债务等情况较少。我国信用管理刚刚起步，经过十多年的探索和发展，已经有了一定的基础，形成了一定的规模，在政府引导和市场需求双重力量的作用下，出现了一批信用服务中介机构，信用消费也快速增长，业务涉及企业信用等级评估、有价证券信用等级评估、企业风险管理及信用咨询、信用管理等领域，信用服务市场初具规模。但总体来看，我国信用管理体系存在的问题还很多，无论在信用管理体系制度设计，还是在信息数据库建设、信用服务中介机构和信用服务市场培育、信用服务业务范围拓展方面，都存在很多不足之处。信用法律法规体系不健全、信用监管机制落后，无法有效防范信用风险和惩治失信行为；具有广泛意义的全国性企业和个人信息数据库尚未建立；信用服务体系落后，信用服务机构数量多、规模小、业务范围窄、竞争力不足；信用供给体系不完整，信用服务业务层次低、范围窄，业务主要集中在银行的信贷市场，针对股票、企业债等资本市场的评级较少，个人信用评级近乎空白；信用担保业发展缓慢，开展区域有限；信用服务市场体系不成熟，信用市场供需双重不足。

二、反思：当前信用缺失和信用危机原因分析

针对转型期出现的信用缺失和信用危机，学术界做了不少分析研究。赵全军（2007）认为转型时期，我国"出现社会信用体系的全面危机"，究其原因，"除了社会制度变迁过于剧烈的原因以外，还有三个不容忽视的重要因素：一是制度短缺条件下的信用机制转型所造成的真空与漏洞；二是激励结构的缺陷所造成的逆向激励；三是信用监控机制的弱化加剧了信息的不对称"。胡大武（2007）从个人信用危机、社会团体信用危机和政府信用危机几方面分析了我国信用危机的表现，他认为："信用危机的产生是经济基础发生潜在变化乃至政治制度变革的必然结果，实质上是市场信用不足的反映。"王琴梅（2006）从信用机制的传承，分析了信用缺失是由于"信用信息传递机制断裂、信用激励机制断裂、信用约束机制断裂、信用的产权基础缺失、信用的道德目标模糊等，必然使我们处于信用缺失的危机之中"。徐秀玲（2009）分析了信用危机的原因及实质，认为"传统社会是小型、封闭、简单的社会，人格信用与之相适应；现代社会是大型、开放、复杂的社会，抽象信用与之相耦合。市场经济取代了传统信用赖以建立和存续的小农经济和计划经济，但是难以在短时间内建立起适应市场经济的现代信用，由此带来了信用危机。信用危机的实质在于，信用在市场经济条件下成了一种特殊商品，但是这种信用商品由于市场机制尚不健全而难以得到准确的市场定价，导致了信用市场的混乱并最终引发了信用危机。这一危机只能依靠市场经济的发展，在逐步积累过程中得到清除"。

任世存（2008）对转型期的社会信用危机进行学理分析，提出"在现代社会中，信息不对称及传统道德共识的瓦解也是造成信用危机的重要原因。对信用危机的治理要从多学科角度，综合治理"。这些论述中，都认识到市场主体信用意识的培养和形成、信用管理法律制度的健全与完善、进行社会道德规范教育等的重要性。这些都是信用文化建设涵盖的范围，可以概括如下。

1. 缺乏诚实守信的信用文化

以诚实守信为主题的道德教育和诚信品质的培养是信用社会的一项基础性工作。尽管目前我国精神文明建设不断加强并取得了很大成就，但受历史遗留因素影响，道德建设始终没有跟上形势的发展和变化，市场经济所需要的诚实守信的信用文化尚未完全建立，人们的社会经济活动缺乏道德这个软规范的调节，结果导致现实中有些人存在一种认识上的误区，为了私利不择手段，抛弃诚信，道德素质严重滑坡；有些企业缺乏道德约束，不根据诚信原则办事，背离了诚信经营的原则。

2. 市场经济关系的产权不够明晰，缺乏激励机制

我国市场经济体制脱胎于传统的计划经济体制，在经济市场化的进程中，随着与计划经济相联系的产权制度的消亡，需要建立与市场经济相联系的产权制度，而我国在产权建立过程中出现了制度模糊地带，产权制度存在缺陷。这种缺陷主要表现在产权模糊和产权保护不够两个方面。其中，产权模糊的问题普遍存在于国有企业，由于实际上的所有者缺位，国有企业的经营者往往只重视眼前利益，而轻视长远利益，容易引发种种信用问题，如逃废债务、上市圈钱等；产权保护不足问题在民营企业中比较突出，由于产权的各项功能不能全部实现，致使民营企业主过分注重短期利益。由于我国产权制度存在缺陷，无法促使市场主体形成对长期利益的关注，无法有效激励市场主体的守信行为，不仅不能促使市场主体通过公平竞争增加社会财富，相反却引发了不道德竞争等大量违反诚实信用原则的机会主义行为的发生，导致市场秩序混乱、交易费用高昂、交易效率低下。产权方面的缺陷是制约我国社会信用体系发展的制度性原因。

3. 转轨时期社会信用意识和信用道德规范普遍缺乏

当前我国正处在由计划经济向市场经济转轨的过程中，旧的计划经济体制的影响尚未完全消除，新的市场经济体制也没有达到完善，体制、政策方面还存在很多漏洞，造成了市场竞争相对无序、监督不力的局面。由于失信成本较低，失信者不但不能受到应有的惩罚，反而有机可乘，有利可图。在失信获利示范效应的带动下，某些社会成员道德观念失衡，导致整个社会难以真正树立

诚实守信的信用道德标准，产生大量失信现象。此外，由于我国信用制度尚不完善，不能对失信行为形成法律方面的约束，人们在市场交易过程中主要借助关系的作用来信守彼此的承诺，而非依靠现代法律意义上的契约意识、信用观念，滋生了一种相信熟人、相信关系的"关系经济"的怪胎，使传统文化和道德在市场经济条件下受到了很大的挑战，导致信用弱化。

4. 信用法律法规体系不健全

健全的法律法规体系是社会信用体系建立完善及信用行业健康发展的基础和保障。在我国现行法律制度中，尽管也有一些与信用有关的法律条款，但比较分散，而且还有很多信用方面的问题尚未涉及。目前我国还没有一部完整、系统、能够有效规范调整个人信用活动与利益关系的专门法律，信用立法不够完备。首先，我国征信方面的法律法规还是空白，缺乏真正具有普适性的专业的规范信用信息采集、披露、发布、使用和管理的具体法律以及规范性操作流程，征信资料缺乏可信性、权威性，具有广泛意义的全国性企业和个人信息数据库尚未建立；缺乏对征信行业统一、具体的行业标准和服务规范，缺乏明确的统一管理全国征信业务的部门，信息共享程度低，交易双方信息不对称现象普遍存在，为信息优势方以失信的方式获取最大化利益创造了客观条件，使掌握更多信息的一方可以凭借自身的信息优势，利用对方的信息劣势来完成交易。其次，法律漏洞较多，失信监督惩戒机制不健全，信用市场监管环节薄弱，对从事企业信息服务的中介机构监管力度不够，行业准入审查往往流于形式，虚假信息盛行；多头监管现象严重，部门间缺乏相互协调，不利于信用信息公开、共享服务机制的建立，不利于联合监管的实现；监管手段不完善，事前、事中监控机制不健全，监管效率低下；社会舆论监督有待加强，不能有效限制和约束失信行为，无法对信用主体形成强有力的法律规范和约束，对失信行为打击不力，失信成本较低，客观上助长了失信行为的泛滥。

三、重构：当代中国信用文化的建设对策思考

针对我国的信用危机，主要应从以下入手来重构当代中国信用文化。

1. 强化政府信用建设

政府信用问题对整个社会信用具有引导和示范作用，它直接影响和左右社会的信用环境。改革开放以来，行政管理体制和政府机构改革滞后，使政府行为出现某些失范，这些政府的失信行为严重地损害了公众对政府的信任，影响了政府信誉形象，导致了整体社会信用的滑坡，所以，信用道德建设应当首先

从政府做起。各级政府部门的领导和干部都要深刻认识信用道德在完善市场经济体制中的重要地位和作用，认识维护好环境对吸引国内外投资和加速经济发展的重要性，树立自觉尊重并恪守信用的意识，做诚实守信的表率。同时，政府要制止自己打"白条"的行为和"乱收费"的行为，克服官僚主义、惩治腐败，杜绝行政不作为或乱作为行为，通过依法行政、公正执法、信守承诺和实干精神，来维护执政党"为人民服务"的宗旨和几十年奋斗所建立起来的整体政府信用，取信于民，促使民众自觉形成诚实守信的意识。

2. 加强信用立法

信用法律的确立与健全。信用法律的确立与健全是信用机制运行的基础和内在要求。建立市场经济的信用机制客观上需要有一个强有力的法律支持体系和科学的政府管理体系。建设社会信用机制首先要立法先行，加以规范。当立法条件尚未成熟时，就要出台相关的法规或部门规章，对市场进行信用规范，而且还要建立和完善法律意义上的失信惩罚机制。

建立信用体系。建立完善信用法律法规体系，这是我国建设社会信用体系的核心。我国的社会信用体系建设，一定要强调立法先行，这样才能保证社会信用制度的健康发展。政府要率先垂范，深化经济体制改革，理顺政府职能，塑造合格独立的信用主体，使得个人、企业、银行都能以独立信用主体的身份进行平等、规范的信用活动，地方政府要为个人信用制度的建立与完善提供保证与服务，理顺各方面关系，完成好相关配套工作的组织实施任务。政府在建立信用管理体系方面更应发挥积极的推进作用，应逐步建立适应以信用和法制为基础的市场经济发展的经济体制，建立和健全由个人、企业和政府信用有机组成的国民信用体系，应制定关于信用的国际化标准。

加强立法，提供信用法律保障。市场经济是信用经济，也是法制经济。信用经济最重要的是法律关系，法律是信用的保障。要防范和化解信用危机，需要完善和补充现行法律，修订若干特别法规，制定过渡性的法规条例等。同时强化违约责任追究，形成权威性、连续性、公正性的法律保障环境，让恪守信用者走遍天下，让不守信用者寸步难行，真正约束企业的信用行为。

加强法制建设，切实保障社会信用秩序。市场经济秩序和社会秩序都要靠法律来维护。信用作为社会伦理和市场经济的基本准则，不仅要靠正确的道德理念包括社会舆论来维系，还需要用制度和法制的力量来保证。加强法制建设，从立法上加快建立健全信用法律体系，逐步完善我国民法及相关法律中有关债权保护的法律规定，确保信用关系中债权人的利益不受侵犯。

3. 强化企业信用

首先，加快企业信用立法工作。完备的企业信用管理法律体系是企业信用行业规范发展的必然要求。在我国现行法律体系中，虽然《民法通则》《合同法》和《反不正当竞争法》中都规定了诚实守信的法律原则，《刑法》中也有对诈骗等犯罪行为处以刑罚的规定，《票据法》对商业信用发展也起到了重要作用，但由于我国的信用制度建设刚刚起步，在信用信息开放，规范征信市场行为及保护消费者权益与失信罚惩等方面都缺乏明确、具体的法律规定，使我国信用制度既缺乏必要的法律依据，又缺乏应有的法律保障，因此，应加快立法，为信用制度的建立营造良好的法律环境。建议推进企业信用立法工作。一是借鉴发达国家在企业信用管理方面的法律法规，在此基础上先以比较完备的行政管理规定的形式颁布，尽早为企业信用中介机构的发展奠定制度框架，待条件成熟时，再以正式法律的形式出台。目前，我国已制定了《市场交易法》《反垄断法》《反不正当竞争法》《企业破产法》和《会计法》，还必须尽快完善《民法》中有关债权保护的法律规定，完善《消费者权益保护法》《产品质量法》等法律制度，对《担保法》《合同法》《公司法》《贷款通则》等有关信用方面的条款做适当的修改和补充，把实践证明是正确的东西，用法律形式肯定下来，为建立中国的信用法律制度奠定基础，加大对失信行为的惩治力度。二是加强企业信用的监督管理工作。从立法上明确法律责任，政府经济管理部门与有关执法机构要落实法律责任，加大执法力度，做好企业信用监督管理工作，严厉打击失信行为，使失信行为所带来的成本大大地超过其收益，在制度上保证"诚信者"能够得到应有的回报，失信者必须承担其行为造成的成本，也就是说不仅要受到舆论的谴责，更要付出经济上的代价，从根本上遏制企业失信的动力，对遵纪守法、诚实经营的企业给予税收、监管等方面的优惠和便利，以此激励企业遵守信用，共同促进企业信用的完善和发展。

其次，清晰定位好本企业的信用价值观和经营理念。技术可以学，制度可以制定，但企业员工内在的追求，这样一种企业文化、企业伦理层面上的东西却是很难移植、很难模仿的。从这个意义上说，企业理念才是最终意义上的第一核心竞争力。而企业伦理、企业信用、企业商誉是企业理念不可或缺的基本要素。如果说一个企业一开始就以赚钱为其核心价值观，把消费者和社会公共利益抛在一边，那么这个企业是不可能维持长久的。著名管理学家克拉伦斯·沃乐顿说："企业经理人应该用一种全局观念来看待企业的责任，因为在这种观点之下，企业被看成是讲信用、讲商誉、讲道德的组织而不是赚钱的机器。"可见，企业核心竞争力是企业文化中的企业理念和核心价值观。企业的信用价值观和经营理念决定着企业的经营方式。信用价值观和经营理念本身构成企业信用文化的重要内容，是塑造企业信用形象的前提条件。企业的信用价值观和经营理念应该深深扎根于企业，符合企业的具体情况，体现企业的历史使命。目前，有的企业缺乏个性，企业的信用价值观和经营理念照猫画虎，人云亦云。有的企业所主张的"信用价值观""信用理念""信用形象"，只停留在形式上，没有着力构筑与企业的建立、企业的历史和奋斗目标紧密结合在一起的企业管理理念和相应的企业信用文化内核，没有在精神上把全体员工的思想统一起来。因此，企业的文化应该改变大而空的目标，实实在在地剖析企业面临的迫切问题，提炼出切实可行的企业信用价值观和经营理念，并按照既定部署稳步推进。

第三，企业应建立员工自我激励的人才资源管理机制。企业要想留住人才，挖掘人才的潜能，就必须建立员工自我激励的人才资源管理机制，提高员工满意度。给予员工足够的支持和信任，让他们能自主地完成任务，放开手脚，充分发挥他们的主观能动性和潜在才能。因此，企业要建立公平的任人制度、合理的薪酬制度，营造良好的工作环境，给予员工足够的工作支持，善于鼓舞员工的士气，在员工做出成绩时，给予员工夸奖和赞扬或者还可以让员工到不同的部门和岗位上任重要的职位，以保证员工有更多的发挥才能的空间。美国通用电气公司原 CEO 杰克·韦尔奇说："我们没有警察，没有监狱。我们必须依靠我们员工的诚信，这是我们的第一防线。"一个社会、伦理道德可以没有上限，但绝不能没有底线。企业如果没有诚信，这一道德底线也就失去了未来发展的基础。以丰田公司为例，丰田汽车公司的高岗装配工厂有几千名装配工人，任何一名工人都可以在他的工作台上牵扯一根绳子，使整个工厂的流水作业停下来，但是工人们很少这样做，之所以如此，是因为管理者相信工人不会滥用这种权力，而工人们也将这种权力认真负责地应用到提高产量上来回报这种信任。与此相比，许多企业内部不信任的产生就是没有给那些最接近客户和竞争对手的员工充分的自主权。因此，企业应该创造一个能赢得员工长久支持的企业信用文化环境，员工因被信任而最大限度地发挥潜能，对自己重视和珍惜的工作有所贡献，从内心深处体会到真正的工作成就，从而更好地为企业服务。

4. 提高全民道德素质，树立正确的企业家品格和良好的个人修养

信用机制的建立需要有一个良好的社会环境，其关键就是要加强公民的道德修养和公民的道德建设。信用的基础在很大程度上是基于社会的信任和诚信的道德理念来维系的，讲信用实际上是一种社会的公德。在全社会应形成"守

信光荣、失信可耻"的道德氛围和讲信用的良好风气，培育"信用至上"的全民意识和社会道德标准。应大力加强信用道德的宣传和教育，努力提高全民的信用意识。人们诚实守信的道德品质和道德情感，不是自发形成的，它必须采取教育的手段，通过有意识的培养，通过行为主体由不自觉到自觉、再到情感自愿的升华才能逐步形成。因此，必须把讲诚信作为公民道德教育的重要内容，通过各种宣传舆论工具，采用灵活多样的教育方式，大力宣传信用道德在市场经济中的重要作用和推进社会进步、维护良好人际关系的重要意义。通过宣传教育，让人们认识信用的经济价值和伦理价值，从而使诚实守信的理念深入人心，并逐渐转化为每一个公民的自觉行动，真正在全社会形成一种守信获利受敬、不守信用则寸步难行的氛围。

5. 对社会信用管理而言，加快改革提高与信用相关的信息技术水平

信用信息的完整性直接决定着信用的有效性。信用机制的建设必须要有高效的电子信息传递网络作为硬件支持，可以利用先进的电脑系统和信息技术，实现各信用提供机构和部门联网，建立统一的客户信息数据库，最终建立信息的双向流通体系。把维护企业的声誉和知识产权放到竞争的突出地位，使信用建立在高科技信息化的基础之上。

6. 强化传媒的责任，营造良好的信用氛围

要把诚实守信作为基本的社会道德要求，加强宣传教育，营造良好的诚信氛围。要充分发挥社会舆论的宣传和导向作用，通过政府、学校、行业协会、信用机构、大众传媒等多种途径，广泛开展以诚实守信为主题的宣传和教育活动，弘扬与社会主义市场经济相适应的符合诚实守信要求的道德风尚，强化信用和法制观念，使信用观念、信用意识和信用道德渗透到公民的意识之中。加大舆论监督和曝光力度。舆论监督是在一定的舆论基础上借助媒体的广泛性、公开性，以批评性、揭露性报道干预生活，形成舆论强势，从而迫使被监督者接受社会规范。当今的企业是市场的企业，我们就是要加大舆论监督和曝光力度，使企业的信用直面市场，通过市场来选择企业、决定企业。现代传媒是信用意识的培育者、信用道德的规范者、信用文化的传播者，是社会信用建设的倡导者、引领者、记录者、监督者，应充分发挥示范作用、引导作用和监督作用。首先，要确立传媒信用观念，建立传媒业诚信机制，打造信用传媒，构建传媒公信力，真正起到表率和示范作用；其次，要通过多种形式引导全社会树立诚信观念，增强信用意识，引导市场主体自觉遵守和维护社会信用，引导社会舆论，培育和传播信用文化，营造信用环境；再次，要充分发挥好新闻舆论监督的纠偏作用。强化现代传媒在社会信用建设中的示范作用、引导作用和监督作用。

社会主义核心价值体系与企业核心价值观的双向建构探析

马树邦

（成都师范学院）

一、引言

社会主义核心价值体系作为我国社会主义意识形态的本质体现，内容包括马克思主义指导思想、中国特色社会主义共同理想、以爱国主义为核心的民族精神和以改革创新为核心的时代精神、以"八荣八耻"为主要内容的社会主义荣辱观。社会主义核心价值体系对我国社会主义经济建设、政治建设、文化建设、社会建设和生态文明建设具有思想指导、理念引领、精神激励等正向导向和促进作用，贯穿于中国特色社会主义建设的各个环节。马克思认为，理论一经群众掌握，就会变成巨大的物质力量。社会主义核心价值体系作为上层建筑领域内的一种宏观观念形态即我们民族和国家的共同价值观，须向社会企事业单位等社会组织的微观观念形态即核心价值观转化，从而促进企业效益的增长；同时，社会企事业单位等社会组织的核心价值观作为组织文化管理的一种实践哲学，它的生成和发展不断为社会主义核心价值体系的完善和丰富提供源泉、动力和支撑，从而转化为国家层面的文化软实力的提升。在上述这一动态双向的转化过程中，我们选取企业及其核心价值观作为分析的落脚点和切入点，并进一步探究"宏观观念形态"即共同价值观与"微观观念形态"即核心价值观之间双向建构的过程和机制。

二、企业主体实践：社会主义核心价值体系与企业核心价值观双向建构的实践前提

社会主义核心价值体系与企业核心价值观的双向建构过程本质上是一种实

践过程，它离不开对实践主体的实践依托。这里的实践主体就是企业，实践内容就是生产实践、管理实践和传播实践。没有企业主体及其实践，双向建构过程就成了无源之水、无本之木。

（一）企业生产实践是核心价值双向生成的基础

无论是价值体系还是价值观，作为认识论的范畴，其基础是实践。毛泽东认为实践是认识的来源，是认识发展的动力，是检验认识正确与否的标准，是认识的目的。从企业生产实践与企业价值观的关系来看，企业生产实践为企业价值观的形成提供了来源、发展的动力和检验认识正确与否的标准，是形成企业价值观的根本目的。在此基础上，企业价值观进一步向社会核心价值体系生成和转化。从企业生产实践与社会核心价值体系的关系来看，其本质是经济基础与上层建筑的关系。在企业生产实践中结成的基于所有制结构的主体与对象、人与人之间的关系，必然反映到上层建筑领域的意识形态中去，并进一步成为整个社会核心价值体系大厦的一个支撑。因此，我们认为，社会主义核心价值体系与企业核心价值观的双向生成基础是企业生产实践。

（二）企业管理实践是核心价值双向转化的依据

企业管理的最高境界是文化管理。文化管理的中心和重心又是人的管理。所以，企业文化管理的要义在于企业员工对企业核心价值观的认同。同理，我国社会主义核心价值体系的运行如果从一种大文化管理实践来看，重在人民对这一价值体系的信仰。在这里，有一对重要的转化关系即"认同"向"信仰"转化，"信仰"向"认同"转化。这一双向转化过程与核心价值双向转化过程是一致的。在这里，企业文化管理实践是一把尺子，没有员工信仰的价值观，企业价值观就难转化为社会核心价值体系；没有员工认同的核心价值，社会核心价值体系就难在企业生根，从而转化为企业价值观。所以，获得"人"的认同或信仰是企业管理实践的目的所在，它是核心价值双向转化的依据。

（三）企业传播实践是核心价值双向沟通的纽带

企业传播的本质是文化的传播。价值信息的对称性要求企业传播实践必然是一种"双向"沟通过程。通过这一过程，社会核心价值体系的认识主体，通过社会大众与企业核心价值观的认识主体即企业广大员工得以有效沟通，在价值取向上根本一致，在价值信息上能够合理对称。显然，企业的传播实践输出、输入的是价值观念、价值信息，但背后是文化传播的实践。在这种文化传播实践过程中，企业掌握了文化传播的主动权、能动权和话语权。企业既是文化传播的传播主体，也是企业核心价值观的认识主体。在整个核心价值传播过程中，这种传播主体与认识主体的合一性要求，以及传播主体之间的平等性要求，是企业传播实践成为核心价值双向沟通的纽带的要义所在。

三、社会主义核心价值体系与企业核心价值观双向建构的辩证分析

社会主义核心价值体系与企业核心价值观双向建构过程的实质是社会主义核心价值体系的企业化与企业核心价值观的社会化。社会主义核心价值体系企业化的直接结果是企业核心价值观的生成和扩展；企业核心价值观社会化的运动方向是社会主义核心价值体系的丰富和发展。这种企业化与社会化的双向运动是双向建构过程的核心环节所在。

（一）社会主义核心价值体系企业化与企业核心价值观的生成和扩展

社会主义核心价值体系企业化这一命题有几重含义：第一，社会主义核心价值体系的应用和传播是其存在形式；第二，社会主义核心价值体系须与企业的主体性实践相结合；第三，社会主义核心价值体系须与企业的实际情况相结合；第四，企业应主动以社会主义核心价值体系为引领和导向。在这里，企业化是社会主义核心价值体系向企业生产力转化和形成的中间过程，其直接结果是企业核心价值观的生成和扩展。因此，社会主义核心价值体系企业化的过程同时就是企业核心价值观的生成和扩展过程。同时，前者为后者提供了内容支撑、价值标准和运行导向。后者为前者提供了转化途径、中介动力和实践依托。需要指出的是，在上述双重过程中，企业家扮演着重要的角色。企业家在社会主义核心价值体系企业化进程中的主动性、自觉性和能动性的高低与企业核心价值观的生成和扩展状况紧密联系。如果割裂了社会主义核心价值体系与企业核心价值观的必然联系，企业家所形成的企业"老板文化"必然是一种孤芳自赏的企业孤岛文化。

（二）企业核心价值观社会化与社会主义核心价值体系的丰富和发展

企业核心价值观社会化这一命题的含义是：企业核心价值观作为整个社会价值体系的重要组成部分，其生成和运行离不开社会这个大网络及其发展趋势，并不断为整个社会核心价值体系的丰富和发展提供元素和支撑。企业核心价值观社会化的过程是这一价值观社会认同度不断提高的过程。所以，我们也可以这样理解"社会化"即企业的核心价值观在企业内部和外部获得社会公众的广泛认同，达成一种普遍的共识，形成一套社会广泛认可的经验，与整个社

会的主流意识形态相符合。在我国，企业核心价值观社会化过程也是社会主义核心价值体系丰富和发展的过程。前者为后者提供了基本动力，后者为前者提供了运行方向。基于企业核心价值观的社会化，社会主义核心价值体系得以丰富和发展，具体表现为：第一，既增加了价值基础的多样化和多元化，又夯实了核心价值观（体系）的一元性指导地位；第二，社会主义核心价值体系的外延得以扩展、内涵更加深刻；第三，社会主义核心价值体系更加完善、结构更趋合理、内容更具深度和广度。企业核心价值观的社会化是社会主义核心价值体系的生命力所系，是发展活力所系。

四、社会主义核心价值体系与企业核心价值观双向建构的文化管理模型

社会主义核心价值体系与企业核心价值观双向建构的动态过程因不同企业主体间主体行为的差异而呈现多样化的建构特征。企业管理的更高层面属于文化的管理，而主动推进社会主义核心价值体系与企业核心价值观的双向建构则是企业文化管理的重要内容。因此，基于企业主体的实践行为，基于核心价值双向建构一般过程所建立的文化管理模型对于当前开展企业文化建设具有理论意义和工具价值。

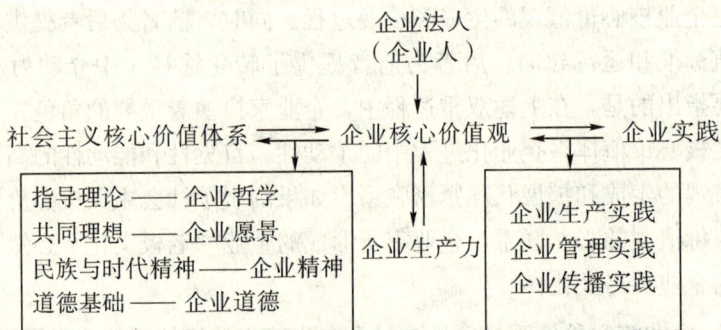

图1　企业核心价值双向建构的文化管理模型

在如图1所示的文化管理模型中，有以下几个方面的体现。

一是体现了企业法人和企业人作为实践主体的自觉能动性，包括企业主体的生产、管理与传播实践行为，核心价值建构行为，前者是后者的前提和基础。

二是体现了企业法人和企业人作为实践主体的双重社会责任和价值贡献，

包括对社会主义核心价值体系的构建和完善（精神价值）、对社会生产力（生产价值）的根本推动两个方面。

三是体现了社会主义核心价值体系与企业核心价值观双向建构的动态过程。社会主义核心价值体系以理论层面为主导，统领理想、精神和道德三个层面的企业化过程直接结果就是包括企业哲学、企业愿景、企业精神和企业道德四位一体的企业核心价值观的生成和扩展；反之，则是基于企业核心价值观的反向构建，社会主义核心价值体系在四个层面上丰富和扩展。

四是体现了以企业核心价值观为内核的企业文化力与企业生产力的双重转化。

五、结语

基于企业主体实践行为的社会主义核心价值体系与企业核心价值观的双向建构过程内含企业化与社会化的双重过程和辩证关系，凸显企业在核心价值双向构建关系中的主体地位。这启示我们，作为企业法人、企业家或企业一般员工，应主动将社会主义核心价值体系内化于企业文化内核之中，与企业生产实践、管理实践和传播实践相结合，从而生成符合企业自身实际的、能够促进企业生产力发展的、具有正确价值导向的核心价值观，最终指向对社会双重责任的担当和双重价值的贡献。

理论篇

以科学发展观引领中小企业文化创新

——以 ABC 公司为例

常丽菲

（四川大学工商管理学院）

近年来我国的中小企业发展迅猛，成就瞩目，最新的数据表明，中小企业所创造的 GDP 总值超过了社会生产总值的一半以上，有些地方 80% 以上的财政收入是中小企业和非公经济提供的，所以说非公经济和中小企业已经成为拉动国民经济增长的中坚力量。既然中小企业在我国的经济发展中占有举足轻重的地位，那么中小企业认真贯彻党的十七届六中全会精神，加强企业文化建设，大力学习科学发展观，进行企业文化创新就具有重要意义。

中小企业由于规模小，发展中需要解决的问题很多，企业领导层觉得企业文化建设不是他们急需解决的事情，因而导致大部分的中小企业都不重视企业文化建设。然而，企业文化是在一定社会经济文化大环境下形成的亚文化，具有社会性、继承性、创新性和融合性等特征，对全体员工具有激励功能、自控功能、内聚功能、导向功能和内外沟通功能。一个企业要做到最优秀，最具有竞争力，必须在企业文化观上下工夫，塑造卓越的企业文化。企业老板都希望树立优秀的企业文化，以此来凝聚企业的员工，为企业的发展做贡献，为此，需要企业及时进行企业文化建设与创新。

一、发展是中小企业企业文化建设的第一要义

科学发展观的第一要义是发展。发展一词体现在中小企业文化建设中就是指企业文化创新。企业文化创新是指为了使企业的发展与环境相匹配，根据自身的性质和特点形成体现企业共同价值观的企业文化，并不断创新和发展的活动过程。企业文化是企业的灵魂，21 世纪企业竞争的核心在于企业文化竞争。因此，中小企业要想在未来的发展中立足进而取胜，就必须重视企业文化的建设，企业文化要与时俱进。

ABC 公司是一家正在快速成长的中小型企业，它是我国众多中小型企业中及时进行文化创新的企业之一。由于企业文化创新的前提是企业经营管理者思想观念的转变，因此该公司的董事长非常注重自身的修养，甘愿担当企业文化创新的领头人。经济全球化、知识经济和信息社会的到来，对企业家的素质提出了新的挑战：需要科技知识与人文知识的综合，需要古今中外多种科技文化知识的综合；要打开国际市场，还需要对各国各地区的生活习惯和风俗民情有综合性的了解与把握，单靠哪一门专业知识和管理知识都难以胜任综合创新的任务。实践证明，企业家只有具备了融通古今中外科技知识与人文知识、管理经验与风俗民情，善于应对各种市场变化的智慧，才能具备不断创新的实力，获得市场竞争的主动权。只有企业家自身不断学习、带头进行创新，企业才会不断融入新的思想，才能不断发展。

二、以人为本是中小企业企业文化建设的核心

科学发展观的核心是以人为本，体现在企业中就是要以企业的员工为核心。企业作为一种以人与人的组合为基础的经营实体，其经营行为必然要人格化，也就是说，企业必须是以人为核心的企业，企业的所有活动都必须靠人来执行。现代企业文化的根本基点和本质特征是以人为本。中小企业的企业文化创新中以人为本的理念主要体现在以下三个方面。

1. 经济方面

中小企业坚持以人为本的发展理念，在经济方面，要在保证经济发展的基础上，不断提高人民群众的物质文化水平和健康水平。企业发展的目的首先应该是不断提高人们的物质文化水平，盈利其实应该是顾客对企业的回报，是企业发展所带来的结果。

2. 环境方面

以人为本还要求中小企业在发展的过程中要充分考虑广大人民群众的利益。在发展经济的过程中，避免乱开发，破坏生态环境，使自然资源受到极大浪费，不用或少用不可再生资源，限制废水、废气、废渣的排放，保护好人类赖以生存自然环境；以人为本，要求中小企业在生产产品的过程中，严禁添加有害物，使危害百姓健康的事件不再发生。

3. 员工方面

企业是由员工组成的，企业的发展必然离不开员工的努力。因此，企业要想获得长远的发展，就需要对员工加强重视。尤其是中小企业，更应该关注员

工的切身利益，不仅要关心员工的工作，还要关心他们的生活，不断提高员工的福利待遇，提高员工的职业生活质量，为员工排忧解难。

说到以人为本，不得不说一下 ABC 公司在企业文化建设中对该精神的身体力行。ABC 公司高度重视企业的人性化建设，对顾客、对员工同样的关心。对顾客，ABC 公司奉行以下原则：一是对用户保持始终如一的态度，不能博其一时高兴，长年累月都要如此；二是对用户价值进行详细分析；三是预测用户需求；四是提倡有亲近感的交往，把顾客当作朋友，讲究待客之道；五是让用户学会自我服务；六是要结合用户满意度修订考核制度。对企业内部员工，ABC 公司非常重视员工的精神文化建设。ABC 公司为了加强职工的爱国主义精神，每天都要员工齐唱国歌；ABC 公司为了使员工保持健康的身体，每天中午要求员工做广播体操，员工还要一起做眼保健操等；ABC 公司为了使员工的家人与员工和谐地相处、更好地理解和支持员工的工作，他们给表现好的员工的家人以物质和精神方面的奖励，使员工家人与公司融为一体。

三、全面、协调、可持续是中小企业企业文化建设的基本要求

结合科学发展观的要求，中小企业的企业文化创新要求可以概括为：东方企业文化与西方企业文化相结合、科技文化与人文文化相结合、传统企业文化与现代企业文化相结合。

1. 东方企业文化与西方企业文化相结合

随着经济全球化的发展，加之信息时代的到来，中国文化与西方文化的交流越来越多，文化的开放性和兼容性不断增强，文化融合成为当今的热点。由于西方国家的经济起步较早，当今发展已经比较成熟，西方的企业文化理念值得我们去学习，尤其是对于我国一些刚起步的中小企业而言。但是在面对鱼龙混杂的西方企业文化之时，我们一定要保持清醒的头脑，取其精华去其糟粕，不可全盘否定，更不能全盘接纳。西方的企业文化固然是好，但是考虑到中西方国家体制和国家政策的不同、企业发展模式的差异（程艳，伍金庭，2010），适合于西方企业发展的企业文化在我国不一定也能够存活下去。所以我们在学习西方先进的企业文化的同时，要静下心来审视一下我国的企业是否能够接纳这样的企业文化，这样的企业文化引入我们的企业会不会带来"水土不服"的现象，唯有适合的才是最好的。

2. 科技文化与人文文化相结合

随着科学技术的不断发展进步，企业依靠科学技术创造了高度发达的物质

文化，传统的思维方式和社会观念发生了巨大的变化，科学理性取代神性成为社会的主宰力量，一切自然、社会和人类的问题都被纳入科学实证的范围之内，都要用科学理性和科学方法去加以解决。但是科学理性的过度扩张，也带来了日益严重的负面效应。科学文化与人文文化的结合实际上就是大自然与人类社会的和谐。全球化时代的到来，企业在科学技术带动下的飞速发展，带来了各种各样的环境问题，例如环境污染、能源危机、核辐射、资源短缺、温室效应等。因此当企业在采用先进的科学技术为人类自身谋福利的同时，我们也应该自觉地遵守自然规律，做到既遵循科学精神，又要估计其可能产生的恶劣后果，从而使得科学技术与人文文化相结合。

3. 传统企业文化与现代企业文化相结合

传统的企业文化是企业在历史的发展过程中经过数千年的积淀形成的，作为企业文化的框架，它以代代相传的形式影响着不同时代企业的行为模式。而现代企业文化是在时代发展的过程中不断融入的新的适合企业发展的文化元素，它体现着时代的精神。由此看来，现代企业文化是传统企业文化的发展和延伸。企业文化的可持续发展就体现在传统企业文化向现代企业文化的过渡方面，因此，我们不应该把传统企业文化与现代企业文化对立来看。在弘扬传统优秀企业文化的同时，根据时代发展的需要，融入现代企业文化的元素，要避免犯文化保守主义和文化激进主义的错误。

作为我国中小企业的一员，ABC 公司在进行企业文化创新的同时，很好地贯彻了科学发展观的要求，公司认真学习西方现有的企业文化理念，与我国原有的文化理念相结合，洋为中用，来管理自己的企业；公司遵循健康科学的生产配方、环保节能的生产方式与人文文化相结合；公司将传统企业文化的精髓，与现代先进的企业文化相融合，做到古为今用。

四、统筹兼顾是中小企业企业文化建设的根本方法

中小企业在进行企业文化建设时一定要把握好科学发展观提出的统筹兼顾的思想方法，做到既能总揽全局又能统筹规划、既能立足当前又能着眼长远、既能全面推进又能重点把握，正确处理企业文化建设与其他各方面工作的关系，做到知己知彼、百战百胜。

ABC 公司在进行企业文化创新的过程中，恰当地使用了统筹兼顾的方法。一方面企业正确地认识了企业文化创新与思想政治的关系、企业文化创新与企业制度创新的关系；另一方面，企业能够妥当地处理企业文化创新与企业经营

管理理念创新的关系。正是由于 ABC 公司对统筹兼顾方法的正确认识和应用，才使得公司的发展蒸蒸日上。

论核心价值体系的企业践行路径

郭 祎

（中共成都市委党校）

党的十七届六中全会审议通过的《中共中央关于深化文化体制改革推动社会主义文化大发展大繁荣若干重大问题的决定》中指出："社会主义核心价值体系是兴国之魂。"这是继"以经济建设为中心是兴国之要""四项基本原则是立国之本""改革开放是强国之路"等著名论断之后，中国共产党提出的又一具有重大现实意义和深远历史影响的重要论断，进一步明确了社会主义核心价值体系在党和国家事业发展中的重要地位和作用。实践证明，社会主义核心价值体系是兴国之魂，也是引领企业发展之魂，是提升企业竞争力、实现企业基业长青的思想支撑和永续动力。新时期，企业只有将践行社会主义核心价值体系作为生存、发展与壮大事业的主线，企业才能在竞争激烈的市场环境中不断提升能力和立于不败之地。

一、培育员工公民意识践行核心价值体系

无论是从企业发展的整体目标定位上，还是从企业运行中的各个环节中来看，坚持马克思主义指导地位、中国特色社会主义共同理想、以爱国主义为核心的民族精神和以改革创新为核心的时代精神、社会主义荣辱观等都具有重要而深远的意义。其中最为重要和具体的体现就是有助于培育企业员工的公民意识，有助于强化企业员工的公民身份认同和提高公民素养，这将是现代企业科学发展的基本前提和保证。与此同时，员工公民意识的培育和公民素质的逐步提高，也有助于避免和割除企业，尤其是传统企业运行中的官僚主义弊端，列宁曾认为官僚主义是"我们内部最可恶的敌人"。毋庸置疑，官僚制或官僚主义是现代企业制度和现代企业管理中的大敌。

公民意识的高低是衡量一个国家法制建设程度的重要指标，也是决定企业

理论篇

45

发展步入规范化、现代化、国际化发展轨道的重要因素。企业员工的公民意识不仅指员工依法具有的权利意识、义务意识和责任意识，而且还包括员工的公共意识、合作意识、担当精神以及公正心态等。坚持马克思主义指导地位是培育公民意识的正确方向，树立中国特色社会主义共同理想是培育公民意识的现实定位，以爱国主义为核心的民族精神和以改革创新为核心的时代精神不断为公民意识注入鲜活动力，社会主义荣辱观是公民意识的道德促进。企业在实践中努力以核心价值体系为指导探索的培育员工公民意识路径是多种多样的，既可以遵循法治和德治相结合的思路，也可以通过员工与企业的双向互动达成共识，在具体的项目运作中凸显员工的义务意识、公共意识和责任意识，在企业制度规范、环境保障、人文条件等方面保障企业员工的各项法定权利，促进员工在点点滴滴的工作落实及项目创新中体验到公民意识的积极优势和成果。

二、提升企业领导能力践行核心价值体系

企业管理者的领导能力是企业进行核心价值体系践行的关键所在，提升企业领导能力既是核心价值体系践行的推动者，也是核心价值体系贯彻的受益者。坚持社会主义核心价值体系一方面为企业领导者树立正确的世界观、价值观、事业观提供思想保证，促进企业朝着"以人为本"的科学发展方向不断前进；另一方面将社会主义核心价值体系内容、原则及丰富内涵等贯穿于领导与日常管理的全过程，有利于在提升领导者自我修养、自我能力的同时形成与企业其他管理者以及所有员工的共同理想、互动理念，促进企业营造以人为本、上下联动、合作共赢的良好氛围。

从企业领导者带头践行核心价值体系的角度看，提升企业管理者的以下领导能力至关重要：一是把握大局的能力。这个大局不仅仅是企业发展的长远以及整体利益的大局，还涵盖国家改革开放及全面建设小康社会的大局，如何将企业发展与国家发展结合起来，如何将经济利益与政治觉悟结合起来，如何将员工利益与社会责任结合起来，这些无一不需要领导者增强大局意识，提升把握大局的领导能力和水平。二是统筹兼顾的能力。统筹兼顾体现在企业内部和企业外部，更重要的是企业内部，不仅仅是因为内因是决定因素，更重要的是现代企业管理制度的内在要求，统筹兼顾内部各要素、内部各利益、内部各诉求，考量的是企业领导者高超的现代管理艺术，这一点看来十分复杂，但有一点是值得坚持和努力的，即努力形成企业共享的、相对稳定的核心价值观。三是制度领导的能力。制度领导有广义和狭义之分，广义上的制度领导之"制

度"包括国家宪法法律制度及相关政策；狭义上的"制度"仅仅指的是企业内部的章程、各种管理制度和管理规约。但两者的共同点是强调领导者强烈的规则意识和规则执行力。制度领导的最大优势在于避免领导决策、执行、控制、监督等活动中的随意性，促进企业领导者领导行为的规范化、制度化、科学化，其关键是提高企业制度水平和增强领导规则意识。

三、落实企业社会责任践行核心价值体系

美国思想家爱默生曾说："责任具有至高无上的价值，它是一种伟大的品格，在所有价值中它处于最高的位置。"阿根廷当代作家科尔顿也说："人生中只有一种追求，一种至高无上的追求——就是对责任的追求。"马克思曾说："人们只有为同时代人的完美、为他们的幸福而工作，才能使自己也达到完美。"企业也是如此，尽管企业的第一追求是利益，但这与完成社会责任是不矛盾的，或者说优秀的企业总能找到缓解两者冲突的较好路径。一般说来，一个企业的发展大致会经历三个阶段：追求利润、追求规模、企业公民。就中国的本地化企业而言，绝大部分企业的社会责任意识不强，仍停留在第一阶段。令人欣慰的是，我们已经在近年来的重大事件中看到了我国企业的巨大进步，无论是汶川大地震、玉树受灾，还是舟曲泥石流、国外受灾等，捐款捐物、慷慨解囊，向世人展现了中国企业在履行社会责任层面的与时俱进。

需要特别提醒的是，落实企业社会责任并不局限于在重大事件中的财务捐献或身先士卒，更重要的是在日常的常规生产、销售及分配中严格依法履行职责和法定义务，不因单纯的利益追求而忽略生产环节或省略生产工序，这一点可以三百多年同仁堂的古训为鉴："炮制虽繁必不敢省人工，品味虽贵必不敢减物力。"当然，这一点从近年来出现的"瘦肉精""染色馒头""毒豆芽""皮革胶囊"等恶性事件中也看到了一些企业在社会责任领域的严重不足，极大地损害了消费者对企业的信赖度和公信力，严重影响了企业的健康发展。所以，落实企业社会责任或进行企业公民建设的核心任务在于强化企业运行中的质量控制，树立质量兴业的发展目标，以质量求生存、求发展，努力在每个环节中做到诚实守信、遵纪守法、服务人民，以产品和服务的高质量践行社会责任，无疑是对社会主义核心价值体系的最好诠释。

理论篇

47

四、完善企业文化制度践行核心价值体系

文化是一个企业的灵魂，是保持企业永葆生机活力的源泉。企业文化有广义和狭义两种理解。广义的企业文化是指企业所创造的具有自身特点的物质文化和精神文化；狭义的企业文化是企业所形成的具有自身独特个性的经营宗旨、价值观念、评判标准和道德行为准则的综合。企业文化具有指引性、独特性、继承性、相容性、人本性、整体性、创新性等特点，其中最易忽略的就是创新性。尽管企业文化应当保持一定的、甚至是高度的继承性和稳定性，但创新企业文化却是企业与时俱进的一种重要体现。正如小平同志所说："一个党，一个国家，一个民族，如果一切从本本出发，思想僵化，迷信盛行，那他就不能前进，它的生机就停止了，就要亡党亡国。"核心价值体系本身也是一个需要不断创新和逐渐丰富的过程，结合社会主义核心价值体系对企业文化进行创新不仅是必要的，而且也是可行的，具有一定的现实意义和实践价值，核心价值体系应当成为企业文化制度的一种原动力，后者反映和承载着核心价值体系。

创新和完善企业文化制度是践行核心价值体系的重要步骤，具体实施中可从以下两个方面着手：一是找准企业文化和核心价值体系的价值结合点和现实结合点，强化企业文化的人文关怀和社会关注，促进企业在发展中更具人文性和社会性；二是梳理企业文化制度，将不符合、不顺应、不协调社会主义核心价值体系的制度进行认真研究，分析其继续保留的价值和完善的思路方向，强化企业文化诸多制度之间的衔接互动，促进企业文化制度更具时代感和操作性。企业文化归根结底是人的文化，以关注、关心和关怀人为核心，尊重劳动、尊重知识、尊重创造、尊重人才是企业发展的内在动力和不竭源泉。以社会主义核心价值观引领企业文化发展，将引导企业文化沿着正确的方向不断前进。以核心价值体系为指导，重视、完善和实施企业文化制度，建设优秀的一流的企业文化制度，为企业能在竞争中立于不败之地提供强大的软实力保证。

五、凝聚企业发展共识践行核心价值体系

企业共识是指一个企业内不同职别、不同利益的人所寻求的共同认识、价值、理想、想法。但是在现代民主法治进程中，企业共识并不等于所有企业成员就所有问题或大多数关键问题达成一致意见，而意味着企业要养成人际互

动、讨论、争辩、协商和妥协的习惯，要容忍异议的存在，甚至要克制自己，时刻保持冷静。从这个意义上说，凝聚企业发展共识有以下三种含义：一是企业需要凝聚共识。共识是企业健康发展的前提和保障，没有一致的共识，就不利于企业凝聚力的形成。二是凝聚的是企业发展共识。以发展的眼光看待企业问题和企业共识，用发展的思路化解企业发展中影响共识形成的种种问题。三是如何凝聚企业发展共识，核心价值体系为企业提供了一种思路和方法。

社会主义核心价值体系是建立在社会主义经济基础之上，反映社会主义现代化建设要求，体现社会主义意识形态的核心思想意识和价值观念。每一个社会都有自己的核心价值体系，每一个企业同样如此。如何充分运用核心价值体系凝聚企业发展共识的前提之一是如何看待企业发展中的异议、矛盾或冲突。应当强调的是，矛盾是推动事物不断向前发展的基本动力，企业内存在矛盾并不可怕或并不足惧。从很大程度上而言，可怕的是企业在发展中缺乏一种宽容不同意见、容纳冲突或化解矛盾的有效机制或规制办法。很多企业盛极而衰的悲剧警示我们，家长制或一言堂不利于企业现代管理理念、制度的推行，这与表面看来更具高效、更能推动计划落实的专制优势似乎矛盾，其实这是短期与长远关系的认识和评判，即长远的基业需要一套基于企业发展共识和符合现代企业发展规律的行之有效的制度。以共识形成制度，以制度促进发展，以发展完善制度，这应当是一个现代健康企业的科学发展轨迹。

理论篇

公民政治认同：社会主义核心价值体系建设的关键

胡 建

（西华师范大学马克思主义学院）

党的十六届六中全会首次明确提出"建设社会主义核心价值体系"的重要命题和战略任务，党的十七大进一步指出要"切实把社会主义核心价值体系融入国民教育和精神文明建设全过程，转化为人民的自觉追求"，进一步明确了建设社会主义核心价值体系的重要任务和具体途径。在此背景下，建设社会主义核心价值体系逐渐成为全党和全社会关注的一个富有重大理论与现实意义的问题。建设社会主义核心价值体系的关键在于取得广泛的社会认同，促进全社会对核心价值体系的深度信服与自觉认同，并最终在人们的生活、工作中自觉践行社会主义核心价值体系。换言之，要在全社会进行有效的社会主义核心价值体系构建，最关键的就是要解决社会公众对核心价值体系的政治认同问题，正确探讨民众的政治认同与社会主义核心价值体系之间的关系。

一、政治认同的科学内涵

政治认同是现代民主政治的一个重要概念。它是指社会公众在社会政治生活中对所属政治体系产生的一种感情和意识上的归属感，以及社会公众在政治生活中基于特定利益而积极支持、参与政治体系的实践行为活动。可见，政治认同是反映政治主体与政治客体之间关系的概念，是社会公众对政治客体做出的一种心理反应和行为表达。它不仅是一种意识范畴，而且是一种实践范畴。政治认同在现实政治生活中具有十分重要的作用。对政治体系而言，政治认同是政治体系维护其统治的基础，是政治体系运作的绩效体现，也是政治合法性的必备条件。对社会成员而言，政治认同是认同主体自身的政治价值和政治愿望在政治生活中的映照。社会成员认同一定的政治，就是认为这种政治能够实现自己的政治理想和政治价值，能够维护自己的权利，最大限度地实现自身的利益。因此，一种统治能够得以维持，一种制度能够得以延续，在很大的程度上取决于这种统治或制度下的人们对于该统治或制度一定程度的认可和接受。

政治认同在理论层面涉及"谁认同""认同什么"和"为什么认同"的三位一体的基本问题（吴家骥，2002）。其中，公民"认同什么"涉及政治认同的内容，即政治认同的对象或客体，它具体包括对民族、国家、政府、执政党、政策、利益、价值等的认同。概而言之，政治认同的内容一般分为意识形态认同、制度规则认同和经济绩效认同等方面。公民首先要从其生活的政治共同体中获得一定的利益，政党与政府要具有不断满足公民需要的显著的政绩，取得公民的政治信任或认同，才有可能使公民进一步服从与遵守该政党和政府的制度，才能产生对制度的认同，从公平的制度中，公民才能获得一种情感上的满足，在利益认同与制度认同的基础上，公民才能形成一种对主流意识形态的信仰，获得一种意识形态认同（孔德永，2007）。由此可见，经济绩效认同是政治认同的基础和前提，制度规则认同是政治认同的关键，意识形态认同是政治认同的核心与归宿。

公众对意识形态的认同，是以意识形态是否有利于自己的生活作为标准来判断的。意识形态作为一种具有行动取向的信念系统和思想观念，"它是合法性资源结构中最为基础的部分，它为政治体系的合法性提供道义上的诠释，它通过培育社会成员对于政治体系的合法性认同和情感来起作用，有助于政治权威的形成"（宫志岁，2004）。一种主流意识形态（政治价值）必须符合人们的内心期待和利益需求，才有可能被接受，才能与公众的心灵产生共鸣和契合。然而，人们的利益需求是多方面的，不同时代、不同阶级、阶层和群体都有着不同的利益需求内容。因此，意识形态只有满足不同时代与不同群体的利益需求，具有适当的包容性、灵活性、普惠性，才能获得公众的认同。如果一个社会中的主流意识形态不能根据社会发展变化而不断进行调整，不能给社会大多数成员提供精神的港湾，不能够给社会大多数人带来实实在在的利益，那么，它将成为一种僵化的教条，从而失去其原有的理论魅力。当前，在构建和谐社会的进程中，我们必须"建设社会主义核心价值体系，增强社会主义意识形态的吸引力和凝聚力"（《十七大报告辅导读本》，2007）。只有用具有广泛感召力的社会主义核心价值体系引领和整合多样化的思想观念和社会思潮，才能在尊重差异，包容多样的基础上保持全社会共同的理想信念和道德规范，增强公民的政治认同，形成全民族奋发向上的精神力量和团结和睦的精神纽带，打牢全党全国各族人民团结奋斗的思想基础。

理论篇

二、社会主义核心价值体系：公民政治认同的思想基础和核心内容

如前所述，政治认同形成的逻辑顺序是：经济绩效认同－制度规则认同－意识形态认同，即公民在利益认同与制度认同的基础上，最后才能形成一种对主流意识形态的信仰，获得一种意识形态认同。可见，意识形态认同是公民政治认同的核心内容与目标归宿。对于当今中国社会而言，社会主义核心价值体系是社会主义的主流意识形态，是公民意识形态认同的思想基础和核心内容。

一个政党、一个国家和一个民族赖以生存和发展的根本前提是具有共同的思想基础，具有一种能为绝大多数人所认同的主流意识形态。没有共同的思想基础，没有一种具有广泛感召力的主流意识形态，政党就要衰落、国家就要分裂、民族就要解体。然而，在当前改革开放和市场经济条件下，人们的思想观念、道德意识、价值取向越来越呈现出多样化、层次性，人们往往很容易疏忽、淡化，甚至否定主流意识形态的存在。正如有学者指出，最近十多年来，一种新型的消费文化在市民生活中萌生。由于这种消费文化具有政治淡化的倾向，社会对原有意义系统的认同受到一定程度的影响（李友梅，2007）。在此背景下，用什么来作为社会共同的思想基础，使之引领人们在思想道德上不断提升和进步呢？社会主义核心价值体系的提出，集中回答了这个问题。社会主义核心价值体系的提出，就是对我们党和国家共同的思想基础的基本内涵和基本要求做出的明确回答。这将更加有利于在多元价值体系并存的情况下坚持社会主义意识形态的主导地位，有利于全党全社会自觉维护我们共同的思想基础，最大限度地形成社会思想共识与公民的政治认同。

任何社会、国家都有自己的核心价值体系。"社会核心价值体系，是指在社会生活中居于统治和引导地位的社会价值体系，它能够有效地制约非核心、非主导的社会价值体系作用的发挥，能够保障社会经济制度、政治制度、文化制度的稳定和发展"（吴潜涛，2007）。社会主义核心价值体系是社会主义意识形态的本质体现，它是社会主义制度的内在精神和生命之魂，在所有社会主义价值目标中处于统摄和支配的地位，其基本内容包括四个方面：马克思主义指导思想、中国特色社会主义共同理想、以爱国主义为核心的民族精神和以改革创新为核心的时代精神、社会主义荣辱观。

其一，马克思主义指导思想是社会主义核心价值体系的主导和灵魂。马克思主义提供的是科学的世界观，是认识世界和改造世界的立场、观点、方法，

是建设社会主义的理论基础和行动指南；坚持用马克思主义的立场、观点、方法来正确认识社会发展，正确认识社会中的思想意识主流，在错综复杂的社会现象中看清本质、明确方向。其二，中国特色社会主义的共同理想是社会主义核心价值体系的主题和价值目标。这个共同理想，就是在中国共产党领导下，走中国特色社会主义道路，实现中华民族的伟大复兴。这样的理想和价值追求，集中了我国工人、农民、知识分子和其他劳动者、建设者、爱国者的共同利益和愿望，是保证全体人民在政治上、精神上团结一致，克服各种困难、创造美好未来的强大精神纽带和动力，它能够得到广泛的社会认同，有着很强的包容性，具有强大的感召力、亲和力、凝聚力。其三，以爱国主义为核心的民族精神和以改革创新为核心的时代精神是社会主义核心价值体系的精髓和价值指向。民族精神和时代精神是相互交融的，深深熔铸在民族的生命力、创造力和凝聚力之中，深深熔铸在社会主义核心价值体系之中，使中华民族能够以昂扬向上的精神状态自立于世界民族之林。其四，社会主义荣辱观是社会主义核心价值体系的价值基础。以"八荣八耻"为主要内容的社会主义荣辱观，明确了当代中国社会最基本的价值取向和行为准则，体现了中华民族传统美德、优秀革命道德与时代要求的有机结合，它是市场经济条件下判断行为得失、确定价值取向、做出道德选择的基本准则。总之，社会主义核心价值体系四个方面的基本内容，相互联系、相互贯通，共同构成一个完整的价值体系。这些内容既是科学理论和文化发展的宝贵结晶，又是中国特色社会主义思想道德建设的时代要求，具有客观真理性和历史必然性。

社会主义核心价值体系，作为我国的主流价值体系和主文化，具有崇高性、共享性、导向性、合理性等这样一些软实力的特征；它在科学精神与人文关怀的基础上，为理解个人与社会、个人与国家、个人与民族、个人与文化、个人与环境的关系，为解释生死现象、人生价值、生存意义，为确定价值取向、做出行为选择、判断是非曲直等等，提供了核心理念和基本准则（郑杭生，2009）。正因为如此，社会主义核心价值体系便顺理成章地成为公民政治认同的思想基础与核心内容。然而，社会主义核心价值体系，只有变成全社会的共识，为广大社会成员所认同、所接受、所掌握，才能真正成为社会精神生活的主旋律，成为社会发展进步的助推器。因此，在实践中要以社会主义核心价值体系建设为根本，切实加强精神文明建设，用社会主义核心价值体系来最大限度地扩大公民的政治认同，不断提高公民对社会主义核心价值体系的理解力与认同度。

三、以政治认同为诉求，推进社会主义核心价值体系建设

社会主义核心价值体系在和谐文化建设乃至整个社会主义建设中主导作用的发挥，最终有赖于形成公民的政治认同。因此，建设社会主义核心价值体系的关键，在于通过各种有效的形式和途径，把社会主义核心价值体系的精神实质内化为公民个体的认知，再外化为公民的具体行为，最终使社会主义核心价值体系为广大社会成员所感知、所认同、所掌握，真正成为社会精神生活的"主旋律"。

第一，遵循价值认同的一般规律，坚持主导性与多样性相结合的原则。

社会主义核心价值体系既继承优良传统又体现时代精神，既立足本国又面向世界，既坚持导向性又尊重差异性，既具有崇高性又包容大众化，体现了求同存异、和而不同的整合性品格，具有强大的整合力和引领力。因此，构建社会主义核心价值体系，要尊重价值认同的一般规律，坚持主导性与多样性相结合的原则，在多元价值体系并存的情况下实现社会主义意识形态的一元主导和统领地位。

在价值认同的过程中，必然要面对"一"与"多"的矛盾，要处理好价值观念的"一元化"与"多样性"的关系。"一方面，我们不能把价值认同理解为无条件的普遍有效的绝对真理或真理的表达形式，认为价值认同就是追求一种绝对的价值观念上的'同一'。另一方面，我们的价值认同也不是放弃一切内在规定性的无条件的对各种价值观念的接受与肯定。虽然我们不拥有先天一致的意义，但是，我们的价值活动从来都内含着概括杂多现实和寻求共性的努力"（王荶，2006）。由此可见，在强化对社会主义核心价值体系的认同过程中，首先要坚持多元价值体系的一元导向，即在社会理想、思想道德、观念体系、行为准则等意识形态领域，全社会只允许一种思想理论体系作为它的指导思想和主导理论，不允许有其他的思想理论体系同它争夺意识形态领域的领导权（罗国杰，2002）。在当代中国，意识形态领域只能以马克思主义为指导，不能搞指导思想多元化，否则整个意识形态就会陷于一种混乱状态，导致我国主流意识形态的非社会主义化和整个意识形态失序，引起人心混乱和社会动荡。因为"思想文化阵地，马克思主义、无产阶级的思想不去占领，各种非马克思主义、非无产阶级的思想甚至是反马克思主义的思想就会去占领"（《江泽民文选》第1卷，2006）。其次，在坚持社会主义意识形态的主导地位的前提下，尊重差异，包容多样，允许多元价值体系并存，而不是要整齐划一。坚持

社会主义核心价值体系的指导地位，并不是要否定除此之外的其他社会意识，恰巧相反，对多样化的社会意识要承认、尊重、包容甚至是吸纳。我们要以核心价值体系为引领，建立和形成多个层次、多元并存的思想价值体系。正如党的十六届六中全会指出的，一方面，"坚持以社会主义核心价值体系引领社会思潮"；另一方面，"尊重差异，包容多样，最大限度地形成社会思想共识"。

第二，进行广泛深入的宣传教育，促进知、情、行的统一。

一种意识形态，只有民众对它产生认同与信仰，它才会发生作用，才能从一种精神力量变为物质力量，否则意识形态只能成为一种摆设。而意识形态要为民众所认同、信仰，其运作的一般方法是统治阶级利用各种媒体大肆宣传其理论。因此，当前我们推进社会主义核心价值体系建设，首先就要对其进行广泛的宣传教育，使之获得民众的认同与信仰。社会主义核心价值体系的宣传教育，应该成为宣传思想工作的重中之重，而且应当融入国民教育和精神文明建设的全过程，贯彻到新闻出版、广播影视、文学艺术、社会科学等各方面工作中。同时，要紧密联系现代化建设的现实成就和群众的切身感受，进行生动的理想信念教育，引导人们正确认识国情和国家发展形势，不断增强对中国共产党领导、社会主义制度、改革开放事业的信念和信心。在此过程中，尤其要注意宣传教育工作的适度性和有效性。实践证明，仅仅靠形式主义的运动方式让社会公众去认同或信仰某种主义或理论，是不会产生多大效果的，这是因为"意识形态工作不能简单化、表面化，不能仅以直白的政治口号作为自己的工作语言，这样的工作方式和工作语言不仅会损害意识形态本身的形象，也很难达到预期的目标和理想的效果"（俞吾金，2005）。因而，要切实增强宣传教育工作的说服力和有效性，必须以回答现实问题为指向，以理服人、以情感人。

通过对社会主义核心价值体系的广泛宣传教育，促进公民对社会主义核心价值体系的认知认同、情感认同和行为认同的有效结合与统一。认知认同是价值认同的发端，是情感认同和行为认同的根据。人们在接受一定的价值观或价值体系、产生价值认同之前，首先要有一些基本的认知和了解。因此，要引导人们加深对社会主义核心价值体系的理解，准确把握其基本内容、现实目标、鲜明特征和实践要求，增强建设社会主义核心价值体系的自觉性、坚定性。情感认同是指在对某一事物有了深刻全面的了解的基础上在情感上对其产生的满意、喜爱以及肯定的态度，它一经形成，就会对认知认同有巨大的强化作用。因此，对社会主义核心价值体系的情感认同是产生在对其认知认同的基础上，是对认知认同的进一步强化和巩固。在一定意义上，情感认同可以说是对社会主义核心价值体系内化的完成，即运用社会主义核心价值体系的要求和原则去理解、评价周围环境中的人和事物，并使民众形成稳定的深厚的情感。做到对社会主义核心价值体系知、情、行统一的关键在于行，即是说在对社会主义核心价值体系的认知认同和情感认同的基础上，将其内化为自己的价值准则和行为规范，并指导自己的实践活动，形成行为认同。这是公民对社会主义核心价值体系认同的目标和归宿。

第三，通过大众文化的渗透，使民众自觉接受社会主义核心价值体系。

社会主义核心价值体系的建设是一个理论与实践相结合、知与行相统一的过程。它必须贯穿于文化建设的各个方面，特别是通过大众文化的渗透，使之成为全社会成员普遍接受、自觉遵守奉行的价值理念。美国著名学者卡斯特认为，认同是在文化特质或相关的整套文化特质的基础上建构意义的过程（曼纽尔·长斯特，2003）。当今社会，企图依靠宣传某种抽象的理论原则和信仰来达到社会群体的认同已不可行。人们是受利益影响和情境导向的，这种导向通过丰富多彩的文化形式影响着人们的观念。因此，社会公众的意识形态认同必须以一定的文化形式为载体，通过有效的社会文化建设使公众普遍接受、认可主流价值和意识形态。

意识形态在社会中的传播主要有精英文化的形态和大众文化的形态。其中，精英文化是以知识分子或文化人为受众，旨在表达他们的审美趣味、价值判断和社会责任的文化表现形式，精英文化形态的意识形态适合于受过较高教育的人群，需要进行逻辑思考。大众文化又称通俗文化，指反映大多数人的兴趣和爱好、易为大多数人所接受的，以大众传播媒介（机械媒介和电子媒介）为手段、按商品市场规律去运作的、旨在使大量普通市民获得感性愉悦的日常文化形态；其特点则是浅显易懂、形象化。在今天的消费时代，随着大众传播媒介的发展与广泛应用，整个社会已被纳入了大众媒介之中，人们已身处大众文化的包围之中，"人们花费大量的时间听收音机，看电视、电影，听音乐、购物，阅读报纸、杂志，参与这样那样形式的媒介文化。因此，媒介文化开始主宰日常生活，成为无处不在的背景，而且也是对我们的注意力和行为极具吸引力的前景，一些人认为媒介文化正在瓦解人的潜能和创造力"（Douglas Kellner，1995）。与此同时，我们时代的文化正在从以文字为中心向以形象为中心转变，不单是文化水平不高的大众，而且许多知识分子也不愿进行较深入的社会政治思考。因此，主流意识形态更多地需要通过大众文化来向广大民众传播（冯周卓，2009）。一方面，意识形态对大众文化的产生和发展具有一定的规范和制约作用；另一方面，大众文化成为意识形态得以建构的文化资源。大众文化深深地嵌入当今时代的社会生活和各种制度，它所涉及的社会精神生产和大众生活的任何一个方面，或隐或显地流露出意识形态的意向。然而，在市场经济的冲击下，大众文化出现世俗化、"快餐化"的倾向，人们只顾追求享乐却忘了付出和责任，没有了理想的追求和发展的动力。针对这一趋势，我们的文化工作者应当充分考虑民众的需要，善于运用各种文化形式来表现社会主义核心价值体系的深刻内涵和精神实质，把社会主义核心价值观巧妙地嵌入到作品的人物、情节中，创造出能够深刻打动人心、富有时代精神的大众文化作品，用进步的思想观念和精美的艺术形象感染与教育大众，让人们在美的享受中受到鼓舞、得到启迪，最终使社会主义核心价值体系为广大社会成员所感知、所认同、所掌握。

参考文献：

本书编写组. 十七大报告辅导读本［M］. 北京：人民出版社，2007.

冯周卓. 以马克思主义意识形态建设推进社会主义核心价值观认同［J］. 道德与文明，2009，(6).

宫志刚. 社会转型与秩序重建［M］. 北京：中国人民公安大学出版社，2004.

卡斯特，曼纽尔. 认同的力量［M］. 夏铸九，等，译. 北京：社会科学文献出版社，2003.

孔德永. 政治认同的逻辑［J］. 山东大学学报：哲社版，2007 (1).

李友梅，等. 社会认同：一种结构视野的分析［M］. 上海：上海人民出版社，2007.

罗国杰. 马克思主义德育理论［M］. 北京：高等教育出版社，2002.

王韦. 建构现代中国社会的价值认同［J］. 探索，2006 (1).

吴家骥. "三个代表"与当代中国的政治认同［J］. 学术探索，2002 (5).

吴潜涛. 准确理解社会主义核心价值体系的科学内涵［N］. 人民日报，2007-02-12.

俞吾金. 新时期意识形态的特性［N］. 人民日报，2005-06-01.

郑杭生，等. 走向更有共识的社会：社会认同的挑战及其应对［M］. 北京：中国人民大学出版社，2009.

中共中央关于构建社会主义和谐社会若干重大问题的决定［M］. 北京：人民出版社，2006.

中共中央文献编辑委员会. 江泽民文选：第1卷［M］. 北京：人民出版社，2006.

Douglas Kellner. *Media Culture*. Landon and New York：Routledge，1995.

理
论
篇

红色企业家与社会主义核心价值体系

李克勤

（湖北工业大学管理学院）

　　践行社会主义核心价值，是动态的，而非静态的实践，这是不言而喻的。问题在于怎样践行。像吴仁宝、王宏斌、郭凤莲、史来贺等一大批土生土长于中国农村，坚持走集体经济共同富裕之路，保持共产党员全心全意为人民服务本色，同时又善于在市场里经营企业，具有企业家精神的乡土企业家——红色企业家，这些年创造性地践行社会主义核心价值，非常值得我们做深入研究。我们研究的重点在于他们践行的特色，以及他们给我们的启示。

一、红色企业家践行社会主义核心价值的特色：道器变通

　　社会主义的核心价值体系是社会主义意识形态的本质体现，是全党全国各族人民团结奋斗的共同思想基础。坚持社会主义核心价值体系要求我们必须巩固马克思主义指导地位，坚持不懈地用马克思主义中国化的最新理论成果武装全党，教育人民，用中国特色社会主义共同理想凝聚力量，用以爱国主义为核心的民族精神和以改革创新为核心的时代精神鼓舞斗志，用社会主义荣辱观引领风尚，巩固全党全国各族人民团结奋斗的共同思想基础。

　　这个体系正式归纳是在 2006 年，而践行社会主义核心价值，显然在此之前就有了。那么，我们可以这样来分类，在 2006 年以后践行社会主义核心价值体系的人们，更多是贯彻执行，然后再加以创造。在 2006 年之前践行社会主义核心价值的人们则更多是创造性地践行。红色企业家是社会主义核心价值的创造者和实践者，而不是单纯的贯彻者。他们践行社会主义核心价值，其特色在于道器变通。

　　按照中国古代文化的讲法，一项事业的完成需要有一套体系，这个体系就是道器变通。《易·系辞上》曰："是故形而上者谓之道，形而下者谓之器，化

而裁之谓之变，推而行之谓之通，举而错（措）之天下之民，谓之事业。"

红色企业家的道器变通，既有中国人成就事业的共性，同时也有其个性。红色企业家的道就是社会主义，他们的器，就是走社会主义道路过程中，体现、创造的中国特色，这个特色是看得见摸得着的，是可以转化为器物的。而红色企业家比一般的人更善于变，从而达到通。

以华西村的红色企业家吴仁宝为例。

吴仁宝的道，不是外在于他和华西村的，而是从合作化时期开始，从社会主义改造时期开始的。从新旧社会对比中，吴仁宝和他的乡亲们深刻认识到"只有社会主义才能救中国"的真理。华西村建村（建队）整整50年，吴仁宝作为华西大队的党支部书记（华西村党委书记，人们现在干脆给了他一个独有的称谓"老书记"），在华西的发展历程中起了具有决定性意义的作用，这是大家的共识。

吴仁宝是个会经营、善管理的企业家，但他首先是一位共产党员，一位扎根基层艰苦创业的村级干部。

由于华西村坚持走集体经济之路，生产资料归村集体所有，是公有制，华西村和华西村的企业是全体华西村村民共有的；华西村50年的奋斗历程，是自力更生、艰苦创业的历程，是华西人在吴仁宝领导的华西党组织带领大家共同建设的过程。华西村成为"天下第一村"，是共建的结果，这个结果具体化为共富。共同富裕是个动态的过程，华西人因为共有、共建，理所当然就会共享"天下第一村"带来的富裕、荣誉，华西人就有了自己独特的幸福，村集体2010年销售收入超500亿元，每户村民的存款600万元~2000万元。吴仁宝说："人民幸福就是社会主义。"

吴仁宝在这50年，作为一个共产党员的根本信念始终没有变，走社会主义集体经济道路始终不动摇，在具体操作上，则坚持一切从实际出发，实事求是。吴仁宝就是我们说的红色企业家，既有"坚定正确的政治方向"，又有"灵活机动的战略战术"，还始终保持"艰苦朴素的工作作风"，他不是一个人单干，而是带着一个基层党组织的领导班子，率领一个村的全体村民，将大家组织起来整整干了50年。50年的风风雨雨，半个世纪的坎坎坷坷，这在中国共产党领导的社会主义建设事业中，别有意味，在世界村落建设史上，独树一帜。

吴仁宝无疑是社会主义核心价值的创造者和践行者。吴仁宝是个农民，他最佩服的农民就是陈永贵。

20世纪60年代初，在山西太原听过陈永贵报告的作家赵树理曾经说过：

"陈永贵没一处讲到毛主席，却处处都是毛泽东思想，没一处提到哲学，却处处都是辩证法，我佩服得五体投地，人才啊，人才！陈永贵了不起！"吴仁宝也是这样，他之所以能够领导乡亲们通过集体经济走上共同富裕之路，根本的一点就是他能够在实践中悟出道与理，并且将自己领悟的道理传播到周围的党员干部和群众，使得大家的思想和行为统一到党的路线、方针政策上来，这个过程又不是僵化的教条式的，而是充满创造性的思想引导，富有说服力的平等沟通，最重要的是他以身作则，身先士卒地起着模范带头作用。

吴仁宝和华西村的成就是干出来的，不是吹出来的。吴仁宝又善于总结和归纳。每当他领导华西村创造出鲜活的经验和做法，都及时总结，形成具有华西特色的"土标准"，这样的"土标准"是从实践中来的，是认识论范畴的，带有"道"的特性。可他并不就此停滞不前，而是将这样的道继续在实践中检验，在实践中创造新的"器"，不断的"道器"变通，形成精神变物质，物质变精神的良性循环，这个过程是物质生产和再生产过程，也是精神生产和再生产过程。

以吴仁宝为代表的红色企业家践行社会主义核心价值的特色，我们可以用"三性"来概括。

第一是自主性。真正的中国共产党党员，从加入党组织那天起就担当起全心全意为人民服务的神圣使命，吃苦在前，享受在后，在社会主义市场经济开始后，他们依然保持本色不变，同时又与时俱进，展现出改革创新的时代精神，他们作为集体所有制企业的法人代表，义无反顾承担起自主经营、自负盈亏、自我发展的风险和责任。正因为他们敢于承担常人所不敢、所不愿承担的为大家谋福利的责任，所以他们常常能够获得常人所无法获得的收益。这个收益包括两个部分，一个是无形的信誉，这是企业员工（主要是村民）和市场给的；另一个是有形的物质财富收益，他们不是独享，而是由村民共享。一次上级政府因吴仁宝经营企业有方，奖励他个人 5 000 元万现金，吴仁宝经过和家人商议，说服大家把个人的奖金一并交给村集体使用，这样村民就加倍信任他这样的红色企业家。

红色企业家个人的个性的自主性，就转化为村集体的自主性。这样企业内部就形成在共建中共享，共享共建的良性发展态势，做蛋糕的高效与分蛋糕的相对公平，得以呈现。

第二是首创性。企业家精神的突出特点就是创新，创新是企业家的共性特征。而红色企业家创新的个性特征，在于他们发扬我党一切从实际出发，实事求是的优良传统，发挥地方优势，搞出地方特色，就是抓住一个"土"字。土意味着土生土长，土是一种文化，一种只有本地才有的文化，土出智慧，土出信心，土出共同富裕之路，无疑就是首创性的具体生动体现。当然，他们的首创性也受到过各种质疑，但是由于他们心底无私天地宽，他们有着坚定的为人民服务的信念，同时他们在对市场对社会的深刻领悟方面，有着过人之处，加上他们又善于表达自己的想法，因而极富个人魅力，所以也就能够应对或者经受各种考验。

第三是先进性。一般的企业家是公私兼顾的，他们超越了商人、资本家唯利是图的陋习。而红色企业家是先公后私，甚至是大公无私的，这就进一步超越了一般的企业家，这将社会主义优越于资本主义的特点，切切实实落在了实处，也的的确确产生了高于、优于资本主义的生产效率。这也是华西村、南街村、大寨村、刘庄等等遍布全国的共富村的旅游业得到大发展的重要原因。世界各大媒体，世界各国的有识之士，都对中国农民创造的共富村感兴趣，他们要来这里考察学习。他们在共富村看到了社会主义的优越性，这种优越性是中国特有的，是真正的中国特色的社会主义。

二、红色企业家践行社会主义核心价值的启示

在共富村，如果要从实践里看社会主义核心价值体系的主要内容，无论是讲马克思主义，无论是讲中国特色社会主义共同理想的凝聚力量，还是讲以爱国主义为核心的民族精神和以改革创新为核心的时代精神鼓舞斗志，以及用社会主义荣辱观引领风尚，这些村的企业文化里都有体现，并且从企业到社会都有鲜活的事例供人们品味。红色企业家践行社会主义核心价值，立足自主性，把握首创性，富有先进性，带给我们很多启示。

首先，立足自主性是实践的出发点。现在企业面对的是整个市场，充满着不确定性，要想获得一个确定的经营环境是不可能的。因此，企业唯一的出路只能是正视不确定性，超越不确定性。这里要强调的是，即使在资本主义国家，企业家也是一个探索者、探险者。企业家不同于资本家，纯粹的资本家唯利是图，所以一般不愿意承受大风险，企业家不一样，企业家是干事业的，具有为社会为国家做贡献的使命感。企业家精神的立足点在于为自己的决策承担后果，决策正确就能享受快乐，决策错误，就要及时发现问题并加以分析和解决。这是企业家的凝聚力之所在。实际上，红色企业家的自主性，多数来自于对我党过去独立自主，自力更生的传统的深刻领悟。今天和今后，我们每个从事企业工作的人，都需要这种自主性，这是时代的要求，也是践行社会主义核

理论篇

心价值体系的内在要求，否则就谈不上什么改革创新的时代精神。

德鲁克有一段话很有意义：任何有勇气面对决策的人，都能够通过学习成为一名企业家，并表现出企业家精神。因此，企业家精神是一种行动，而不是人格特征。它的基础在于观念和理论，而非直觉。

每一种实践都是以理论为基础的，即使实践者本人从未意识到这一点。企业家精神是以经济和社会理论为依据的，该理论视变化为常规。它认为，在社会中，特别是在经济中，最主要的任务是做与众不同的事，而非将已经做过的事情做得更好。这就是萨伊在二百多年前，在创造"企业家"一词时，所要表达的基本意思。它原本是用来作为一种不满的宣言和声明：企业家颠覆现状，推陈出新。正如熊彼特所阐明的：企业家所从事的工作就是"创造性破坏"。

红色企业家不一定读过那么多现代管理理论，但是吴仁宝、郭凤莲、王宏斌、史来贺等人都学习过《实践论》《矛盾论》等著作，更重要的是他们在领悟马克思主义的实践观点，坚守马克思主义立场，运用马克思主义方法上，具有独特性——独立自主、自力更生、艰苦创业。这个独特性是不变的，以这个不变而应万变，这就是他们的道器变通最明显的特征，也是最值得我们思考和学习的。

其次，把握首创性是实践过程的全程要求。首创，就是首先创造，就是思想领先。离开了首创性，就谈不上企业家精神，而只有因循守旧，故步自封的官气。这需要注意两个环节，一个是要有勇气，首创意味着走前人没有走过的路，做别人不敢做的事情，因此领导者以身作则，身先士卒极其关键；二是首创需要尊重创造，鼓励创新，因此领导者必须学会走群众路线，新思想、新思路往往都是从群众中来，再到群众中去的。红色企业家都是走群众路线的高手，他们在现代市场经济领域，常常善于吸取群众的智慧，善于集中大家的力量，产生"1+1>2"的协同效应。

我们要注意，红色企业家不是个人英雄主义者，他们最懂得群众是真正的英雄，群众也最喜欢这样的红色企业家。在共富村，民主管理比别的地方都要搞得好，集体的智慧、群众的积极性和创造活力，相对富足，这超越了一般企业家领导的企业。西方发达国家的人们对此十分关注，这是全人类的首创，我们更应当注意研究学习。

第三，富有先进性，就是要有比较优势，要有市场竞争力。红色企业家的竞争力，说到底就是发挥了党组织的战斗力，过去打仗党组织有特殊的战斗力，搞建设，干企业，党组织同样也有特别的竞争优势。红色企业家的先进性是结果，不是一开始就先进的，要先进，还是得依靠自主性，把握首创性。要沉下去做踏踏实实的工作，少说空话，少搞短期行为，先进性才会水到渠成。

这里我们还要指出一点，人们常常对于共富村的"家族管理"产生疑惑，其实那是很大的误解。以华西村会计为例，吴仁宝说："我自家人不能当华西村总账会计，也不能让我亲戚当，而要让其他人当。因为一个人，廉洁不廉洁，占没占集体国家的便宜，揩没揩公家的油水，财务上是瞒不过的。总账会计那里白纸黑字清清楚楚。不论大官、小官，如果想贪，他总要先拉拢总账会计，堵住会计的嘴。所以说，一个官是廉洁还是贪，能问到一个敢说实话的会计，一下子就搞清楚了。"从1961年华西建村到现在，总共经历六任总账会计，吴仁宝的家庭没有任何一人担任过这项职务。华西村的账本，也从1961年开始保存完好，随时可以翻出来查证。什么叫廉洁自律？我们也许可以从华西村那里体会到一些。

我们并不是说红色企业家领导的共富村就是十全十美，我们只是说他们富有企业家精神，处在不断探索，不断创新发展之中，社会主义核心价值体系里的改革创新这一时代精神，在他们身上有着突出表现，这才是他们的先进性之所在。

总之，社会主义核心价值体系是我党总结历史经验得出的，红色企业家也是其中的创造者之一，他们在践行社会主义核心价值过程中，不仅生产再生产了物质，也生产再生产了精神，他们在自己力所能及的范围内，立足自主性，把握首创性，富有先进性。红色企业家带给我们最大的启示，就是创新。这种创新最突出的一点是将自己融汇于自己践行的"道"里面，这是天人合一的境界，这是我们党的优良传统，雷锋当年讲的"把有限的生命，投入到无限的为人民服务之中去"，就是这个意思。这些年也许我们提得少了，人们感到陌生了。其实，过去老红军、老八路，解放区的党员干部，他们不都是党的代表吗？雷锋、王进喜、焦裕禄这些英雄不就是党的形象吗？而中国共产党不正是中国各族人民共同事业的领导核心，不就是我们走的"道"的形象代表吗？红色企业家最有智慧的地方，也是在市场经济里被认为最"傻"的地方——扬弃了私有制，超越了自私自利之心，但是他们却赢得了民心。得民心者得天下，得民心者得市场，因此他们是新时期真正的共产党员，他们不是把社会主义核心价值，外在于自己，而是自觉地把自己和党的事业、集体的事业和人民的事业融合在一起，这就是境界，这就产生了精神力量，道器变通也就水到渠成。而红色企业家个人，他们获得的是个人成就感，远远大于那些只为自己打算的人。吴仁宝、王宏斌、郭凤莲、史来贺他们虽然只是村一级党组织的负责人，但却是世界级的企业家，因为他们身上体现的中国特色，是国际上独一无二的，越是民族的，越是世界的，他们在世界任何一个地方都会得到人们的尊重和认可。人们会把红色企业家和最广大人民群众的根本利益联系在一起，会把他们和先进生产力、先进文化联系在一起，和新时期党的形象联系在一起，和中国的科学发展联系在一起。他们这样的道器变通给从事企业工作的人们，和其他领域的人们带来很多启示，值得我们认真研究，借鉴学习。

参考文献：

德鲁克，彼得. 创新与企业家精神 [M]. 北京：机械工业出版社，2007.

李克勤. 王宏斌的本色、角色与特色初论 [J]. 中国集体经济，2008 (9).

李克勤. 大寨合作文化的传与新 [J]. 中国集体经济，2008 (9).

李克勤. 企业家成就事业的道器变通 [J]. 经营与管理，2009 (2).

李克勤. 吴仁宝的企业家之道：逆势之思，顺势之为 [J]. 中国集体经济，2009 (4).

李克勤. 刘庄的"红常青"史来贺：难的是一辈子做好事 [J]. 中国集体经济，2009 (7).

中国传统文化视野下的党的核心价值观

梁晓宇

（四川大学马克思主义学院）

一、中国共产党人的核心价值观

以毛泽东为核心的党中央第一代领导集体，在中国革命和建设的实践中，大力培育中国共产党人的核心价值观所创立和形成的时代精神，包括井冈山精神、长征精神、苏区精神、延安精神、红岩精神、西柏坡精神、雷锋精神、铁人精神、红旗渠精神和焦裕禄精神等，都是共产党人核心价值观的具体体现。邓小平同志多次强调："我们过去几十年艰苦奋斗，就是靠用坚定的信念把人民团结起来，为人民自己的利益而奋斗。没有这样的信念，就没有凝聚力；没有这样的信念，就没有一切。"过去我们党无论怎样弱小，无论遇到什么困难，一直有强大的战斗力，因为我们有马克思主义和共产主义的信念。有了共同理想，也就有了铁的纪律。无论过去、现在和将来，这都是我们的真正优势。江泽民同志强调：一个民族，一个国家，如果没有自己的精神支柱，就等于没有灵魂，就会失去凝聚力和生命力。胡锦涛同志指出：在我们党八十多年的历程中，艰苦奋斗作为强大的精神力量，始终激励着我们顽强进取、百折不挠，在各种困难和考验面前巍然屹立、敢于胜利。我们党也历来重视精神的培育：革命时期，我们形成了井冈山精神、长征精神、延安精神、西柏坡精神；新中国成立后，工人阶级成为国家的领导阶级，广大人民群众翻身做了主人，我们先后形成了以"五爱""五讲四美三热爱""八荣八耻"为主要内容的社会主义核心价值观。

新中国成立后，我们在马克思主义指导下，全国各族人民统一思想、统一意志，相继取得了抗美援朝、在三年困难时期，全国人民同心同德建设社会主义，战胜三年自然灾害、原子弹爆炸成功、第一颗人造卫星上天、抗洪救灾、神舟七号飞船发射成功、抗震救灾等伟大胜利，先后形成了雷锋精神、大庆精神、大寨精神、"两弹一星"精神；改革时期，我们形成了改革创新精神、抗洪抢险精神、载人航天精神、抗震救灾精神。

二、社会主义核心价值体系与中国传统文化

（一）马克思主义指导思想与中国传统文化

马克思主义中国化能够成功的前提条件之一是马克思主义与中国传统文化能够"兼容"并从中找到生长点。"中国人接受马克思主义，与传统文化有密切关系。中国历史中有悠久的唯物论、无神论、辩证法的传统，有民主主义、人道主义思想的传统，有许多历史唯物主义的思想因素、有大同的社会理想，如此等等，因而马克思主义很容易在中国的土壤里生根。"马克思主义是辩证唯物主义和历史唯物主义的统一。而在中国传统文化中，也包含着丰富的辩证法思想，这些思想虽然没有达到马克思辩证法的高度，但是却与马克思的辩证法有着许多契合之处。"祸兮福所倚，福兮祸所伏"，"阴阳相感而变化生"等中国历史文化中的辩证法思想，对事物包含对立、转化和发展等辩证法思想进行了生动的论述。毛泽东正是在马克思主义唯物辩证法的基础上，对中国传统的辩证法思想做了科学的发挥，创立了完整的马克思主义哲学矛盾理论，《矛盾论》便是马克思主义中国化的成功典范。马克思主义中国化的过程也就是马克思主义经过改造，不断融入中国文化的过程，所以"从孔夫子到孙中山，我们应当给以总结，承继这一份珍贵的遗产"。

（二）中国特色社会主义共同理想与中国传统文化

中国传统文化是中国特色社会主义理论体系的重要渊源。"以人为本"是中国文化的基因，是科学发展观的核心，是从中国传统文化上讲的，是不能缺少的。以人为本是我们老祖宗留给我们的治国之道。中国特色社会主义共同理想是核心价值体系的主题，中国特色社会主义是当代中国发展进步的旗帜。科学发展观的核心是以人为本。党的"十七大"确定的教育方针是育人为本、德育为先。所有这些充分说明，中国特色社会主义完全是以中国传统文化为主导的。党的十七大报告指出："改革开放以来我们取得一切成绩和进步的根本原因，归结起来就是：开辟了中国特色社会主义道路，形成了中国特色社会主义理论体系。高举中国特色社会主义伟大旗帜，最根本的就是要坚持这条道路和

这个理论体系。""统治阶级的思想在每一时代都是占统治地位的思想。这就是说，一个阶级是社会上占统治地位的物质力量，同时也是社会上占统治地位的精神力量。""政策是革命政党一切实际行动的出发点，并且表现于行动的过程和归宿。一个革命政党的任何行动都是实行政策。不是实行正确的政策，就是实行错误的政策；不是自觉地，就是盲目地实行某种政策。"中国特色社会主义理论体系是马克思主义中国化的理论成果，只有这一理论成果转化为社会改革和建设的物质力量，让人民群众从理论和政策中获益，让群众切实感受到马克思主义是为大众服务的理论，这样的理论群众才会接受，才会向着从内心认同社会主义核心价值观的方向思考，进而确立中国特色社会主义理想和共产主义必然实现的信仰。

（三）以改革创新为核心的时代精神和以爱国主义为核心的民族精神与中国传统文化

中华民族精神具有强烈的时代意识，这使中国优秀的民族文化能够从传统走向现代，能够为改革开放和社会主义现代化建设提供强大的精神动力。以改革创新为核心的时代精神，是中华民族富于进取的思想品格和马克思主义与时俱进的理论特征与中国革命、建设、改革实践相结合的伟大成果，是中华民族进步的不竭动力。以爱国主义为核心的民族精神和以改革创新为核心的时代精神是核心价值体系的精髓，爱国主义一直是中华民族数千年历史长河中高昂不息的主旋律。中国近代意义上的民主国家，是一个民众拥有权利的主权国家，而国家是国民的国家，国民应该热爱自己的国家。中华民族十分珍惜国家的完整统一，这源于中华传统文化中的大一统思想，大一统思想已经内化为各民族的共同心理，增强了中华儿女对中华民族的认同感和对中华文化的认同感。大一统思想在新时期的重要表现形式就是爱国主义。爱国主义是指一个国家的人民在千百年来的社会实践中形成的一种对自己的祖国极其忠诚和热爱的浓厚情感，它是民族凝聚力的强大精神力量。

（四）社会主义荣辱观与中国传统文化

以"八荣八耻"为主要内容的社会主义荣辱观则构成了核心价值体系的基础。它作为马克思主义道德观与我国社会主义道德建设实践相结合的重要成果，是对社会主义合格公民应该遵守的基本思想道德规范和应该养成的健康文明生活方式的具体概括。社会主义荣辱观"旗帜鲜明地指出了在社会主义市场经济条件下，应当坚持和提倡什么、反对和抵制什么，为全体社会成员进行道德判断、确定价值取向提供了基本价值准则和行为规范"（韩振峰，2010）。随着改革开放的推进，人们的思想文化层面和精神层面也出现了一些错误的观点和思潮。一是由于思想观点模糊，政治意识淡薄，一些党员领导干部抵挡不住腐朽生活方式的诱惑，不求上进，不思追求真善美；二是以假丑恶为追逐的目标，逐渐丧失了一个党员领导干部应有的格调和操守，与社会主义荣辱观背道而驰。"八荣八耻"涵盖了爱国主义、集体主义、社会主义思想，体现了中华民族传统美德和时代要求，反映了社会主义的世界观、人生观、价值观，明确了当代中国最基本的价值取向和行为准则，是马克思主义道德观的精辟概括，是新时期社会主义道德的系统总结，是新形势下社会主义思想道德建设的重要指导方针。

社会主义核心价值体系不是凭空产生的，它是在中国共产党思想文化发展的历史过程中应运而生的，是中国共产党重视思想文化建设的必然产物。中华民族五千余年的历史绵延不断，灿烂辉煌，其根源就在于中华文化及其民族精神。中国的文明和历史成就，或者更广泛地说中国文化，都是中国文化软实力的重要组成部分，更是建设国家文化软实力和实现中国现代化的宝贵资源。民族精神和时代精神使新时期社会主义文化紧跟时代发展，植根于中华民族优秀的传统文化沃土中。

参考文献：

高举中国特色社会主义伟大旗帜　为夺取全面建设小康社会新胜利而奋斗［R］. 人民日报，2007-10-26（1）.

韩振峰. 社会主义核心价值体系几个深层次问题探析［J］. 科学社会主义，2010（5）.

中共中央马克思恩格斯列宁斯大林著作编译局. 马克思恩格斯选集：第 4 卷［M］. 北京：人民出版社，1995：284 页.

中共中央毛泽东选集出版委员会. 毛泽东选集：第 4 卷［M］. 人民出版社，1991：1284.

论宽容精神在社区建设中的文化价值

罗建文　赵嫦娥

（湖南科技大学马克思主义学院）

社区是城市居民聚居生活的社会单位，是生活人口高度密集的地区，社区内居民之间、邻里之间由于长期聚居在一起，难免发生矛盾或冲突，居民之间在行为上和情感上的相互排斥和对抗，仅靠社区管理人员和社区政策制度的刚性管理是很难奏效的，社区文化和人文关怀等柔性管理是和谐社区建设的重要手段和主要途径。要保持社区内良好的社会风尚和有序管理，维系邻里之间友好相处、团结和睦、尊老爱幼、扶贫济困的社区人际关系，培育和发扬宽容精神，形成一种彼此宽容、相互包容的社区文化具有直接的现实意义。

一、社区文化与和谐社区建设

党的十七届六中全会指出：文化越来越成为民族凝聚力和创造力的重要源泉、越来越成为综合国力竞争的重要因素，丰富精神文化生活越来越成为我国人民的热切愿望。要坚持社会主义先进文化前进方向，兴起社会主义文化建设新高潮，激发全民族文化创造活力，提高国家文化软实力，使人民基本文化权益得到更好保障，使社会文化生活更加丰富多彩，使人民精神风貌更加昂扬向上。这就是社会主义文化的本质所在。社区文化是在特定的居民聚居地范围内，人们所创造、孕育、形成的人文环境、行为模式和生活方式的总和，是特定社会区域当中人们各方面的行为所构成的文化生态系统。它既包括这一区域内人们的生产方式和生活方式，也包括该区域内社会成员的理想追求、价值观念、道德情操、生活习俗、审美方式、娱乐时尚等。社区文化作为一种亚文化是社会主流文化的基础，是社区建设和居民生活质量提升的客观需要。"社区文化成了社会文化发展的最直接的和最具体的表现形式，社区文化的发展是现代社会文化发展的有效载体和实现途径，因而，社区文化成了社会现代化的必要条件。"

社区文化水平是衡量一个国家城市文明水平、一个民族文化教育素质高低和社区居民生活质量的重要标志。社区文化建设，对于向城市社区居民宣传党和国家的方针政策，改善社区内的文化环境，培养积极健康、文明向上的生活方式，促进社区和谐和精神文明建设，加强党和政府与人民群众之间的血肉联系，构建和谐社会的核心价值体系，促进社会主义文化建设具有重要作用。社区文化是社区建设的灵魂，也是城市文化的基石。丰富多彩的社区文化，对于改善社区居民的生活质量，提升社区居民的精神境界，提高整个城市的创造力、竞争力和软实力都具有重要意义。

然而，社区居民在彼此之间的利益关系上会有冲突，在价值观念上会产生差异，因而引起居民之间在行为认同上的不一致或冲突，甚至导致居民之间在行为选择上和情感表现上的相互排斥和对抗，造成社区居民之间的隔阂与矛盾，给社区的和谐生活带来威胁，也直接影响着社区居民的生活质量。因此，社区文化建设的一个非常重要的功能就是消除社区居民之间各种矛盾与摩擦，实现和保持社区的和谐与稳定，引领社区关系协调发展，促进和谐社区建设。"通过丰富多彩的文化娱乐活动和深入细致的思想政治工作，沟通社区管理者与居民之间、居民与居民之间的情感联系，缓解或消除各种矛盾和不和谐因素，形成和谐的社区人际关系，把居民和社区成员的注意力集中到社区经济、管理和发展上来，实现区域的整体和谐发展。"（孙晓刚，2008）让社区居民之间彼此宽容、相互理解，从而使社会矛盾纠纷能够得到顺利及时解决、社区邻里关系日趋友好和睦、生活质量和生活幸福感不断提升。

二、宽容的属性和宽容精神

社区和谐需要的是居民邻里之间和睦相处、彼此宽容、相互包容的良性状态，因此，培育居民的宽容精神和包容心态是和谐社区文化建设的一个现实而重要的问题。到底什么是宽容，什么是宽容精神呢？古今中外许多学者对它有多种理解和解释。《布莱克维尔政治学百科全书》对宽容作了如下界定："宽容是指一个人虽然具有必要的权力和知识，但是对自己不赞成的行为也不进行阻止、妨碍或干涉的审慎选择。宽容是个人、机构和社会的共同属性。所谓不赞成既可以是道义上的，也可以是与道义无关的（即不喜欢）。当某一行为或习惯在道义上不被赞成时，对它的宽容则常常被认为是特别成问题的或者甚至是自相矛盾的：宽容似乎要求承认错误的东西是对的……宽容常常是一个事关程度的问题，它要求做出正确的给不同意见留有余地的判断。"（戴维·米勒，2002）美国著名政治学家迈克尔·沃尔泽在《论宽容》中论述了群体之间的宽容，即"那种有争议的差异性表现为文化、宗教以及生活方式上的差异性时的宽容"（迈克尔·沃尔泽，2000）。在沃尔泽看来，这种对群体的宽容应该被理解为一种描述了某些潜在价值的态度或心境。我国学者胡适（1891—1962 年）在 20 世纪 30 年代发表的《容忍与自由》一文中，把"tolerance"一词译为"容忍"。胡适认为："容忍比自由更重要……在宗教自由史上，在思想自由史上，在政治自由史上，我们都可以看见容忍的态度是难得、最稀有的态度……容忍是一切自由的根本；没有容忍'异己'的雅量，就不会承认'异己'的宗教信仰可以享受自由。但因为不容忍的态度是基于'我的信念不会错'的心理习惯，所以容忍'异己'是最难得，最不容易养成的雅量。"（胡适，1998）胡适认为，容忍是近代西方民主政治的一个显著特点，容忍是自由的根源，同时也是民主政治的精神。胡适还在《自由主义》一文中指出："无论是东风压了西方，还是西风压了东风，都是不容忍，都是摧残自由。多数人若不能容忍少数人的思想信仰，少数人当然不会有思想信仰的自由，反过来说，少数人也得容忍多数人的思想信仰"（胡适，1948）。因此，宽容就是人性善的结果，它是客观的人性特质而不是主观的属性，严格地讲它是人类的符合人性善和自然规律的价值态度和行为方式。宽容与自由、人权等概念是紧密相连的，一般地说自由和人权都是在宽容的指导下展开的，在某种程度上，可以说宽容是自由和人权的前提或必要条件（陈根发，2006）。

其实，在充斥着差异性和多元性的生活境域中，宽容才成为一种必需，其丰富的内涵与意义也才获得了真正而充分的展现。因为只有在这样的生活架构内，宽容才成为维系、统摄不同利益取向的人们的价值纽带，成为社会公共生活领域中的一种精神品质、一种权利文化观和权利价值观，才是确保社会各领域保持张力，促进社会和谐运行的道德基础。因此，"宽容就包含了三重意义：其一，个体与个体之间彼此的宽容。此时的宽容不再是美德意义上的私德，而是具有独立法权的个体之间在社会公共生活中彼此权利的尊重与彼此自由的限度；其二，制度对个体的宽容，表现为社会制度对个体自由、权利的尊重与维护。这既是现代社会制度应有的职能，也是审视、判断该制度是否宽容的最终尺度；其三，政治（制度）对经济、文化和社会生活等领域的宽容，表现为政治不再将经济、文化精神和社会生活等诸领域视为自身的派生与简单的延伸，政治权力对它们的介入方式不再是简单的替代，而必须是规范的、合法的。"

（杨楹，2005）宽容是一种包容他人的自由心态，容忍与自己不同意见者或容忍与自己价值观念有差别的人和事存在的包涵心态，文明社会的宽容原则源自平等自由的基本理念。不宽容他人实际上是要将自己的选择和意愿强加给他人，是对他人自由选择的干涉。"宽容是包容他者的个人心态；是多元共存的社会状态；是法治下的自由秩序。"（瞿磊，2009）在利益和价值分歧的前提下，以平等对话、和平竞争、理性审议为主要活动方式，尊重、容忍利益和价值分歧的不同主体，懂得对他人的让步和妥协；以宽容的精神和包容的心态体谅和谦让他人，化解日常生活中的权利纠纷和利益冲突，以便培养充满友善温情和人文关怀的和谐氛围；允许在同一社群里有着不同价值观念、践行不同生活方式的个人与群体和平相处；允许在不同地区、行业、职业和部门内基于共同的利益和兴趣，形成各种各样的社会团体和组织，以便更好地维护彼此的共同利益，追求和实现共同的目标；在政府与公民之间、在国家与社会之间形成良好的沟通、协商和妥协的调节机制和意志表达机制，以增进彼此的相互信任，培育温和的社会土壤，培养宽容的文化精神；从更高的社会层面来看，为个人自由得以生成、展开与发展以及自由选择的充分实现提供宽容的社会秩序；确保公共权力的使用和公共资源的配置以及公共权力的活动范围和活动方式得到法制的约束和规范，公共权力的活动就有稳定的预期，个人的价值和行为的选择就能根据这种预期调整自己的选择方向与行为方式，以找到个体自由选择的空间，实现个体自由的价值目标；在健全的法制基础上建立和完善社会多元主体的利益表达和协商机制，为个体行为方式的自由选择与宽容他人的实现，提供现实的制度基础和法制保障。以上属性才是我们理解的宽容本质和宽容精神真正内涵。

当然，从哲学的视角看，宽容作为解决社会关系矛盾的一种方式，主要是解决事物处在量变阶段的矛盾。倡导矛盾双方相互沟通、相互交流、相互引导、相互理解、相互谦让，使矛盾双方能够在矛盾统一体中和谐共存，在双方分歧中妥协让步，各自都能得到发展。否则就不能用宽容的方式来解决了。一旦矛盾双方发展到了质变阶段就不可能是宽容精神能解决的了。在现代化建设和社会转型过程中，我国社会矛盾出现了许多新的表现形式，例如城乡发展不平衡、发展成果享受不均匀、社会资源占有不平衡、地区发展不平衡、社会公共服务不均等的问题日益凸显，缩小发展差距和促进经济社会协调发展的任务十分艰巨。这些问题的解决，一方面要靠大力发展生产、提高综合实力，增加社会财富的总量，夯实社会和谐发展的物质基础；另一方面也必须采取扩大人文关怀、贯彻宽容精神的包容式解决方式，"花大力气协调社会各方面、各阶层的利益关系，使社会各方面、各阶层之间相互沟通、相互交流、相互引导、相互理解、相互谦让，以形成和谐统一的社会局面，加强凝聚力，推进各种问题的尽早解决。"（马广光，2008）

三、宽容精神在社区建设中的文化价值

在和谐社区建设过程中，一方面，由于社区居民对社会资源、价值资源的公平合理的持有是社区和谐稳定的前提和基础，所以，从政府层面，要求政府通过有效的利益分配和协调机制，处理各种矛盾冲突和纠纷，实现对社会资源的公平合理分配，这是社区和国家稳定的前提和基础。另一方面，从社区层面看，社区居民要认识到，随着改革的不断深入和社会关系的复杂发展，社区内部居民之间、居民与政府之间存在冲突与矛盾是不可避免的，居民应该理性地看待这些矛盾和冲突。换句话说，构建社会主义和谐社区，还要求人们必须具备和谐社区不可或缺的政治文化特质，说透彻一点就必须培育和培养社区居民的宽容精神和谦让文化，以宽容文化的软管理来加强和推进和谐社区的硬管理。富兰克林曾经说过：宽容中包含着人生真谛和大智慧，没有宽容的生活就如在刀锋上行走那样可怕；如果美德可以选择，我首选宽容，因为宽容比其他品德更重要。宽容是人的一种修养，一种美德，一种博大的胸怀，一种超然洒脱的态度，也是一种优秀的品德，一种人类个性的最高境界，又是感化教育他人的一种表达方式。

在构建和谐社区的实践中，宽容精神的道德张力应该得到积极的体现。因为宽容的作用不仅表现为理顺人际关系、协调社会矛盾，更重要的在于它能促进多元文化的互动和不同价值观念的包容，体现民主和平等，增进人的自由选择，它与文明社会先进理念的内涵是一致的。所以，宽容精神应成为和谐社区建设中起支撑作用的社区文化内涵，应当成为现代社区文化的一种基本理念。宽容精神有助于社区个体成员之间形成和谐的人际关系。如果每个人行为温和，讲话和气，对他人的利益有一种设身处地的包容心态，对他人有一颗宽容慈悲的情怀就没有处理不好的矛盾和冲突。儒家认为这是崇高修养的表现，是谦谦君子必备的品德。《中庸》说："喜怒哀乐之未发，谓之中；发而皆中节，谓之和"。这里说的"和"就是宽和之意，是指人的情感纯粹无私，各种欲望和情绪处于和谐平衡状态。有了这种精神素质，一个人对待世事和他人的关系就会心态宽容，不以物喜，不以己悲，心胸宽广，淡泊名利。因为人是社会关系的总和，社会是人的社会，人与人之间相处除了对社会公共原则遵守之外，

还取决于社会个体自身道德品性的修养程度。在社区的现实生活中，社区关系的有序性需要多方面的条件和前提，除了制度层面的保证之外，社区文化、居民心理、居民价值情感等文化因素也是必不可少的。如果我们在一个没有宽容精神、充满猜疑敌意的氛围中生活就如行走在刀锋上，个体对社区和社群的认同往往存在心理情感方面的隔阂和障碍，这样就没有生活的幸福感可言。

另外，宽容精神有助于建设和谐社区，促进社会和谐。社会是由无数个社区组成的，社区就是一个小社会，社会和谐离不开社区的和谐，只有保证每个"细胞"真正和谐了，整个社会才能健康发展，促进社会和谐的目标才能最终实现。宽容精神还能促进多元文化的互动和不同价值观念的包容，真正实现社区文化和社区文明的健康发展。在一个多元文化和价值观念共存的社会里，不同文化与文明之间的对话不仅是各种文明自身存在与发展的前提，也是不同文化和文明相互融合、相互竞争、相互渗透的发展方式。从社区文化与社区建设的实践看，社区文化是社区建设的灵魂和内力，社区建设体现着社区的文化内涵和文明程度。社区文化内部的对话目的就是缓解文化和价值的差异及冲突，缩小不同文化居民之间的各种分歧与心灵距离，放大社区居民利益的共同点和价值观念上的同质性，以实现求同存异和谐发展。

还有更重要的是，包含宽容精神的社区制度在社区建设中的重要作用。宽容首先指的是精神上的包容以及对异己的容纳与海涵，并且宽容总是发生在或应该发生在作为社会主体的个人或集团之间的相互作用和相互影响之中，没有彼此之间的相互作用和相互影响就不存在宽容和包含，因此它反对封闭的、排他的信仰、偏见、偏爱、理想。社区管理和建设的制度是社区居民精神与时代精神的文化载体和政治载体，对社区的建设与管理起着导向和约束的作用，包含宽容精神和谦让文化的社区制度是社区宽容的必要保障。具有宽容精神的社区制度无不包括以下三个方面：确保社区居民之间平等的利益表达机制，处理社区居民之间利益纠纷的合理的利益协调机制，实现社区公共服务均等化的有效的权利救济机制。从包含宽容精神的制度设计角度看，与利益协调最相关的制度形式是根本制度，这是一切制度和文化的本源。事实上，社区居民长期聚居在一定的地域之内，现实的利益关系和利益结构是极为复杂的，现行的社区建设根本制度对于协调社会利益的冲突与合理配置权利事实上存在一定的差距。利益表达机制就是指现代民主社会使多元、多变的利益获得充分表达的社会制度，它的各构成要素及其相互关系中重心在于它们之间发生联系的动态过程和程序规则。社区居民都可以通过这个机制或利用这个规则追求自己的利益和自己所代表的利益，在实践过程中各种利益都获得了平等的尊重和各得其所的保障（黄温泉，2007）。因此，饱含宽容精神的利益表达机制就会适应社区建设中复杂利益关系导致的冲突和矛盾，对社区居民之间和社区与政府之间的利益关系做出适当的调整，否则，没有宽容精神的利益表达机制就不可能为各种现实的利益群体提供平等的利益表达机会，无法表达利益的群体就会转而寻求其他的渠道，有可能采取政治的抑或违法的渠道来保护自己的利益，和谐的法治的社区管理秩序由此将被破坏。

四、在社区文化中积极培育宽容精神

现代社会是一个开放与多元的社会。开放与多元使得社会成员的行为选择和价值观念的差异性成为现代社会的一个主要特征。多元社会需要宽容，多元社会人的生活也必然呼唤宽容。但宽容精神不是天生的本能，不是一种感觉经验，它是建立在理性基础上的个体的一种自觉行为，因此，在和谐社区文化建设中，有意识地培养和教化居民养成宽容精神和谦让品格是必要的。

第一，在社区居民中深入开展唤醒宽容意识的理念教育。宽容必须以人们的人格平等和自由为基础，尊重异己的人格尊严是宽容最基本、最起码的要求。"宽容是理性沉思的结果，带有强烈的理性选择色彩，很大程度上根源于个体对世界的多元与差异、对人的本性以及人与群体关系的本质的自觉反思和体验。"正是因为具有这种"理性选择"的色彩，"宽容的维系在很大程度上依赖于人们的宽容意识，甚至可以说宽容与宽容意识就是一回事。而教育，则义不容辞地担任着唤醒人们宽容意识的重任。"（冯建军，2009）宽容意识不仅是人们直面多元与差异性的一种基本价值态度和理性品质，实际上也是个体、社群和制度文化的一种存在方式和思维方式，它在本质上是一种文化的表现形态。任何一种文化的传播与普及都离不开教育，宽容也不例外。要改变社区居民和社区文化的存在方式、思维方式和表现方式，没有宣传教化作为基础是难以实现的。社区居民个体必须通过宣传教化具备宽容精神和谦让品格的文化知识，只有这样才能使社区居民和社区文化的存在方式、思维方式和表达方式得到改变。通过广泛的宣传和教化可以教授个体有关宽容的基本知识，通过培养居民个体养成宽容意识和谦让品格，继而通过社区居民个体的相互影响，发挥其智慧才能的社区文化实践活动，使得整个社区居民和社区文化充满宽容意识。

宽容意识对于个人、社区、社会的建设和发展有着重要意义，但是现实生活中人们的宽容意识远远不够，离自觉地内化为伦理规范、法律制度和行为选择理念还有很大的差距。"原则和规范只是秩序的条件和根据，而不是秩序本身。只有当伦理规范和法律制度内在精神得以有效内化，与社会成员的价值取向相耦合，才能使之由原则和规范走向理性自觉。"（李洁珍，2007）教育则可以对人们的意识施加影响，使人们觉悟到自己应当具备的存在方式、思维方式和行为方式，而不再需要外在的强制性，从而达到理性自觉的境界，继而形成宽容意识。

第二，教会社区居民正确理解和把握宽容精神的原则性。宽容精神的培育和养成需要人们正确理解和把握宽容的原则性。其实社区居民之间的宽容不是无原则、无限度的。"如果毫无限度地滥施宽容，其结果必然导致对不宽容行为的宽容，导致对毁灭宽容的行为的宽容，从而使那些本来企图取消宽容的人获得行动的自由。"（贺来，2001）不讲原则的宽容将走向宽容的对立面，最终会以自我否定和自我颠覆而告终。不讲原则的宽容不仅不能为个体的行为选择提供自由的现实空间，反而将毁灭人的自由选择：如果对伤害他人的言行予以宽容必将破坏宽容美德的内在价值。不讲原则的宽容还会毁灭社会的良序，阻碍和谐社会的进程：对目无法律和道德规范的言行予以宽容，必将破坏维系社区正常运行的秩序动力。不讲原则的宽容将毁灭社会的正义：对恃强凌弱的言行予以宽容，就等于成为强盗的帮凶，正义的价值内涵将无处安身。这就是宽容的悖论。宽容的悖论向我们表明了正确理解和把握宽容精神的原则性的重要性。因此，宣传教化可以改变人们对某一事物缺乏了解的蒙昧状态，培养人们理性的宽容品格，对宽容精神的理性把握具有重要意义。如何正确理解和把握宽容的原则性，如何明确把握宽容的条件和适用范围，从而限制无"原则"的宽容所造成的对社会道德和正义的伤害，便成为一件至关重要的事情。社区管理者和社区文化宣教部门可以通过举办多种多样的社区文化活动，把握宽容精神的内涵和"原则性"并融于具体的社区文化活动中，以培养社区居民的宽容精神和谦让意识，从而内化为居民的宽容行为。

第三，培植孕育宽容精神的社区文化土壤和社区文化氛围。文化是人类在社会发展过程中所创造的物质财富和精神财富的总和，人类在创造文化的同时也创造了自己，正是因为有了人类生产活动的丰富多彩才创造了丰富多彩的文化瑰宝。宽容精神正是在一个民族长期的文化演进和社会实践中形成的，并通过伦理文化教化公民的思维方式和行为选择。以孔子为代表，以儒学为主体，兼容诸子百家，思想精华为一体而形成的中华传统文化里有着丰富的宽容精神和谦让品格。儒家学说的核心是"仁"。《说文解字》："仁，从人从二"。徐铉注："仁者兼爱，故从二"。这就是说，"仁"是处理两人及以上多人之间关系的准则，扩大开来也是人和人之间相处的基本原则。《论语》里记录了孔子的许多关于"仁"的叙述，都与宽容和解有关，如："泛爱众""爱人""己所不欲，勿施于人""己欲立而立人，己欲达而达人""克己复礼""恭宽信敏惠"，等等。有人统计，《论语》出现"仁"字有 109 次，足见"仁"的思想在孔子学说中的地位。有人把孔子学说称为"仁学""人学"，不是没有道理的。待人宽容正是"仁"学的重要内容。悠久深厚的文化传统深刻地影响着我们的民族性格、民族心理和民族精神，深刻地影响着广大人民群众的生活方式和精神追求，这是我们宝贵的精神财富。承接中华传统文化，就是要以中华传统文化为基础，把传统文化中的这些符合当代要求、有助于经济社会协调发展、体现人类精神的内容承接下来，促进全体社会成员人格、意志、品格的完善，形成积极、健康、包容、宽容的心态，为和谐社会营造良好的文化氛围和社会氛围。培植孕育宽容精神的社区文化土壤和社区文化氛围就应该把中华民族的这些优秀文化内涵贯彻到当今社区文化建设中去，用鲜活生动的典型事例、丰富多彩的文化形式，将宽容精神和谦让品格内涵孕育到与社区居民息息相关的社区活动中，让宽容精神自觉内化到居民的认知世界、价值理念和行为选择中，在其认知世界中定格为宽容精神的理性品格。

第四，倡导社区居民加强自我品性修养，自觉培养宽容的心怀和美德。努力营造一种具有宽容精神的文化氛围，塑造宽容的文化环境固然重要，但这毕竟是个人修养的外在力量，更重要的还是社区个体内在品格的养成机制和内在动力的激活。可以做这样的设想，我们每个人都是整个社会机器上的一个个齿轮，宽容即是互相咬合、排列有序的齿轮之间的距离，倘若每个齿轮过分强调自己的空间，齿轮之间的距离过密，那么，这部机器就难以良好地运行，甚至瘫痪。每个个体在复杂的社会关系中有着各自不同的价值观念和利益诉求，面对这些矛盾，我们为何不学学古人"大肚能容天下难容之事"的宽广心怀和包容异己的美德呢？其实有了这种心怀和美德于人、于己、于家、于国都是受益无穷的。

五、在社区文化中培育宽容精神和谦让品格的实践活动

在和谐社区文化建设中，有意识地培养和教化居民养成宽容精神和谦让品格是非常必要的。在社区居民中深入开展唤醒宽容意识的理念教育，通过广泛的宣传和教化可以教授个体有关宽容的基本知识，通过培养居民个体养成宽容意识和谦让品格，继而通过社区居民个体的相互影响，发挥其智慧才能的社区

文化实践活动，使得整个社区居民和社区文化充满宽容意识。

教会社区居民正确理解和把握宽容精神的原则性，社区管理者和社区文化宣教部门可以通过主办多种多样的社区文化活动，把握宽容精神的内涵和"原则性"并融于具体的社区文化活动中，以培养社区居民的宽容精神和谦让意识，从而内化为居民的宽容行为。

培植孕育宽容精神的社区文化土壤和社区文化氛围，把中华民族的优秀文化内涵贯彻到当今社区文化建设中去，用鲜活生动的典型事例、丰富多彩的文化形式，将宽容精神和谦让品格内涵孕育到与社区居民息息相关的社区活动中，让宽容精神自觉内化到居民的认知世界、价值理念和行为选择中，在其认知世界中定格为宽容精神的理性品格。

倡导社区居民加强自我品性修养，自觉培养宽容的心怀和美德，让之成为一种时代精神和社区风尚，乃至国民素养和基本品格，我们的社会和谐和社区和谐就离得不远了。

参考文献：

陈根发. 宽容是什么. 云南大学学报：法学版，2006（3）：1—6.

冯建军，马苗苗. 多元社会宽容的价值与宽容教育. 当代教育与文化，2009（3）：38—43.

高占祥. 论社区文化. 北京：文化艺术出版社，1994：67—68.

贺来. 宽容意识. 长春：吉林教育出版社，2001：160.

胡适. 容忍与自由//胡适文集：第11册，北京：北京大学出版社，1998：823.

胡适. 自由主义. 世界日报，1948—9—5.

黄温泉. 论宪政的宽容精神. 人大研究，2007（8）：17—20.

瞿磊. 政治宽容内涵探析. 广西大学学报：哲学社会科学版，2009（1）：23—27.

李洁珍. 论伦理秩序、法制秩序与公民意识. 求实，2007（5）.

马广先. 和谐：一种提倡宽容的哲学思维. 郑州大学学报：哲学社会科学版，2008（6）：15—18.

米勒，戴维. 波格丹诺，韦农. 布莱克维尔政治学百科全书. 北京：中国政法大学出版社，2002：820.

四书·中庸. 长春：时代文艺出版社，2001：28.

孙晓刚. 论社区公共文化建设. 南方论坛，2008（2）：25—31.

沃尔泽，迈克尔. 论宽容. 袁建华，译. 上海：上海人民出版社，2000：10.

杨楹. 宽容：现代政治的伦理内蕴. 哲学动态，2005（11）：3—7.

基于社会主义核心价值体系下的
中小企业文化建设研究

藏志勇

（宁夏大学）

一、社会主义核心价值体系释义

核心价值是对一个社会发挥根本性指导作用，能够影响社会成员行为取向的最根本的价值理念或价值目标。它具有预测社会发展趋势，整合社会力量，调控非主流价值等功能，对社会发展起着举足轻重的作用。在一个特定的组织中，核心价值体系在意识形态中处于中心和领导地位，主宰着社会的精神状况和人们的精神生活，具有鲜明的科学性、民族性、时代性、开放性等特征和引领、凝聚、整合、创新的功能，反映在社会的各种制度中，作用于人们的生活中，影响人们的世界观、人生观、价值观。社会主义核心价值体系作为社会主义意识形态的主体，在社会主义价值目标中处于支配地位，是社会主义制度的内在精神和生命之魂，是社会主义先进文化的核心。

建设社会主义核心价值体系是党通过十六届六中全会《中共中央关于构建社会主义和谐社会若干重大问题的决定》首次明确提出的一个重大命题和战略任务。党的十七届六中全会更是把推进社会主义核心价值体系建设作为文化大发展、大繁荣的重要组成部分，提升到巩固全党全国各族人民团结奋斗的共同思想道德基础的高度。社会主义核心价值体系的提出，是国际形势发展的必然要求，是我国社会转型时期的必然要求，是我国意识形态建设的必然要求。社会主义核心价值体系在我国社会价值观念体系中处于主导、支配地位，在社会发展过程中具有定向、导向、动力、凝聚、规范的重要作用，具有重大的理论意义和实践价值，是我们党思想文化建设上的重要里程碑。

胡锦涛总书记在党的十七大报告中指出："社会主义核心价值体系是社会

主义意识形态的本质体现。要巩固马克思主义指导地位，坚持不懈地用马克思主义中国化最新成果武装全党、教育人民，用中国特色社会主义共同理想凝聚力量，用以爱国主义为核心的民族精神和以改革创新为核心的时代精神鼓舞斗志，用社会主义荣辱观引领风尚，巩固全党全国各族人民团结奋斗的共同思想基础"。

社会主义核心价值体系的科学内涵包括四个方面，即马克思主义指导思想、中国特色社会主义共同理想、以爱国主义为核心的民族精神和以改革创新为核心的时代精神、以"八荣八耻"为主要内容的社会主义荣辱观。这四个方面的基本内容相互联系、相互贯通，共同构成辩证统一的有机整体。其中，马克思主义指导思想是社会主义核心价值体系的灵魂，中国特色社会主义共同理想是社会主义核心价值体系的主题，以爱国主义为核心的民族精神和以改革创新为核心的时代精神是社会主义核心价值体系的精髓，社会主义荣辱观是社会主义核心价值体系的基础。

二、基于社会主义核心价值体系实施中小企业文化建设的意义

胡锦涛同志指出："理想信念，是一个政党治国理政的旗帜，是一个民族奋力前进的向导，是一个国家走向富强的精神动力。"中国特色社会主义共同理想，是全党和全国各族人民共同选择并为之奋斗的目标，反映了我国广大人民的共同愿望、利益和要求，是共同理想。坚定的理想信念使我党克服了前进道路上的重重困难，化解了各种风险和危机，取得了举世公认的巨大成就。

在社会主义初级阶段，中小企业是市场经济主体和社会责任的承载者之一，中小企业的核心价值观、企业使命、企业宗旨、企业愿景、企业理念等，既要体现社会主义核心价值的时代精神和中华文化的传统精华，又要符合市场经济的本质要求和中小企业发展规律。培育和形成以爱国主义为核心的团结统一、爱好和平、勤劳勇敢、自强不息的伟大民族精神，使这种民族精神成为中华民族赖以生存和发展的精神支撑，成为民族文化中最本质、最集中、最持久的精神力量。弘扬以爱国主义为核心的民族精神和以改革创新为核心的时代精神，为建设中小企业文化提供牢固的精神纽带和强大的精神动力，既是社会主义核心价值体系的精髓，也是中小企业文化建设的重点。

社会主义核心价值体系是立足于当前任务、面向未来的重大战略举措，是建设社会主义和谐社会、和谐文化的价值保障。坚持马克思主义指导思想，为中小企业文化建设提供坚实的思想基础。马克思主义是关于自然界、人类社会

和人类思维发展普遍规律的科学，是我国建党建国的根本指导思想，是我们认识世界、改造客观世界和主观世界的强大思想武器，也是社会主义核心价值体系的灵魂，对确立核心价值体系的根本性质和发展方向具有决定性意义，更对我国中小企业文化建设具有重大的理论指导和实践意义。

三、我国中小企业文化建设中存在的问题

1. 对现代企业文化建设观念认识不足

一是片面解读企业文化的内涵。有的企业认为给产品做广告、搞宣传就是建设企业文化，有的企业认为贴标语、搞竞赛就是企业文化的全部内容。二是曲解企业文化的作用和意义。一方面盲目夸大企业文化的作用和意义，认为企业文化可以解决企业中的一切经营管理问题；另一方面过分贬低企业文化的作用和意义，认为企业文化是一些空虚的说教，不能在企业经营活动中起到一些实质性的促进作用。三是认为企业文化建设可以速成。我国很多中小企业经营者和管理者不懂得企业文化建设的规律，认为企业文化建设不需要劳神费时，在需要时可以搞突击建设。

2. 对以人为本和谐观念认识不足

在"家长式"企业传承中，中小企业的经营者和员工依然存在传统的雇用关系，大多数企业的未来发展思路由经营者一人定，和员工进行沟通很少，员工的意愿在企业中得不到充分的重视和尊重，更没有形成有效的人性化激励和约束机制。

3. 企业文化缺乏个性和创新

很多中小企业在企业文化建设中，只注重有形的一面，而忽视无形的一面；只注重厂容、厂貌、厂训等有形因素的美化，忽视了企业精神、信念、道德等无形因素的建设。企业有形因素的建设方面相对简单，企业文化内涵不深，只做表面文章，舍本逐末，忽视了企业自身的环境、特点和发展目标。

4. 对企业风险和危机认识不足

"家长式""经验式"的企业文化，在我国中小企业原始积累时期起到了很大的作用，养成了他们无视科学、无视实际、盲目贪大和凭经验办事的固定模式和短视行为。"作坊式"的任人唯亲经营与管理方法，使重大问题的决策往往缺乏理智，给企业发展埋下隐患。

5. 注重眼前短期利益

中小企业由于所有制性质和生存环境决定其经营只有一个目标，那就是追

理
论
篇

求利润最大化。从大多数家族式管理的中小企业运营状况来看，企业文化发展滞后，企业成员的思想观念、思维方式、行为规范、经营理念以及价值观念等还处于旧的传统方式，员工也缺乏向心力和主人翁的事业心和责任感。

6. 文化管理滞后

很多中小企业的经营管理体系不健全、战略不明确、组织结构不合理、缺乏科学的人力资源管理。特别是西部经济欠发达地区的中小企业，大多数尚处在经验管理阶段，自身建设滞后，管理观念、管理水平、管理技术以及人才、竞争能力等与东部沿海和中部地区存在一定差距，更不可能参与国际化的市场竞争。

7. 注重企业文化建设，轻视运行维护

不少中小企业把企业文化建设当成是一次性工程，认为自己或是请咨询公司规划设计就行，不注重对企业文化运行的监督与维护，不能将企业文化的内容量化为阶段性、可操作指标，不能充分发扬民主，不能激发员工的斗志、工作激情和凝聚力，不能结合市场和企业实际情况及时校正企业文化建设的重点，不能使企业文化建设任务最终得到彻底执行。

从上述我国中小企业文化建设中存在的问题来看，中小企业文化建设存在着片面性，在认识方面存在"一言堂"现象，忽视了企业文化建设的无形因素，缺乏企业联合协作，企业经营者行为短视，企业管理制度不健全，缺乏对企业文化运行的监督与维护等问题，制约着中小企业文化建设，很难形成具有中国特色的中小企业"文化核"，是中小企业文化建设进程中需要解决的课题。

四、推进我国社会主义核心价值体系中小企业文化建设的有效路径

本研究立足社会主义核心价值体系的伟大实践，纵观我国中小企业文化建设发展过程中出现的问题和原因，借鉴国内外优秀企业文化建设的成功经验，结合我国市场竞争体制下中小企业自身的特点，从以下几个方面努力探索中小企业文化建设的有效路径。

1. 明确中小企业文化建设的指导思想

必须坚持用中国化的马克思主义指导我国中小企业文化建设，要用马克思主义中国化的最新成果武装中小企业的经营者和员工，引领他们运用马克思主义的立场、观点、方法，紧密联系自身企业文化建设的实际，提高理论指导和实践能力，坚定他们对马克思主义的信念，使他们清醒地认识到"创新文化孕

育创新事业，创新事业激励创新文化"，没有社会主义核心价值体系的引领和主导，就很难构建和谐社会、和谐文化。

2. 坚定中国特色社会主义的共同理想

一方面，中小企业经营者和员工要统一思想认识，明确前进目标，把个人的理想追求同中国特色社会主义的共同理想结合起来，同国家民族命运和企业发展紧密结合起来，在国家和企业和谐稳定、可持续发展的基础上实现个人的人生价值。另一方面，中小企业文化建设，必须弘扬以爱国主义为核心的民族精神，使之成为牢固的精神纽带。教育企业经营者和员工善于把远大理想与日常工作结合起来，实现树立远大理想与进行艰苦奋斗的统一。引导企业员工始终高举爱国主义的旗帜，不断增强对国家、对企业的认同感、归属感，增强爱国意识、团结意识和可持续发展意识，增强民族的自尊心、自信心和自豪感。

3. 加大企业文化理念的宣传力度

努力建立中小企业经营者与员工共同的价值观和行为规范，大力宣传企业文化建设的前沿理念，即诚信理念、反危机理念、双赢发展理念、品牌建设理念、全球化理念、能动创新理念、可持续发展理念、人本管理理念、团队精神理念、学习型企业理念。使这些理念深入中小企业经营者和员工心中，让他们统一思想，畅通政令，协调行动。

4. 坚持以人为本的文化建设原则

建立有效的人性化激励和约束机制，培养中小企业每一位员工与企业之间的互相依赖、相互尊重的关系，挖掘企业文化建设中人的潜能，调动人的积极性，把尊重人、关心人、理解人与教育人、培养人、改造人作为必须遵循的一个基本指导原则，以诚待人、以情感人、以理服人，真心实意地依靠员工办企业。要从思想上承认他们的主人翁地位，在制度上保证他们参与管理的权力，在工作上支持他们大胆创新，在生活上帮助员工排忧解难，引导他们奋发向上。

5. 实施品牌和形象工程战略

信守企业的经营道德，把实施企业的名牌战略、宣传企业的品牌标志、塑造良好的企业形象，作为一项长期的系统工程、一项与企业生存发展息息相关的行为规范，增强员工的大局意识、责任意识、政治意识，培养员工的爱国精神和团队精神，丰富企业思想政治工作和企业文化建设的内容。实施品牌战略，宣传企业标识，既可以凝聚人心、积聚力量，向社会展示企业文化和现代观念，又可以激发员工的自豪感，带动企业提高产品质量和服务水平，以作为品牌企业的员工而荣耀，从而推动中小企业快速、健康和协调发展。

6. 创新中小企业文化建设模式

培育对市场环境适应度高的企业文化，提升企业内部核心能力和外部环境适应能力。大力宣传企业精神、价值观念、经营理念、道德规范等，体现企业的行为方式，不断改善和搞好企业环境的美化、绿化和亮化工作，使员工处处感到企业文化的存在。加大企业文化建设的"硬件"投入，为思想教育、政治工作提供行之有效的现代化手段。注重文化创新人才的吸收、引进、培养、激励和运用，引导他们解放思想，增强创新意识，充分调动他们的积极性、主动性和创造性，在企业内形成勇于创新、敢于创新、勤于创新的氛围，促进企业创新文化的发展。

通过以上举措和途径，本研究认为应充分发挥中小企业在文化建设中的载体作用和促进作用，进一步推进中小企业将企业经营理念、企业行为和企业形象有机地结合在一起，不断进行文化创新，提高管理水平。在复杂多变、竞争激烈的市场经济环境下，增强中小企业在市场中的竞争力，为中小企业改革与发展提供强有力的思想保障，培育中小企业创新文化，使文化建设在中小企业发展中起到引导、约束、凝聚、激励和辐射作用，从而不断将中小企业做强做大，又好又快地发展。

五、关于社会主义核心价值体系引领中小企业文化建设的几点思考

为全面落实科学发展观，构建和谐社会，增强中小企业员工的社会责任意识，树立中小企业的时代新形象、建设特色鲜明的中小企业文化，推动中小企业又好又快发展，我们必须以社会主义核心价值体系为导向，把中小企业文化建设与社会主义核心价值体系建设紧密结合起来，用社会主义核心价值体系引领中小企业文化建设。

1. 必须坚持四个基本原则

以社会主义核心价值体系引领中小企业文化建设必须坚持四个基本原则。即必须坚持马克思主义的指导地位，坚持正确的理论导向，坚持用科学理论武装人，坚持用先进文化培育人，使中小企业成为践行社会主义核心价值观的坚强阵地。始终准确地把握社会主义先进文化的前进方向，大力弘扬爱国主义、社会主义、集体主义精神，对中小企业经营者和员工经常开展正确的人生观、世界观、价值观教育，使中小企业文化建设充分体现和谐精神，用和谐理念看待事物、处理问题，形成企业经营者与员工共同的价值观。

2. 必须坚持正确的指导思想

以社会主义核心价值体系引领中小企业文化建设必须坚持正确的指导思想。中小企业文化建设应当坚持以邓小平理论、"三个代表"重要思想和科学发展观为指导，坚持社会主义先进文化前进方向，以中华民族优秀文化传统为基础，以培育中小企业核心价值观为重点，紧紧围绕经济改革与发展，树立社会主义荣辱观，坚持"三个文明"一起抓，努力建设中小企业旗帜鲜明、核心价值观先进、发展理念创新、企业社会和谐的文化体系，为全面推进中小企业又好又快发展提供强有力的理论保障和支持。

3. 必须坚持地域特色

以社会主义核心价值体系引领中小企业文化建设必须坚持与地域特色相结合。地域既是社会主义核心价值体系的资源基础，又是社会主义核心价值体系的实践载体。只有根据地域经济发展的实际和地域文化的差异，结合地域内少数民族的特色文化，才能体现社会主义核心价值体系的大众化和通俗化，使其精髓和原理真正被中小企业经营者及企业员工所理解与掌握，更好地推动社会主义核心价值体系在少数民族地区中小企业文化建设中有效实现，确立社会主义核心价值体系在少数民族地区中小企业文化建设中的地位，促进民族团结、社会和谐，实现全国共同富裕。

六、结论

基于社会主义核心价值体系下的中小企业文化建设，应以社会主义核心价值体系为准则，遵循中小企业发展的内在规律，结合国家政策和相关法规，完善现代中小企业制度，构建中小企业文化建设的环境和机制；强化企业员工社会公德、职业道德意识，努力建设高素质、高成长型的中小企业；提高中小企业的诚信度、美誉度和抗风险能力，塑造良好的中小企业形象。在社会主义核心价值体系的引领下，坚持以人为本的理念，凝聚中小企业经营者和员工的智慧与力量，打造具有中国特色、地方特色、企业特色的中小企业"文化核"，为企业自身求发展，为企业员工谋幸福，促进中小企业文化建设大发展，实现国家经济大繁荣。

参考文献：

高举中国特色社会主义伟大旗帜　为夺取全面建设小康社会新胜利而奋斗［R］. 人民出版
　社，2007.

理
论
篇

龚群. 论社会主义核心价值体系的重大基本理论与实践意义 [J]. 江苏行政学院学报，2010 (1).

韩震. 社会主义核心价值体系分析 [M]. 北京：人民出版社，2007.

黄泰岩，秦志辉. 中小企业研究热点 [M]. 北京：经济科学出版社，2007.

刘亮红. 中华文化与社会主义核心价值体系的内在关系——从发展维度进行的考察 [J]. 湖南社院学报，2011 (3).

吕振宇. 论社会主义核心价值体系 [M]. 济南：山东人民出版社，2009.

石海兵. 论社会主义核心价值体系基本内容的层次结构 [J]. 伦理学分析，2007 (4).

中共中央文献研究室. 十六大以来重要文献选编 [M]. 北京：中央文献出版社，2006.

中共中央宣传部理论局. 科学发展观学习读本 [M]. 北京：学习出版社，2006.

论公共文化服务体系建设与践行社会主义核心价值观

曲芳艾

（吉林省社会科学院马克思主义研究所）

胡锦涛总书记曾说过："民族凝聚力和创造力的重要源泉是文化，综合国力竞争的重要因素、经济社会发展的重要支撑也是文化。深化文化体制改革，是党中央做出的关系我国经济社会发展全局的重大决策。"回顾我国社会主义发展历程，文化工作对于传播和普及马克思主义，引导社会风尚，丰富人民群众生活起到了积极作用。党的十六届六中全会首次提出了"社会主义核心价值体系"的科学命题和论断，党的十七大报告中提出："社会主义核心价值观是社会主义意识形态的本质体现。"健康向上丰富的文化生活是维护社会主义大厦意识领域先进性的重要手段。大众文化深深融于民族的生命力、创造力和凝聚力之中，而通过公共文化服务体系的建设，将更好地把握社会主义先进文化的前进方向，使人民群众以社会主义新风尚指导自己的行为，以社会主义核心价值体系丰富自己的思想认知，使社会主义核心价值观更好地得到践行。

一、公共文化服务体系与社会主义核心价值观的历史内涵

公共文化服务是指以政府部门为主导力量，以保障人民群众的基本文化生活的基本权利为目标，为人民群众提供的基本公共文化产品的服务。要建立公共文化服务体系，就必须按照合理设置机构、坚持均衡发展、健全文化服务网络、惠及全民的原则，以政府行为为主导，以公益性文化单位为服务体系建设的骨干，发挥广大人民群众的力量，切实保障人民群众读书看报、上网、进行公共文化鉴赏等大众文化活动的基本文化权益。社会主义核心价值观是指人民群众对社会主义价值的性质、构成、标准与评价的根本看法和态度，是人民群众从自身需要出发，对社会主义建设必要性的认识与可行性的理解。其内容主

要包括马克思主义思想、中国特色社会主义的共同理想和信念、爱国主义、民族精神、社会主义荣辱观和以改革创新为重点的时代精神等内容。以科学发展观为准绳，强调"以人为本"是社会主义价值观的基本内核。社会主义核心价值观是凝聚人心推进社会主义建设的思想道德源泉，是公共文化领域传播的主要内容，两者的融合是保证社会主义先进文化正确方向、构建社会主义和谐社会的必然要求，更是实现好、维护好、发展好人民群众基本文化权益的主要途径。

二、建设公共文化服务体系与践行社会主义核心价值观的联系

1. 建设公共文化服务体系是践行社会主义核心价值观的迫切要求

当今世界随着网络化、数字化传媒的发展，人民群众的思想意识日益多元化，文化需求更加丰富。在接受先进、积极的思想影响的同时，"个人主义""金本位""官本位"思想也充斥着人们的头脑，为社会主义精神文明建设，社会主义核心价值观的践行带来了困难。而通过公共文化服务体系建设，能够使人民群众在喜闻乐见的文化产品的影响下及时纠正自己的认知和思想，能够更好地同党和国家保持一致，全身心地投入社会主义现代化建设，促进社会整体精神文明水平的提升。随着我国市场经济取得了可喜的成果，GDP已经跃居世界第二位的同时，文化与经济的水乳交融也得到了充分的体现，文化已经成为构成我国综合国力的重要组成部分。在这种形势下，应推进公共文化服务体系建设，广泛参与国际大文化建设，更好地借鉴国外先进的文化，取其精华、去其糟粕，丰富我国社会主义核心价值观的内涵，增强民族的凝聚力与向心力，增强社会主义精神文明建设的感染力，逐步形成以爱国主义文化为主体，以社会主义先进文化为核心，以外来有益文化为补充的文化建设格局。

2. 建设公共文化服务体系是践行社会主义核心价值观的出发点

社会主义核心价值观是党和人民在我国发展历程中逐步总结的精神文明的实质与核心，是中国特色社会主义精神文明建设的精髓。而建设公共文化服务体系，则是贯彻和宣传社会主义核心价值观的重要阵地，是践行社会主义核心价值观的出发点。首先，推动社会主义文化全面繁荣是践行社会主义核心价值观的重要任务。我国是一个多民族的国家，各种文化意识并存，尤其是近年来信息传播的多元化与实时化，更加为社会主义核心价值观的践行带来了巨大的挑战。而文化是社会意识的重要表现形式，通过丰富多彩的社会主义文化建设，能够使社会主义核心价值观的主旋律得到更广泛的弘扬，使人民群众更好

地体会到改革开放多年来经济和社会发展取得的伟大成就，更加热爱祖国、拥护党的领导，为实现中华民族的伟大复兴，巩固中国特色社会主义经济与社会发展，为建设一个富强、民主、自由的国家而奋斗。其次，建设公共文化服务体系是践行社会主义核心价值观的强大动力。通过公共文化服务体系的建设，能够更好地贯彻党的思想路线和方针政策，更加坚定地坚持"解放思想，实事求是，锐意进取，与时俱进"，用创新的思想解决问题，推进社会发展与进步。在公共文化服务体系中，人民群众能够对祖国传统文化进行传承，继承和传播传统文化精髓，用批判和辩证的眼光看待历史，吸引中华民族传统文化中的"仁、义、理、至、信"等美德，用传统文化巩固现代社会主义核心价值观，夯实社会主流文化根基，用博大和进步的文化观念使社会主义核心价值观得到有效的践行。

3. 社会主义核心价值观为公共文化服务体系建设提供了方向

社会主义核心价值观是建设和谐社会的根本要求，也为公共文化服务体系建设提供了方向指引。在建设公共文化服务体系的过程中，只有紧紧围绕在社会主义核心价值观周围，才能保障文化服务体系对社会主义建设的促进作用。与西方资本主义国家的公共文化服务体系相比，我国的公共文化服务体系建设必须以马克思主义思想为指导，通过文化宣传增强人民群众的爱国主义、民族精神，使之形成共同的理想与信念，用社会主义荣辱观指导自己的思想和行为。贯彻落实科学发展观，建设和谐社会是我国的当务之急，公共文化服务只有以社会主义核心价值观为指导，才能使文化宣传工作更好地发挥好党的喉舌作用，推动社会的公平、正义、和谐，协调好人与自然、人与社会、人与人的关系，处理好各类人民内部矛盾，为和谐社会的建设贡献力量。

三、在公共文化服务体系建设中践行社会主义核心价值观的举措

1. 坚持与人民群众的血肉联系是在公共文化服务体系建设中践行社会主义核心价值观的前提

江泽民总书记曾说过："在任何时候任何情况下，与人民群众同呼吸共命运的立场不能变，全心全意为人民服务的宗旨不能忘，坚信群众是真正英雄的历史唯物主义观点不能丢。"（陶诚华，2008）首先，人民是社会物质财富和精神财富的创造者和拥有者，人民更是社会变革的中坚力量，政之所兴在顺民心，政之所废在逆民心。因此，在社会主义文化服务体系建设中，要坚持"以

人民群众为根本"，使社会主义文化根植于群众、壮大于群众、服务于群众，只有不断从群众的角度建设文化服务体系，我们才能更好地了解群众，从而获取更多群众的支持，推进社会文化的进步。其次，中国共产党是人民的政党，党执政为民所体现的是人民的根本利益，党的一切行为与活动都要成为人民利益的忠实代表者、坚定维护者、真诚服务者。发展社会主义文化事业，构建公共文化服务体系，归根到底也就是为了人民本身，要使群众通过文化领域建设，提高精神文明水平，团结一心，为祖国的繁荣富强而奋斗。

2. 坚持中国化的马克思主义传播是在公共文化服务体系建设中践行社会主义核心价值观的重要理论基础

通过对中国化的马克思主义的相关理论学习，能够使人民群众提高自己的思想认识，保持坚定的政治方向，树立正确的人生观和价值观，从思想源头上增强对社会主义核心价值观的认同感。从思想中根除一小部分人存在的"官本位""金本位""个人主义"思想，严格要求自己的言行，深入践行科学发展观，把为社会主义现代化建设奉献力量作为自己人生的奋斗目标，牢固树立为人民服务的思想。用爱国主义思想和民族精神丰富头脑，把全部的精力用在提高自身本领上。同时，通过对中国化的马克思主义的相关理论学习，能够使人民群众不断提高自身修养和素质，丰富完善自己的知识体系，用马克思主义中国化的新思想、新思路解决问题，成为一名政治思想坚定成熟、个人能力过硬、全局观念较强的社会主义公民。

3. 坚持中国特色社会主义共同理想的渗透是在公共文化服务体系建设中践行社会主义核心价值观的保障

中国特色社会主义的共同理想即坚定对中国共产党的信任和拥护，在党的领导下，将中国特色社会主义道路进行到底，实现民族的伟大复兴。在公共文化体系建设中，坚持中国特色社会主义的共同理想的传播，使之成为践行社会主义核心价值观的重要保障。近年来，随着改革开放的不断深化，各类社会问题层出不穷：经济发展的效率与公平的关系成为目前重要的社会问题；城乡收入差距较大；经济发展与精神文明建设还不够统一协调；民主与法治还有待于进一步加强；人民群众的利益诉求也不断增多，在这种情况下，一些人受到西方不良思想的影响，对我们改革开放及经济建设的成果产生质疑，动摇了中国特色社会主义的信念，对党的领导在一定程度上失去信心。这些问题，都需要在文化体系的建设中巩固中国特色社会主义的共同理想，使人民群众树立起建设社会主义的信心，给予人民群众一个满意的解答，使人民群众理解，虽然目前我国社会体制仍存在一些问题，但社会主义制度较资本主义制度是先进的，通过不断的完善必定会促进社会更加民主、公平、正义，增强人民群众对社会主义建设的信心。

4. 坚持文化创新是在公共文化服务体系建设中践行社会主义核心价值观的动力

从目前我国公共文化服务的发展来看，文化产品还比较单一，内容也不够丰富，尤其是倡导社会主义核心价值观的主流文化产品还较为匮乏。而在未来的发展中，只有不断地对文化进行改革与创新，才能在多元化传播的背景下，增强社会主义文化的影响力，占领文化宣传的主流阵地，更好地践行社会主义核心价值观。一要在文化服务体系建设的方法上实现创新。在新时期，必须对传统的文化服务进行改革，要善于利用网络、数字等新兴媒体进行文化传播，勇于对传统的"单一式""教导式"的主流文化传播方法进行改革，要把人民群众作为文化传播的主体，积极实现与人民群众的文化互动。利用好网络这一新兴媒体的平台，提高文化产品开发的针对性与实效性，通过网络实现文化体系的繁荣发展，提高文化宣传的覆盖面，开拓社会主义核心价值观的阵地。二要在文化服务传播的内容上进行创新。在新时期，传统的机械式的红色思想传播已在一定程度上不具备吸引群众的能力，因此，在宣传中学会"造势"，让传播的内容和手段更加贴近群众的生活实际，增强文化的亲和力，解决群众的切实文化需求。

5. 坚持以社会主义荣辱观为价值取向是在公共文化服务体系建设中践行社会主义核心价值观的最终目标

社会主义荣辱观是核心价值观的重要内容，通过在公共文化服务体系中对社会主义荣辱观的渗透，可以更好地使人民群众辨明是非，分清真善美与假恶丑，形成正确的自我认知与评价。随着社会物质财富总量的增加，加之我国精神文明建设相对于经济建设的明显滞后，使得人们对财富的追求日益迫切，高于对公平、正义的追求，这在一定程度上造成了社会总体道德的滑坡，为改善这一现状，应利用公共文化服务这一平台，对人民群众进行社会主义荣辱观教育，从而帮助人们的认识水平从文化意识领域提升到道德荣辱观的层面。以"八荣八耻"为主要内容的社会主义荣辱观与中华民族传统文化中的"仁、义、理、智、信"等美德是相通的，在文化体系建设中，传承并弘扬中华民族的传统美德，纠正人们的价值取向，树立正确的道德伦理标准，提升社会整体道德水准，最终形成积极向上的社会道德新风尚。

总之，公共文化服务体系是社会主义精神文明建设的基石，是践行社会主义核心价值观的必要举措。文化领域建设的成功与否，关系到全面建设小康社

理论篇

会奋斗目标的实现，更关系到中国特色社会主义事业的总体布局。在社会主义现代化脚步不断加快的今天，只有以践行社会主义核心价值观为根本方向，充分认识到建设公共文化服务体系的紧迫性，坚持与人民群众的血肉联系、坚持中国化的马克思主义传播、坚持中国特色社会主义共同理想的渗透、坚持文化创新、坚持以社会主义荣辱观为价值取向，才能更好地保护人民群众文化活动的基本权利，更充分体现出社会主义文化的先进性，为构建社会主义和谐社会保驾护航。

参考文献：

李长春. 正确认识和处理文化建设发展中的若干重大关系　努力探索中国特色社会主义文化发展道路 [J]. 求是，2010（6）：12–13.

陶诚华. 关于公共文化服务体系建设的若干思考 [N]. 金华日报，2008-10-06（8）.

试论推进社会主义核心价值体系
大众化的基本途径

王　伟

（西北工业大学人文与经法学院）

在党的十六届六中全会上，"社会主义核心价值体系"这一科学命题首次被明确提出，并赋予特定的内涵。社会主义核心价值体系在中国整体社会价值体系中居于核心地位，发挥着主导作用，决定着整个价值体系的基本特征和基本方向。它主要包括马克思主义指导思想、中国特色社会主义共同理想、以爱国主义为核心的民族精神和以改革创新为核心的时代精神、社会主义荣辱观等基本内容。党的十七大报告中进一步明确指出："要建设社会主义核心价值体系，增强社会主义意识形态的吸引力和凝聚力。"党的十七届四中全会上，在强调建设马克思主义学习型政党的同时，再次提出开展社会主义核心价值体系学习教育的任务。为此，如何使广大人民群众更好地掌握和认同社会主义核心价值体系，成为改造自身世界观、人生观、价值观的强大思想武器，实现社会主义核心价值体系大众化，是我们当前面临的一项重要而紧迫的战略任务。

一、培养一批德才兼备、理论素养高的马克思主义理论者

毛泽东曾经指出："无产阶级没有自己的庞大的技术队伍和理论队伍，社会主义是不能建成的。"因此，要推进社会主义核心价值体系大众化，人才队伍是关键，必须充分发挥马克思主义理论队伍的重要作用。要把中青年理论骨干作为培养重点，特别是建设一支素质过硬、理论水平高、知识全面的中青年马克思主义理论队伍。首先，这支队伍要保持一定的稳定性，这是由社会主义核心价值体系大众化和长期性决定的，同时，要确保证这支队伍能聚精会神、一心一意地从事推进社会主义核心价值体系大众化的工作。其次，加强这支队伍的学习和培训，使其精通社会主义核心价值体系，具备扎实的理论功底和理

论创新能力，掌握必备的宣传知识和技能，要求这支队伍经常深入群众，从群众实践中总结经验，提炼理论，根据群众的思想实际、文化水平，探索广大人民群众喜闻乐见、容易接受、行之有效的宣传形式。第三，建立和完善理论政策宣传普及专家库，广泛吸收政治素质好、理论水平高、表达能力强的领导干部、专家学者参加理论宣传普及活动。充分发挥离退休老干部、老教授、老职工以及其他社会各界人士理论宣传的积极性，努力形成专兼职人员共同参与的社会主义核心价值体系大众化工作者队伍。

二、坚持显性教育与隐性教育相结合

显性教育是指通过有目的、有计划、直接、外显的教育过程，使受教育者自觉受到影响的有形的教育活动。它具有目标明确、条件可靠、效果外显等特点和优势。如今，大多数教育者在教学的过程中，使用更多的是灌输式、说教式、填鸭式等教育方法，只想着达成理想、信念教育的目的，却忽视了受教育者的感受，往往使受教育者出现背离教育目标或与教育常态性质相反的心理。隐性教育是指"在宏观主导下通过隐目的、无计划、间接、内隐的社会活动使受教育者不知不觉地受到影响的教育过程"。具有教育者传递信息方式上的隐蔽性、受教育者接受信息的无意识性、教育过程的跨时空性和教育结果的难测评性的特点。通常以"潜移默化""春风化雨、润物无声"的方式对受教育者的思想、观念、价值、道德、态度、情感等产生影响。

社会主义核心价值体系是一个相互联系、相互贯通、逻辑严密、结构完整、辩证统一的科学理论体系。实现社会主义核心价值体系大众化的过程，就是使这一科学理论体系被广大人民群众所理解、掌握并身体力行的过程。换言之，推动社会主义核心价值体系大众化，要靠广大人民群众的积极参与和身体力行。这就意味着，社会主义核心价值体系大众化，第一要义是受教育者要"众"；如果只有极少数人掌握和认同，也就不能称之为"大众化"。应该说，社会主义核心价值体系能被我国各族人民广泛了解和认同，显性教育在发挥其主渠道、主阵地作用的同时，也受其覆盖面窄、受教育者比例相对较低等不足的限制，这在某种程度上，影响了社会主义核心价值体系大众化的有效推进。因此，在推进社会主义核心价值体系大众化的进程中，仅仅依靠现有的思想政治教育这种显性教育是远远不够的，应在坚持以显性教育为主的前提下充分发挥隐性教育的独特作用，把两者有机地结合起来，使二者相得益彰、相互促进。

三、建立和完善推进社会主义核心大众化的检验标准

毛泽东在《实践论》中指出："判断认识或理论之是否真理，不是依主观上觉得如何而定，而是依客观上社会实践的结果如何而定。"同理，判断社会主义核心价值体系大众化实现与否的标准，最重要的是看"社会实践的结果"。

第一，是否符合群众路线。相信谁、依靠谁、为了谁，是否始终站在最广大人民的立场上，是区分唯物史观和唯心史观的分水岭，也是判断马克思主义政党的试金石。推进社会主义核心价值体系大众化，应以群众路线为首要检验标准。坚持以人为本，自觉向广大人民群众学习，广泛汲取群众智慧，总结群众经验，充分发挥人民群众的积极性和创造性，切实维护最广大人民的根本利益。关心群众生活，倾听群众的呼声，为群众排忧解难，心系人民群众、服务人民群众，以此为出发点和归宿，以人民群众满意不满意作为评判工作的重点，这样才能真正赢得群众的拥护和支持。各级领导干部要强化公仆意识，把一切为了群众作为自己的最高职责，真正把群众装在心上，着眼于党和人民群众的血肉联系，切实做到权为民所用、情为民所系、利为民所谋，不断增强党的阶级基础，扩大党的群众基础。

第二，广大群众是否真正喜欢。推进社会主义核心价值体系大众化，让广大人民群众在内心深处真正喜欢，而不是表面喜欢而内心反感。为此，这就需要我们切实转变工作作风，虔诚向广大人民群众请教，虚心向广大人民群众学习，继承老一辈无产阶级革命家创造的共产党的优良传统作风，让社会主义核心价值体系真正被广大人民群众接受和认可，真正受到广大人民群众欢迎，真正的入脑入心。

第三，广大群众是否真正信服。推进社会主义核心价值体系大众化，不仅要让广大人民群众信服，而且还要让广大人民群众心服，而不能仅仅停留在口服的水平。真正让广大人民群众认识到只有共产党才能救中国，只有中国特色社会主义才能发展中国，中国特色社会主义是中华民族伟大复兴的必由之路，这样才能转化为建设中国特色社会主义的动力。

第四，是否真正实现了广大群众的利益。推进社会主义核心价值体系大众化，不是为了普及而普及，而是为了最终实现最广大人民群众的根本利益。这是推动和实现社会主义核心价值体系大众化的根本出发点和落脚点，其实质在于给最广大人民群众带来实实在在的利益。换言之，正如毛泽东所言："我们是无产阶级革命的功利主义者，我们是以占全人口百分之九十以上的最广大群

众的目前利益和将来利益的统一为出发点的。"推进社会主义核心价值体系大众化，要以切实实现好、维护好、发展好最广大人民群众的切身利益为根本判断标准。实践证明，"任何一种东西，必须能使人民群众得到真实的利益，才是好的东西"。离开广大人民群众的根本利益来谈论实现社会主义核心价值体系大众化就是空谈，就没有任何实质意义。因此，毛泽东始终强调："马克思列宁主义的基本原则，就是要让群众认识自己的利益，并且团结起来，为自己的利益而奋斗。"

四、构建立体化的宣教平台和多样化的宣传载体

（一）搭建立体化的教育平台

现代教育是一个全方位的系统工程，教育功能的实现主要依托于家庭、学校和社会。推进社会主义核心价值体系大众化，同样需要搭建由家庭、学校、社会所形成的立体化教育平台。加强家庭教育平台建设，建设一支面向家庭的理论宣教队伍；依托媒体和网络，开设家庭理论宣传教育专栏；依托社区，以理论教育进社区带动进家庭，拓展家庭教育的空间。学校教育的建设主要是加强针对教师尤其是政治理论课教师的思想政治教育，如在高校推进社会主义核心价值体系大众化应充分发挥思想政治理论课的主渠道作用；思想政治理论课是高校在校大学生的必修课程，是学习和宣传社会主义核心价值体系的主阵地，是帮助大学生树立正确"三观"的重要来源，而且，思想政治理论课在引导大学生坚持马克思主义信仰、坚定中国特色社会主义事业建设信念、增强改革开放和现代化建设信心及促进大学生心理健康成长等方面发挥着极为重要的作用。在推进社会主义核心价值体系大众化的过程中，要依靠社会各方面力量，开发社会教育人力资源，建设公共服务平台，包括各地图书馆、电子阅览室、博物馆、爱国主义教育基地和教育中心，挖掘社会教育资源的舆论资源，营造浓厚的理论教育氛围。

（二）充分利用多样化的传播载体

传播平台和机制的选择利用对理论的有效传播起着至关重要的作用。在推进社会主义核心价值体系大众化的过程中要充分运用各种载体和传播平台，不断拓宽社会主义核心价值体系大众化的渠道，利用多样化形式宣传社会主义核心价值体系。

第一，继续利用好报刊、书籍等传统印刷媒体的宣传作用。如在报刊上开设社会主义核心价值体系大众化专栏，满足广大人民群众的理论需求；进一步

发挥党报党刊的主阵地作用；定时定期组织专家学者编写马克思主义通俗读物，让广大人民群众及时了解马克思主义中国化的最新理论成果。

第二，充分利用广播、电视等媒介时效性强、覆盖面广、形象生动的优势，将社会主义核心价值体系的内容及时传播，从而提高理论教育的实效性。

第三，高度重视互联网在文化传播中的巨大作用。互联网的高速发展，在带给教育手段现代化的同时，也为社会主义核心价值体系大众化的传播带来了新的机遇。为此，应从战略高度主动利用好互联网平台，努力把它开辟成推进社会主义核心价值体系大众化的新平台。

第四，加强社区宣传栏、街道广告牌、公路沿线标语牌等环境载体的建设，让社会主义核心价值体系深入广大人民群众的头脑，深入他们的日常生活之中。

参考文献：

高举中国特色社会主义伟大旗帜　为全面建设小康社会而努力奋斗［M］. 北京：人民出版社，2007：54.

张涛. 要注意发挥隐性教育在马克思主义大众化中的作用［J］. 思想理论教育研究导刊，2009（8）：88.

中共中央毛泽东选集出版委员会. 毛泽东选集：第 1 卷［M］. 北京：人民出版社，1991：284.

中共中央毛泽东选集出版委员会. 毛泽东选集：第 3 卷［M］. 北京：人民出版社，1991：864－865.

中共中央毛泽东选集出版委员会. 毛泽东选集：第 4 卷［M］. 北京：人民出版社，1991：1318.

中共中央文献研究室. 毛泽东文集：第 7 卷［M］. 北京：人民出版社，1999.

理
论
篇

浅谈中国企业承担社会责任问题

王子旗　杨沅霖

（四川大学工商管理学院）

一、引言

近年来，随着经济全球化和大规模工业变革的不断推进，企业社会责任问题越来越受到全球的关注，企业对国家乃至全世界可持续发展的影响成为日益关注的焦点。企业社会责任有保障全球经济和环境可持续发展的作用，对维护国际和平有重要的作用，对促进发展中国家政治稳定可起到积极作用。

企业社会责任是指企业在创造利润、对股东承担法律责任的同时，还要承担对员工、消费者、社区和环境的责任。企业的社会责任要求企业必须超越把利润作为唯一目标的传统理念，强调要在生产过程中对人的价值的关注，强调对消费者、对环境、对社会的贡献（刘俊海，1999）。企业社会责任实现机制是企业社会责任活动得以进行和落实的运行原则、组成环节及其参与主体之间相互作用的总和；是指实现企业社会责任的各种方法、措施的有机结合，它不仅指某种制度或某几种手段，而是多个主体、多项措施共同作用的结果（李立，2005）。

随着经济全球化的深入发展，兴起于西方国家的企业社会责任运动已经对我国产生了重大的影响。一方面，外国采购商在中国选择供应商时普遍把企业社会责任表现作为重要的评价依据；另一方面，在我国国民经济快速发展的同时，假冒伪劣、侵犯员工合法权益、污染环境、过度消耗自然资源等问题变得越来越严重，社会和谐和可持续发展能力受到严重破坏。要提升我国企业国际竞争力，要建立和谐社会和落实科学发展观，必须尽快建立我国企业社会责任实现机制。

本文以企业社会责任为研究对象，从分析我国企业的社会责任现状入手，剖析其产生的原因，深入了解企业对于社会责任的态度，以期为我国现阶段进行企业社会责任研究提供理论依据，也为企业如何更好地履行社会责任，促进企业与社会的可持续发展提供对策和建议。

二、中国企业社会责任履行现状

随着中国企业逐渐进入国际市场，中国企业也逐渐开始了解国际社会关于企业社会责任的相关内容。国外的企业把企业社会责任的概念带入中国，并影响着中国企业看待企业社会责任的态度。一些有实力的跨国公司内部会专门设置负责企业社会责任的部门，同时会将每年企业社会责任的履行情况计入工作绩效中，设有专门的监督与考核体系（泰勒，1984）。他们就企业社会责任与企业自身的核心竞争力联系起来，不仅为自己获得了长久的商业客户群体，同时也为企业的发展创造了良好的外部发展环境，赢得企业员工对公司的忠诚度，进而吸引更多的有识之士加入到企业中来，并且对中国企业承担社会责任起到了很好的推动和示范作用。总的来说，跨国公司在华履行社会活动的实践为我国企业提供了参照。

在中国许多企业已经开始认识到，把自己的核心竞争力与企业所承担的社会责任结合在一起，不但可以增加企业的名誉资产，也可以在本行业里增加企业的竞争力，于是将企业社会责任纳入企业管理的一部分。虽然近年来我国企业承担社会责任的数量和方式都在增加，但总体来看承担企业社会责任的企业所占比重仍然较低。"地沟油""瘦肉精""毒胶囊"形形色色的企业社会责任缺失事件说明，社会责任还未能内化为企业的常态价值观。中国社科院2011年《中国企业社会责任报告》（简称蓝皮书）发布，课题组分别调研了中国境内的国企、民企、外企的百强企业。结果显示，在被选中评价的300家企业中，按百分制考评，所有企业平均得分不到20分。有近七成企业是旁观者，没有推动社会责任管理，社会责任披露十分缺乏。

总的来看，我国企业社会责任大致呈现以下态势：①国企和央企是承担企业社会责任的主力军，其多关注于政府的需求。②异军突起，承担企业社会责任的民营企业数量增加。③我国有大量的中小企业的社会责任缺失，但不可否认，如果加总的话，数量众多的中小企业贡献是可敬的，值得全社会高度关注。④上市公司社会责任报告发布呈稳步增长趋势，但仍存在对负面信息披露相对较少等诸多问题。⑤就行业而言，承担企业社会责任的企业主要集中在原材料、非日用生活用品、金融等行业。

三、中国企业履行社会责任存在的问题分析

企业社会责任已被看做可持续发展的重要基础和有效渠道，成为参与国际竞争不可或缺的竞争要素。我国企业参与承担社会责任虽然取得了一些成绩，但是仍面临着许多问题。

1. 企业社会责任观念淡薄

目前，相当一部分企业在追求利润最大化的同时，给劳动者、社会乃至企业本身造成极大危害。通过偷税漏税，为自己牟取暴利逃避对社会、国家的责任；向消费者提供不合格的服务、假冒伪劣产品或者虚假信息，侵犯消费者的合法利益；在资源利用方面存在严重的浪费现象；为了获得经济利益污染环境。在这些企业管理者看来，企业应以股东利益最大化为主要目标，其他的社会责任应由政府来解决（法约尔，1982）。

2012 年 3 月 15 日，央视《今日观察》播出《蜜饯竟然如此加工！》，曝光杭州部分蜜饯生产厂家，生产环境肮脏不堪，工人随意添加添加剂，伪造检测报告，随意更改生产日期，生产原料来自山东临沂的地下黑工厂。2012 年 4 月 15 日，央视《每周质量报告》播出的《胶囊里的秘密》，曝光河北一些企业，用生石灰处理皮革废料，熬制成工业明胶，卖给绍兴新昌一些企业制成药用胶囊，最终流入药品企业，进入患者腹中。由于皮革在工业加工时，要使用含铬的鞣制剂，因此这样制成的胶囊，往往重金属铬超标。经检测，修正药业等 9 家药厂 13 个批次药品，所用胶囊重金属铬含量超标。

近些年来我国食品行业的问题层出不穷，生产企业为了降低生产成本，不惜损坏消费者的身体健康。单从食品这一与我们日常生活息息相关的行业来看，连最起码的道德标准都已沦陷，更不用说积极承担企业社会责任了。

2. 有关社会责任的法律不够完善

在社会主义市场经济条件下，我们既需要"以经济建设为中心"，追求企业经济效益，又需要在"科学发展观"指导下，实现人与社会经济协调发展，建设全面小康的和谐社会。这两者的有机结合，才是我国统治阶级利益的本质表现。企业履行社会责任正是对企业科学发展的具体要求。首先，企业履行社会责任，要求企业关注对"人"的发展和对"社会"全面负责。其次，企业履行社会责任强调"人权保护"的具体法律落实。从我国现有的企业法律体系来

看，受片面追求 GDP 的影响，严格保护"投资者"及其"资本"的利益，进而推进市场建设，而对企业职工和社会的权益保护被忽视了（李旭东，2007）。

目前我国公司承担社会责任的现状整体上并不令人满意，与我国目前相关法律法规不健全有很大的关系。虽然，我国现行的公司法和一些专门法中有诸多有关公司社会责任的规定，但是只是零散的见于《劳动法》《消费者权益保护法》《产品质量法》《自然资源法》《环境保护法》《社会保障法》《公益事业捐赠法》、《公司法》，以及其他一些规范公司的法律法规中，也没有明确提出这些法律规定的责任就是公司社会责任（谢子远，2005）。这些零散的立法在一定程度上规范了公司的行为促使公司承担社会责任，但是规范公司社会责任的这种立法状况使得公司社会责任没有系统化的制度上的约束和保障。因此，目前理论界和学术界的共识是要构建系统的制度化的公司社会责任法律制度，以便公司的社会责任的具体落实有法律的保障。具体构建上，是在原有的各专门法的基础上对社会责任进行加强，还是重新构建一个崭新的公司社会责任法律体系，有待探索。

3. 地方政府对企业社会责任的监管力度不够

很多地方政府对企业社会责任了解很少甚至是根本没有了解，对企业不承担社会责任所带来的危害没有清醒的认识，同时对企业在履行社会责任方面的问题缺乏研究。政府前期工作过于注重 GDP 的增长和企业给当地带来的税收，从而对企业的监管力度不够。当地政府为了保护当地企业的发展，在放宽管理的同时，没有加强对企业社会责任的监督。因此，在一定程度上一些企业不惜浪费国家的稀缺资源，破坏生态环境来获得经济利益，进而使资源难以为继，环境不堪重负。

中国企业在履行社会责任方面存在的问题，即表明中国市场经济体制还不完善，存在很多计划经济的残余因素。相关法规建设不规范，政策波动大，积极承担企业社会责任的企业得不到政府的扶持，激励制度还未健全；不承担企业社会责任的企业得不到应有的制约。同时表明中国企业由于企业规模小、实力弱所造成的履行社会责任能力不足（李飞，2006）。从深层次分析，造成企业社会责任缺失的根本原因在于以下两方面。

第一，中国改革开放 30 年之后社会正处在整体转型时期，企业、社会、政府边界模糊不清，对于企业社会责任，政府和企业存在着越位、错位、缺位的现象，成熟定型的企业社会责任规范还未问世。对照我国企业的发展历史与西方数百年工业化历史，我国许多企业才刚刚进入市场。这种先天不足再加上后天不健全的市场环境，导致我国许多企业把企业的经济利益放在第一位，而把企业社会责任置之在后。

第二，由中国企业的发展规模和经济能力决定。从规模上看，企业的发展一般可以分为三个阶段，即原始资本积累期、规模扩张期与企业公民期。根据罗宾斯的企业道德发展阶段理论，企业的社会责任道德水平也应分为三阶段，即前惯例水平、惯例水平和原则水平（秦亚姿，尹红强，2009）。当前我国企业大都处于承担企业社会责任的前两个时期，即原始资本积累时期和规模扩张期，企业资金少、抵抗风险的能力弱。为了生存与自身的发展，企业首先要把获得经济利益放在首要位置，因此企业承担社会责任能力有限。

四、推动中国企业履行社会责任的对策研究

政府应转变职能，为企业履行社会责任创造良好的社会环境和政策环境。企业要把强化企业社会责任与和谐发展观联系起来，在经营活动中自觉履行社会责任和义务；要强化自律约束，对自己的经营理念、经营行为进行自我规范、约束和控制。

1. 明确企业社会责任基本内容

企业对消费者、股东、投资者的社会责任是企业的基本社会责任。企业应该树立以人为本的管理观念，包括对员工的福利、安全、培训等承担相应的责任与义务。只有尊重企业内部的员工，才能充分发挥员工的积极性，提高企业效率。企业对政府的社会责任要依法纳税，接受政府的干预和监督，努力承担企业力所能及的社会责任。企业对资源、环境的社会责任就要坚持科学发展观，节约资源、提高效率与社会可持续发展。同时企业对社会慈善事业和其他公益事业应当承担相应的社会责任（张静，2008）。

2. 按照企业的发展阶段动态地看待企业社会责任

企业要根据自己的实际情况和自己的企业生命周期制订切实可行的企业社会责任计划。在企业发展的初期，企业规模较小，实力不强，企业的社会责任首先应对利益相关者中的股东、客户和员工履行责任。因为只有这样，企业才能更好地发展，积蓄自己的力量；处于成长期和发展期的企业，规模和实力不断壮大，市场份额增加，在本行业影响力逐渐增强，所以除应进一步承担企业基本社会责任外，还应承担对政府、社区、竞争者、供应商的社会责任。当企业发展到稳定期时，其规模较大，实力较为雄厚抵抗风险能力较强，所以企业要承担更为高级的社会责任。例如，捐助社会弱势群体，履行对慈善事业的支持等。

3. 增强全社会公众对企业社会责任履行情况的关注程度

通过利益相关者的视角研究企业承担的社会责任表明，消费者的选择、社会批评压力等是企业承担社会责任的动力因素。受我国社会发展水平的限制，利用消费者选择压力促使企业承担社会责任还不现实，但是可以发挥社会监督的作用。所谓社会监督就是要充分利用和发挥新闻舆论、行业协会、消费者组织等非政府组织的作用，形成多层次、多渠道的监督体系，以完善企业承担社会责任的社会环境，弥补政府在某些方面的"监督失灵"（里德曼，1986）。

4. 发挥政府规则制定和监督实施的作用

近年来发生的诸多企业危害社会、欺骗消费者的行为，与政府的监管力度不够是有直接关系的，如何能够使企业更好地在发展自己的同时兼顾企业社会责任是政府应该思考的。政府要通过法律、制度等约束性的手段对企业承担社会责任进行引导。建立激励机制和处罚机制（李燕凌，2006）。对于积极履行社会责任的企业，政府要给予尊重和及时的肯定，满足企业自我价值的实现，增加企业知名度。使更多的企业意识到努力承担企业社会责任能够为企业带来无形的资产，进而去行使社会责任。

企业社会责任无法落实的另一缺口是相关的法律法规不健全。现在很多企业社会责任缺失的原因就在于没有相应的法律法规予以制约，或者是惩罚力度不够。所以政府应加大力度对企业社会责任问题予以正确的关注与重视，健全相关法律法规，使企业社会责任有法可依。

五、总结

企业是社会财富的创造者，但往往也是直接和间接浪费资源、损害环境的责任单位。企业没有很好地履行社会责任不仅仅是企业单方面的事情，同样对于如何让企业履行社会责任也不能仅仅从企业着手。只有社会各方面齐心协力，给企业创建一个承担社会责任的健全机制，才能够让企业实现其社会职能。

参考文献：

F. W. 泰勒. 科学管理原理［M］. 胡隆昶，译. 上海：中国社会科学出版社，1984：85.

H·法约尔. 工业管理与一般管理［M］. 周安华，等，译. 上海：中国社会科学出版社，1982.

李立清，李燕凌. 企业社会责任研究［M］. 北京：人民出版社，2005.

理论篇

103

李旭东，余逊达. 民营企业社会责任意识的现状与评价 [J]. 浙江大学学报：人文社会科学版，2007（2）：18.

李燕凌. 基于员工劳动保护的企业社会责任研究 [D]. 长沙：湖南农业大学，2006.

李正. 企业社会责任与企业价值的相关性研究——来自沪市上市公司的经验证据 [J]. 中国工业经济，2006（2）：6.

弗里德曼，米尔顿. 资本主义与自由 [M]. 张瑞玉，译. 北京：商务印书馆，1986.

刘俊海. 企业的社会责任 [M]. 上海：法律出版社，1999.

秦玉娈，尹红强. 民营企业社会责任的实现机制研究 [J]. 石家庄铁道学院学报：社会科学版，2009（3）：4.

谢子远，宝贡敏. 企业社会责任的实现——基于消费者选择的分析 [J]. 中国工业经济，2005（9）：5.

张静. 企业社会责任的研究 [J]. 天津商业大学学报，2008（7）：6.

牢记企业发展根本　勇担社会发展重任

——企业在社会主义核心价值体系建设中践行社会责任理论浅析

易　竞　王天乐

（四川大学工商管理学院）

中国共产党十六届六中全会提出建设社会主义核心价值体系的命题，并且强调要将核心价值体系打造成为全民族奋发向上的精神力量和团结和睦的精神纽带。纵观社会主义核心价值体系本身，有意识形态的统一和现实实践两方面的要义。从意识形态的统一上讲，它确定了中华民族建设有中国特色社会主义过程中的民族之魂，这个民族之魂的核心就是一个"同"字，即所谓社会建设在思想上一定要上下齐心、同心同德，与时俱进、荣辱与共。从另外一层现实的实践上来讲，它强调体系是激励社会主义建设更好、更快发展在行动上"做"的策动力，也就是要求我们社会各阶层要立足根本，切实做好社会主义核心价值体系理论实践化。

企业作为社会主义核心价值体系建设的重要组成部分、社会经济发展的核心力量，在践行社会主义核心价值体系的过程中更要承担特有的社会责任。以企业为主体，无论是"同"还是"做"，都集中在企业社会责任这一根本点上。企业要践行社会主义核心价值体系，准确把握精神内涵，找准自己的位置，探索可行的方法，这是保证践行社会主义核心价值体系能够更好更快进行的关键。

企业践行社会主义核心价值体系，首先是要深刻理解其准确的内涵，从而与自身的发展形势和自身状况相结合。具体来说有以下几点。

1. 马克思主义指导思想是社会主义核心价值体系的灵魂

马克思主义是我国在建设中国特色社会主义中坚持的力量之本，是国家政体建设的前瞻明灯，是指导企业合理价值取向的思想保证。只有深刻理解马克思主义的科学性和先进性，才能明确社会主义制度下企业的本质任务和基本要义。

2. 树立共同理想是社会主义核心价值体系的主题

树立共同理想是我们党带领全国各族人民共同的奋斗目标和行动纲领，也是企业经营发展、有所作为的行动指南。企业要坚定不移地和党和国家一起，树立共同理想，明确共同前进方向，确立共同奋斗目标。

3. 爱国主义为核心的民族精神、改革创新为核心的时代精神是社会主义核心价值体系的精髓

企业是社会财富积累的源泉，是社会主义建设的有效力量。在弘扬民族精神和时代精神中扮演重要的角色。企业作为国家的经济力量，是对内联系人民、鼓舞人心的有效保障，是对外展现国家风采的中坚力量。企业只有以国家和人民为发展的根本，崇尚科学、追求发展，才能得到更好更快的发展。

4. 社会主义荣辱观是社会主义核心价值体系的基础

社会主义荣辱观是处理国家和企业、企业和个人之间关系的标杆尺度，企业有责任、有义务为建设社会主义和谐社会发挥自己的作用。以社会主义荣辱观为企业价值取向的基础，就能够利于国家利于人民，坚守正义，弘扬正气，树立良好的企业形象，积极推动社会主义道德体系的建设。

这四个方面层层推进、相互关联、相互促进，是一个有机的统一整体。企业应该牢牢把握社会主义核心价值体系内涵，将价值体系主动地和自身发展有效结合，纳入自身价值体系的建设当中，为践行社会主义核心价值体系做出贡献。在理论指导实践中，应该坚持四方面的内容。

1. 牢记发展根本，共建稳定大局

企业发展的根本是国家和人民的支持。对于国家，企业是社会主义核心价值体系中的重要组成部分，企业内部文化的建设以及企业员工思想建设都密切联系社会主义价值体系。一个好的企业有一种企业文化，而这种文化就必须置身于社会主义大文化这个环境当中。另外，企业也要有政治，不过这个政治不是官僚政治，是对社会政治文化的把握。企业只有在政治上坚定立场、自身文化上符合社会主义的基本政治方向，企业员工思想只有正确坚持马克思主义思想不动摇，明确社会主义核心价值体系的内涵，企业才能在大的社会环境中取得更好更快的发展。

同时，企业以员工和消费客户为核心，统一思想、以人为本，积极正确发展，就是充分考虑员工基本利益，保证企业员工基本权利，保证妥善解决各种矛盾，重视员工利益诉求，以人为本，实现企业员工群体的和谐稳定。企业在践行社会主义核心价值体系的过程中，保证企业上下和整个社会价值体系保持一致，结合自身的特有因素，因地制宜，合理布施，因势利导，与时俱进。企业能够在思想上紧跟社会主义发展需要，坚持以人为本的理念，就是对社会责任践行的最好体现。

2. 坚持共同理想，明确社会使命

社会主义的共同理想是最终达到共同富裕，企业掌握社会经济发展的命脉，其对社会共同富裕的责任更为重大。企业是缔造共同富裕的根本，新时期社会已经发展到了一定的阶段，减小贫富差距，实现或努力实现共同富裕的共同目标已经是寻求社会稳定发展的必由之路。企业应以社会和国家为主要出发点，明确自身使命，创造财富，推动社会经济发展；合理分配，促进社会稳定。

3. 树立民族精神，争做改革动力

当前经济形势呈现全球化，外国的企业在中国随处可见，中国企业亦走出国门，走向世界。中国的经济发展到一定的阶段就必须毫不犹豫地冲向世界的大潮中。可能在融入世界的过程中有这样或者那样的问题，但是企业一定要坚定不移地坚持好国家的大的对外方针政策。不灰心、不抱怨，不以企业一时的利益得失为成败，着眼长远，目标明确。中华民族历来有很强的进取心和凝聚力，当今世界经济战略的竞争，是企业集团化的竞争，更是民族精神的竞争，中国的企业只要能够树立强烈的民族精神，发扬民族的独立、创新和自强的精神，就一定能够稳中发展，长盛不衰，最终实现中国企业的世界化。

4. 坚守荣辱底线，实现持续发展

新时期，胡锦涛总书记提出的"八荣八耻"荣辱观，涵盖了爱国主义、集体主义、社会主义思想，体现了中华民族传统美德和时代要求，反映了社会主义世界观、人生观、价值观，是当代中国最基本的价值取向和行为准则。其中对集体主义和社会主义的诠释凸显出了对企业发展的要求，企业发展要尊荣知耻，要有自己的道德底线，要将社会主义荣辱观落实到行动上，这就要求企业从国家和人民的大局出发，企业内部团结一致，脚踏实地、科学发展，在法律的框架内，诚实经营企业应对经营成果取之有道、用之有度、分配合理。

结合当前国内经济发展稳中求进的大基调，企业在追求生产利益的同时，只要能够处理好企业与员工、消费客户、周围人文和地理环境之间的关系，保持企业与人民相互依托、相互稳定的格局，那么企业就能在实践社会主义核心价值体系的同时，准确把握国家和社会发展的大趋势，承担责任，稳中求进，实现可持续发展。

参考文献：

马春彪. 诚信求实 真情奉献 勇担责任——民主党派、民营企业践行社会主义核心价值体系的实践 [J]. 前进论坛，2011（11）：18-19.

孙云山. 社会主义核心价值体系与企业核心价值观 [J]. 政府法制，2009（14）：48-49.

社会主义核心价值体系培育现代企业敬业精神的思考

曾 斌

（四川理工学院政治学院）

在现代社会，世界各国都把提高本国的经济实力作为本国对内对外职能的重要战略目标，而这一目标主要是通过企业来实现的，企业是这一目标的承载体。企业在现代社会发挥着无可替代的重要作用，是整个社会的基础组织，企业稳定、发展和繁荣了，才会有整个社会的稳定、发展和繁荣，并且在未来社会中，企业还将继续发挥越来越重要的作用。例如，世界500强企业在现代世界发挥的巨大作用正在与日俱增，全世界所有国家都把拥有世界500强企业数量的多少看作是衡量一个国家经济发展成果的最主要标准。因为世界500强企业都是在各自领域的领头羊和杰出代表，不仅有过硬的经济数据，还有自己一套独特的企业文化和价值观念。成为世界500强企业的一个主要路径是要创立一套适合自己企业的文化和价值观念，并在这个基础上形成一套行之有效的制度体系，绝非仅仅以产值的多少来衡量企业的强大与否。通过对过去几十年的世界500强企业的入选企业来看，能够长期留在这一名单当中的企业都有自己的优秀企业文化和价值观念，并且企业文化和价值观念往往与企业的产值呈现出高度的正相关关系，即企业文化和价值观念建设得越好，越能激发员工源源不断地开发自身的最大潜力，不断地开拓创新，为企业创造出巨大的产值和财富。纵观世界500强企业，几乎无一不如此，真正应验了马克思的名言——"批判的武器当然不能代替武器的批判，物质力量只能用物质力量来摧毁，但是理论一经掌握群众，也会变成物质力量"（马克思，恩格斯，1972）。意思就是社会意识这种精神力量，能够在一定条件下变成物质力量，从而作用于社会存在，影响社会的发展。对企业而言也是如此，一个企业只有创立出一套适合国情、世情和企业自身情况相适应的企业文化和价值观念，才有可能由弱变强，由小变大；反之，如果不注重企业文化和价值观念的建设和贯彻，则会在激烈的市场竞争中慢慢由强变弱，由大变小，最终无声无息地消失，在过去几十年中这类现象可谓数不胜数。在加强现代企业文化和价值观念的建设中，笔者认为最重要的首先是培育适应社会主义市场经济和社会化大生产的现代企业敬业精神。我们在考察世界 500 强企业的发展壮大史时发现，在这些企业发展壮大过程中，除了国家政治大环境因素外，都有一种重要的精神力量的支撑，这种精神力量不只是存在于少数企业的领导者和骨干身上，而是广泛地融化在整个企业员工的血液中，成为企业文化当中的一种主要精神。这种文化精神的一度成为后来者研究这些 500 强企业成功的重要课题，这种文化精神的突出表现就是敬业精神。日本企业的顽强意识、危机意识、吃苦耐劳意识以及进取不息的精神，美国企业的自主意识、独立思考和创业意识以及重个性和竞争的意识，德国企业的认真严谨、精益求精态度，新加坡企业表现出的向上向善、凝聚奋斗以及追求繁荣昌盛的整体意识等良好的敬业精神，这些文化精神不仅对本国企业，而且对国家和民族的发展发挥了重要作用。正是有了各具特色的"敬业精神"，这些民族才以崭新的姿态在世界中占据了重要位置，在激烈的国际竞争中立于不败之地。这充分说明，一个国家综合国力的发展，绝不能缺少敬业精神的作用，它是综合国力中具有凝聚、动员、鼓舞和推动社会发展的无形力量，是社会进步的内在精神动力。

胡锦涛总书记在党的十七大报告中指出，社会主义核心价值体系是社会主义意识形态的本质体现。切实把社会主义核心价值体系融入国民教育和精神文明建设全过程，转化为人民的自觉追求。在党的十七届六中全会提出的文化强国战略中指出，没有文化的积极引领，没有人民精神世界的极大丰富，没有全民族精神力量的充分发挥，一个国家、一个民族不可能屹立于世界民族之林。物质贫乏不是社会主义，精神空虚也不是社会主义。而社会主义核心价值体系是兴国之魂，是社会主义先进文化的精髓，决定着中国特色社会主义发展方向。必须强化教育引导，增进社会共识，创新方式方法，健全制度保障，把社会主义核心价值体系融入国民教育、精神文明建设和党的建设全过程，贯穿改革开放和社会主义现代化建设各领域。体现到精神文化产品创作生产传播各方面，坚持用社会主义核心价值体系引领社会思潮，在全党全社会形成统一指导思想、共同理想信念、强大精神力量、基本道德规范。显而易见，社会主义核心价值是指导我国企业加强企业文化建设，培育以敬业精神为核心精神的价值观念的指导思想。社会主义核心价值体系是一个内涵丰富的理论体系，如何把这一核心价值体系融入企业自身的文化建设和以敬业精神为核心的价值观念塑造过程中，创立出具有中国特色的企业文化和价值观念，为更多的中国企业做强做大提供精神动力是摆在中国企业面前一个现实而紧迫的任务。应该看到，

理论篇

改革开放三十余年，我国企业总体上有了很大的发展，在世界500强企业中的数目也越来越多，经济总量有了巨大的提高，但同时也要看到，在进入世界500强企业的中国企业中，绝大部分还属于国有垄断性企业，真正在竞争性行业中跨入这一行列的并不多，而进入世界500强企业中的外国企业则在竞争性行业企业中占据绝对优势，如果不把国有垄断性企业计算在内，中国企业在世界500强企业中占的份额还很低。虽然中国经济已经位居世界经济总量第二，但事实上中国经济与世界主要发达国家经济相比，仍然是一个"大而不强"的局面，更多的是依靠粗放式和外延式来获得今天的成绩，同样，中国的竞争性行业企业跟世界500强巨头相比，也仍然处在一种"大而不强"的境地。除个别企业外，绝大部分中国的竞争性行业企业并未在各自的行业和技术上达到一种可与500强企业并肩的地步，仍然是一种数量增长大于质量增长的企业发展模式。经过三十余年的实践证明，这种靠粗放和外延式增长来继续获得持续发展的道路已经难以为继。中央也一再提出要转变发展方式，走一条科技含量高、资源消耗少、环境污染小、人与自然和谐相处的新型工业化道路。可这种转变谈何容易，纵览世界发达国家企业发展壮大的历史，没有一种内在企业文化和以敬业精神为核心的价值观念的支撑，要想达到这一目标几乎是不可能的。很多发展中国家企业在第二次世界大战后一度也获得了高速的增长，但由于急功近利、目光短浅，把企业看成是一个纯粹的赚钱机器，为谋利而不择一切手段，不惜一切代价，完全忽略了企业文化建设和对员工价值观念的培育，结果这些发展中国家的企业在经历了一个短暂的井喷式增长后，又很快急剧衰退了。反观发达国家的企业，则很少出现这种大起大落的企业，都是循序渐进地获得持续发展的，能够注重长远和整体可持续发展是与这些企业背后的企业文化和精神力量支撑分不开的。中国企业要想获得稳定的发展，必须在社会主义核心价值体系的指导下，根据企业的实际情况，狠抓企业自身的文化建设和以敬业精神为核心的价值观念塑造，创立出各具行业特点的具有中国特色的企业文化和价值观念，为自身的做强做大提供精神动力和支撑。笔者拙见，对于以社会主义核心价值体系为指导来培育现代企业敬业精神有以下几点思考。

首先，坚持以马克思主义作为指导思想来开展以培育敬业精神为主的企业文化建设，排除西方新老自由主义的干扰和迷惑，形成正确的指导理论。列宁有一句名言"没有革命的理论，就没有革命的行动"，我们也可套用说，没有建设的正确理论，就不会有建设的真正成功。马克思主义的真理，不仅是指导中国革命的真理，也是指导中国现代化建设的真理。马克思主义思想是一个涵盖各个方面的博大精深的体系，对企业而言，马克思主义仍然是指导社会主义企业开展文化建设和培育敬业精神的指导思想，违背这一指导思想来开展企业文化建设，势必事倍功半，甚至毫无成效。我们只需试举一例，就可以看到违背马克思主义基本原理对今天我国企业的危害。在今天的我国企业中，马克思主义正处在前所未有的边缘化状态，改革开放几十年，西方经济学在中国大行其道，其核心指导思想即新老自由主义对我国企业从业者影响很大。新老自由主义把亚当·斯密所提出的"经济人"概念曲解成是强调人天生完全受个人利益的支配，人就是追求个人利益的最大化。这是新老自由主义的理论出发点，"经济人"概念比以往任何时候都要深入人心，这是造成今天我国企业急功近利，不能完成发展方式转变的一个重要原因。人人都以眼前利益、个人利益或小集团为出发点和评价标准，结果造成企业不注重长远利益和整体利益，不注重技术改造，使企业发展后劲不足，资源浪费严重，造成我国每万元 GDP 的能耗是发达国家的几倍以上，为了眼前利益企业不惜污染环境和破坏生态，结果造成人与自然关系的高度紧张，造成中国生态链的异常脆弱。导致这些现象的根本原因是我们的企业上至领导下至员工统统被灌输了"经济人"这一基本概念，导致企业从业者从上到下无不以追求企业自身的利益最大化的现状，这种追求即是这几十年中国企业得以迅猛增长的一个重要原因，也是造成今天企业面临各种痼疾的罪魁祸首。而在马克思理论看来，这本身是一种新老自由主义所带来的必然的异化状态，人异化为金钱的奴隶，根本不是真正的自由，跟马克思主义所追求的"自由人联合体"这一理念更是渐行渐远，马克思主义是最重视长远利益和整体利益的。在马克思那里，人绝不仅仅是"经济人"这么简单，人是社会关系的总和，人不仅是"经济人"，更是"政治人"、"社会人"、"文化人"，人的利益追求不仅有经济利益，更有政治利益、社会利益和文化利益，而这些利益恰恰是一个社会真正能够持续发展的保证和支持。马克思对资本主义社会企业的剖析是在两个方面同时展开的：一方面分析资产阶级社会条件下的社会关系如何形成了资本主义时期的企业追求自身私利的本性；另一方面又分析这种作为资产阶级普遍人性追求自身私利的本性又如何在维护和扩展资本主义中起着作用。马克思确实看到了人追求自身私利的本性，但马克思没有把人看做生来就是如此的，而是强调了这种人性是资产阶级的世界观和人生观，是资本主义生产关系的产物。在马克思所设想的未来社会"自由人联合体"中，不可能把个人的利益完全排除掉，但马克思强调的重点显然是个人只有在集体中通过"自由的联合"才能实现自己的发展。过于强调个人利益的实现只会让我们的企业成为一盘散沙，形成"上下争利"的状态，无法在这个竞争激烈的时代形成坚强的合力，更不能组建真正的超级大型企业来与世界

500 强企业竞争。因此，我们要坚决摒弃西方新老自由主义在理论上对我们国家企业的理论误导，坚持用马克思主义的基本原理来武装企业领导和员工的头脑，才能在今后的竞争中求得一席之地，否则就只能永远依附于这些超级巨无霸企业，做一些最低端的无品牌、无技术、无包装的组装加工工作，利润永远是最低的，靠"血汗工厂"模式是永远不可能成为真正的经济强国的。

其次，坚持以中国特色社会主义共同理想来促使企业培育现代敬业精神是把社会主义核心价值体系融入现代企业价值观念和文化建设当中的关键。敬业精神既有实际行为的一面，表现为积极投入事业、勤奋努力工作、尽职尽责服务等理念，同时又体现为一种理想信念和人生价值观，表现为忠诚态度、奉献精神、进取精神等隐藏在企业职工的思想观念中，支持和引导职工行为的方向，形成行为和价值的统一。因而，敬业精神渗透着浓厚的理想和信念等文化内涵。当敬业精神中所蕴涵的理想、信念、信仰赋予特定历史条件下的企业职工生活世界以特殊意义的时候，敬业精神就会形成一种强大的动力作用于企业，进而推动整个社会的进步和发展。这种动力就是一种理想、信念的价值和功能。革命战争年代我们的人民军队在战场上能够舍生忘死的关键在于这是一支有高度敬业精神的军队，是有理想和信念支撑，形成正确高尚的人生价值观指引的人民军队。正是有了这样一支以国家人民利益为最高利益的人民军队，我们的革命事业才无往而不胜。这支军队区别于国民党军队和各路军阀军队的关键就在于理想和信念支撑的敬业精神，若论武器装备、后勤保障、官兵文化知识以及纯粹的单兵作战能力，无论哪样恐怕我们的人民解放军可能都不如国民党和军阀的军队，但我们的军队就是能长期打胜仗，其中的关键不在人民军队军事知识、能力和素质的高低，而是信仰的高低决定了人民军队的战无不胜。成功学上有一句名言，知识不如能力，能力不如素质，素质不如信仰。信仰确实是我军由弱到强、由小变大的关键所在。虽然现在是和平年代，但对企业而言，商场如战场，如果没有坚定的理念在背后支撑，依靠纯粹的物质激励，不讲理想信念，不讲精神激励，要想真正在激烈的市场竞争中长久地保持稳定发展恐怕是不行的。我们要充分借鉴革命战争年代高扬理想信念建设人民军队的历史经验，在和平年代用理想和信念来开展各项工作，对于企业而言，在和平年代的作用犹如军队在革命战争年代的作用一样，是实现中华民族伟大复兴的基础组织，没有正确的理想和信念作为指导的企业是不可能在激烈的国际市场竞争中生存和发展下去的。这个理想和信念就是中国特色社会主义共同理想，这是社会主义核心价值体系的主题，也是社会主义文化建设的根本，当然也就是社会主义企业文化建设的根本和方向，是企业长期发展的精神支柱和精神动力。企业的敬业精神是以企业的理想信念为基础，以企业的目标为核心来开展培育的。对企业来说，必须充分认识到当前我们国家仍然是以经济建设为中心，但是企业生产产品的目的不仅仅是赚取利润，更重要的是满足人民群众日益增长的物质文化需要，没有需要，就没有生产，消费者的需要是推动社会发展的根本力量。当代西方人本主义心理家马斯洛把人的需要依次分为生理需要、安全需要、爱和归属的需要、尊重的需要及自我实现等需要，随着较低层次需要的满足，人必然产生较高层次的需要。这种需求层次理论得到世界范围的广泛关注，其重要意义在于，人不但有物质生活需要，而且人还有更高级的精神生活需要。在生存问题不能得到解决的条件下，人类的精神需要主要是作为物质财富的手段而存在。随着人的基本生存需要的满足，精神生活就逐渐成为人类自身发展的迫切需要。改革开放三十余年，我们国家已经走过了满足消费者较低层次生存需要的阶段，正逐步向满足消费者较高层次的发展需要阶段过渡，这就要求企业生产的产品既要能满足消费者的物质需要，更要能满足消费者的精神需要。熟悉现代企业竞争法则的人都知道这么一句话"一流企业生产标准，二流企业生产品牌，三流企业生产产品"。生产标准和品牌已经是世界500强企业的主要赢利手段，至于生产产品，很多世界企业巨头往往是找代工工厂生产，这类代工工厂就是纯粹的生产物质财富的企业，它们的利润低得可怜。很不幸，很多中国企业就充当了世界500强企业的加工厂，为赚取微薄利润而竞争得头破血流，而真正生产标准和品牌的中国企业则屈指可数，这实际上是对现代消费者需求把握不准的表现。现代企业生产的产品已经把满足消费的物质需要层面放在了次要位置，而把满足消费者对品牌以及对新技术要求的精神层面的需求放到首要位置，这是一个大趋势。过去三十年，中国企业在劳动密集型产业中取得了巨大成功，今天则需要战略转型，培育本土自身品牌并不断研发新技术，提出新标准，这样才有可能在未来更激烈的市场竞争中占据一席之地，否则很可能，在消费者更为崇尚品牌的新技术的今天而面临淘汰。为别人从事代工贴牌生产的企业是不需要太大的敬业精神的，它们所需要的就是按照委托加工企业的要求从事单一的重复性简单劳动，这种劳动的从事者不需要考虑满足消费者高层次的精神需要。但是对于生产品牌和标准的企业从业者来说，最需要培育健全的敬业精神。因为敬业精神作为一种文化精神，是在理想理念的指引下，体现员工不断由低层次需要向高层次需要发展的，它是员工对自身理想人格及自身价值的终极关切内化为自身的职业心理和外化为自身的行为模式的有机统一。它从作为员工的生存需要到员工的发展需要，反映了员工不断超越和完善自身，向着更高的方向发展的内在需求，而给别人做代工产品的企业是无法也无需领悟和体会这种文化精神的。一种健全的企业敬业精神，融入企业员工的日常生产和社会生活中，会极大地提升企业员工的主体性，推动企业自身及整个社会发展水平的提高，真正领悟到自身生命的意义和价值，从而促进员工本质的发展和升华。如果企业员工无视敬业精神的重要性，或者由于理想信念的缺失，企业敬业精神未能得到全面发展，没有成为企业员工的真正需要，必然会产生劳动的异化，制约和阻碍社会生产力的发展和员工本质的实现。整个社会职业道德失范、享乐主义和个人主义的滋长等不良现象背后正是一种合理而健全的敬业精神的严重缺失，今天中国社会假冒伪劣产品泛滥成灾，食品安全生产问题触目惊心正是中国很多企业缺乏敬业精神的具体体现。这种敬业精神的培育只有在理想和信念的指引下才可能得到很好的培育，因此，把中国特色社会主义共同理想融入现代企业敬业精神的培育中已经刻不容缓。

第三，坚持以马克思主义作为指导思想是培育现代企业敬业精神的理论指导层面，坚持以中国特色社会主义共同理想是培育现代企业敬业精神的理想和信念层面，有了正确理论指导和高远的理想信念，培育现代企业精神就不会受到错误的思想和言论的影响而迷失方向，就会始终沿着正确的道路前进。而以爱国主义为核心的民族精神和以改革创新为核心的时代精神以及社会主义荣辱观则属于以社会主义核心价值体系中培育敬业精神的情感辅助层面。马克思主义和中国特色社会主义共同理想是正确的理论指导和理想信念，但光有正确的理论指导和理想信念还不够，还要辅以丰富的情感和热情来培育现代企业精神。因为敬业精神本身就是理论和情感的结合体，理论是理性的，也必然是清醒和冰冷的，正确的理论指导和理想信念对于敬业精神培育和建设是必需的，是一个必要条件，但对于进一步搞好敬业精神培育和建设来说，缺乏炽热而丰富的情感必然是干枯和没有生机的，很容易成为空洞的说教而流于形式，不容易深入企业员工的内心。人既是理性的，也是情感的，我们做事都要讲求合情合理，从某种程度上讲，情感的力量是不能忽视的，有时往往可能产生出比理性更大的力量和热情，所以要大力以丰富多样的形式来宣传爱国主义为核心的民族精神和以改革创新为核心的时代精神以及社会主义荣辱观，真正达到这两者入耳、入心并最终入脑的效果。

总之，构成社会主义核心价值体系的四个方面既有正确的理论指导层面，又有坚定的理想和理念层面，还有丰富的情感层面，相辅相成，共同构成一个有机整体，在培育现代企业敬业精神方面发挥着各自的重要作用。

我国企业环境安全责任刍议

曾 利

（成都信息工程学院政治学院）

一、企业环境安全责任的内涵及意义

企业环境安全责任是对企业绝对营利性的一种修正，是企业社会责任之一。企业社会责任包括企业经营公开透明、符合伦理道德、保障劳动者权益以及保护环境安全，从而在自身盈利的同时，也能为全社会创造价值。企业社会责任下的环境安全责任是指企业在经营全方位过程中，仔细评估经营行为对环境安全的影响，并且以实际行动将企业对环境的外部负效应降至法律要求的水平或更低，成为"环境友好型"企业。企业环境安全责任，其当代发展轨迹于20世纪70年代公众环保运动风起云涌，迫使企业开始关注环境安全责任。最早发起绿色革命的是制造业，工厂通过改进工艺流程，加强环境安全责任管理，降低环境负效应，在客观上促使工艺生态学在80年代的长足发展。继而流通行业也参加到这场革命中来，物流领域开始流行绿色物流、逆向物流的理念。到90年代，连金融行业也开始关注环境安全以降低环境污染带来的投资风险，这便形成了当前投资可持续发展的热潮。至今，没有一个行业乃至企业敢站出来说它与环境安全责任毫无关联。那些不关注环境安全的企业必然会被挤出历史发展的舞台。

传统的观点认为，企业是破坏环境安全的始作俑者，正是企业疯狂追逐利润，才导致环境安全出现当前的危机，把企业和环境安全放在了对立面。然而，企业和环境安全是统一的整体，二者是命运共同体，环境安全责任对于企业和环境是一个双赢的选择。保罗·霍肯（Paul Hawken）在其著作《商业生态学：可持续发展的宣言》（*The Ecology of Commerce：A Declaration of Sustainable*）中说，任何企业的发展都必须解决三个问题：索取什么，生产什

理
论
篇

么和废弃什么（郭沛源，2005）。这三个问题均与环境安全密不可分：索取需要开采环境资源，生产需要使用环境能源，废弃物还会影响环境。由此可见环境安全为企业的发展提供了最基本的资源、能源保障，企业的可持续发展，需要安全的环境，企业即便从自身出发也负有环境安全责任，企业与环境安全是一个命运共同体。企业环境安全责任是当前发展的重要潮流，实施全面的环境安全责任管理是我国企业适应全球企业发展潮流，提升我国企业国际竞争力和影响力的客观要求。把环境安全责任的理念全面融入社会发展的战略当中，明确企业实施责任管理的方向和目标，使企业在保证经济收益的同时，也最大限度地创造企业发展的社会和环境的综合价值，不仅满足了社会可持续发展的需要，也是保证企业自身可持续发展的基础。

二、我国企业环境安全责任的现状

1. 立法现状

我国目前有关企业环境安全责任的立法体现在《固体废物污染环境防治法》《水污染防治法》《大气污染防治法》《海洋环境保护法》《环境噪声污染防治法》《清洁生产促进法》《环境影响评价法》《渔业法》《水法》《水土保持法》《防沙治沙法》《矿产资源法》《环境信息公开办法（试行）》等，它们为企业规制了污染控制、排污申报、清洁生产、环境信息披露、环境影响评价、环境影响报告等义务。我国2009年年底出台的《侵权责任法》已明确涉及环境污染责任，这在一定程度上体现了我国助推环境司法的立法发展趋势（张王路，2010）。

然而这些关于企业环境安全责任的立法分散、零乱，不成体系，并且多呈"软法"性质。"软法"相对于"硬法"，是指倾向于形成但尚未形成规则的未确定规则和原则，或是敦促性纲领性的规定（蔡奕，2002）。我国目前有关企业环境安全责任的立法大多是纲领性规范，缺乏法律的强制力。对不履行或违背环境安全责任的企业的处罚力度偏软，造成环境安全形势的不断恶化，损害环境安全公益。

在严峻的环境安全问题面前，企业扮演着重要角色，但令人失望的是在我国环境安全立法中，直接明确规定企业环境安全责任的立法还没有，更多的是把企业的环境安全责任隐含在单位或组织的环境义务里。比如，在《环境影响评价法》中把企业的概念隐含在"建设项目"的用语中，这显然不宜于强化企业的环境安全责任。有关企业环境安全责任的大多是原则性规定、宣言口号，法律规范的行为模式内容模糊，使得义务主体的企业难以驾驭自己的行为是否符合法律要求，同时也为环境行政主体的不作为找到了借口，可操作性不强。

2. 环境安全意识水平总体不高

意识是决定主体行为的首要因素，就我国目前而言，整个社会包括政府、企业和公众对环境安全意识都缺乏一个清晰全面的认识。随着泛经济化市场原则的逐步确立，对企业环境安全责任的丢失是一个普遍的现象，甚至连具有专属环境安全职能的政府部门，或是具有环境安全教育义务的学校也在相当程度上被经济潮流所淹没。目前，我国《环境影响评价法》、《规划环境影响评价条例》已将政府规划纳入环境安全影响评价范围，明确要求对政府规划行为进行环境安全审查。但我国规划环评制度仍然存在一些问题，如国民经济和社会发展规划尚未纳入其中，某些评价流于形式，决策部门意见经常干涉评价结论，这在一定程度上影响了环境安全制度目标的实现。

企业追求经济收益目标，完全忽视可能的环境安全制约，较低的环境意识使企业认识不到投资污染防治的长期效益，决定了企业不倾向于放弃短期经济收益而主动投资环境安全。长期以来，在我国的环保工作中存在着政府主导的鲜明特征。主要表现在政府是环境保护的发起者、促进者、监督者和仲裁者（洪大同，2001）。在此背景下，我国企业的环境安全意识呈现出极强的政府依赖性。企业普遍认为环保工作是政府的事，与企业自身关系不大。但由于政府组织缺失，我国企业环境安全意识水平提升缓慢，没有获得持久有效的、正面推动的力量和机制，企业的环境安全意识仍然总体水平不高。

公众既是经济增长带来的收入增加、物质产品丰富的受益者，同时又是经济增长所导致的污染范围扩大、环境质量下降的受害者。环境质量和一般的物质产品相比，是属于更高需求层次的消费品。在我国当前，从总体上看，公众主要追求物质产品的富有，公众对环境保护的主动性仍主要从自利的角度考虑，难以对污染企业形成强有力的约束。由于环境问题对人类造成的危害，往往不是马上就能显现出来，它有一个潜伏期，具有滞后性，公众通常是在受到环境污染侵害后才会做出反应。在我国，公众做出的最常见的反应是就企业污染问题向政府环境安全职能部门来信、来访和举报等。公众参与的主要形式仍属于政府依赖性的参与，是以政府为主体的自上而下的形式。这种公众参与的方式缺乏系统性和持续性，而且参与程度和效果受主管的行政部门的态度决定。我国现行立法关于公众参与的规定，基本上是对环境污染和生态破坏发生之后的参与，即末端参与。《环境保护法》规定的检举和控告就属于典型的末端参与。在实践中，公众的认识也多限于其身边的生活经历，往往只对直接排污企业有所要求，而没有全面的、包括各种社会组织的环境安全责任观。公众主要针对破坏环境安全行为发生后，危害到自身利益时进行检举、诉讼等方式来维护自身的权益，这种末端参与不利于及时有效地防止环境危害，与环境安全的目标相差甚远。

三、加强我国企业环境安全责任的应对措施

1. 推动环境安全责任进入合法化机制

政府要适度提高环境安全法律规制，增强相关法律、行政法规的可操作性。对较低层次的立法进行彻底清理，与基本法、单行法和专项法相抵触的法律、行政法规应予废除。修订《环境保护法》，把科学发展观和环境友好型企业的理念融入进去，在总则中对企业环境安全责任做出规定，并对分则中的部分章节、条款进行修改和增删，补充企业环境安全责任的相关内容。修订《水污染防治法》《大气污染防治法》等环境保护单行法的法律规范，使其规定更细化、具体化，并建立相配套的行政法规。借鉴国外制定专门针对具体行业的专项立法以及有技术关联的法律行政法规，如《容器与包装循环利用法》、《废物处理法》、《建筑材料循环法》和《可循环食品资源循环法》等，同时尽早出台《土壤污染防治法》《有毒化学物品和危险物品管理法》《生态安全法》等单行法律、行政法规，解决立法空白和环境安全执法无法可依的现象。

对新制定的法律、行政法规、地方法规、单行条例和地方政府规章要严格审查通过，使之与基本法、单项法和专项法相衔接。为使环境案件能够进入司法程序，必须解决法官在处理此类案件上无法可依的问题。环境法是一个后起的法律领域，近年来发展较快，但相对于传统立法还是比较单薄的，尤其是相关理论研究和诉讼规则设计比较滞后，致使法官无法将环境纠纷纳入司法程序之中。鉴于此，必须立足于环境安全的特殊性，加强相关诉讼理论研究和规则设计，尤其要细化、深化民事法律领域与解决环境纠纷相关的实体规范和程序设计，推动环境安全责任进入合法化机制。

2. 加强环境安全教育，提升企业环境安全意识

作为环境安全监管的政府部门，应该加强对自身决策行为的环境审查。与单个建设项目相比，政府制定和实施的各种有关产业发展、区域开发、资源开发规划的各种战略决策，往往对环境安全产生更为重大和深远的影响。因此，在政府决策阶段就应当将环境安全责任纳入其中，强化政府的环境安全责任，从决策源头避免环境安全损害后果的出现。对违法企业应进一步加强监管，以

征收排污费等经济和行政处罚为手段，提高违法成本；对守法企业特别是环境安全方面卓有成效的企业应积极推广，大力扶持，在企业上市、绿色信贷、环保等方面给予更多的优惠政策和资金支持，鼓励企业在环境安全保护上加大资金投入和管理，推动创建一批具有示范效果的环境友好型企业，带动国内环境安全保护工作水平的整体提升。

　　企业是产生环境污染问题的主体，是体现环境安全效益最直接的个体，企业应将环境保护作为一种可持续的发展战略，将履行环境安全责任作为企业自身发展的需要。对环境安全负责，可以保证产品质量、提升企业的社会形象，为企业带来收益，是一种竞争优势。绿色正在成为一个力量强大的品牌因素。因此我国企业应将环境安全战略作为其经营的核心战略，并将其作为确保竞争优势的主要手段。我国企业应实施全面环境安全战略，在生产的全过程实施清洁生产，充分考虑产品的生产周期对环境安全的影响。涉及产品的开发设计、生产制造、销售以及消费后的回收利用等整个产品的生命周期，形成绿色设计、绿色制造、绿色运输、绿色销售、回收再利用全过程的防污控制。企业应该从培养环境安全责任意识出发，以监督管理、环保设施建设和技术改造等为基本措施，全面充分体现绿色的环境安全战略，承担起环境安全责任。

　　从长远来看，要避免市场失灵，必须通过公众改变需求结构来加强企业决策的环境友好化；要避免政府失灵，必须通过公众参与环境安全管理来加强政府决策的民主化，推动环境安全责任意识的开展。随着公众环境安全意识的逐步提高，公众对环境的保护已经成为一种自觉的行动。城市生活型污染越来越严重，公众开始从日常生活做起，自觉培养起对环境友好的生活习惯，逐步改变以前那种大量生产、大量消费、大量废弃的生活方式。公众的消费观念和价值观念发生了转变，公众消费意识的转变带来了市场需求结构的变动，公众对产品的偏好从单纯的实现功能向保证环保等方面转移，公众对绿色环保型的产品需求越来越多，对企业是否履行环境安全责任的关注度越来越高。公众的这种行为不但本身可减少个人对环境的影响，而且也会有助于改变需求结构，从而促使企业生产对环境无害的产品，并最终使产业结构向有益于环境安全的方向发展。

　　随着国家经济实力的不断增强、可持续发展观念的影响，企业环境安全责任意识不断加强以及公众环保意识的提高、绿色消费观念的转变，使企业开始意识到环境安全既是责任，又是义务。要实现可持续发展，满足市场需求，就必须更好地调整企业环境安全责任发展战略，更好地履行环境安全责任。

参考文献：

蔡奕. 巴塞尔文件体系的法律性质辨析 [D]. 北京：北京大学，2002.

郭沛源. 企业社会责任：拯救环境还是拯救商业 [J]. 世界环境，2005（4）.

洪大同. 社会变迁与环境问题——当代中国环境问题的社会学阐释 [M]. 北京：首都师范大学出版社，2001.

在企业人力资源管理实践中
践行社会主义核心价值观

张 红 黎金玲 文英姐 黄 英

（中国地质大学江城学院）

党的十七届六中全会审议通过的《中共中央关于深化文化体制改革推动社会主义文化大发展大繁荣若干重大问题的决定》（以下简称《决定》）指出："社会主义核心价值体系是兴国之魂，是社会主义先进文化的精髓，决定着中国特色社会主义发展方向。"

社会主义核心价值体系基本内涵是什么，许多专家学者给出了他们的答案。如，"富强、民主、文明、和谐与人的全面发展"（迟云，2011）；"以人为本、民主公正"（包心鉴，2012）；"友爱、平等、互助、共富"（杨永志，2012）。透过字里行间，我们能够真切地感受到人们对美好社会环境的追求。

在社会主义核心价值体系内涵下，很多城市提出了城市精神：如，"敢为人先，追求卓越"的武汉精神；很多企业提出了企业精神：如，"想主人事，干主人活，尽主人责，享主人乐"的杭州万向节总厂企业精神。

2011 年，受东莞某制造企业的邀请我们对该企业进行了深入的调研，与管理人员和员工做了深度访谈。我们对企业员工做了满意度调查，调查问卷共涉及四个方面，其比例构成如图 1 所示。

理论篇

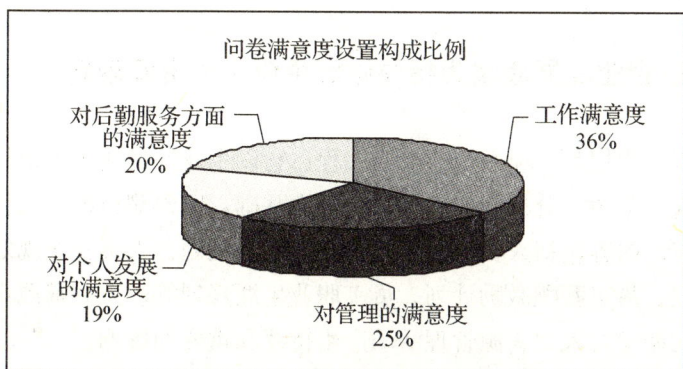

图 1 员工满意度调查项目设置

满意度调查结果如图 2 所示。

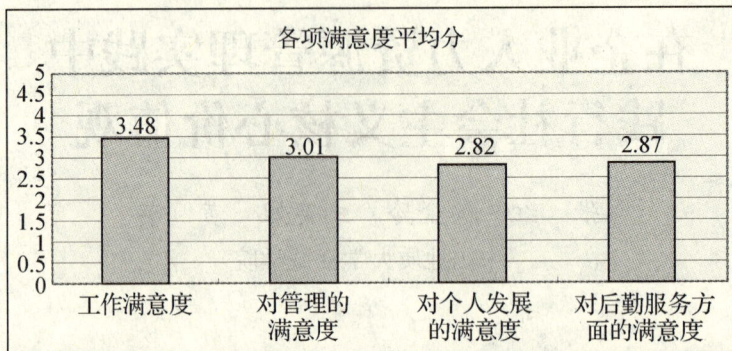

图 2 　员工满意度调查结果统计

满分为 5 分，4 项总平均分为 3.18 分。由此我们可以看出，员工对公司各方面的满意度平均水平维持在基本水准（3 分左右），满意度较低。员工对个人发展和后勤服务的满意度更是有待提高。通过深度访谈，我们发现员工的满意度不高主要是由于企业的风气不正。

企业不仅在社会物质文明建设中起着重要的作用，在社会精神文明的建设中也起着重要的作用。企业人力资源管理通过人力资源规划、招聘与配置、培训与开发、薪酬与福利、绩效考核和员工关系等具体工作影响人、塑造人，不断提高员工素质，从而提高企业核心竞争力，以优质的产品质量和服务态度回馈客户，报答社会。这是社会主义核心价值体系建设的重要组成部分。在企业，社会主义核心价值体系的内涵更多地体现在企业精神和企业价值观中。企业人力资源管理应该在企业精神和企业价值观的指导下工作，从而对社会主义核心价值体系建设做出贡献。

一、以企业发展战略为指导做好企业人力资源规划

人力资源规划是一项系统的战略工程，它以企业发展战略为指导，以全面核查现有人力资源、分析企业内外部条件为基础，以预测组织对人员的未来供需为切入点，内容包括人员配备计划、人员晋升规划、人员补充规划、人员培训开发规划、员工薪酬激励计划、员工职业生涯规划等。人力资源规划还通过人事政策的制定对人力资源管理活动产生持续和重要的影响。

目前很多中小企业没有人力资源规划，或者人力资源规划薄弱，所以在企

业发展的过程中经常遭遇人才瓶颈。如：人才储备不够，人才结构不合理，人员素质不能满足工作要求，人员流动频繁，员工缺乏凝聚力等。因此，企业要想保持可持续发展就必须做好人力资源规划。

人力资源规划首先要做好制度建设。在中国特色社会主义道路建设过程中，有许多制度创新，从经济规则到道德规范，从民主政治到社会管理，从社会保障到文化建设，从局部突破到顶层设计。制度创新的每一步都体现了科学发展、以人为本、和谐社会等时代理念。如2007年6月29日通过的《中华人民共和国劳动合同法》在人事管理的很多细节上都做出了明确的规定，其目的是为了建立稳定和谐的劳动关系。企业在进行制度建设规划的时候，必须紧跟时代要求，健全、修改和完善企业人力资源管理制度，在制度创新中体现社会主义核心价值观。2008年1月1日新的《劳动合同法》施行前夕，深圳华为技术有限公司对工作满8年的员工提出主动辞职要求，经媒体报道之后，不少人指责此举存在"逃避社会责任"之嫌。广州一位人力资源专家认为，华为这样的做法是不妥当的，"从道义和企业的社会责任来讲，这是一种不负责的行为，不但有损企业的良好形象，更会伤了员工的心，从而必将降低企业的凝聚力和竞争力。而从法律的角度来看，这种规避法律责任，是带有一定的'故意'成分的行为"（杨启蒙，2007）。可见，企业如果不是从正面积极响应国家政策，完善自己的人力资源管理制度，一定会受到社会的批评，不利于人才的稳定。

2012年6月29日国家安全生产监督管理总局等部门以监总安健〔2012〕89号印发了《防暑降温措施管理办法》，但是有些企业竟然不知道应该发放高温津贴，2012年7月的某一天《楚天都市报》的记者走访了武汉市部分施工工地，发现一些户外露天作业的零工、散工的高温补贴难以落实。记者在暑假走访了武汉一家3A级物流公司，大门口的通知上写道：员工每月连续工作25个工作日，方可发放高温津贴150元。

企业应该站在战略发展的高度看待人力资源规划，"员工援助计划""员工职业生涯设计""员工福利计划"这些制度是吸引和保留人才的关键。

二、以符合社会主义核心价值体系内涵的企业价值观招聘、配置员工

一般企业在招聘人才的时候，通常注重专业、技术和技能，因为这是解决企业运作问题的保证。虽然我们也知道考察人才应该是多方面的，包括学历、

专业、技术、技能、人品、性格、价值观等。然而在具体工作中，一方面由于企业没有人才储备，职位发生空缺时急于招人，所以人品、性格、价值观的考察就被忽视；另一方面人品、性格、价值观属于"素质冰山模型"中冰山以下的部分，很难考察。

如果对人才的人品、性格和价值观缺乏考察，企业就会面临极大的风险。某超市曾经招聘了一位 POS 机系统管理员，该员工利用自己的专业特长，在系统中植入了一个补丁，与收银员联手，每天扣留 10％的营业款。某学校招聘了一位语文教师，在课堂上经常讲授黄色文学，遭到学生举报。招聘不经人品、性格、价值观的考察会加重企业的隐性成本，影响企业健康发展。

招聘应体现企业的诚信、公平、公正。

诚信表现在两个方面，一是企业在招聘时的宣传是否真实，给出的招聘承诺是否兑现；二是企业对员工求职简历真实性、任职资格的要求。如我们调研的东莞某制造企业招聘保安时说每周休息一天，结果全月没有休息，要休息就只有请事假。又如招聘报关员的时候说我们很需要你，结果人家辞职来报道的时候，公司说不招了，其结果应聘者在公司大闹一场。员工的任职资格，不仅是要求与岗位技能匹配，更应该是企业长期合作的伙伴。

公平表现在企业制定招聘政策的时候，应该尽量避免歧视性条款，保证平等的竞争机会。如在胜任工作的前提下，考虑录用残疾人。

公正表现在企业招聘流程、招聘标准、考核方法对任何人都是一致的。

美国西南航空公司招聘员工的方法值得我们借鉴。他们全年接受求职者申请，并且在招聘中设置行为"门槛"：倾听、热情、信任、合作、创新。所以他们总是能够招聘到最适合公司文化的新员工——在工作中必须运用自己的判断力，并且要超越"工作描述"的范围来做好自己的工作。公司自成立以来从未解雇一名员工，员工的年流动率为 7％，属于行业最低。

招聘也是企业形象宣传，一个企业的招聘标准与社会主义核心价值观一致，必将得到应聘者的认可，这也是吸引人才的一个重要方法。

三、在培训中加大企业文化的宣传力度

教育培训即是企业的责任，也是个人发展的机会。一般企业大多承诺支持员工在技术和能力方面寻求发展，使员工在技术、知识和能力上不断提高。但是忽略了企业精神在员工，特别是新员工中的内化。往往是这边刚刚经过培训，那边已经联系跳槽，使得企业认为培训员工不如去挖人来得简单实惠。

美国著名管理学者托马斯·彼得曾说："一个伟大的组织能够长期生存下来，最主要的条件并非结构、形式和管理技能，而是我们称之为信念的那种精神力量以及信念对组织全体成员所具有的感召力。"

为了充分发挥企业文化的导向、凝聚、教育和约束作用，在企业教育培训中应该加大宣传力度，以生动的案例阐述企业价值观的内涵，以榜样人物为标杆作引导，以各种竞赛为载体让员工亲身体验。

杭州万向节总厂确立企业精神的第一条就是"想主人事"。根据乡镇企业职工绝大多数亦工亦农的特点，工厂通过"两袋投入"（即物质手段的口袋投入与精神激励的脑袋投入）来调动员工的主人翁意识。围绕"脑袋投入"，该厂的基本思路是把经营管理与思想政治工作结合起来。工厂每进行一项活动，下达一项生产任务，都要让职工明确"做什么""为什么做""怎样做""这样做了对国家有什么好处"。为国家做贡献的事就在你的岗位上——这是工厂围绕着"想主人事"展开的一项职工竞赛活动。

"尽主人责"，是杭州万向节总厂企业精神的又一个重要组成部分。不少农民职工存在"被雇佣心理"，容易产生"八小时内为你干，八小时外自己干"。为了焕发职工的主人翁精神，企业领导班子通过厂报、广播、黑板报和宣传栏，定期地把企业的大政方针、重要决策以及面临的困难告诉每一位职工，使上下一心想企业所难，解企业所急。与此同时，厂部还专门设立了"厂长意见箱"，让职工提建议，对于来自群众的合理化建议，及时给予采纳和奖励。为了更好地做到"尽主人责"，工厂还开展了"信得过"活动。这项活动是把产品质量由过去检验员把关，变为以工人自检为主。如今，全厂已产生了100名"信得过职工"，14个"信得过小组"。

四、在薪酬与福利设计中注重公平、合法、多元化

薪酬与福利设计讲究公平。薪酬与福利是激励员工的最有效手段之一。一个有效的薪酬福利体系必须具有公平性，保证外部公平、内部公平和员工公平。对过去业绩公平的肯定会让员工获得成就感，对未来薪酬福利的承诺会激发员工不断提升业绩的热情。薪酬福利必须做到物质形式与非物质形式有机地结合，这样才能满足员工的不同需求，发挥员工最大的潜能。我们调研的东莞某制造企业是一家家族式企业，它在基建、财务部门都使用了一些家族成员担任主管，这些主管基本不能胜任工作，他们工作热情很高，办事能力很弱，但是老板非常信任，老板支付给他们相对比较高的工资，这引起其他员工的强烈

不满。为了避免议论，公司规定员工不允许互相打听工资，否则开除。我们发现，在很多中小企业都有这样的规定，事实上，工资是保密不了的。我们要做的唯一的工作是保证薪酬公平。

薪酬与福利设计应该合法。如工资必须达到政府规定的最低标准、试用期工资不能低于正式工资的80%；必须为员工缴纳"五险一金"；必须与员工签订"劳动合同"。有些企业为了蝇头小利，不惜违法。如为了不给员工加班工资，公司虽然经常加班，但是却没有加班费一说，特别是员工在试用期中，公司的违法情况更加严重。

薪酬与福利设计还要多元化。有些公司的福利就是搞花架子，逢年过节就发柴米油盐等生活物资，看起来堆头很大，其实值不了几个钱。不管员工成家还是没有成家，本地的还是外地的，一视同仁。这种福利设计没有考虑员工的需求，没有从员工的利益出发，恐怕发得越多，挨骂越多。而把工作场地开水机的温度设置为55℃的做法则更是让人不可思议。

好公司吸引人才不一定靠高工资，企业以人为本、尊重人、团结合作的风气同样可以吸引人。美国西南航空公司飞行员每月平均飞行70个小时，年薪10万美元；其他一些航空公司的飞行员每月平均飞行50个小时，年薪20万美元。工作量比别人多，薪水比别人少，服务品质还能保持良好，还有很多人想进来，究其原因就在于公司的价值观：第一，工作应该是愉快的，可以尽情享受；第二，工作是重要的，不要把它搞砸了；第三，人是很重要的，每个人都应该受到尊重。"员工第一"的价值观赢得了求职者的青睐。

西南航空公司的福利设计可以称得上"丰富多彩"，值得学习。为了对员工的贡献加以认可，公司不惜花费大量的时间和金钱，当公司连续五年赢得三维皇冠奖的时候，公司将一架飞机送给了所有的员工，并且把他们的名字刻在飞机头部的外壳上。公司的舞会可以因为许多事情而发起，每年一度的"红辣椒烹饪大赛"让员工大显身手，还举行颁奖晚宴；每周五的"开心日"员工可以穿自己喜欢的衣服上班，设有各种各样的奖励（现金、商品和旅行凭证），鼓励员工提出建议。员工对福利有选择权，因为公司相信心情好的员工才会有高效率。

五、把为企业文化做出贡献纳入绩效评价体系

"把文化改革发展纳入科学发展考核评价体系，作为衡量领导班子和领导干部工作业绩的重要依据。"这是《决定》确定的一项约束机制、一种制度安

排。有一种硬性的考评机制，就必然会促使各级政府、各级领导认真地、均衡地考虑文化的发展，既要考虑人民群众物质上、生活上的改善，也要考虑精神生活的改善，两方面均衡发展才是可持续发展。

绩效考核的目的在于借助一个有效的体系，通过对业绩的考核，肯定过去的业绩并期待未来绩效的不断提高。现代绩效管理更多地关注未来业绩的提高，关注点的转移使得现代绩效工作重点也开始转移。一个有效的绩效管理体系包括科学的考核指标、合理的考核标准以及与考核结果相对应的薪资福利支付和奖惩措施。

不同的视角对员工绩效进行评价，企业就会有不同的结局。因为员工知道，考核指标和标准就是企业对员工工作业绩的期待。从企业可持续发展考虑，把为符合社会主义核心价值体系的企业文化做出贡献纳入绩效评价体系考核，能够强化员工对企业文化的了解、接受和内化，进而在行为上表现出来，使企业文化得到发扬光大。

绩效考核绝对不是变相克扣员工工资，让员工产生反感，而是保证企业目标实现的手段，是对员工工作贡献的肯定，更要对员工行为进行褒奖。

员工、部门对企业文化的贡献可以通过员工、部门在工作中的实例，对照企业价值观进行比较评选，评选的过程也是员工受教育的过程，评选的结果可以不断充实企业文化的内涵。这一项考核最好有员工服务的对象参与，以事实为依据，以企业价值观为准绳。2012 年 6 月 5 日《楚天都市报》报道武汉公交一公司 508 路 33 岁的司机程祎坚持开最后一班公交车，为给沿线乘客方便，化名"末班王子"，给市民发放求助电话卡，半年以后，他的爱心之举被网友报道后单位领导才知道。

六、以和谐的员工关系实现企业和员工的共赢

员工关系管理包括劳动关系管理、员工离职管理、员工奖惩管理、员工冲突管理、员工危机管理、员工沟通管理、员工社团管理、员工健康管理、员工投诉和申诉管理、企业文化建设等内容。员工关系管理的基础是共同的企业愿景和价值观，员工关系管理的核心是协调利益关系，员工关系管理的最高境界是企业文化驱动下的高度和谐。

员工关系管理的出发点是对人的尊重，如果没有对人的尊重，就没有员工关系管理。我们调研的东莞某制造企业曾经发生过这样一件事：2010 年的端午节，人事部申请把当月结余的员工餐费用于员工聚餐，得到分管副总经理的

批准。人事部贴出通知，说明了聚餐的时间、地点。结果全体员工在规定的时间到了聚餐的地点，发现聚餐活动取消，而且没有人出面解释，引起员工强烈不满。通过深度访谈，我们得知，人事部到财务部领钱的时候，财务主管不同意，她认为虽然当月员工餐费有结余，但是以前发生过亏空，所以不能给钱。在多次协调不能达成一致的情况下，人事部取消了聚餐，也没有给员工另行通知和做出任何解释。我们在该企业做的满意度调查最低的10项如表1所示。

表1　满意度最低的10项内容

问　题	平均分
食堂菜式搭配及饭菜味道如何？	1.80
公司提供的培训对您的能力提升有帮助吗？	2.34
您觉得您在公司的晋升机会大吗？	2.37
您的部门会定期组织学习或开会吗？	2.43
您认为公司目前的福利政策是否完善？	2.53
您对您目前的待遇是否满意？	2.55
您觉得公司现在的绩效考核对您有吸引力吗？	2.57
对公司维护员工人身安全和财产安全的保卫工作满意吗？	2.67
对厨房工作人员的服务态度满意吗？	2.73
您认为公司目前的考勤和请假制度合理吗？	2.82

表1说明员工对于后勤服务和福利待遇的满意度较低，包括餐食安排、培训晋升、福利政策等。

优秀的企业特别重视对人的尊重，比如在摩托罗拉，人的尊严被定义为有稳定的工作、成功的条件、充分的培训和承担工作的能力；个人在公司中的发展前途，及时中肯的工作反馈和无偏见的工作环境。每个季度，员工的直接主管会就以上问题与员工进行单独面谈，谈话中发现的问题将通过正式的渠道加以解决。

优秀的企业也重视开放的沟通政策，建立各种渠道及时了解和关注员工中存在的各种问题，听取员工的改善建议。沟通良好的企业，在处理员工利益冲突的时候往往会受到员工的理解和宽容，容易达成一致。比如美国西南航空公司是一家低成本模式的公司，在处理薪酬与福利问题时，会与员工充分沟通，征求意见，让员工有一定的选择权和决策权。该公司还特别要求员工要了解他人的工作，不同部门之间经常通过互相给予奖励以及为对方举办晚会等形式表示对对方的感激之情。

优秀的企业在离职问题上也表现出对员工的尊重。当企业面临困难的时候，优秀的企业会尽最大的可能将裁员降至最低，并且根据员工的业绩、能力和服务年限做出公平的裁员方案。被裁员的员工，公司也会尽力做出补偿。20世纪90年代中期，国企转制改革减人增效，中央给了政策，许多国有企业迫不及待让职工下岗。但是青岛港集团董事局主席、总裁常德传却说：我们不能把改革的困难、改革的责任、改革的压力、改革的牺牲让群众承担。他告诉中层干部，如果谁让职工下岗，我就首先让他下岗。"员工第一"才是企业实现"客户第一"和"股东第一"的制胜法宝。

其实，东莞某制造企业也有一整套公司制度，它的公司价值观是"诚信守诺、平等尊重、专业严谨、学习改善"。但是在工作实践中公司有许多做法本身就违反了企业价值观，所以员工才会怨声载道。提出企业价值观很难，实践企业价值观更难，要靠全体员工用心努力，特别是企业领导率先垂范。曾经有很多企业学习、借鉴美国西南航空公司的管理制度，但是少有成功，因为他们只是"形似"，而不是"神似"。"神似"就是企业的灵魂、企业的根。在中国的大地上，它就是符合社会主义核心价值观的具体实践。在企业人力资源管理实践中践行社会主义核心价值观大有可为。

国有企业文化现状与建议探析

郑洪燕　周岚亚

（四川大学工商管理学院）

一、企业文化简介

随着改革开放的深入，我国企业经历了从经验管理到科学管理再到文化管理的发展进程。企业文化是一个企业长期积累沉淀的结果，对企业的绩效有重要影响，是企业核心竞争力的重要组成部分。作为社会文化的一部分，其自身具有独特的内涵和魅力，它通过激发和凝聚企业员工的归属感、积极性和创造性，以形成企业核心竞争力，实现企业持续健康的发展。

企业文化由企业精神文化、制度文化和行为物质文化三个层面构成。企业精神文化是企业文化的核心，它深层次地构筑企业的团队精神、服务态度、企业目标与愿景等抽象的战略规划；制度文化是企业文化正常实施的基础，它对员工行为进行了约束，对企业操作运行的基础步骤加以解释；行为物质文化是载体和表现，包括一个企业的员工技能水平、企业形象、物质基础等。企业要正确分析当前大环境，并顺应其发展方向设定企业文化，否则就很难有合理的制度安排，也就没有正确的企业精神和企业形象。能否正确建设企业文化，是一个企业能否长期生存的重要条件。

一、国有企业文化现状及问题

（一）国有企业文化积累的经验

1. 民族文化精华是现代企业理念的宝贵来源

民族文化是企业文化的基础和大环境。我国企业在发展的过程中，物质文明和精神文明逐渐沉淀，形成了以儒家思想为核心的具有中华民族特色的传统文化，并成为人类文明的重要组成部分。这些民族文化成为一部分国有企业经营理念的重要组成部分。如联通公司以"沟通连接你我"为企业精神，云南红塔集团以"天外有天"来激励员工并作为企业的口号。

2. 政治优势是国有企业文化建设的重要保证

我国的国家制度决定了国有企业文化的根深蒂固，党、政、工、团齐抓共管的优势，是西方企业所没有的。多层次、多方面的监管虽然影响了员工的责任感和主人翁意识，但从科学管理的角度来看，党在企业的思想政治工作、企业精神文明建设工作中成为企业文化建设活动的有效载体，能够将企业凝聚成一股绳，提高凝聚力。

3. 行业特征决定了企业文化的定位

不同行业由于其工作性质不同，企业文化的定位也不同。良好正确的企业文化定位使企业向正确的方向迅速发展。对于技术密集型行业，如电子、电力等企业的文化应该以科学管理、遵章守纪、服从大局为特征；对于劳动密集型行业，如煤炭、石油等企业的文化一般都要继承艰苦奋斗和不怕牺牲的精神；而对于高科技行业，如航空等领域的企业就应该保持探索与创新并与时俱进的企业精神。

（二）现存国有企业文化的劣势

1. 国有企业文化建设执行较弱

随着改革开放的进行，我国的国有企业在企业文化的建设上做了很多的工作，也取得了不菲的成绩。但是不可否认的是，许多国企文化缺乏实质性的内容，企业文化不全面，脱离了企业文化的真正内涵和管理要求；许多企业在创立和发展企业文化的时候没有与企业自身的实际情况紧密联系，过度地注重形式，忽略了自身的特殊性。这些原因造成国企的企业文化不能有效地执行，不能被员工正确理解与掌握。很多国企的企业文化只是挂在墙上的一句口号，这样就形成了一种假文化，很可能导致企业最终只追求利润最大化，对社会的总体发展产生不利的影响。

2. 原有的计划经济体制制约企业文化建设

国企经历了几十年的计划经济运营模式，形成了服从命令、遵章守纪等优良传统。虽然这些传统使企业便于调控操作，但是在一些步骤规矩的约束下，企业的工作效率明显下降，原本就能直接完成的任务，在计划经济模式下需要绕一个很大的圈子才能完成。计划经济向市场经济模式转轨时，很多企业暴露出许多不适应形势发展的不良企业文化。过分看重物力资源，轻视人力的配备作用；员工容易缺乏高职业素养和职业形象、缺乏创造性和坚定性、缺乏职业道德、缺乏职业技能和缺乏团队和主人翁意识，成为非职业化员工，这些不良文化形成了企业文化的新包袱。

3. 价值取向造成企业经营者行为短期化

国有企业的经营者是由上级部门任命的，并接受上级部门的考核，经营者是否完成上级分配的既定指标和任务，是衡量国有企业经营者工作效率与业绩的重要标准。所以经营者要通过一定措施完成上级下达的目标，甚至不惜牺牲企业长远利益，竭泽而渔，这样虽然通过了短期的收益目标，但从长期看影响了企业的可持续发展，不利于国有企业为社会做出最大贡献。

4. 对企业文化理解深度不够

正如上述所言，企业文化由企业精神文化、制度文化和行为物质文化三个层面构成。但是很多企业只认识到了物质文化层面，要讲究微笑服务、诚信待人，但是大家都能认识到的企业文化就不属于特殊文化，只有根据自身特点和生存环境的特殊性指定的企业文化才是一个企业应该具有的核心文化。

三、优秀国有企业文化建设路径

（一）提升国有企业管理者文化素养

由于企业经营者支配着企业的活动，在企业生产经营管理过程中，我们都能够看到企业行为、企业道德、企业战略、管理方法等都透着管理者的特点，所以管理者的文化素质应该说是企业文化的外显，是一个企业展现给外界的第一要素。著名学者沙因指出：领导者所要做的唯一重要的事情就是创造和管理文化，最重要的才能就是影响文化的能力（埃德加·沙因，1989）。

针对当前我国国有企业领导者经营管理理念跟不上时代发展要求的严峻现实，为使国有企业有效实施文化再造，提升企业领导者的个人文化素养是当务之急。在当下领导者要树立正确的忠诚观、权力观和经营理念，同时培养"以人为本"的观念可以使企业员工提升自身的归属感和责任感，明确良好的企业愿景有利于企业发展的顺利进行。

（二）培训员工传递企业文化

企业确定企业文化以后，传播企业文化成为企业最高管理者的首要任务。传播企业文化的方式多种多样，但最重要的手段是教育培训。

就企业而言，培训有两类：一是，对员工进行的培训。通过对新员工进行培训，使他们认同企业文化，对老员工进行培训使他们不断深入地了解企业文化的含义。二是，对管理人员进行的培训，这主要是向高级管理人员传播企业文化的精髓，使之对内理解其含义，对外传递其内容。通过培训，可以帮助广大员工对认知和认同企业核心文化，提高实践企业文化的自觉性。

（三）创建开放包容的企业文化氛围

现代化的新型企业如雨后春笋一样在我国兴起，因此与国有企业竞争的不仅仅是民营企业，还有利用先进科学技术的外来企业。通过学习世界上优秀企业的运作模式与和谐的企业文化，可以让国有企业取长补短，使进入世界500强的企业中更多地出现国有企业的身影。

优秀的团队精神、始终以客户为中心的观念、平等对待员工和不断地激励创新是国有企业始终应该学习的企业文化。同样在竞争激烈的环境下，对外部知识、人才的吸纳和国内外市场的联系，要求企业始终有一种开放包容的文化，只有包容，才能够多元，只有多元，才能实现企业资源的最优化配置，才能使国有企业在市场竞争中处于不败之地。

（四）建立高素质的国有企业家团队

高素质的企业家队伍是国家经济发展的栋梁，是企业的生命和灵魂。从日本和欧美发达国家的成功经验看，一个企业的兴衰，在很大程度上取决于企业家，谁拥有了具有创新和开拓意识、素质高、数量多的优秀企业家团体，谁就会在激烈的世界经济竞争中立于不败之地。

优秀的企业家们可以相互影响、借鉴、学习，可以灵活运用企业文化激励员工。正如日本因为有松下幸之助、本田纯一郎、盛田昭夫等一大批优秀的企业家，使得他们相互学习先进的生产工艺和人性化的企业员工激励制度，使松下、本田、丰田等公司纵横世界市场。

对于21世纪的中国，要在全球经济竞争中取胜，就必须拥有一支能承担风险、善于创新、正直无私、有领导与决策管理能力和坚定信念的企业家队伍。

四、总结

国有企业为了在竞争激烈的市场机制下脱颖而出，就要重视自己的企业文化建设，同时明确企业的核心竞争力。不仅要继承优秀的国有企业文化精髓、克服现存的企业文化劣势，还要针对自身的劣势逐渐修正企业文化及其价值观。

　　企业自身对企业文化必须深入了解并不断提升企业经营者的素质，同时通过对员工进行企业文化认知的培训，使他们养成在当前环境中包容大度的学习精神，并优化整个群体的水平，强强联合。最终用企业文化吸引人、管理人、感染人，不断提高国有企业竞争力，实现企业健康、持续、稳定的发展。

参考文献：

程兆谦，徐金发. 企业文化与购并研究 [J]. 外国经济与管理，2001，23（9）：13－19.

于凤雨. 企业文化与核心竞争力 [J]. 商业经济，2006（1）：123－127.

刘昕昕. 我国企业文化建设研究 [J]. 中国商贸，2012（3）：67－68.

张正明. 国企文化类型选择及建设路径，[J]. 商业时代，2011（36）：131－133.

沙因，埃德加·H. 企业文化与领导 [M]. 北京：中国友谊出版公司，1989.

孙爱英，李垣，任峰. 企业文化与组合创新的关系研究 [J]. 科研管理，2006，27（2）：15－21.

以企业文化建设为基础的"西部铁军"品牌塑造

刘家凤

（西南民族大学）

中国十九冶集团有限公司成立于 1966 年，为三线建设而组建，是中国唯一一家能够独立承担从矿山开采到型材、板材等冶金全流程的大型综合性施工企业，系中国冶金科工股份有限公司全资子公司。公司注册地在四川省攀枝花市，经营指挥中心在四川省成都市，简称"中国十九冶集团"。现有 8 个区域分公司、9 个专业分公司、8 个全资子公司、1 个控股公司；2011 年总资产达到 100.5 亿元，员工近六千人。公司具有冶炼、房建、市政总承包一级，钢结构专业承包特级，机电安装工程总承包二级及公路路基、炉窑、管道专业承包一级，桥梁专业承包二级资质，拥有对外经济合作经营资质和进出口企业资格证书，已通过质量管理、职业健康安全和环境管理"三标一体"国际认证，企业信用等级为 AAA 级。四十多年来，中国十九冶集团创造了一百多项国家、省（部）级优质工程及产品。近年连续获得省级质量安全达标示范企业，全国工程质量信得过企业，并连续 10 年获得省级守合同重信用企业。多年来，中国十九冶集团致力于以企业文化为基础的品牌塑造，使内部员工能够认同和支持企业对外的品牌承诺。

一、以企业文化建设为基础的"西部铁军"品牌塑造背景

（一）当今建筑施工市场竞争异常激烈

当前建筑施工市场竞争异常激烈，一些企业为得到市场份额，在招投标过程中不惜竞相压价，使施工行业的利润空间越来越小。在这种情况下，精心打造让业主信得过的产品，实施企业品牌战略，提高企业核心竞争力是企业能否在激烈的市场竞争中获得发展空间的关键。

(二)当今社会对企业诚信的迫切需求

现阶段,我国社会一些领域道德失范、诚信缺失。许多企业对外承诺与内部行为差距巨大,甚至完全相反,给国家和社会带来巨大危害。据一份来自国务院建设部的统计资料表明,近几年,全国每年因桥梁垮塌、路基沉陷、房屋倒毁等恶性事故造成的浪费都在1 000亿元以上。如:云南昆禄高速公路,整个工程造价国家投入3.77亿元,通车18天后,大面积路段严重坍塌,交通中断,返工估计至少1个亿;九江防洪工程,曾被当地领导称作"固若金汤",结果在洪水面前却"一日泡汤";投资87亿多元的甘肃天定高速公路全线贯通后,不到半年,出现坑槽、裂缝、沉降等重大问题,部分路段不得不铲除重铺。这些"豆腐渣"工程所产生的严重后果和恶劣影响,令人触目惊心!为了确保企业内部行为与外部承诺保持一致,把企业对外承诺转化为实实在在的行动,使企业诚信落到实处,避免"豆腐渣"工程的出现,企业有必要进行以企业文化为基础的品牌塑造,实现公司品牌核心价值体系的内外一致,使内部员工能够认同和支持企业对外的品牌承诺。

(三)中国十九冶集团自身的发展历史、现状与趋势所决定

1997年,国家工业产业结构进行大规模调整,基建投资锐减,中国十九冶集团市场严重受阻。2000年前后,工程任务缺口达60%,职工大量待岗、下岗,职工工资较长时间不能按时足额发放,"三金"欠账高达2 850万元,账面亏损4 500万元。中国十九冶集团成为大型国有特困企业,人心涣散,生存面临困境,经济面临转型。经过四十多年锤炼的中国十九冶集团已经锻造出一支作风顽强的队伍,形成以"艰苦奋斗、追求卓越"和"诚实守信、同进共赢"为核心的价值体系,并以此沉淀为优质的企业文化。因此,在现有企业优质文化基础上进行企业品牌塑造具有独特优势和后继爆发力。

(四)企业与集团发展战略保持一致,实现可持续发展的需要

中国十九冶集团有限公司,作为中国冶金科工股份有限公司(简称中冶集团)全资子公司,只有与集团发展战略保持一致,才可能实现企业自身的可持续发展。因此,有必要在中冶集团总的发展战略指引下,根据自身实际,结合市场需求,进行具有自身特色的品牌塑造。

基于上述原由,2003年,中国十九冶集团新任领导班子组织专门力量进行调查研究,在认真分析国际、国内形势、准确把握施工企业发展趋势和行业特色,及对自身资源及企业文化的挖掘梳理和深化的基础上,2005年,在中冶集团品牌引领下,引进品牌建设理念,分析同行企业优劣竞争,解读国际知

名企业品牌发展路线，正式推出并实施以企业文化建设为基础的"西部铁军"品牌塑造。

二、以企业文化为基础的"西部铁军"品牌塑造的内涵和主要做法

中国十九冶集团在中冶集团品牌战略的指引下，以可持续发展为目标，以企业文化为基础进行"西部铁军"品牌建设，把"西部铁军"品牌所包含的价值观与中国十九冶集团企业文化的核心理念统一起来，凝练出符合企业内外部利益相关者需求的公司核心价值体系，指导企业经营发展。通过以企业文化为基础的"西部铁军"品牌建设，"西部铁军"品牌价值观不只表达了公司向外宣传的产品和服务品质承诺，还延伸到公司内部，要求员工在工作中时刻牢记品牌诉求，牢记对客户与公众的承诺，随时用行动来维护和兑现这个承诺；企业文化不只统一企业内部的员工思想、约束员工行为，还延伸到企业外部，通过员工的言行维护公司品牌价值观，进而在公司内外部利益相关者之间实现公司价值观的动态一致，使中国十九冶集团逐渐成为一个互动的不断发展的整体，构建起完整和谐的企业生态系统，不仅使企业能够持续发展，而且促进社会和谐。

（一）以企业文化为基础，科学凝练与构建"西部铁军"核心价值体系

中国十九冶集团新班子上任后，意识到"西部铁军"核心价值体系在企业外部品牌形象树立与内部品牌支撑行为指导中的重要性。为此，上任之初就组建了调研班子，一方面，跑遍了所有的二级单位，通过听情况、分析相关指标、对所存在的问题进行诊断与把脉，摸清了企业方方面面的情况；另一方面，对外部市场环境及企业各利益相关者价值需求进行科学分析，把握机会。重新梳理与构建了"西部铁军"核心价值体系，对中国十九冶集团的企业战略进行了科学的选择与定位。并随着时间的流逝与企业内外环境的变化，动态调整"西部铁军"核心价值体系，保持"西部铁军"核心价值体系对企业内外部利益相关者的吸引力，在企业外部获得外部利益相关者的欣赏与支持，在企业内部获得内部利益相关者的认同。

1. 科学决策，凝练与构建"西部铁军"核心价值体系

为了准确定位"西部铁军"核心价值体系，有效指导未来。中国十九冶集团新领导班子采取上下互动、内外结合、借助外脑等方式，进行"西部铁军"核心价值体系的凝练。

首先在企业内部持续展开了一场解放思想、创新观念的革命，通过各种讨

论会、论坛、网络等形式，公司领导班子与员工双向互动，围绕"西部铁军"到底应该构建什么样的品牌核心价值体系进行讨论与集中。其次，通过走访新老客户，结合国际、国内形势与行业发展趋势与特色，紧跟市场变化，了解外部市场客户的核心价值需求。再次，借助外脑，与高校和科研院所长期合作，对企业自身历史文化进行深度挖掘与系统整理，梳理与凝练出企业长期沉淀下来的独特的优秀核心价值。

从不同视角对影响企业发展的内外部多种因素进行调查分析，摸清企业内外部利益相关者群体的价值需求，结合公司自身沉淀下来的优秀独特的核心价值，通过创新赋予自己的品格和精神以时代的内涵，并随着时间的流逝进行动态调整，中国十九冶集团凝练与构建出了以"努力成为国内国际最优秀的建筑承包商"、以"永担脊梁责任，彰显央企风范"为使命、以"传承铁军魂，永开英雄花"为宗旨、以"诚实守信，同进共赢"为核心、以"追求卓越、注重创新、担当社会责任"为主导的"西部铁军"核心价值体系。这一科学的核心价值体系指引着中国十九冶集团制定出系统的公司战略规划，使公司品牌走向可持续发展。

2. 围绕"西部铁军"核心价值体系，制定与调整公司战略发展目标体系

随着企业内外部环境的变化，中国十九冶集团与时俱进，以可持续发展为目标，在"西部铁军"核心价值体系的动态指引下，进行公司战略发展目标体系的制定与调整。2003 年，中国十九冶集团在首个战略规划中提出了"七大战略"，引导企业科学发展；随后，由于中冶集团顺利完成了《中国冶金建设集团公司 2001—2005 年发展战略规划》，并制定和实施了《中国冶金建设集团公司 2006—2010 年发展战略规划》，为了跟上中冶集团的发展步伐，弥补公司未来两年战略规划的空缺，实现中国十九冶集团科学发展、持续发展和又好又快发展，又制定了 2009—2010 年追赶式发展计划。在 2009—2010 年追赶式发展计划完成后，随着外部环境的快速变化和企业资源能力的不断积累，中国十九冶集团又制定了 2011—2015 年"三五发展规划"，并动态调整了企业发展目标。七年间，中国十九冶集团成功实施了"北上东进"战略，成功实施了改制，成功打造了"西部铁军"品牌，成功实现了由粗放型管理向集约型管理的转变，发展基础更加牢固，发展内生动力和活力不断增强。

（二）引导与规范员工行为，以"西部铁军"核心价值体系引领企业文化建设

为了引导与规范员工行为，使员工认同并在行为中体现出"西部铁军"的对外承诺，确保企业成员与"西部铁军"品牌及其所代表的内容保持一致，中国十九冶集团高举内部品牌旗帜，以"西部铁军"核心价值体系引领企业文化

建设。每年划拨 300 万元资金用于企业文化建设，通过制定以"西部铁军"核心价值体系为核心的企业文化发展规划、企业文化手册、"西部铁军军规"、"西部铁军"视觉识别系统等手段，举办各种会议、开展各种文化活动等，并通过深入班组的企业文化操作，帮助所有员工澄清"西部铁军"品牌所提倡的和不提倡的工作行为，强调企业对外的品牌价值承诺在企业内部有效实现，实现"西部铁军"核心价值体系在企业内外部的一致性。

1. 开展"观念转变"活动

中国十九冶集团定期与不定期地通过各种形式的讨论会、干部会、工作会及培训等，组织各层面的员工围绕"西部铁军"核心价值体系展开讨论与学习。如：2009 年 3 月至 6 月公司分三个阶段开展了为期四个月的学习实践活动。在学习实践活动中，集团公司坚持突出领导班子这个点、覆盖全体党员这个面、抓住建设"双力十九冶"这个主题，在抓好自身学习的同时，公司党委班子主要成员根据责任分工，抓指导、促推进、包进度、保质量，确保活动的有序推进。这样，有利于员工了解与熟悉"西部铁军"品牌战略与定位，打破因循守旧的思想藩篱，改变故步自封的精神状态，激活生产要素的各种潜能，调动广大员工的生产积极性和创造性，为员工认同和支持"西部铁军"品牌、帮助企业彻底走出困境、转向创新提升的新阶段奠定坚实的思想基础。

2. 强化"西部铁军"核心价值观，实施员工素质工程

（1）印制宣传材料，多渠道宣传"西部铁军"的信仰与价值观。中国十九冶集团通过印制有关"西部铁军"的信仰与价值观（诚实守信，同进共赢）的宣传材料，在内部报、刊、网开设专题专栏，通过动态报道、言论报道、专题报道、简报信息等多种方式，形成全方位、多角度、持续性的宣传报道态势，把"西部铁军"的信仰与价值观渗透到"西部铁军"品牌创建活动的方方面面，渗透到全体员工的日常工作中。

（2）制定企业文化发展规划，推进 CIS 系统建设。中国十九冶集团通过制定以"西部铁军"核心价值体系为核心的企业文化发展规划，在编印《十九冶企业文化手册》与制定"西部铁军军规"的基础上，进一步推进 CIS 系统建设，对十九冶的厂徽、厂旗、文明工地标准配置、管理人员、现场施工人员的着装统一标识，塑造企业新的形象；努力办好《十九冶报》、《铁军魂》杂志和十九冶网站，精心制作公司各种专题片、形象片、宣传画册等，加强企业文化平台建设，通过坚持不懈的长期努力，让员工清楚"我们是谁"和"西部铁军"品牌代表什么，熟知企业品牌战略，从而增加员工对"西部铁军"品牌与文化的认识、了解和认同，并主动把企业文化的内涵融入到行动上，精心施

工、努力工作，工作效率和质量不断提高，企业的向心力、凝聚力不断增强。

3. 举办"西部铁军"品牌与文化教育和培训活动

中国十九冶集团通过举办与"西部铁军"品牌建设相关的各种教育与培训活动，帮助员工更好地理解与内化"西部铁军"品牌的作用及其对企业发展的影响。

(1) 举行新员工入职教育和培训。在新员工入职教育和培训会上，通过介绍中国十九冶集团的光荣历史和辉煌业绩、介绍"西部铁军"核心价值体系的内涵，提供给新员工有关"西部铁军"品牌的基础知识和信息，向新员工介绍如何创造性地支持"西部铁军"品牌建设的若干原则，以及给新员工提供在日常工作和决策中所必需的一些工具和框架。此外，中国十九冶集团在新员工有关"西部铁军"品牌培训方面的投资还表达了企业对员工的承诺，把新员工入职教育和培训作为公司品牌创建实践的一部分。

(2) 组织干部学习与培训活动。通过组织干部学习与培训活动，提升干部的品牌创建参与意识及身体力行意识，把品牌意识有效地带入人们的工作和生活之中，从而保证企业各个部门和所有的员工在外部品牌创建项目中保持同样的工作重点并具有高度一致性。

(3) 开展全员学习与培训活动。第一，开展各个单位的厂史教育和各种文化活动，强化"西部铁军"品牌信息。"艰苦奋斗，追求卓越"企业精神为核心的企业文化能深深融于每一个职工的血脉之中，通过党委中心组、干部学习日、宣讲会、报告会、研讨会、集中培训和以会代训、技能大赛、歌唱大赛等多种形式不断地对全体员工强化公司的品牌信息，增强企业凝聚力。

第二，培训市场营销人员，要求全体市场营销人员以"西部铁军"核心价值体系为指导，以对企业高度负责的态度，加强学习，不断提高业务水平，创造性地开展工作，不断提高市场营销水平，与西部铁军品牌建设保持一致。

第三，实施高技能人才培训工程，促进技能劳动者职业能力的整体提高，并建立健全职业技能考评机制，促进高技能人才脱颖而出，与"西部铁军"品牌建设相接轨。

第四，开展"全员阅读"和"读书强企"活动，提升员工整体素质，增强"西部铁军"品牌综合能力。如2011年，中国十九冶集团在企业内部开展"全员阅读"和"读书强企"活动，要求干部每人每年至少读一本书，并写出心得，各分、子公司要自行举办"读书心得报告会"。大力营造学习、崇尚学习、坚持学习的浓厚氛围，在指导实践、推进工作方面取得新进展、新成效；深入开展"凝心聚力、和谐发展"主旋律宣传教育活动，把全体党员干部职工的思想和行动统一到"西部铁军"的战略部署上来，确保年度各项工作目标顺利实现。

4. 实施班组文化建设，进行品牌同化

班组是施工企业的细胞，是施工企业的最基本单位，对企业的生产经营工作起着至关重要的作用。中国十九冶集团把班组建设与"西部铁军"文化建设相结合，通过厂史教育和开展各种文化活动，着力把每一个员工培育成一名真正的"西部铁军"战士，成为富有激情的"西部铁军"品牌大使和倡导者，在"西部铁军"品牌创建过程中产生相应的品牌支持行为。在班组文化建设过程中，企业内部产生了大量的优秀班组。如"西部铁军"工安分公司吴仁强铆焊班在 2007 年 4 月就荣获"全国五一劳动奖状"；2007 年 12 月获"四川省模范职工小家"称号；2008 年 4 月获"全国模范职工小家"称号；2008 年 4 月被攀枝花市总工会授予"工人先锋号"称号；2010 年 6 月获中国十九冶集团"西部铁军学习技能型班组"；2010 年 9 月又荣获"中央企业红旗班组"称号。

（三）健全制度，创新机制，以"西部铁军"核心价值体系引领企业人力资源管理

人才资源是第一资源。中国十九冶集团以"西部铁军"核心价值体系引领企业人力资源管理，确立人才资源优先开发、人才结构优先调整、人才投资优先保证、人才制度优先创新的方向，以高级管理、技术、技能人才队伍建设为重点，以高技能人才队伍建设为起点，以"内培外引"为手段，科学规划，重点突破，整体推进，全面实施人才强企战略，积极加强各类人才队伍建设，迅速进军企业人才高地，全力铸造"西部铁军"钢铁脊梁。通过八年坚持不懈地努力，企业人才队伍不断壮大，人才素质不断提高，人才效能不断增强，为"西部铁军"跨越腾飞提供了坚强有力的技术支持和智能支撑。

1. 优化环境，精心营造人才集聚的良好氛围

在进军人才高地的征程中，中国十九冶集团通过不同的媒体途径，如中央电视台、四川电视台、《人民日报》、《中冶人》、《十九冶报》、《铁军魂》、中国中冶网站、十九冶网站等，大力宣传各类与"西部铁军"核心价值体系相符的人才在企业施工生产中的积极作用和突出贡献，全方位宣传公司实施以"西部铁军"核心价值体系引领的人才战略的重要意义和丰硕成果；利用企业内部的各种会议等契机，大力表彰各类优秀人才，并由董事长、总经理等公司领导亲自为优秀人才披红戴花，颁发荣誉证书和奖金。让优秀人才的事迹在企业家喻户晓，形成了尊重和争做优秀人才的良好风尚，培育了各类人才苗壮成长的沃土，创造了各类人才集聚的优良环境，营造了尊重劳动、尊重知识、尊重创

造、尊重人才的良好氛围。

2. 以用为本，大胆创新人才开发的机制内涵

在对人才评价和使用上，不仅仅把知识、能力和业绩作为衡量人才的主要标准，还根据他们的价值观是否与"西部铁军"品牌文化一致来考虑。有计划地选拔和培养青年管理人才到生产一线锻炼，采取压担子、结对子、师带徒、干项目等形式，培养他们的实践能力和工作技能，加快其成长步伐，有针对性地打造基层经验丰富、解决实际问题能力突出的高素质管理骨干队伍；在专业技术职务评聘时，在严格坚持执行国家及中冶集团评审制度的同时，坚持把解决专业技术实际问题能力强、工作业绩突出的一些优秀人才破格评审；任用时，把品德和业绩作为衡量人才的主要指标，完善建立健全以品德、知识、能力、业绩为主导的考核体系，打破了传统的论资排辈的用人模式。

3. 科学评价，倾力激发人才立业的内在动力

围绕"西部铁军"品牌建设，为了激发人才干事立业的内在动力，中国十九冶集团大胆地进行了符合市场原则的激励约束机制改革，将对支持"西部铁军"品牌战略方面表现优秀的员工进行奖励的激励系统与企业的内部品牌创建项目紧密结合，完善建立科学合理的长效激励机制。在薪酬设计上，公司建立以"效益"和"业绩"为主导的收入分配机制，加大薪酬向共享倾斜的力度。在人才评价体系上，建立了以职业能力为导向，以工作业绩为重点，以人才评选为方式的人才评价体系。制定《工程技术专家委员会专家评选管理办法》《中青年技术拔尖人才评选管理办法》和《首席技师评选管理办法》，规范和完善工程技术专家、中青年技术拔尖人才和首席技师的评聘制度。下发《员工获得执（职）业资格奖励办法的通知》和《执业资格津贴管理办法》，实行各类管理及技术人员持证上岗，鼓励员工参加国家各类执（职）业资格统一考试等。长效激励机制的完善，创造了人尽其才、人才辈出的良好环境；科学评价体系的建立，激发了广大职工学习新本领、新技术、新工艺的内在动力。

4. 强化培训，全面提升各类人才的综合素质

为牢固夯实各类人才的成长基础，中国十九冶集团将培训与员工自身发展需求紧密结合，将员工个人发展目标与"西部铁军"人才开发战略密切联系，并在充分调动员工培训积极性方面找办法，努力变"要我学"为"我要学"，使员工培训成为一种长效激励机制。在此基础上，全面实施员工培训，逐年落实培训经费，制订培训计划，分期分批组织实施，促进员工队伍整体素质的提高。通过多渠道多方位培训的全面开展，不仅使员工更新了知识，开阔了视野，提升了技能，而且大大提高了工作效率，提升了员工队伍的整体素质。

5. 搭建舞台，完美展现优秀人才的才华技艺

中国十九冶集团独辟职业技能竞赛和职业技能鉴定这一技能人才锻炼成长的蹊径，为优秀人才施展才华搭建广阔舞台。先后组队参加了省、市及中冶集团技能竞赛、全国冶金建设行业职业技能竞赛、全国工程建设系统职业技能竞赛等一系列高水平竞赛，四夺团体第一，20人次获个人奖项，成绩斐然。一大批优秀技能人才通过比赛脱颖而出，成为优秀高技能人才的典型代表。竞赛活动的广泛开展，激发了技术工人提升岗位技能的积极性，拓宽了技能人才的选拔思路，积累了技能人才培养的宝贵经验。

6. 创新思路，有效拓展技能人才的成长途径

中国十九冶集团牢牢坚持职业资格持证上岗制度，积极开展职业技能鉴定，技能人才队伍结构逐步优化。在国家人力资源和社会保障部、中冶集团的信任与支持下，承担了工程电气设备安装调试工企业高技能人才试点评价科研课题。先后投入105万元资金，通过对100余名评价对象的职业能力考核、工业业绩评定、职业道德评价、理论知识考试四方面的试点评价，完善建立了工程电气设备安装调试工国家职业标准与生产岗位实际要求相衔接、职业能力考核与工作业绩评定相联系的企业高技能人才评价体系。此外，紧密结合企业发展规划，全面开展职业技能鉴定，鉴定对象除公司技术工人外，还涵盖了外协队伍、派遣单位、劳务工和农民工，体现了中央企业服务于社会的宗旨。技能鉴定工作广泛的开展，促进了技能人才队伍的全面建设，高技能人才队伍日益壮大。

7. 加强引进，充分储备人才队伍的后备力量

针对公司队伍老化、人才断层的实际情况，积极加强各类后备人才的储备，为经济发展蓄足势能。在大学生招聘工作中，从根本上转变观念，不唯数量，只求质量。结合实际需要，把招聘国家重点院校、重点专业的高层次优秀毕业生作为引进重点，全方位引进博士、硕士研究生等学历高、素质好、基础扎实、踏实勤奋的优秀大学毕业生。同时，坚持从职业技术学院、技工学校选拔招聘专业精、技术好、能实干的优秀学生充实到各种技能岗位中培养锻炼，进而充实到技术工人队伍中。为解决主要技术工种后继乏人问题，打破常规，大胆尝试，面向社会招聘具有一技之长的技能人才。多种途径的人才引进，优化了管理、技术和技能人才队伍的结构，为公司发展储蓄了强劲势能。

（四）培育和强化"西部铁军"核心竞争力，以"西部铁军"核心价值体系引领企业创新

"西部铁军"作为施工企业品牌，与一般工业企业产品品牌有所不同，业

主所看重的，首先是这支队伍的品质和能力。其次，才是"西部铁军"所做的工程项目和服务。"西部铁军"这个品牌不可能制造出来，只能靠一个又一个工程的出色表现，靠一个又一个出色的业绩锻炼出来。因此，中国十九冶集团注重培育和强化队伍专业核心竞争力，以"西部铁军"核心价值体系引领企业创新。

1. 继承和发扬"西部铁军""艰苦奋斗，追求卓越"的优良传统，保持队伍能打硬仗的能力

"三线"建设时期，"西部铁军"从繁华都市来到大山深处，在极为艰苦的生活条件和恶劣的自然环境中创造出奇迹。经济转轨时期，"西部铁军"不向国家伸手，凭借双手在市场上"抢饭吃"，最艰难的时候甚至依靠做家具、通下水道维持生存，谱写了一曲艰苦奋斗、自力更生的壮歌。进入市场竞争年代后，"西部铁军"更加有意识地继承和发扬这种"艰苦奋斗，追求卓越"的优良传统，保持队伍能打硬仗的能力。

2. 保持和拓展"西部铁军"区域和联动优势，构建队伍机动快速应变的能力

继续保持和拓展西部铁军区域和联动优势，构建队伍机动快速应变能力，形成企业发展合力，扩大国内市场占有。中国十九冶集团全面实施西部市场核心战略，完成北上东进"三步走"项目，形成"以成都为中心，西部市场为核心，八个区域分公司为据点，向全国辐射，向海外拓展"的跨地域、跨行业的国内外一体化经营的战略格局。要求各区域分公司向总承包分公司方向发展，充分发挥沿海沿江的信息优势和资源优势，把市场拓展作为第一要务，加大市场开拓力度，努力扩大在该地区的影响。同时，加大海外市场拓展力度，扩展"西部铁军"品牌影响。

3. 发扬与拓展"西部铁军"传统施工优势，构建"西部铁军"核心技术创新与运用能力

中国十九冶集团作为施工建筑企业，首先，在传统主业领域提炼优势技术，通过成果申报、标准编制、工法发布等手段，建立、占据、巩固优势地位；其次，将优势技术服务于产业延伸链，利用转型时更高更新的平台，强化科技创新，学习、引进先进技术与软件，提高转型主业技术含量和经济附加值，研究更新的产品延伸方向；更重要的是，坚持立足于以自主创新、联合创新、引进创新三结合的原则，将施工新技术、新工艺的运用与开发作为技术创新工作的重点。以建设"国家级高新技术企业"和培育多层次、多专业的"专业技术中心"工作为抓手，以"四川省级技术中心""中冶集团创新型企业"

"施工企业特级资质"基础指标为目标，加强"产、学、研"联合，强化科技创新队伍、机制建设，切实提高科技管理水平，努力提升自主创新能力，为企业可持续发展打下了坚实基础。

4. 严格控制成本与风险水平，增强"西部铁军"市场综合竞争能力

在预算管理过程中，把涵盖公司经营管理内容的全部指标纳入年度综合计划，明确各单位（部门）的经营管理内容、固定成本和目标，并严格执行机关各部室管理费用年度包干制度，严格控制预算外项目的立项和批准，突破预算指标和新增开支计划必须经公司股东会或董事会研究决定。

在项目成本管理过程中，搞好项目策划，认真分析施工过程中的难点和重点，加强成本控制，分解公司下达的责任指标，落实管理责任，彻底消灭亏损项目。建立自我保护体系和风险防范底线，确保工程项目的顺利实施。

在财务管理过程中，实行资金集中管理制度。采用预算控制办法，设立成本控制中心，以财务预算为前提，内部审计为手段，以资金管理、成本管理为核心，严格推行绩效考核，分解实现利润的工作目标，并贯穿到管理全过程。

中国十九冶集团通过多渠道、系统化成本与风险控制管理，降低了企业经营成本与风险，增强了"西部铁军"市场综合竞争力。

（五）开展"西部铁军"品牌接触点建设，实现品牌承诺

为了更好地用"西部铁军"品牌来挖掘与客户接触点价值，中国十九冶集团启动了"西部铁军"品牌接触点建设。接触点表达的是客户与品牌之间的交互作用，而在这种交互作用中，客户与品牌或者建立起了密切的关联或者它们的关系发生了破裂。对"西部铁军"这样一个队伍品牌来说，在某种情况下，客户与"西部铁军"品牌关系的成功主要取决于与客户接触的各层面上的员工品牌态度和品牌支持行为。

1. 以品牌为导向的视觉识别系统建设

品牌形象是否一致、独特、符合以客户为中心的外部利益相关者的自我形象/个性与价值观，是一个品牌能否被客户与公众认同与接纳的关键要素。因此，中国十九冶集团一直致力于将优秀的企业核心价值与外部以客户为中心的其他利益相关者价值相结合，执著于品牌经营战略，制定"西部铁军"品牌建设长远规划，着力打造"西部铁军"品牌形象，彰显"西部铁军"特色，着力推进视觉识别系统的规范、统一。对于视觉识别系统，中国十九冶集团将企业文化与视觉识别系统双轨并行的办法，采用强制手段推行。在中国十九冶集团的公司品牌建设推广之处，总能第一时间展现出统一的视觉识别系统，给客户一个完整的"西部铁军"形象。

2. 以品牌为导向的营销平台接触点建设

首先，中国十九冶集团以品牌为导向，把客户的要求和利益放在第一位，充分相信和依靠员工，为业主提供满意的产品和优质的服务，并不断满足业主新的要求，寻求新的市场机会。其次，中国十九冶集团坚持"西部铁军"文化，积极参与市场开拓，主动与业主、承包方沟通和交流。用真诚、热情和吃亏耐劳去赢取业主的信任。以"今天的现场是明天的市场"及"干一项工程，树一座丰碑"的思想去争取客户并接受客户的检验；想客户之所想，急客户之所急，力争与客户建立良好的长期合作、同进共赢关系。

3. 以品牌为导向的项目平台接触点建设

中国十九冶集团的项目管理主要是遵循"西部铁军"品牌战略，强调品牌执行力。首先要求将品牌承诺贯穿于日常工作中和各个环节，各个步骤，各个节点上；其次，要求施工质量及与为业主服务的水平都要体现"西部铁军"品牌形象，满足与超越客户期望；最后，在每一个项目上，在每一个车间里，甚至在远离祖国的荒漠和热带丛林中，员工都要以自己的实际行动诠释"西部铁军"铁的纪律、铁的作风、铁的品质及招之即来、来之能战、战之能胜的丰富内涵及精神实质。

（六）推进企业社会责任建设，升华品牌形象

企业社会责任是中央企业"做强做优、世界一流"目标的内在要求。中国十九冶集团在社会责任建设上主要从三个方面入手：一是努力做好主业，保证承接的每一个项目都质量过硬，构建和谐社会也是企业的重要责任，如果因为项目质量频频出现问题，给社会和客户带来不便的话，社会责任便无从谈起；二是对利益相关者负责，包括员工、员工家属、合作伙伴，构建和谐组织；最后，承担起大企业应承担的社会责任，为所在社区、弱势群体提供帮助，构建和谐社区。在中国十九冶集团的发展史上，责任从来没有旁落过，早期有三线建设、中期有国家重大工程项目建设、前两年有抗震救灾和灾后重建，今后还有环保、节能、生态、社区、员工培训等。中国十九冶集团一直以"责任重于泰山"作为指导精神，尽到其应有的责任，使"西部铁军"品牌内涵更加丰富，魅力更加恒久。

三、以企业文化建设为基础的"西部铁军"品牌塑造的实施效果

（一）培育和强化了"西部铁军"核心竞争力

通过以企业文化建设为基础的"西部铁军"品牌塑造，中国十九冶集团迄

今已基本实现了"西部铁军"核心价值体系在企业内外部的一致性，培育和强化了一系列"西部铁军"专业核心竞争力：

1. "西部铁军"队伍传承与保持了能打硬仗的能力

通过"西部铁军"核心价值理念的传承和创新，"西部铁军"队伍继承和强化了艰苦奋斗，追求卓越的企业核心价值理念，保持了能打硬仗的能力。在攀钢，从第一炉铁水到第一块钢板，从第一条方坯到万能轧机，从一个工程的检修到异地大修，"西部铁军"人从不问工程艰难困苦，总是保质保量提前竣工并使之达产；在邯钢，"西部铁军"在 2 000 立方米高炉推移工程中，将业主要求 35 天完成的推移重任通过自我加压昼夜努力，竟用 33.5 天提前完成推移工程，为业主节约了十分宝贵的检修时间。在巴布亚新几内亚，员工克服雨季、疾病、沼泽、气候炎热潮湿等困难，历时 12 个月，使全长 66.8 千米，世界上最大的长输矿浆管道在热带雨林中蜿蜒向前……

2. "西部铁军"队伍形成机动快速应变的能力

通过区域和联动布局，全面实施西部市场核心战略，完成北上东进"三步走"项目，形成了"以成都为中心，西部市场为核心，八个区域分公司为据点，向全国辐射，向海外拓展"的跨地域、跨行业的国内外一体化经营战略格局，"西部铁军"队伍具有了机动快速应变的能力，从而稳步扩大了市场规模与市场范围。目前，中国十九冶集团不仅在冶金工程方面持续保持优势外，在非冶建行业也已取得迅猛发展。

3. "西部铁军"初步形成核心技术创新与运营能力

通过发扬与拓展"西部铁军"传统优势技术，坚持科技创新，并将施工新技术、新工艺的运用与开发作为技术创新工作的重点，"西部铁军"已初步形成了核心技术创新与运营能力。

（1）在核心技术创新方面，近年来，公司曾获得各项 QC 成果 40 余项，其中国家级 15 项；获得各级各类优质工程 60 余项，其中国家级 32 项；获得国家专利、工法及科技成果 11 项，"精品工程"层出不穷。

（2）在新技术应用方面，2010 年被确定为"中冶集团新技术应用示范工程"的北海诚德镍业有限集团 100 万吨镍铬合金工程于 2011 年 10 月顺利通过验收，极大地提升了施工单位的新技术运用与创新能力。2011 年，在借鉴经验的基础上，防城港文化艺术中心项目顺利通过评审，被确定为 2012 年度"中冶集团新技术应用示范工程"。

4. "西部铁军"初具市场综合竞争能力

通过多渠道、系统化的成本与风险控制管理，降低了企业经营成本与风险，"西部铁军"增强了在市场上的综合竞争能力。就公司成本控制能力而言，由于公司全面实行项目法管理，与项目经理签订项目经营承包责任书，工程分包、物资采购实行招标询价制度，加强分包合同审批、分包工程结算审计，大宗材料物资实行集中采购，在成本控制方面取得了一定效果。

（二）实现了"西部铁军"市场认同度与忠诚度的显著提升

由于以企业文化建设为基础的"西部铁军"品牌塑造使西部铁军对外承诺在企业内部得到了有力支撑，"西部铁军"市场认同度与忠诚度显著提升，为十九冶集团带来了巨大的利益。如，昆明、洛阳工程是品牌标，酒钢工程投资从几千万元滚加到两亿多元，都是感动业主进而赢得市场带来的连锁效益；柳钢热轧工程胜利在望时，业主把新区的首个项目——蓝资工程交给十九冶集团；继安钢炉卷轧机投产后，业主又相继将 1 780 毫米热连轧工程、2 800 立方米高炉工程交给十九冶集团，总计金额近 9 亿元；在昆钢、南钢、重钢等大型钢铁企业，"西部铁军"不仅获得就地滚动发展，而且赢得业主高度信任；东汽灾后重建项目第一个项目启动不久，业主又将两个大项目交给了十九冶集团。

（三）实现了内部员工品牌认同度与支持度的显著提升

通过以企业文化建设为基础的"西部铁军"品牌塑造，中国十九冶集团已经在企业内部建立起了员工共享的品牌价值观，在企业形成了一种以"西部铁军"品牌为核心的文化氛围，对员工产生了内在的规范性约束，内部员工品牌认同度与支持度显著提升。为了企业的荣誉，为了保证企业对外的承诺在企业内部得到有效的支撑，"西部铁军"的员工们不畏艰苦、不怕困难、追求卓越，把"用户第一"的思想贯穿在施工的全过程中。为了在保证优质、高效的前提下按时或者提前完工，"西部铁军"的员工们全力以赴，通过积极创新、优化设计、加班加点，没日没夜地干，哪怕是手脚打起了血泡，脸色晒得黑红，都坚持不懈，决不退缩，使工期向着目标快速挺进。2011 年 8 月中国十九冶集团被授予"全国模范劳动关系和谐企业"荣誉称号。

（四）实现了"西部铁军"品牌价值的显著提升

通过以企业文化建设为基础的"西部铁军"品牌塑造，"西部铁军"品牌价值显著提升。

1. 经济指标大幅增长

以企业文化建设为基础的"西部铁军"品牌塑造有效促进了中国十九冶集团各项经济指标大幅度增长，经济规模不断壮大，其中，2003 年新签合同额

13 亿元，至 2011 年，新签合同额达 100 亿元，年均增长 30.65%；2003 年营业收入 12.18 亿元，至 2011 年营业收入达 83.63 亿元，年均增长 27.24%；2003 年资产总额 14.94 亿元，至 2011 年资产总额达 100.88 亿元，年均增长率 26.96%；2003 年利润总额 -3 818 万元，2005 年便扭亏为盈，2011 年公司利润达 16 500 万元；2003 年上缴税金 4 391 万元，至 2011 年达 30 446 万元，年均增长率 27.39%；公司资产规模不断增长，负债比率逐年降低，经济效益明显提高。

2. 品牌声誉迅速提升

西部铁军品牌从提出到今天的广为人知，不过短短几年时间。就是在这几年时间里，铁军文化在公司全体员工中得到了传承，西部铁军管理能力得到了加强，规模扩大了，实力增强了，形象得到大大提升，西部铁军得到了业主和社会各界的广泛认可。企业美誉度连年提升。柳钢热轧厂厂长李永松曾动情地说"有这样的队伍，还有什么不能战胜的!"像这样来自业主的赞誉数不胜数；同时，企业获得的奖项也不计其数。如："中国建筑业领先企业""全国工程质量信得过企业""全国用户满意企业""中国建筑行业企业信誉 AAA 级单位""全国重质量、守信誉、讲信誉百家优秀建筑企业""全国用户满意工程""企业文化品牌建设先进单位""中国文化管理示范单位""企业文化建设全国示范单位""中央企业先进集体"等荣誉。武钢集团副总经理胡望明赞誉"西部铁军"不仅为武钢斩获了经济效益，也为"西部铁军"赢得了"厚德重行"的美名。

论社会主义核心价值体系的构建

张维克

（青岛市社科院政法所）

一、建设社会主义核心价值体系必须坚持以马克思主义为指导思想

马克思主义是我们党的根本指导思想，是我们建设社会主义核心价值体系的灵魂。八十多年来，我们党始终以马克思主义为指导，指导中国革命、建设和改革不断走向胜利，将一个四分五裂、贫穷落后的旧中国建设成为人民生活总体上达到小康水平、正蓬勃发展的新中国。中国的历史发展进程充分证明，坚持以马克思主义为指导，是党和人民的选择，是符合中国历史发展的选择。20 世纪 90 年代苏联东欧剧变的惨痛教训就在于这些国家的共产党放弃了马克思主义的指导地位，搞所谓的指导思想多元化，使人们的思想迷茫、人心混乱，最终导致了亡党亡国。因此，能否坚持以马克思主义为指导思想，关系到我们党和国家的生死存亡。这是大是大非的原则问题，容不得丝毫含糊和动摇。

建设社会主义核心价值体系，最根本的是坚持马克思主义的指导地位。我们之所以坚持马克思主义的指导地位，是因为马克思主义是科学，它决定着社会主义核心价值体系的性质和方向，是社会主义核心价值体系的灵魂。正如毛泽东在《反对本本主义》中指出："我们说马克思主义是对的，绝不是因为马克思这个人是什么'先哲'，而是因为他的理论在我们的实践中，在我们的斗争中，证明了是对的。"

建设社会主义核心价值体系，要求我们必须以马克思主义为指导思想，坚持不懈地学习马克思主义的经典著作，完整准确地理解其精神实质并掌握其科

学方法，旗帜鲜明地坚持马克思主义的基本原理。当然，坚持马克思主义的基本原理并不是紧紧抱着马克思、恩格斯的某些个别提法或主张不放。这种观点一直受到经典作家的反对。早在 19 世纪 60 年代《资本论》第一卷即将出版时，恩格斯就对那些想从这本书中知道共产主义具体是什么样子的人说，谁期望得到这种愉快，谁就大错特错了。马克思主义的基本原理既不是晦涩难懂的思辨哲学，也不是脱离现实的清谈哲学，更不是只讲大道理的书斋哲学。马克思主义的基本原理是具体的、生动活泼的，它既能在解释和改造世界中广泛深刻地展开，又可以在实际运用中显示出无比丰富的科学内容。

与此同时，我们还应当认识到，以马克思主义作为指导思想，建设社会主义核心价值体系，必须自觉地把马克思主义基本原理与中国实际结合起来，进一步发展和完善马克思主义。马克思主义不是教条，只有正确运用于实践并在实践中不断发展才有强大生命力。由于国情的不同，因而马克思主义的基本原理在运用于具体的国家时往往呈现出不同的特色，使马克思主义有了具体化、民族化的特征。正是在把马克思主义与中国具体实际相结合的过程中，我们党创立了当代中国的马克思主义，形成了毛泽东思想、邓小平理论和"三个代表"重要思想。党的十六大以来，我们党的最新成果可以概括为八个方面，即以人为本的"科学发展观"；构建社会主义和谐社会的"和谐观"；社会主义新农村建设的"新农观"；建设创新型国家的"创新观"；坚持"八荣八耻"的社会主义"荣辱观"；加强党的执政能力建设的"能力观"；推进党的先进性建设的"先进观"；推动建设和谐世界的"和平发展的外交观"。这些成果是中国化的马克思主义。因此，在我国坚持马克思主义的指导地位，就是要把马克思列宁主义、毛泽东思想、邓小平理论和"三个代表"重要思想作为我们党长期坚持的指导思想，坚持以科学发展观统领经济社会发展全局，坚持以发展着的马克思主义指导我国的现代化建设。

二、建设社会主义核心价值体系必须树立中国特色社会主义的共同理想

理想是一个民族、一个社会的灵魂所系；理想是基于现实又超越现实的希望和愿景，寄托着人们对美好未来的向往和追求。共同的理想和追求，共同的文化和情感，是中华民族历经磨难而生生不息的强大精神支柱。由于近代以来的中国积贫积弱，备受列强欺凌，因而实现国家富强、民族复兴就是中华民族最强烈的共同理想和愿望。

在中国共产党的领导下，我国建立了社会主义制度。社会主义制度保证了最广大人民根本利益的一致，为在全体民众中树立共同理想奠定了牢固的基础。然而，应当看到，经过近三十年的改革开放，我国社会出现了巨大变化，经济成分、组织形式、利益分配和就业方式等日益多样化，人们的价值取向、道德观念、文化生活也日趋多样化。对此，我们应该清醒地认识到，这种多样化是社会进步的体现，要承认这种多样化，推动这种多样化，发展这种多样化。同时，我们还必须强调，在以马克思主义为指导思想的前提下，必须倡导和树立全社会的共同理想和信念，强化和巩固民族的精神支柱。

在全社会树立共同的理想和信念，是建设社会主义和谐社会的思想基础。没有共同的理想和信念，就不可能把 13 亿人民凝聚在一起，也就不可能达到社会和谐。那么，现阶段我国各族人民的共同理想是什么呢？这就是，在中国共产党的领导下，全国各族人民走中国特色社会主义道路，实现中华民族的伟大复兴。

中国特色社会主义代表了全国最广大人民群众的共同愿望、利益和要求，是实现中华民族伟大复兴的必由之路。中国特色社会主义的共同理想之所以对人民群众具有极大的吸引力和感召力，是因为它是解放生产力、发展生产力、消灭剥削、消除两极分化、最终达到共同富裕的社会主义；它是民主法治、公平正义、诚信友爱、充满活力、安定有序、人与自然和谐相处的社会主义。这样的共同理想和信念，集中了全国最广大的工人、农民、知识分子和其他劳动者、建设者、爱国者的共同利益和愿望，是保证全体人民在政治上、道义上、精神上团结一致，凝聚各党派、各团体、各民族、各阶层、各界人士的智慧和力量，克服任何困难、创造美好未来的强大精神纽带和动力。在当代中国，只有坚定建设中国特色社会主义的共同理想和信念，才能使之转化为巨大的精神动力，推动社会又好又快地健康发展；只有引导全社会树立中国特色社会主义的共同理想，才能把我国建设成为富强、民主、文明、和谐的社会主义现代化强国。

中国特色社会主义道路这一共同理想和信念的实质，就是坚持以人为本，将民生问题作为最大的问题，通过人民群众的共同建设、共同享有而达到实现人的自由全面发展这一最高价值目标。这一共同理想和信念是我们党对我国经济社会发展基本规律的正确认识，集中体现了我国各族人民的根本利益和要求。

在建设中国特色社会主义的旗帜下，全国各族人民将在党中央的领导下，更加紧密地团结起来，同心协力为这样一个伟大的事业奋斗。为此，我们必须大力发扬爱国主义、集体主义、社会主义的思想和精神，充分调动人民群众参加改革开放和现代化建设的思想和精神，激发民族团结、社会进步、人民幸福的思想和精神，弘扬以诚实劳动争取美好生活的思想和精神；与此同时，树立讲大局、讲协调、讲团结、讲统筹、讲合作的思想和精神，处理好各方面的利益关系，妥善解决好各种社会矛盾，最大限度地调动一切积极因素，努力形成全体人民各尽其能、各得其所而又和谐相处的局面。

三、建设社会主义核心价值体系必须大力倡导以爱国主义为核心的民族精神和以改革创新为核心的时代精神

以爱国主义为核心的民族精神和以改革创新为核心的时代精神是社会主义核心价值体系的精髓。社会主义核心价值体系是一种既具有强烈的民族性又具有鲜明时代性的先进思想文化。所谓民族精神，是指一个民族在长期共同社会实践中形成的民族意识、民族心理、民族品格和民族气质的总和。民族精神是民族文化最本质、最集中的体现，只有大力弘扬民族精神，才能使中华民族形成昂扬向上的精神状态，使中华民族自立于世界民族之林。民族精神是一个民族赖以生存和发展的精神支柱，是核心价值体系建设的重要内容。在我国五千多年的文明发展史中，中华民族形成了团结统一、爱好和平、勤劳勇敢、自强不息的伟大民族精神。民族精神的核心是爱国主义。以爱国主义为核心的团结统一、爱好和平、勤劳勇敢、自强不息的伟大民族精神，是中华民族生生不息、薪火相传的精神血脉，是维护国家团结统一、鼓舞各族人民奋发进取的精神支撑。作为一个民族漫长历史的积淀与升华，这种精神已经深深地融入到我们的民族意识、民族品格和民族气质之中，成为中华民族悠久历史文化的灵魂。正如胡锦涛总书记指出："民族精神是我们民族的生命力、凝聚力和创造力的不竭源泉。"民族精神具有强大的感召力和推动力，可以激发全体人民的斗志和责任心。

所谓时代精神，是指一个社会在新的实践中迸发出来的，能够反映社会进步的发展方向、引领时代进步潮流、为绝大多数广大社会成员认同和接受的思想观念、价值取向、道德规范，是一个社会新的精神气质和精神风貌的综合体现。20 世纪 80 年代以来，中华民族形成了以改革创新为核心的解放思想、与时俱进、锐意进取、开拓创新、求真务实、奋勇争先的时代精神。这种精神是推动时代发展进步的强大精神动力，是当代中国人民不断创造新的辉煌的力量源泉。在改革开放的新时期，锐意进取、敢为天下先的创新精神持续迸发，平等、竞争、效率的思想意识不断增强，民主、科学、法治的思想观念成为广泛

共识，扶贫济弱、公平共享，促进人的全面发展的民本精神得到普遍推崇。正是依靠这种精神，中国人民创造了现代化建设举世瞩目的成就。

改革创新是时代精神的核心。只有大力倡导并坚持改革创新的时代精神，才能冲破一切落后的、与时代发展相悖的不合时宜的观念、做法和体制的束缚，才能彻底破除教条主义、主观主义和形而上学的桎梏，让一切创造新生活的活力和源泉竞相迸发、不断涌流。

伟大的事业需要产生伟大的精神，伟大的精神支撑和推动着伟大的事业。在全面建设小康社会、加快推进社会主义现代化的进程中，民族精神和时代精神对于中华民族的凝聚、激励作用越来越突出，已熔铸于民族的生命力、创造力和凝聚力之中，成为社会主义核心价值体系的重要组成部分。

在建设社会主义核心价值体系，大力弘扬以爱国主义为核心的民族精神和以改革创新为核心的时代精神的同时，我们还要看到，建设中国特色社会主义是在极为复杂的环境中进行的，面临着许多严峻的挑战和问题。在经济全球化加快发展，政治多极化曲折演进的同时，国际上不同的思潮、观念与价值观相互碰撞和交织的机会越来越多，各民族的文化相互影响、相互渗透已成必然。而西方一些敌对势力更是凭借其在经济技术上的强大实力，加紧对我国进行"分化""西化"，以各种各样的方式对我国进行文化渗透。在国内，随着改革开放日趋深化，有些人提出，在经济全球化的情况下，再提爱国主义、弘扬和培育民族精神是有害的，不利于国家的对外开放；更有人鼓吹民族虚无主义和历史虚无主义、主张"全盘西化"。对这些错误的思想观念，我们一定要有清醒的认识，旗帜鲜明地进行驳斥，加强在全社会的正面引导。

四、建设社会主义核心价值体系必须在全社会培植以"八荣八耻"为主要内容的社会主义荣辱观

荣辱观是对荣誉和耻辱的根本看法和态度，属于道德的范畴。道德则是人们行为规范的总和，是一种通过社会舆论、教育感化、自身修养、传统习惯等起作用，用以调整社会关系、维护公共秩序、保证社会生活安定有序的精神力量。

每个时代都有自己的荣辱观及其道德评价标准，它不仅是历史传统文化的延续，也是现实社会中道德风尚的反映。新中国成立以来，我们党大力倡导热爱祖国、热爱人民、热爱劳动、热爱科学、热爱社会主义的基本道德与价值观念，努力发展各民族和社会成员之间平等、团结、友爱、互助的新型关系，在道德建设与规范方面取得了巨大成就。改革开放以来，尽管我国的社会生产力

得到了前所未有的解放，物质文明建设有了巨大发展，经济社会取得了全面进步，但由于我国正处于并将长期处于社会主义初级阶段，旧中国遗留下来的封建主义道德的影响依然广泛而深厚，我国在融入经济全球化的同时还面临资本主义腐朽思想道德的侵蚀，在一些领域、一些地方仍存在是非、善恶、美丑界限混淆不清的现象；拜金主义、享乐主义、极端个人主义泛滥等问题还比较严重。在这样的背景条件下，确立全体公民普遍遵守的道德行为规范，形成和谐文明、健康向上的社会风尚，既为经济的顺利发展提供了必需的社会基础，更体现了广大人民群众的强烈心声和愿望。

中国是一个具有 13 亿人口、56 个民族的发展中大国。毋庸置疑，在这样的大国中实现全面建设小康社会宏伟目标，一方面需要坚持马克思主义的指导地位，需要树立共同的理想信念，需要倡导民族精神和时代精神；另一方面也离不开确立起人人皆知、全民认同的基本价值准则和行为规范，培植社会和谐的人际关系和道德风尚。这就要求我们必须分清是非、善恶、荣辱的界限，鲜明地表达应该坚持什么，反对什么，倡导什么，抵制什么的态度。以"八荣八耻"为主要内容的社会主义荣辱观，把中华民族传统美德、优秀革命道德与时代精神完美地结合起来，提炼和概括了八个方面最基本的道德规范，涵盖了人生态度、社会风尚的方方面面，体现了社会主义基本道德规范，为在当今社会生活中确定价值取向、做出道德判断提供了基本准则。

以"八荣八耻"为主要内容的社会主义荣辱观作为社会主义核心价值体系的重要组成部分，已经成为并将继续成为引领社会风尚的一面旗帜。"八荣八耻"包括的主要内容，相互关联、前后贯通、层层递进，以其鲜明的政治立场、深邃的价值内容、严谨的内部结构、鲜明的思想主线，构筑起了具有中国特色社会主义荣辱观的科学体系。这个科学体系以马克思为指导，以科学发展观为统领，以爱国主义、集体主义、社会主义思想为主线，代表了与时俱进、以人为本的要求，涵盖了国家观、人民观、科学观、劳动观、人际观、义利观、法纪观、生活观等一系列思想观念，涉及政治态度、价值取向、人生理念、公共行为、社会风尚、行为方式等多个领域、多个方面，反映了当代世界和中国的发展变化对社会主义精神文明建设的新要求，具有鲜明的时代性、前瞻性、实践性、系统性和稳定性的特点，形成了一个完整的道德建设和评价体系，体现了社会主义核心价值体系建设的必然要求，起到了鼓励先进、照顾多数，把先进性和广泛性结合起来，树立鲜明的社会价值导向的作用。这个科学体系，必将有力地促进社会主义荣辱观在全社会的树立和实践，必将发挥扶正祛邪、扬善惩恶的积极功能，促进良好社会风气的进一步形成和发展。

基于新时期中国共产党对社会主义文化大发展大繁荣进行理性筹划的学理考量

张晓明

（中国人民大学马克思主义学院）

自党的十七大以来，我们党站在全面建设小康社会，开创中国特色社会主义事业新局面的高度，在对当前国际文化竞争强烈感知、对国内文化发展相对滞后具有清醒认识，在对人民文化需求深切关怀的基础上，在党的十七届六中全会通过的《中共中央关于深化文化体制改革推动社会主义文化大发展大繁荣若干重大问题决定》（下称《决定》）中，从文化的地位作用、发展方向、发展目的、发展动力、发展思路、发展格局、发展战略、领导力量和依靠力量诸方面就新时期我们发展繁荣什么样的社会主义文化、如何实现社会主义文化的大发展大繁荣以及发展繁荣社会主义文化为了谁、依靠谁等事关文化建设中一系列带有方向性、根本性、战略性的问题进行了创造性的回答和理性筹划。这是继毛泽东时代曾经提出的"双百""二为"方针，邓小平时代始终强调的物质文明和精神文明建设"两手都要抓、都要硬"发展战略，江泽民时代指出的"物质文明、政治文明、精神文明"三个文明共同推进、协调发展基本战略以及党的十六大之后，中央进一步提出的经济、政治、文化、社会建设"四位一体"构想思路之后，进一步对文化建设的部署和筹划。对于理论工作者来讲，面对新时期这样一幅发展繁荣社会主义文化的宏伟蓝图，最大的贡献是从学理层面上对发展社会主义文化的规划进行理论证明，挖掘《决定》背后的深层机理，夯实发展繁荣社会主义文化的学理基础，让社会主义文化的大发展大繁荣建立在坚实的理论基石之上，这在某种意义上也是贯彻落实《决定》的一种努力，而且是一种不可替代的努力。因为面对这个《决定》，要努力有两个向度，一个是向上的理论提升，一个是向下的贯彻落实。而在实践中贯彻的进程和程度，直接取决于对这个《决定》所蕴含的历史容量，所体现的时代性、规律性和创造性的确切把握，而这些都不会在《决定》中自然而然地既定的自动地呈现出来，而是需要我们去提炼，去提升，去挖掘，只有这样，才能揭示《决定》内在包含的一些不是显现的中间环节以及内在关联，从而具体的历史的把握文化发展繁荣的规律，进而在实践中推动文化的繁荣和发展。因此，当务之急是强化理论支撑和理论证明。下面笔者将从什么是文化发展的理性规划、为什么要主动对文化发展进行科学规划以及如何对文化发展进行规划等方面展开论述。

一、从文化发展规划的一般要求与当代中国文化发展规划的现实要求上提炼理性筹划文化发展的本质规定性

（一）文化发展规划的一般界定

从一般意义上而言，所谓文化发展规划，主要是指特定国度的执政集团在特定时期，以一定的理论为指导，结合本国文化发展基本状况，着眼时代发展潮流，在归纳总结本国文化建设以及他国文化建设经验教训的基础上，对其国家的文化发展进程和步骤做出部署，通过具体的举措，分阶段地实现近期目标与终极目标的内在衔接，逐步实现文化发展总体目标的进程。

（二）当代中国文化发展规划具体界定

具体到当代中国文化发展的规划，就是中国共产党在现代化建设的新时期，以马列主义、毛泽东思想、邓小平理论和"三个代表"重要思想为指导，深入总结我国文化改革发展丰富实践和宝贵经验，建设性地看待我国文化建设中的曲折和失误，创造性地继承传统文化的优秀成分，选择性地借鉴西方文化建设的可取之处，在全面贯彻科学发展观，坚持社会主义先进文化的基础上，以改革开放为动力，以"三个面向"为主线，以民族复兴为目标，对当代中国文化建设所进行的全面部署。

（三）关于理性筹划的本质规定性的提炼

从以上的论述不难看出，对文化发展进行理性筹划是一个兼收并蓄的整合过程，是在对文化发展内在规律进行充分认知基础上的通盘谋划。因此，规划不是切断历史横空出世而没有任何积淀的天马行空，不是采取非此即彼的方式进行，而是在重新认识传统文化对当代文化建设的奠基性，通过对传统文化做出富有弹性的历史性分析的基础上，对当代文化建设进行筹划；规划不是脱离实际的异想天开，而是立足当前，着眼长远，在紧跟时代步伐，回应现实的基础上进行科学的计划；规划不是闭门造车式的自说自话，而是在立足祖国，胸

怀全球，在与外来文化真正互动开放、互相促进的格局中进行规划。

因此我们的理性筹划具有整合性，具有融合性，这种整合不是古今中西的简单堆积，而是有机的融合。正如毛泽东在《新民主主义论》中谈到文化建设时对吸收外来文化与古代文化时所指出的："一切外国的东西，如同我们对于食物一样，必须经过自己的口腔咀嚼和胃肠运动，送进唾液胃液肠液，把它分解为精华和糟粕两部分，然后排泄其糟粕，吸收其精华，才能对我们身体有益，决不能生吞活剥地毫无批判地吸收。所谓'全盘西化'的主张，乃是一种错误的观点。……清理古代文化的过程，剔除其封建性糟粕，吸收其民主性的精华，是发展民族新文化提高民族自信心的必要条件；但是决不能无批判地兼收并蓄，必须将古代封建统治阶级的一切腐朽的东西和古代优秀的人民文化即多少带有民主性和革命性的东西区分开来。中国现时的新政治新经济是从古代的旧政治旧经济发展而来的，中国现时的新文化也是从古代的旧文化发展而来的，因此，我们必须尊重自己的历史，决不能割断历史。但是这种尊重，是给历史以一定的科学的地位，是尊重历史的辩证法的发展，而不是颂古非今，不是赞扬任何封建的毒素。"

理性规划不仅要兼收并蓄地进行整合，而且是融古今之变，成一家之言的整合，更重要的是这个整合、融合是一个过程，也就是说，理性规划是一个过程，不仅是一个透过感性深入理性的过程，而且是一个分阶段不断趋近终极目标的动态过程，更是一个没有最好，只有更好的逐步累积过程。因此，尽管这个规划是理性的，但是这个理性是相对的，即这个规划是一个长期的过程，这个所谓的长期性不仅是指时间长，而且还指这个规划是在迂回曲折中前进的。也就是说，既不能故步自封、停滞不进，又不能拔苗助长、一步到位。通常是积小变以成大变，一旦成熟，便出现大的飞跃。这种飞跃并不是割断历史，乃是历史自身演进的一种形式，而且随后又会出现一段较长时间的渐进过程。

因此我们可以说，对于文化发展的规划不是单向的或纯客观的堆积，而是古今中西的对话与融合，没有超越时空抽象的规划，只有连接一定历史条件的具体规划。假如没有古今中西之间的缜密思考和巧妙平衡，没有理论、实践、历史之间的全面兼顾，没有原则坚定性与策略灵活性之间的内在衔接，没有统筹考量的规划，就不是理性的筹划，就不是科学的谋划，就不会有中国文化在过去 30 年基础上的更大跃进，更不会有中国文化今后大发展大繁荣的美好前景。

二、为什么要适时地、主动地对文化发展进行科学规划

1. 如果对文化发展有了相对明确的规划，就能使国际国内社会成员对未来中国的发展树立相对明确的预期

从一定意义上说，文化发展的规划与预期是一个问题相互依存的两个方面。也就是人们基于特定时期国家对文化发展的规划，当能使自己对未来文化发展产生相对明确的预期，而对文化发展的明确预期，是稳定国内国际环境的重要社会心理基础。就是说，如果有了对文化发展相对明确的预期，人们就能对国际国内文化发展及其所反映的经济、政治等发展的持续性和稳定性有所期待和把握，并以此奠定社会稳定的心理基础。就如以胡锦涛为核心的中央领导层向国际社会郑重承诺的那样：中国坚定不移地走"和平发展"道路，中国也将致力于推动"和谐世界建设"。也就是说中国和平发展就是"对内求发展、求和谐；对外求合作、求和平"。这就使得国际社会，周边邻国对这么一个大体能国家的崛起有了合理的预期，从而有利于为我国进一步的和平发展创造更加有利的国际环境，使国人知道我们的发展是和谐共享的发展，是以人为本的发展，从而使人们在合理的期待中进一步投入到现代化的建设中，在共建中共享、共富。

2. 适时、主动的文化发展规划有利于在人心所向中发挥人民群众是文化创造者的主动精神

人心所向是党制定文化发展路线、方针和政策的客观依据，文化发展规划归根到底在于对文化发展的客观实际及其规律性的反映，但文化发展的客观规律本身有一种无形、无声的内在必然性。它总是要通过群众的要求、群众的呼声表现出来，变成可以触得着，听得见的东西。所以，党所制定的文化发展路线、方针和政策要以人心所向为依据，这同它们要正确反映文化存在的实际过程和规律，是完全一致的。同时，人心所向也是文化发展规划符合文化发展内在规律的直接体现。文化是群众创造的，而群众的意志和愿望即人心之所向，乃是群众创造文化的精神动因，是积极参与文化建设的一个因素、成分，又能动地反映并作用于这个历史进程。因此，文化发展规划与文化发展内在规律之间的关系，就转化为文化发展规划与人心所向之间的关系。这样文化发展规划与人心之间就存在着内在的必然的联系。文化发展的客观过程及其规律通过文化规划反映到人心中来，而人心又通过人民群众的历史活动体现文化发展的规划。因此，文化发展的动力和原因就不仅有理论视角上的基本矛盾学说，还有

理论篇

人民物质生活水平有了较大改善后，逐渐产生的对文化生活的需求，以及经济体制变革对原有上层建筑之上的文化带来的冲击，提出了使现存的文化体制变革的要求，这些对文化现存体制的冲击就使深化文化体制改革，发展繁荣社会主义文化成为大势所趋，人心所向。而作为文化发展规划的制定者适时地顺应这种形势，就是顺应民心，从而也就有利于发挥人民大众在文化大发展中的创造精神。

3. 不适时地、主动地对文化发展进行规划不利于国际国内社会对文化发展建立稳定的认同感，不利于经济文化的健康发展同时会相对影响人民的正常生活

固然，即使在没有文化发展规划的条件下，国际国内社会成员基于对社会特定阶段的文化现况、过去及走势与相关因素的分析，也或多或少可以对未来文化发展做出推测性的预期；从一些国家的经验来看，有一些国家的文化发展是在非规划的状况下完成的。但是，这种非规划的文化发展，通常导致文化发展的无序，由此带来的对经济政治健康发展的影响以及对人们正常生活的干扰，因为人之所以是人，很大程度上是因为人有理想，是活在意识之中的，如果没有理想、没有预期，于人来说是多么大的灾难。如果社会成员对文化发展前景缺乏必要的预期，因而就没有稳定的文化认同感，就会出现很多短期行为。如果国际社会对一个国家经济发展背后的文化理念缺乏相对的预期，就会有一种不安全感。当前一个最现实的问题是中国以如此大的体量进入世界，在市场和原料有限的情况下，中国的崛起是否会引起战争，而战争在现阶段及将来绝对不可能帮助中国赢得世界，战争一定限制中国的崛起，和平是中国崛起的必要条件。如果说中国的崛起带给世界的是文明，是互利，是共赢与和平，那么就应把这个道理讲清讲透，不但能说服中国人，还能说服外国人，这就是适时主动规划文化发展的所指。不然的话，中国的发展就会在国人"端起碗吃肉，放下筷子骂娘"以及国际社会"中国威胁论"中受到干扰，因此，适时地、主动地规划文化发展的重大意义怎么说也不为过。

4. 在中国特色社会主义条件下，适时思考并制定相对确定的文化发展规划具有可能性，也就是具有条件

一方面，在现代社会，人们已经具备了关于文化发展的认知条件和知识基础。相对于过去社会而言，现代进入了一个知识经济的社会，而所谓知识经济时代就意味着人们不仅对自然，而且对社会发展、文化发展以及经济发展等规律都有了相对足够的认识。因此，人们不仅想而且也能够认识到经济政治发展对文化发展提出的要求，可以认识到对文化进行科学筹划的重要作用，进而可

以通过科学的文化发展设计，使文化的发展在可控的范围内得到应有地推进。另一方面，一些国家文化发展的历史和现实，从正反不同层面为我们提供了直接或间接的经验和教训，很多时候对文化发展进行规划尽管是一种主观性的行为，但是历史没有发展到一定阶段，文化发展的规律还没有充分显现到人们可以认识的程度，即使制定出文化发展规划，也是不理性的，就如没有新民主主义时期正反两方面的经验教训制定不出新民主主义政策一样，没有改革开放前29年现代化建设正反两方面的经验教训制定不出改革开放的政策一样，文化建设规划也不例外。最后，中国共产党代表先进文化的前进方向，历来就重视文化发展规划，一贯就把对文化发展的规划和领导视为自己的使命和责任。作为人类历史上一个先进的政党，以马克思主义理论武装的中国共产党不仅把一个半殖民地半封建的落后大国变成一个独立自主的社会主义新中国，使中国人民站起来，而且通过改革开放和现代化建设，创造了中国经济发展的奇迹，使中国人民富起来，同时，中国共产党还以政治建设、社会建设为己任，积极探索政治改革，社会建设的新模式，我们没有理由相信，中国共产党没有能力创造文化发展的奇迹，没有能力实现文化强国的目标，从这个角度来说，推动文化发展，一直就是中国共产党人的自觉清醒和担当，据以这种责任和担当，我们完全可以适时、主动地把文化发展纳入我们整个现代化建设的布局中，避免非规划的文化发展带来的消极影响。

三、如何适时、主动地对文化发展进行适度的富有弹性的理性筹划

文化发展的规划不是为规划而规划，而是为了使文化大发展大繁荣，发展繁荣文化才是规划的立足点和归宿。因此关于文化发展的规划就必须具有可行性、把握规律性和富有创造性。

1. 文化发展规划要体现规律性

也就是说作为文化发展的规划主体要把握文化发展的内在规律，反映文化发展的客观规律。按照马克思主义的文化观来讲，文化发展归根到底受物质生产状况和条件的制约。但是，对这种制约作用不能作机械的、抽象的理解。不能认为文化的发展只受物质生产状况和条件的制约，后者是制约前者的唯一因素；也不能认为文化发展直接受物质生产状况和条件的制约，后者的每一个发展都直接引起前者的相应成比例的发展。必须看到，生产和经济发展是通过改变生产关系、社会阶级关系、政治关系、社会制度来间接影响文化发展的。物

理
论
篇

质生产和经济发展与社会阶级关系、政治关系、社会制度等并非单值对应的机械决定关系。任何一个文化领域的发展都是以一定的思想资料为前提的，都必然要从一定的思想资料出发，经济因素的决定作用是通过对这些思想资料的影响表现出来的。文化的发展是通过思想家的头脑来实现的，在形式上表现为思想家的创造过程，表现为思想家头脑中思想的延续和发展。因此，文化的发展要受思想家的个人状况，包括他的聪明才智的制约。固然这些思想家归根结底是时代的产物，是时代的经济政治条件所造成的，但使他们成为思想家的，除了时代的因素，还有个人的因素。

2. 文化发展规划具有相对合理性

因为文化发展要受诸多因素的影响，文化的发展需要以很多条件为前提，而这些影响文化发展的条件的成熟，以及对影响文化发展的因素的认识是一个过程，因此，特定阶段的文化发展规划就只具有相对合理性上，这就说明对文化发展的规划不能一蹴而就，一步到位，而是一个逐步完善的长期过程。认识到文化发展规划是一个长期过程，对我们制定文化发展规划非常重要。它不仅说明了文化发展的艰巨性，告诉我们发展文化需要花大力气，不能掉以轻心，也不能操之过急，不能幻想在社会主义初级阶段，在各个方面都比较落后的条件下，在文化上就轻而易举地实现巨大发展。而且必然引申出制定文化发展规划的长期性与艰巨性。试图没有耐心地不断地去总结社会主义文化发展实践的经验和教训，没有耐心地搜集、考察、分析、研究有关社会主义国家发展文化的文献资料，要求在社会主义制度在世界上才出现几十年、我国尚处于社会主义初级阶段的条件下，制定一个完善的、不要改变、补充和发展的一劳永逸的关于社会主义文化发展的系统规范，把对于社会主义文化发展规划的任何修正都看成是不该发生的事情，采取不耐烦的态度，这就是没有看到发展文化是长期的、艰苦的过程，没有看到一定时期的文化发展规划具有相对合理性的表现。还有的人想在我们对于整个世界的物质生产、阶级斗争、社会状况、自然科学、社会科学了解不多、研究很少的情况下，创建一个能够体现时代精神的囊括这个时代的普遍真理的比较完善的文化发展规划，这也是对发展文化的长期性和艰巨性缺乏认识的表现。当然，从发展文化是一个长期而艰苦的过程，一定时期的文化规划只具有相对合理性，得不出发展文化可以慢慢来的结论，得不出制定文化发展规划可以不理性的结论。因为发展文化的长期性，文化发展规划的相对合理性，是我们在遵循文化发展规律，适应认识文化发展规律上进一步加速文化发展、制定合理、理性文化发展规划的动力，而不是为我们不主动发展文化，不积极制定合理的文化发展规划寻找借口。

3. 文化发展规划要体现主动性、要富有创造性

根据历史唯物主义原理，我们知道制定文化发展规划是一个从经济因素出发以上层建筑和意识形态各种因素的相互作用为中介，反映再现精神文化生产和发展规律及其本质的过程。因此，我们要在遵循文化发展内在各要素联系的基础上主动地、适时地、富有创造性地制定文化发展规划。之所以要强调主动性，是因为，我们对文化发展有一种误解：文化发展是由经济决定的，随着经济的发展，文化自然而然就发展了，我们有五千年文明可以继承，有西方的文化建设经验和教训可以借鉴。但事实是经济对文化发展的决定性作用不能代替文化本身的发展，继承和借鉴决不可以替代自己的创造，一切都要我们主动地、富有创造性对文化发展规划进行介入。不仅要对文化发展的宏观设计进行规划，更要对文化发展的具体举措进行思考，不仅要在理论创新的层面上进行规划，更要在实践创新的微观践行上进行筹划。因为在多数情况下，我们文化发展，都是理念有余而制度不足；目标有余而具体规划不足；口号有余而实际行动不足。因此，从理念到行动，从宏观到微观，都需要审慎地规划。这些多层面、宽领域、分阶段的规划无一不需要我们主动地、富有创造性地介入。只有在适当的时机、以适当的方式、恰如其分地创造性介入才能实现我们文化的大繁荣和大发展。

四、结语

恰如其分地估价文化发展规划在社会主义文化发展中的地位和作用

相对于社会主义文化大发展大繁荣这么一个大课题而言，仅有宏观上对文化发展规划的理论自觉与清醒认识，还远远不够，因为这仅是这个大课题当中的一个必要环节和组成部分，不是全部，更不是文化大发展大繁荣的真正实现。我们强调文化发展规划对文化发展的理论指导作用，认为只有制定科学合理、适度且富有弹性的文化发展规划才能实现文化发展的大跨越、大发展。并不是说一规划立即就能得出文化发展规律性的认识，更不是一有规划，文化发展问题立即就能得到解决。而是说，只有坚持实事求是的思想路线，认真研究面对的问题，在实践中大胆试、大胆闯、大胆创新，积极寻找解决问题的办法，并结合实践的结果及时总结经验，坚持正确的东西，纠正错误的东西，不断完善我们的文化政策和措施，才有可能实现文化的大发展大繁荣。毕竟规划不能代替文化本身的发展。看到了文化发展规划本身在文化发展繁荣中所起作用的有限性，并不能得出文化发展规划是可有可无的或者说是微不足道的、可

以忽略的结论。使大多数人通过文化发展规划对未来的文化发展产生相对明确的预期，使国际社会了解我们发展背后的文化理念，从而认同、认可、支持中国的发展，化解"中国威胁论"对我们的干扰，为最终实现"让中国人民过上好日子，并为全人类发展进步做出应有的贡献"（黄仁伟，2011）。其现实意义仍然不可低估。文化发展规划的价值和现实意义正在于此。

参考文献：

黄仁伟. 中国发展战略的宣言书——《中国的和平发展》白皮书的要点与亮点. 光明日报，
　　2011-09-08.
中共中央毛泽东选集出版委员会. 毛泽东选集：第2卷. 北京：人民出版社，1991.
中共中央马克思恩格斯列宁斯大林著作编译局. 马克思恩格斯选集：第2卷. 北京：人民
　　出版社，1995.

中国移动企业社会责任践行特色评析

章达友

（厦门大学管理学院）

一、中国移动企业社会责任践行经验和特色

中国移动通信集团公司（简称"中国移动"），是我国骨干国有企业之一，作为国有企业改制上市的典型和电信行业重组的产物，在履行企业社会责任上经历了两个阶段：第一阶段是被动的无意识阶段，即从 2000 年至 2006 年 12 月，公司以"股东利益至上"为核心，追求卓越的经营业绩表现和股东价值的最大化。公司经营业绩"一枝独秀"、举世瞩目，但却没有带来良好的外部舆论环境，反而陷入了"万炮齐轰"和"光荣的孤独"的局面；第二阶段是主动的有意识阶段，从 2006 年 12 月至今，公司以三重底线为基础，通过构建战略、执行、绩效和沟通管理的社会责任闭环管理体系，积极主动践行企业社会责任，以追求利益相关者综合价值最优。公司成为电信行业和央企上市公司履行社会责任的典范，是中国内陆唯一一家连续入选道琼斯可持续发展指数企业，从而改进了不利的外部环境，构造了企业新的核心竞争优势，实现了可持续发展。对中国移动社会责任管理体系的研究，在我国具有典型性，通过研究中国移动一个企业继而延伸到通信行业的社会责任问题，总结经验教训，对我国大型国有企业社会责任研究和体系构建具有借鉴意义。

（一）突出战略融合，确保责任履行的持续性

迈克尔·波特在《战略与社会：竞争优势与企业社会责任的关系》一书中指出："企业社会责任可以分为两类，一类是反应型的，另一类是战略型的。"迈克尔·波特认为，履行反应型社会责任虽然能给企业带来竞争优势，但这种优势通常很难持久。战略型社会责任就是寻找能为企业和社会创造共享价值的机会。企业社会责任最重要的任务，就是要在运营活动和竞争环境的社会因素

这两者间找到共享价值，从而不仅促进经济和社会发展，也改变企业和社会对彼此的偏见。

"中国移动"企业社会责任体系的一个重要特点就是把企业的社会责任与战略高度融合，以战略驱动企业的社会责任履行，打造战略型企业社会责任的模式。

1. 运用战略模型寻找并创造共享价值

没有一个企业会有足够的能力和资源来解决所有的社会问题，仅限于和自己业务有交叉的社会问题。而选取标准的关键不是看某项事业是否崇高，而是看能否有机会创造出共享价值——既有益于社会，也有利于企业。企业要如何找到与自己业务有交叉点的社会问题，迈克尔·波特提出了两个模型：第一个模型是价值链模型。这个模型通过自内而外的方法，逐一分析每一项活动中与企业社会责任有关的问题，企业就可以清晰地勾勒出价值活动的社会影响。第二个模型是钻石模型。这个模型运用自外而内的方法，企业可以发现社会责任对竞争优势的直接影响。

首先，中国移动运用价值链模型的分析方法，寻找出企业基本活动和辅助活动中能为企业和社会创造共享价值的三大机会：一是责任通信保障行动。即在企业基础设施方面要打造放心网络，建设卓越品质的、负责任的通信网络；在生产经营方面，要提供可信赖的网络通信服务以及快速反应的应急通信保障；在客户服务方面，要推动满意服务，营造放心消费环境，强化信息安全管理，倡导健康通信文化。二是气候变化应对行动。在企业的生产经营、采购、后勤及技术开发等活动中，推进办公及网络设备节能、节地、节材、节水等，完善电子废弃物管理，开发信息化产品及服务，降低能耗等。三是可持续发展能力提升行动。在企业的管理活动中，开展可持续发展能力评估，建立可持续发展模式，全面推进社会责任风险管理。

其次，"中国移动"运用钻石模型的分析方法，寻找出竞争环境投资中能为企业和社会创造共享价值的三大机会：一是数字鸿沟跨越行动。通过深化农村网络覆盖，推广农村信息化应用，开展农村特色服务，减小城乡数字鸿沟，促进新农村发展。二是信息应用惠民行动。通过拓展手机媒体化和多用途化空间，提升个人生活品质；依托移动互联网与物联网发展，促进行业信息化和社会效率的提升。三是特殊群体关爱行动。通过中国移动慈善基金会和员工志愿者管理体系，在教育、环保、特殊群体关爱等领域开展重大公益慈善项目，为促进社会公平和谐发挥作用。

中国移动通过应用迈克尔·波特战略型企业社会责任的两个模型，寻找出并实施了能够创造出社会和企业共享价值的社会责任"六大行动"，对社会施以最大的积极影响，同时收获了最丰厚的商业利益。

2. 在核心价值主张中整合社会责任

中国移动在战略设计中，将公司的核心价值观确定为"正德厚生、臻于至善"，清晰地表达了公司打造以"正身之德"承担责任的工作团队，成为以"厚民之生"兼济天下的承担社会责任的优秀企业公民的价值导向。在核心价值观的基础上，中国移动提出了"以天下之至诚而尽己之性、尽人之性、尽物之性"的企业责任。同时，将企业愿景确定为"成为卓越品质的创造者"，并从企业社会责任的角度将其含义及目标进行了解释：一是锻造卓越的企业品质，即以可信赖的产品服务和负责任的经营行为实现可持续的业绩成长；二是引领卓越的行业品质，即以创新的市场开拓、技术研发、合作模式，引领更高的行业标准，与行业伙伴共享新价值；三是贡献卓越的社会品质，即以信息通信技术和人文关怀推动社会价值创造与分享，促进社会文明进步与和谐发展；四是创造卓越的环境品质，即最大限度降低环境影响，发挥信息通信技术的杠杆作用，建设资源节约、环境友好型社会。因此，中国移动自始至终都是追求战略发展与责任承担的有机统一，其企业社会责任战略目标和企业战略是高度统一的。

正是因为中国移动企业社会责任体系突出了战略融合，既给企业带来了积极的社会影响，也提高了企业的盈利能力和长期竞争力，使企业社会责任不仅仅是花钱的慈善活动，而是成为赚钱的艺术，确保了企业社会责任能够持续开展下去。

（二）突出体系搭建，确保了责任履行的实效性

中国移动的企业社会责任工作之所以独树一帜，并取得了明显的实效，关键是建立了一套适合其自身特点的管理体系，通过构建战略管理、执行管理、绩效管理和沟通管理四大模块，形成了企业社会责任从理念引入、制度引入、行为引入到评价引入的闭环管理体系和流程。

1. 理念引入

中国移动企业社会责任管理着手的第一步就是"树理念"：2007年，以国际标准、国内一流为目标，编制发布了中国移动企业社会责任报告，并通过报告的发布，向社会明确了中国移动的"正德厚生、臻于至善"的核心价值观、"以天下之至诚而尽己之性、尽人之性、尽物之性"的企业责任观，以及"成为最受尊重的产业领先者"的企业社会责任战略愿景，之后通过开展"中国移动人的责任"内部宣传活动，引导树立以三重底线为基础、以推进可持续发展为目标的企业社会责任理念，使全体员工和紧密层合作者（如渠道、合作厂商、战略合作者等）均能深刻理解中国移动的社会责任观以及应当承担的责任和工作，将企业社会责任要求自觉自发地体现在日常行为规范中。

2. 制度引入

在完成了理念导入后，2007—2008 年，中国移动搭建了两级企业社会责任管理体系，建成战略管理、执行管理、绩效管理和沟通管理四大工作模块，以有效的组织、制度和流程保障，切实建立科学、统一、规范的中国移动CSR 管理体系，实现了"三个协同一致"。即业务活动与 CSR 活动的协同一致；各专业条线 CSR 活动协同一致；省公司 CSR 活动与集团整体 CSR 活动协同一致。

同时，自 2009 年 7 月起，中国移动开始推广建立 CSR 风险管理体系，形成了中国移动 CSR 风险清单，包括 9 个层面、36 个 CSR 风险类别，250 个CSR 风险点，全面覆盖企业运作与利益相关方发生影响的关键环节，有效聚焦 CSR 重点议题。通过借助风险管理工具，探索将社会责任的标准、规范和最佳做法全面嵌入公司业务发展和运营管理的实施层面，以确保公司各项行为"合利""合理""合义"。

3. 行为引入

社会责任履行的关键还在于将制度落实到行为上，中国移动先后两次制定了企业社会责任三年规划：2008 年制定了《2008—2010 年企业社会责任规划》，提出了实施农村工程、生命工程、文化工程、绿色工程、志愿工程 CSR"五大工程"的行动计划；2010 年制定了《2010—2012 年 CSR 战略规划》，提出了实施数字鸿沟跨越行动、气候变化应对行动、信息应用惠民行动、特殊群体关爱行动、责任通信保障行动、可持续能力提升行动"六大行动"的计划，作为全面提升公司 CSR 成效的行动指南。无论是"五大工程"还是"六大行动"，都体现了中国移动履行三重责任的核心议题：在经济责任行为上，重点是以高效管理和自主创新实现企业以及产业的可持续发展；在社会责任行为上，重点是以信息通信技术和人文关怀推动社会可持续发展；在环境责任行为上，重点是以资源合理利用与回收再生贡献于环境可持续发展。

4. 评价引入

中国移动注重社会责任行为及成果的评价与改进，为确保对社会责任履行过程的有效监控与动态管理，建立起了针对 37 个企业社会责任重要议题，包括 211 项指标的企业社会责任管理指标体系，并开发建成了企业社会责任管理电子信息平台，实现对指标的归口管理、定期采集、分析反馈，实现针对性的企业社会责任绩效改进。同时，探索在可持续发展框架下，创建"中国移动可持续发展指标体系"，该指标体系引入利益相关方观念，对中国移动可持续发展能力和潜力进行综合评估，全面审视和发现能力短板，提出针对性的改进提升建议，为公司建立可持续的发展模式提供了有力支持。

（三）突出个性打造，确保了责任履行的特色性

中国移动的企业社会责任体系，特别是在战略管理和执行管理方面，注重立足于国家、行业及企业自身特点，突出个性和亮点打造，保证了责任履行的特色性。

1. 立足自主创新，打造国家特色

作为国有大型企业，中国移动肩负着推进国家自主创新战略的责任。TD-SCDMA作为中国自主知识产权的国际第三代移动通信技术标准，是国家自主创新的典范，能够为我国通信发展争取更多国际话语权和发展先机。承担TD-SCDMA技术的试验、研发和推广，本身就是一种为国家和民族发展负责任的表现。中国移动近年发布的企业社会责任报告中，都将推进TD-SCDMA的发展作为企业履行经济责任的专题，进行了详细的披露。在企业社会责任规划中，也将自主创新作为一个重要的责任工程。通过实施自主创新责任工程，中国移动向全社会展示了推动TD-SCDMA发展的举措和成效：建成了全球第一个TD-SCDMA商用网、第一个TD无线城市等，客户规模突破5 000万，在我国内地3G客户占比超过40%；阐明了TD-SCDMA不仅为中国节省了可观的资金投入，更重要的是结束了外国通信技术垄断中国通信市场的历史。中国移动作为国内唯一的TD-SCDMA运营商，实施自主创新责任工程，既打造了企业的名片，也成为中国企业履行社会责任的一道亮丽的风景线，展现出了企业社会责任方面独特的国家特色。

2. 立足信息惠民，打造行业特色

中国移动立足于通信行业特性，把发挥"移动信息专家"的技术优势作为履行责任的核心，着力打造"信息惠民"的行业特色。中国移动提出了"移动改变生活"的新愿景，以推进物联网和"无线城市"发展为抓手，开发丰富多彩的面向政府、企业和个人的信息化应用。在政务信息化方面，提供政府无线门户、移动办公、警务通、城管通、环保通等政府各部门业务应用，为政府提供高效、便捷的信息化服务手段；在行业信息化方面，积极推动金融、旅游、商贸、医疗卫生、教育、公共事业等各种行业应用，帮助实现信息化与工业化融合；在个人信息化方面，将丰富手机电视、多媒体服务、手机动漫、手机音乐、文化娱乐等应用，使个人畅享移动信息化带来的丰富选择和便利生活。

理论篇

3. 立足项目运作，打造品牌特色

中国移动在企业社会责任专题活动开展时，导入项目运作的模式，建立了目标分析、策略制定、活动执行、效果检测闭环的项目运作机制，并导入品牌运作的理念，制定了社会责任专题的 VI，统一主题、统一传播、统一视觉、统一评估，实现 CSR 传播全网的一致性。这也保证了中国移动运作的每一个专题活动或重点工程都成为精品，取得了良好的社会效益，并成为彰显企业社会形象和影响力的品牌。

（四）突出参与互动，确保了责任履行的增益性

中国移动通过有效的利益相关方参与，将相关方意见引入企业相关决策和管理改进过程，以此构筑信任与合作的基础；同时，尽可能兼顾利益相关方的不同需求，将保护他们的权益视为自身责任。通过突出参与互动，形成了责任履行的增益性运作模式。

1. 建立常态化沟通机制

中国移动的利益相关方主要由七类群体构成，分别是政府、客户、员工、投资者、价值链伙伴、同业者和公众。如表 1 所示，针对不同的相关方群体，中国移动建立起包括专项沟通和日常沟通的常态化沟通机制，以及时了解相关方期望并做出回应。

表1　中国移动利益相关方沟通形式及内容

相关方	沟通机制与形式	沟通内容
政府	日常管理；交流会议；项目合作	落实行业监管要求；落实经营所在地政府及监管机构对企业社会责任的要求；公益慈善项目合作
客户	客户满意度调查；客户关系管理；"走进中国移动"活动；会员俱乐部；集团客户走访、沟通	提升网络质量；改善服务，提升客户满意度；保护客户信息与隐私；反对垃圾信息与不健康内容
员工	职工代表大会；投诉与反馈；培训；绩效管理；员工调查	员工参与企业经营；员工权益保护；员工职业生涯发展；和谐工作环境与工作减压
投资者	经营业绩考核；日常管理；交流会议	资产保值增值；经营风险防范；社会责任投资对企业的要求
价值链伙伴	日常管理；评估与调查；工作会议与汇报；项目合作	合规性管理、检查与反馈；对于中国移动业务、工作流程的意见与建议；业务拓展领域与潜在合作机会

相关方	沟通机制与形式	沟通内容
同业者	行业组织；论坛、会议；工作组；交流活动；项目合作	公平和有序竞争；行业发展前景和潜在机会；电信基础设施共建共享；联合研发、经验分享；企业社会责任管理交流与项目合作
公众	社区沟通；媒体沟通；公益活动	完善电磁辐射管理与沟通；倡导新的通信消费方式；提供灾害救援；改善弱势人群生活水平；节能减排与环境保护

2. 强化利益相关方沟通管理

（1）加强信息管理。通过企业社会责任电子信息系统，定期收集企业社会责任实践信息，促进公司内部的经验交流。建立企业社会责任外部信息追踪机制，追踪 200 余家媒体报道，定期收集分析利益相关方反馈。

（2）强化议题研究。选取具有代表性的国际通信运营企业、大型跨国公司、国内大型企业等进行关键可持续发展议题对标分析，全面把握可持续发展领域核心议题的发展趋势。

（3）建立对话机制。持续深化与联合国全球契约、气候组织、全球报告倡议组织、CSR、ASIA 等业界组织的沟通，重点拓展了与国际知名学府在可持续发展领域的联合研究与合作。

（4）强化沟通组织。每年均制定《企业社会责任利益相关方沟通指导手册》，明确沟通方式与核心内容，有针对性地指导省公司积极开展与相关方的沟通活动。

（五）突出国际接轨，确保了责任履行的前瞻性

中国移动作为在纽约和香港上市的公司，在企业社会责任体系方面始终突出与国际接轨，以保持前瞻性的国际视野。

1. 理念与国际接轨

中国移动确立的企业社会责任观是"尽己之性，尽人之性，尽物之性"，就是按照国际通行的经济、社会和环境三重底线标准的理念框架来设计的。在企业社会责任目标上，提出要达到世界一流水平。在企业社会责任四维体系模型的构建上，也充分吸收了 ISO26000 社会责任指引、全面社会责任管理及日本专家社会责任管理体系等理论的优点，同时，借鉴了迈克尔·波特的战略型社会责任理论与模型。

2. 标准与国际接轨

在企业社会责任报告标准及企业社会责任效绩指标体系均采用了国际较为通行的 GRI 指引发布的 G3 报告框架。2008 年，中国移动申请加入选道·琼斯可持续发展指数，成为中国大陆首家、也是唯一一家入选的企业。中国移动在企业社会责任关键议题的识别上，也与国际电信行业领先企业进行对标，并在绩效评估中向国际领先企业看齐。

3. 合作与国际接轨

中国移动积极与国外 CSR 组织和知名学术机构开展广泛对话交流与合作。中国移动是联合国全球契约组织正式成员，也是气候组织中国区的首批成员之一，中国移动高层多次应邀参加 CSR 相关国内外高层论坛并做主题演讲，成为中国企业积极承担社会责任的典范，间接影响西方主流媒体。同时，中国移动积极参与国际 CSR 标准的讨论和制定，不断扩大 CSR 国际影响力。

二、中国移动企业社会责任体系的问题和改进

中国移动在企业社会责任体系构建上进行了有益的探索，取得了较好成效，但也存在一些需要改进的问题。

(一) 企业社会责任战略管理方面的问题及改进

中国移动在战略导向、关键议题和规划制定上要更加凸显反腐倡廉、理性竞争和员工关怀。

1. 要高举反腐利剑，以强有力的反腐制度建设及成效取信于社会

履行企业社会责任的基础是遵守法律规范，这是一个最基本的前提条件。反腐败是企业必须强制履行的法律责任，是履行其他责任的基础。从 2009 年至 2011 年，中国移动先后曝光了 11 名高管的腐败案件，涉案金额达 5 亿元之多。案件的发生虽然有着诸多复杂因素，但制度的漏洞和缺失是关键。企业把加强企业治理、反腐倡廉作为核心议题，在年度规划上制订行动计划，重点加强对一把手权力运行的监督，进一步完善"三重一大"制度，凡属重大决策、重要人事任免、重大项目安排和大额度资金运作事项，必须由领导班子集体做出决策，不能个人说了算，防止权力滥用、决策失误。纪检、监察、审计等部门要由上一级单位派驻，直接对上负责，避免对单位一把手的监督形同虚设。同时，建立和完善内部巡视制度，加强对下级单位一把手及领导班子的监督。二是严格领导人员的任职交流制度。要完善领导人员任期制，加大任职交流工作力度，规定省（区、市）公司主要领导在一个单位任职不超过两个任期（6

年）。三是加强关键领域的制度建设。重点加强腐败高发、易发的物资采购和增值业务领域的制度完善。采购制度流程方面，要加大公开招标采购范围和力度，做到能公开的信息一定要公开，更多地引入竞争，保证阳光化操作。增值业务管理，核心是优化商务合作模式，商务模式从合作分成向固定运营支撑费结算转变，降低业务发展对合作伙伴的依赖程度。

2. 要高举"竞合"大旗，促进电信行业良性发展

电信行业竞争局面的形成让中国的消费者尝到了资费降低、服务改善等诸多好处。但是，近年来，电信行业也出现竞争过度的副作用。中国移动作为主导运营商，要树立"竞合"的理念，提升行业价值，促进行业良性健康发展。一是推进网络资源的共建共享。要带头向其他运营商出租网络、管道、基站、铁塔等资源，在为自身创造财富的同时，使其他运营商也节约成本，避免浪费，共同创造更为良性的电信业生态环境。二是推进互联互通。发挥网络资源和服务体系优势，做好互联互通，采取合适的商业模式，与中国电信、中国联通一起为共同用户提供优质产品和服务，以保证双方用户能够享受优质、安全、全程全网的电信服务。三是变价格战为价值战。中国移动主张跳出价格战的恶性循环，把工作的重心放到提高服务水平和网络质量，增强企业的核心竞争力的价值上，以此提高企业的经营效益，促进行业的创新发展，拓展新领域、开发新业务、提供新服务，共同做大做"厚"行业"蛋糕"，提升行业价值。

3. 要高举员工权益，着力提高一线员工的归宿感

劳务派遣制度是大型国企普遍采用的一种用工形式，而中国移动这个问题较为突出：一方面，劳务派遣制员工比例远远高于合同制员工（正式工），占员工总数的比重高达70％以上，一线营销服务人员（包括营业员、客户经理、话务员、片区经理等）基本上都是劳务派遣制员工；另一方面，企业内部存在同工不同酬的现象，这直接导致劳务工心理不平衡、薪酬满意度低，没有归宿感。建议中国移动要建立优秀劳务工转合同制员工的常态化机制，打通劳务工的晋升通道和发展瓶颈，解决劳务工归宿感不强的问题。同时，要推进合同制员工与派遣制员工薪酬一体化工作，实现两类用工人员固定薪酬结构及奖金体系对接，推行一体化管理，建立和谐用工环境，最大限度激发劳务派遣制员工的积极性。

（二）企业社会责任执行管理方面的问题及改进

中国移动的企业社会责任在公司内部普遍存在着"上热中温下冷"的现象，实践与公司运营存在"两张皮"的情况。其主要原因：一是与中国移动的

企业社会责任组织体系有关，中国移动采用的是集团总部与省级公司两级管理体系，在广大的市、县分公司没有专门的企业社会责任管理和执行机构，这就导致总部的企业社会责任战略和省公司的相关要求在基层没有"脚"，部分工作难以落地。二是由于近年来市场竞争激烈，基层生产经营任务异常繁重，不少基层员工仍然存在将 CSR 工作同公司经营与发展割裂，认为做 CSR 就是做活动、搞宣传等种种认识误区，妨碍了公司 CSR 战略的落实。

中国移动要想进一步提升公司社会责任的绩效，应着手在以下两方面进行改进：一方面，要进一步将企业社会责任管理职能向市、县公司延伸，在初期建立专门的部门不太现实的情况下，可将社会责任的管理和执行职责与综合办公室或党群部职能融合，确保总部的战略切实能在基层落地。另一方面，要引导基层单位树立正确的 CSR 理念，使基层单位认识到"CSR 并不是教你在赚钱之后如何使用，而是教你如何赚钱"，使基层员工自觉主动地践行企业的CSR 理念和战略。

（三）企业社会责任绩效管理方面的问题及改进

中国移动虽然建立了企业社会责任绩效指标体系，每年也进行考核评估，但更多地将其作为一种软指标，没有将其与领导干部绩效考核、薪酬及工资总额挂起钩来，而 KPI 指标（关键绩效指标）则是与干部业绩和工资总额挂钩的，这在一定程度上就形成重 KPI 而轻企业社会责任绩效指标的倾向，不少基层领导将企业社会责任当成是锦上添花的工作，潜意识仍有这样的认识："有余力则完成，没有能力或精力完不成也没关系。"中国移动要考虑如何将两套指标体系进行融合，可将 KPI 指标分成两部分：一部分为经营业绩指标，所占比重为 85％左右；另一部分为企业社会责任等软实力指标，所占比重为15％左右。这样就可以形成把企业社会责任软实力作为硬指标来考核的制度，真正使企业社会责任绩效指标不流于形式。

（四）企业社会责任沟通管理方面的问题及改进

虽然中国移动在企业社会责任方面做了很多努力，比如：在其他公共服务产品的一片"涨声"中，只有移动资费是在不断地、迅速地下降；在国内率先推出"业务扣费主动提醒"和"增值业务 0000 统一查询退订"两项服务举措，以及推出"收费误差，双倍返还""全面实施服务定制客户确认""先提醒，后停机"，减少了业务收入，增加了营销难度，但消费者似乎并不买账。中国移动 CSR 外部相关方感知存在"叫好不叫座"的情况——业界专家给予高度评价、公司屡获嘉奖，但社会大众认可度不高，存在着外部与内部感知差异问题。

中国移动要克服 CSR 的认知瓶颈，应在外部沟通上作进一步改进。一方面，要改变目前 CSR 宣传"自娱自乐"的状态，要让外部利益相关者，特别是普通消费者参与进来，通过体验的方式，让其为中国移动代言，而不是中国移动自己说自己好。另一方面，要加大 CSR 文化的输出。文化的输出和沟通会让人觉得企业不仅实现了有效益的发展，而且有责任、有文化。

参考文献：

陈英. 企业社会责任理论与实践 ［M］. 北京：经济管理出版社，2009.

冯梅，陈志楣，王再文. 中国国有企业社会责任论 ［M］. 北京：经济科学出版社，2009.

科特勒，菲利普，李，南希. 企业的社会责任——通过公益事业拓展更多的商业机会 ［M］. 北京：机械工业出版社. 2006.

江若玫，靳云汇. 企业利益相关者理论与应用研究 ［M］. 北京：北京大学出版社，2009.

刘长喜. 企业社会责任与可持续发展研究战略管理 ［M］. 上海：上海财经大学出版社，2009.

彭华岗. 企业社会责任管理体系研究 ［M］. 北京：经济管理出版社，2011.

理论篇

论社会主义战略

赵希男　范芙蓉　欧新煜

（东北大学工商管理学院）

一、引言

社会主义最初源于一种经济社会学思想，主张或提倡整个社会作为整体，由社会拥有和控制产品、资本、土地、资产等，其管理和分配基于公众利益，要消灭剥削。随着社会主义思想的传播和实践，特别是俄国"十月革命"的胜利和中华人民共和国的诞生，社会主义的影响遍及全球，社会主义已经深入政治和社会，并属于社会学和政治学的范畴。然而，无论是理论上还是实践中，人们常常按照历史的惯性，单纯从经济学的角度来解释社会主义，从而限制了社会主义理论建设的空间，并影响了社会主义的实践。

中国改革开放的总设计师、社会主义建设的伟大领袖邓小平认为：社会主义的本质就是解放生产力，发展生产力，消灭剥削，消除两极分化，最终达到共同富裕（徐崇温，2011）。本文基于对社会主义本质的重新分析，尝试从战略管理理论的角度剖析社会主义，认为社会主义本质所含有的价值理念和最终目标可以构成一种战略的精髓，长期指导人们的行为，而共产党所主张的应该是在实现共同富裕的过程中坚持社会主义价值理念。这种观点不仅有益于共产党的社会主义实践，也有益于中国特色社会主义载体之一——国有企业的文化建设与行为规范。

二、关于社会主义的战略思辨

1. 社会组织的战略观

（1）战略的源概念。战略源于军事，是指为赢得战争最后胜利而进行的全局谋略（计划和策略）。"战略"一词被引申至政治和经济领域，是指在一定历史时期筹划和指导全局的方略。其含义演变为泛指统领性的、全局性的、左右胜败的谋略、方案和对策。目前，战略已经被广泛用于社会组织甚至个人。

继钱德勒（Chandler，1962）的著作《战略与结构——工业企业考证》，安索夫（Ansoff，1965）《公司战略》一书的出版，企业战略管理的主张逐渐得到世界范围的广泛认同，揭开了企业战略管理研究的序幕，目前人类已经取得了许多的研究成果。

安德鲁斯（Andrews，1971）首次提出一个战略分析框架——SWOT 分析，他认为企业外部环境对企业战略形成有重大的影响，战略形成过程实际上是把企业内部条件与企业外部环境进行匹配的过程，这种匹配能够使企业内部的强项和弱项与企业外部的机会和威胁相协调，从而奠定了西方企业战略管理的理论构架。波特（Porter，1980）提出的"五力模型"和三种基本竞争战略被视为战略管理理论的经典，使得 SWOT 分析范式产生了应用上的飞跃。斯坦纳（George Steiner，1982）在其出版的《企业政策与战略》一书中指出：企业战略管理是确定企业使命，根据企业外部环境和内部经营要素确定企业目标，保证目标的正确落实并使企业使命最终得以实现的一个动态过程；而其对战略的理解是"战略就是指组织的基本使命、目的和目标的研究与确定"。但由于先入为主和实际操作方面的原因，斯坦纳关于战略的论点远没有像 SWOT 分析和竞争战略那样引起广泛的关注。目前关于战略管理的论述几乎都是 SWOT 及其变形方法，并且制定的战略几乎都属于竞争战略。

除了企业战略决策方法的研究之外，也有不少学者关注企业战略管理的过程。大部分学者认为通常的战略管理过程由战略制定、战略实施和战略评价三个基本阶段组成。

（2）对战略的新认识。在学习、借鉴和研究的基础上，笔者通过对战略的长期性、全局指导性特点进行分析，借鉴斯坦纳（1982）的观点，认为行为主体的战略是关于其使命及其实现的谋略；其核心是体现价值理念和确定活动领域与目标的使命，本文称其为战略精髓。依此，战略管理就是行为主体不断修炼其战略精髓和运用战略精髓指导其行为的实践过程。本文也把战略管理划分为有机联系的三个部分，即战略制定、战略实施和战略评估。战略制定是以计划为主，行为主体的价值理念及其使命构成了战略的精髓，对战略具有决定性作用，而其谋划的策略也属于战略制定部分，也是战略的组成部分，但主要是为战略实施提供支持和参考，由于价值理念的抽象性，可以用表示价值内容重要程度的战略价值目标模式进行表述。战略实施则是按照所制定的战略，特别是在价值理念的指导下，依据使命的内涵和目标，根据实际所拥有的条件和环境的现实状况，参考所谋划的战略策略，为更好地贯彻价值理念和实现使命而采取有效的战略战术。因此，战略战术是可以灵活多变的，为实现战略的战术改变并不改变战略精髓。战略评估则是针对战略战术的累计效果进行评价，为战略的保持、调整或变革提供决策支持。

（3）战略与战术的关系。行为主体的战略内容包括明确的使命、具体表现价值理念的价值目标模式、与使命及价值理念相关的策略和措施。但战略谋划过程中所构想的策略或措施，主要是为确定战略使命提供支持的，并不一定是战略实施中必须采用的。换句话说，战略制定过程中所构想的战略策略与措施更多的是谋划的意义和战略执行的参考意义，在战略执行之前，这些措施属于战略的一部分，而当战略实施时，所采取的措施则都属于战术层面了。明确了这一点，既可以保证战略战术的灵活性，又能保证组织各成员行为方向符合战略性。在一般情况下，战术层面的措施即便不成功，也不一定影响既定的使命和战略目标。也就是说，社会组织的使命及战略价值目标模式所表达的价值方针明确了行为主体的方向，表现了社会组织坚定的战略精髓，能够引导行为主体机智灵活地采取各种措施，为达成最终的使命而坚韧、机智和执著。从而可以保证战略具有较为长期的稳定性、对环境变化的适应性以及战略的超前性。

（4）战略调整与战略变革。理论上和现实中都不存在一成不变的战略，但战略的改变有调整和变革之分，取决于组织的价值理念与使命的变化形式，组织价值理念或组织使命的变革必然导致组织战略的变革，而组织价值理念或使命的调整则决定了组织战略的调整。虽然谋划的战略措施也属于所制定的战略的一部分，但战略措施的单独改变可能影响战略实施的效果，并不能影响战略的精髓。

2. 社会主义内涵及其战略属性

马克思、恩格斯设想了社会主义社会的基本特征：公有制、按劳分配、无产阶级专政等。苏联、中国、越南、朝鲜、古巴、南斯拉夫、阿尔巴尼亚等国家的社会主义实践最初几乎都是按照这些特征进行的。而由于理论和经验的不足，像"消灭资产阶级，废除私有制，实行无产阶级专政"这些措施型的内容也成为社会主义的目标，并成为党的纲领。

政党的纲领具有长期性、全局性和指导性，也就是说政党的纲领表现了战略意义。以中国共产党为例，在夺取政权以后，较快地废除了资本的私有制，建立了无产阶级专政；开展了大规模的社会主义革命和社会主义建设，包括"三反五反""公私合营""私有制改造""大跃进"和"人民公社"，等等。但经过近三十年的探索和实践，尝试了若干"消灭资产阶级"的方式，经历多年的艰苦奋斗后，距离理想社会主义或科学社会主义却始终比较遥远，尤其是所谓的"文化大革命"导致中国的"十年动乱"，致使中国的经济濒临崩溃的边缘，使得美好的共产主义离现实反而越来越远。实事求是地说，中国共产党的这些行为的目的是很明确的，就是要消灭阶级差别，防止出现新的阶级差别，这是符合中国共产党早期纲领的。

从战略的角度分析不难发现，由于历史的局限性，中国共产党虽然在早期纲领中把"推翻资产阶级，废除资本私有制，建立无产阶级专政"表述为奋斗目标，但其实质应该是阶段目标层面甚至是战术层面的，因为这三个方面都是表象特征。在整个纲领中，只有"实现社会主义和共产主义"才是真正的最终目标。由于战略和战术的混淆，"推翻资产阶级，废除资本私有制，建立无产阶级专政"又非常直观易懂，因此简单的战术得到了全力推行，而究竟什么是社会主义，"推翻资产阶级，废除资本私有制，建立无产阶级专政"三种战术能否实现社会主义便罕有人探究了。

以邓小平为代表的善于思辨的中国共产党人，通过调查和学习，得到了深刻的经验教训，对社会主义本质有了更加科学而明确的认识，即解放生产力，发展生产力，消灭剥削，消除两极分化，最终达到共同富裕。对社会主义本质的认识中，强调了对发展生产力的重视和对剥削的厌恶，明确了共同富裕的最终目标；表明了社会主义建设的主要内容是解放生产力和发展生产力，需要把握的原则是体现公平的表述——摒弃剥削直到消灭剥削；同时，使用"消除两极分化"表达和谐，避开了敏感的"资产"和"阶级"用语，为人们解放生产力和发展生产力留有非常充分的空间；而以共同富裕作为最终目标，既符合人类发展的总趋势，也使社会主义能够符合绝大多数人的理性追求。

仔细分析关于社会主义本质的表述不难发现，如"剥削""生产力""富裕"等，其依然主要使用了经济学的术语，就是"两极分化"一词也自然会被认为是指"物质财富"。实际上，经济学中的发展生产力是提高经济产出能与量的方式；剥削是无偿占有他人劳动成果的行为，表现了经济领域中的不公平；两极分化表现的是最富有阶层和最贫穷阶层的经济差距，似乎在表达一种不平等，而共同富裕表达的是每个人都不受贫穷的困扰，与两极分化并不重复。由此可以向管理学领域拓展社会主义本质，即社会主义的本质就是基于发达的生产力，通过公平、公正的运营管理技术，人人都能得到物质与精神的富裕生活。其中发达的生产力是社会主义本质的基础；社会公平，既包括经济上没有剥削，也包括政治上没被剥夺，社会交往中没有欺诈，社会的公平不能被任何形式的"权势"以任何方式所剥夺；而公正则表现在人们的行为结果不受权势影响，包括不能用物质财富或公权力收买或换取公平；而人人都能够得到物质与精神的富裕生活的表述，没有强调两极分化，而强调了人们在精神和物质方面的共同富裕。

对于共产主义，人们怀疑其实现的可能性，然而，按照现在所解释的社会主义，就不是可望而不可即的了，因为关于社会主义的上述解释，表明了社会主义突出表现了两大特点，一是社会的公平公正，二是人们共同富裕的生活。这恰恰是社会主义价值理念和最终目标的清晰表述，当初中国共产党就是通过这种美好蓝图或崇高愿景的描述而发动了广大工人、农民和知识分子参加共产党领导的革命，也是由于有这些美好蓝图和崇高愿景的指引，使得广大的工人、农民和知识分子才不惜流血牺牲，合力支持共产党夺取了政权。中国共产党的伟大领袖毛泽东说过："夺取全国胜利，这只是万里长征走完了第一步，今后的路更长，更艰巨，更伟大。"

对照战略及其管理理论，可以发现这样的事实，社会主义的本质可以构成一种战略精髓，而中国共产党就是事实上选择了要跨越几代人才可能实现的这一伟大战略，这个战略所主张的价值理念就是社会的公平与公正，其战略使命就是实现社会主义，即在公正与公平的前提下，实现共同富裕。为此，我们可以将以社会主义本质为精髓的战略称为社会主义战略。因此，社会主义的实践就是涉及人类社会和国家发展的伟大战略，而社会主义革命和社会主义建设都是社会主义战略的重要组成部分。

三、社会主义战略的战术分析

只有精髓并不等于就是战略，社会主义战略必须具有围绕社会主义精髓的实施谋略。回顾已有的社会主义实践不难发现，社会主义战术至少要划分社会主义革命和社会主义建设两大阶段。

1. 社会主义革命阶段

马克思和恩格斯在他们所著的《共产党宣言》中提出了一种实现预断，那就是由于资本主义社会生活资料太多，工业和商业太发达；社会所拥有的生产力已经不能再促进资本主义文明及其所有制关系的发展，而是相反，它已经受到这种关系的阻碍；资产阶级再不能做社会的统治阶级了，再不能把自己阶级的生存条件当作支配一切的规律强加于社会了。资产阶级不能统治下去了，因为它甚至不能保证自己的奴隶维持奴隶的生活，因为它不得不让自己的奴隶落到不能养活它反而要它来养活的地步。社会再不能在资产阶级统治下生存下去了，就是说，它的生存不再同社会相容了。也就是说社会主义应该在资本主义充分发达的时候实现，而且社会主义在资本主义充分发达的时候必然实现。

但事实上，到目前为止，无产阶级政权都不是在资本主义充分发达的基础上建立的，列宁提出了"一国胜利论"，并采取以城市为中心，再从城市向农村拓展的形式，最后夺取了政权。中国的社会主义革命则是汲取了自己的经验教训，采取了农村包围城市的形式，最后也取得了胜利。更多的国家则是根据自己本国的国情，分别取得了无产阶级的优势地位，建立了无产阶级政权。

不论是马克思、恩格斯的共同胜利论还是列宁的一国胜利论，不论是以城市为中心还是农村包围城市，其采用暴力的手段来推翻资产阶级的统治是适应形势的发展需要，符合社会的发展规律，因此，阶级斗争是社会主义革命阶段的核心战略措施（战术），而不同的斗争途径则是具体的战略措施，需要依环境和形势而变。

2. 社会主义建设阶段

由于马克思和恩格斯没有经历过社会主义建设阶段，他们对于社会主义的论断也仅仅基于西欧当时的社会环境，在取得社会主义革命的胜利以后，对于如何建设社会主义没有一个成型的成功模式能够借鉴，即使是被广泛推广的苏联模式也因存在着诸多弊端而饱受诟病。社会主义建设一直处在探索、实践的过程中。

掌握政权以后的一段时间，许多马克思主义政党没有注意到社会主义建设阶段坚持社会公平公正和推进共同富裕应该成为主要任务，也没有注意到马克思主义理论与社会主义建设实践的脱节，依然严格地按照"斗争哲学"开展阶级斗争，千方百计地寻找对立阶级；而在社会主义的实质建设上，依靠无产阶级的自觉性，财富的分配上，实行平均主义的"大锅饭"。在这种战略措施下，社会主义建设出现了严重的问题，这表明在社会主义建设阶段，以阶级斗争为纲的战略措施已经难以适应社会主义建设的需要。因此，在社会主义实践中，要依据社会主义战略的精髓和环境的变化，及时调整社会主义建设时期的战略措施（战术），比如解放和发展生产力，建立和完善生产资料公有制，实行"各尽所能、按劳分配"制度，以人为本、建立人民民主专政，大力发展社会主义文化，建设社会主义精神文明等，才能使社会主义战略的实施过程更加和谐，能够更快地实现社会主义战略。

四、社会主义战略的实施路径

依据战略管理的理论，实现战略目标的方式可以有多种多样，每个战略决策者都可以有自己的抉择。社会的公平公正和共同富裕是社会主义战略的精髓。按照马克思的理论，公平公正和共同富裕是完全可以在资本主义社会充分发达时实现的，俄国"十月革命"的胜利和中国新民主主义革命的成功等诸多事实，尽管出现在资本主义远未充分发达的时期，但已经充分表明了马克思的理论推断是正确的。同时，这些事实也表明公平公正和共同富裕的目标是极具感召力的，这既是共产党号召民众干革命和建设社会主义的引力本源，也是共产党在社会主义战略的实施中所要坚持的原则。因此，对照社会主义战略的精髓和实现社会主义的各种可能途径，可以说社会主义道路应该是人类社会在向社会主义演进的过程中，坚持公平公正，坚持共同富裕，并根据环境和形势不断完善社会主义战略战术的过程。

中国是从半封建和半殖民地状态进入社会主义建设阶段的，中国的特殊国情决定了中国的社会主义战略的路径。没有发达的生产力就很难实现富裕，更难实现共同富裕，因此，以发展生产力为核心的经济建设成为中国共产党社会主义建设阶段的中心任务，实行改革开放和社会主义市场经济，正是在完善了对社会主义本质和中国国情的认识之后采取的正确措施。毫无疑问，社会主义战略的实践是个过程，具有曲折复杂性，社会主义的目标不可能一蹴而就。本文认为：马克思主义的政党在社会主义建设阶段应该坚持走社会主义道路，而要坚持社会主义道路，就必须在为实现共同富裕而大力发展社会生产力和提升社会文明的过程中，坚持公平公正。

马克思是伟大的，人类社会正在向其所预断的公平公正和共同富裕的目标趋近，而人类历史长河中的无数事实表明，坚持公平公正的社会确实能愉悦人民大众的精神风貌，如果社会的领导者——政府，又能够将人民大众的聪明才智引导到发展生产力和创造社会财富方面来，这样的社会一定具有无限发展的潜力，是任何其他社会都无法比拟的，社会主义道路将是一片光明。

五、几点建议

本文认为，中国共产党及其领导下的政府应该努力坚持以下几点。

1. 坚持社会主义战略精髓，进一步加强相关理论的研究与建设由于社会主义理论研究与建设的滞后，使得中国在改革开放过程中出现了思想上的混乱，从而也导致了对社会主义建设方式及其属性的模糊认识，直接影响到党、政府、企事业单位及个人的行为。因此，应该基于对社会主义本质的认识，深入系统地研究社会主义的理论，不仅对坚持社会主义价值理念以及实现社会主义价值理念的战略起指导作用，而且对指导中国社会主义实践具有深刻的现实意义和长远的历史意义。其中，社会主义价值理念具有极其重要的战略地位，应该通过各种形式进行宣传、讲解，使其发挥长期的、全局的指导作用。

2. 坚持社会公平原则下的共同富裕，进一步加强社会经济建设

共同富裕是社会主义建设的最终战略目标，也是人类的共同追求。但实践表明，共同富裕的实现既要有先进生产力的支持，也要有政治凝聚力的保障，更要有体现公平的分配体制；没有先进生产力，就难以实现社会的富裕；而没有政治凝聚力的保障，先进生产力可能就偏离了共同富裕的方向；没有公平的分配体制，就不能调动和保障人们发展生产力的积极性，就会妨碍社会主义建设的快速有序。然而，政治凝聚力不可能通过武力实现，政治凝聚力应该源于政治思想和政治方法，也就是要求政治思想的先进性和政治方法的科学性。而基于人们的自然和本性的感受，先进政治思想的根基就是人性的公平，失去了人性的公平，就会影响人们的精神和思想，就会导致行为上偏离社会发展的正确轨道。社会主义本质是要消灭剥削，剥削是凭借对生产资料的占有，无偿地攫取他人劳动成果的行为。严格地说，他人的劳动成果可以通过购买的方式获得，但若凭借私有财产，以低于实际价值的价格攫取他人的劳动成果也存在剥削，只是剥削的程度不同而已。因此，社会主义本质中的"消灭剥削"所强调的是社会公平。而贪污是指国家工作人员和受国家机关、国有公司、企业、事业单位、人民团体委托管理、经营国有财产的人员，利用职务上的便利，侵吞、窃取、骗取或者以其他手段非法占有公共财物的行为，是比剥削还要恶劣的行为，会导致更加严重的不公平，是反社会主义价值理念的，必须通过各种措施有效遏制。而腐败则表现了一个人丧失了责任心和使命感，是肩负远大历史使命的中国共产党人所反对的。

实现共同富裕需要发展经济，因此，保障经济命脉应该作为社会主义建设时期的工作重点，在管理方式上要坚持社会主义价值理念，但在实施方式上可以灵活多样。应该运用能够充分调动各种劳动者积极性的方式，运用经济杠杆，解放和发展生产力，创造物质财富，促进社会经济繁荣。具体实施中，应注意遵守社会公平原则。

3. 加强社会主义使命观的传承，坚定不移地建设社会主义

我们应该加强社会主义使命观的宣传和教育，树立社会主义价值理念；增强全党和党所领导的各级政府、各国有企事业领导的使命感和责任心，使党和政府的各项活动都围绕共同富裕的目标，并体现出社会主义的价值主张。中国共产党人完全应该信心十足地坚持社会主义价值理念和社会主义目标，也应该理直气壮地采取各种既不违背社会主义价值理念、又有利于实现社会主义目标的策略和措施；改革开放，古为今用、洋为中用，集思广益，博采众长，系统优化，加速社会主义建设。

4. 加强法制的民主建设，科学有序地建设社会主义。

法制是指法律与制度的确立及其实施与监督的过程和活动。法律应该是为保障公俗良序而制定的社会规范；制度是社会组织要求组织成员共同遵守的办事规程或行动准则，影响到社会或社会组织总的行为方向。因此，法制的科学性与合理性对社会和社会组织的发展具有十分重要的意义。具体的法制是人们依据对相关事物规律的认识而制定的。竞优理论指出：由于事物规律的客观性和隐蔽性，以及人对事物规律认识的主观性和片面性，必然会导致对事物的不同观点，也必然导致人们言行上的差异；但集思广益能更全面地揭示事物的规律，从而也能更准确地利用事物的规律。因此，有效的民主能更好地集中大多数人的智慧，有利于社会和社会组织的顺利发展。法制建设也是如此。没有法制，人们的行为没有规范；但如果法制不科学合理，公俗良序又很难得到保障。只有通过有效的民主方式来建立并完善法制，才能实现社会主义建设的科学和有序，才能保证社会主义事业的不断发展。

党领导下的立法与执法机构，能否为公立法和秉公执法是社会普遍关注的。如何提高工作质量和效率、表现天下为公；如何减少铺张浪费、防范贪污等，是党和政府亟须解决的重要问题。实际上，这些问题可以以公开透明和民主的形式，自觉地接受更多人的监督和帮助，由此也能够让更多的人认识中国共产党优秀代表们的优良品行和党在履行光荣使命中的努力，让我们的领导能够更好地依据科学发展规律为人民服务。

参考文献：

陈俊良，王长春，陈超. 基于情景的装备发展战略环境分析方法 [J]. 系统工程理论与实践，2011，31（9）：1816-1824.

金占明. 战略管理——超竞争环境下的战略选择 [M]. 北京：清华大学出版社，2003.

马克思，卡尔，恩格斯，费里德里希. 共产党宣言 [M]. http://www.181855.com/

xuanyan/001. htm,2008-7-1.

徐崇温. 中国特色社会主义理论体系研究［M］. 重庆：重庆出版社，2011.

曾锦光，舒稚琴，郭崇华. 企业经营战略选择的模糊神经网络方法研究［J］. 中国管理科学，2000（8）：219—228.

张建林. 快速战略决策的理论与方法研究［D］. 武汉：华中科技大学，2006：59—60.

Dana Mietzner，Guido Reger. "Advantages and disadvantages of scenario approaches for strategic foresight" ［J］. *International Journal Technology Intelligence and Planning*，2005，1（2）：220—239.

Lee Kuo-liang，Lin Shu-chen. "A fuzzy quantification SWOT procedure for environmental evaluation of an international distribution center" ［J］. *Information Sciences*，2008，178：531—549.

Porter Michael E. "From competitive advantage to corporate strategy" ［J］. *Harvard Business Review*，1987，65（3）：43—59.

Preble J. F. "Integrating the crisis management perspective into the strategic management process" ［J］. *Journal of Management Studies*，1997，34（5）：769—791.

理论篇

基于社会主义核心价值体系的企业文化管理

刘玉婷

（四川大学工商管理学院）

社会主义核心价值体系是党的十六届六中全会通过的《中共中央关于构建社会主义和谐社会若干重大问题的决定》中第一次提出的重大命题，在社会主义价值体系中处于核心地位，具有强大的辐射、整合、引领功能。企业文化是由多种文化与要素组成的，是企业员工共有的价值观、认识、思维方式（罗长海，1991；杨清宇，2006)，而企业文化管理将一定的理念转化为相应稳定的行为方式，它的实现必须紧跟企业价值观，须以社会主义核心价值体系来引领。

一、社会主义核心价值体系解读

中国共产党第十七届中央委员会第六次全体会议通过的《中共中央关于深化文化体制改革推动社会主义文化大发展大繁荣若干重大问题的决定》中指出：社会主义核心价值体系是兴国之魂，是社会主义先进文化的精髓，决定着中国特色社会主义发展方向。必须强化教育引导，增进社会共识，创新方式方法，健全制度保障，把社会主义核心价值体系融入国民教育、精神文明建设和党的建设全过程，贯穿改革开放和社会主义现代化建设各领域，体现到精神文化产品创作生产传播各方面，坚持用社会主义核心价值体系引领社会思潮，在全党、全社会形成统一指导思想、共同理想信念、强大精神力量、基本道德规范。

其中，以马克思主义为指导思想、以中国特色社会主义为共同理想、以爱国主义为核心的民族精神和以改革创新为核心的时代精神、社会主义荣辱观，构成了社会主义核心价值体系的基本内容。社会主义核心价值体系四个方面的内容，相互联系、相互贯通、相互促进，是一个结构明晰和内在组成部分密切相关的有机整体。社会主义核心价值观在社会主义条件下主导整个价值观体系，我国社会主义核心价值观的基本内容包括建设中国特色社会主义、共产主义的政治信仰，为人民服务的人生观，坚持真理、崇尚科学的科学观，集体主义道德观，真善美相统一的健康、高尚的审美观等方面，这些内容和社会主义核心价值体系相契合。抓住了社会主义核心价值观就是抓住了社会主义核心价值体系的内在要求。因此，企业的管理与发展应当以社会主义核心价值体系为指导，企业的核心价值观应当以社会主义核心价值观为参考，只有和社会大方向、大目标一致的情况下，整个社会才能共同迅速地发展，企业才能取得良好的社会效益和经济效益。

二、企业文化与企业核心价值观

对于企业文化的概念，不同的学者有各自的理解，管理学家威廉·大内在30年前第一次提出"企业文化"的概念。至今认为比较全面、公认的表述是：企业文化是企业在长期生产经营活动中所凝结起来的一种文化氛围，是企业员工普遍认同并自觉遵守的一系列理念和行为方式的总和，通常表现为企业的使命、愿景、价值观、行为准则，道德规范、品牌以及沿袭的传统、习俗等等（罗哲，2010）。虽然不同的企业有着各自的企业文化，但是每家企业的企业文化必定是真正解决企业问题的价值理念，区别在于每家企业存在的问题不同，所以企业文化也是不一样的，企业文化具有特殊性，而非共性。

企业文化是企业的灵魂，企业文化的核心是企业价值观，确定企业发展的战略目标、经营理念及员工的思想意识和行为准则，它是企业在追求成功道路上所推崇的基本信念和奉行目标。企业核心价值观是企业文化的"核动力"源，决定着企业文化的构型，统领着企业文化的方向。联想控股有限公司董事长兼总裁、联想集团董事局主席柳传志所言："企业要有一个统一的价值观，我是军事院校出身，所以军队的文化———要冲上去、玩命、一往无前，对我的一生都产生了很大的影响。"员工心中要有一条准则，这条准则就是核心价值观。所有企业从上到下，大家共同认可什么、不认可什么，这是非常重要的。当代企业价值观的一个最突出的特征就是以人为本，以关心人、爱护人的人本主义思想为导向。企业能否给员工提供一个适合他们发展的良好环境，能否给他们的发展创造一切可能的条件，这是衡量一个当代企业或优或劣，或先进或落后的根本标志。

三、以社会主义核心价值体系引领企业文化管理

企业文化管理是企业为了生存与发展，自觉地激活、发掘、学习和传播一定的理念和价值观，形成相应的习惯性的行为方式，并以此来提升企业竞争力的过程。它将企业文化的深刻理念转化为组织一致的行动目标，并在个人奋斗的过程中与企业目标保持步调一致，能为员工营造一种积极的工作氛围、共享的价值观念和管理机制，从而产生鼓励积极创造的工作环境，也会对企业的绩效产生强大的推动作用。

企业文化管理的关键是企业的核心价值观，而企业的核心价值观必须以社会主义核心价值体系为引领。企业文化管理的过程是由理念到行为的过程，因此始终离不开理念的支持，即正确的价值观会引导企业可观的发展前景和经济效益。在社会主义核心价值体系的指引下，企业根据自身的发展目标，形成企业核心价值观，引领企业文化的理念形成，企业领导在企业文化和价值观的背景下将"知""行"统一，自觉形成企业文化，这就是企业文化管理的过程，最后再对管理过程进行完善与评估。如图1所示。

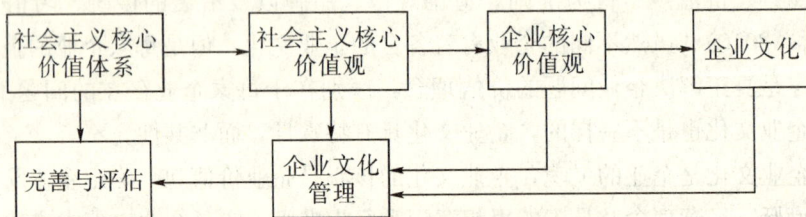

图1　以社会主义核心价值体系引领企业文化管理流程图

从管理的过程看，企业文化管理主要就是指如何实现企业文化的"知"到"行"的统一，"知""行"的统一是个自觉的而非自然演进的过程，是一个需要管理的过程。企业文化管理的难点和关键就是如何实现由"知"到"行"，并使"行"成为一种常态、一种习惯。一旦这种"行"不可延续，文化就没有形成。

首先是企业文化的理念建构，这一阶段要提出切合实际的理念和价值观，并描绘相应的行为方式和文化战略目标，构成企业文化管理的根本导向。然后就是由理念到行为的过程，这是一个动态和不断完善的实施过程，由理念认同、训练过程、支持稳固、评估与完善几个子过程组成。这些子过程的共同目标就是促进文化的行为方式的形成。文化理念构建和落地评估等，共同构成企

业文化管理整个过程（范广垠，2009）。

（一）理念构建

冷溶在《领导干部时代前沿知识报告》中谈到：坚持解放思想、实事求是；坚持经济发展为中心；坚持人民群众的立场和观点；坚持社会主义理想和信念，抓住这四方面就是抓住了社会主义核心价值体系的灵魂和本质。因此，企业领导在提出文化理念和价值观的时候要以这四方面为指导，并紧紧跟随胡锦涛同志"以人为本，全面协调可持续发展"的观点。企业追求卓越，指导思想要高于现实，但又不能脱离现实，这就需要理念是可行的、合理的。

（二）理念认同

理念认同包括宣讲、教育、沟通、说服等主要环节。这一过程主要任务是解决思想问题，以争取员工对企业理念的认同为目标。可以定期发展党员，开展党组织大会，将员工聚集起来培养团体意识，企业领导者以各种方式将企业价值观灌输到全体成员的日常行为中，使成员自觉地形成企业文化。

（三）行为训练

行为训练是在基本认同理念的基础上，严格按照要求，形成符合理念的行为方式。这个过程的主要目的是要习得规范的行为方式。这一子过程，应该包括以下环节。

（1）文化符号，指的是企业文化形象识别系统（Corporate Identity System，缩写为 CIS），包括理念识别（Mind Identity，缩写为 MI）、行为识别（Behavior Identity，缩写为 BI）、视觉识别（Visual Identity，缩写 VI），这是文化得以形成的潜移默化的工具。企业应该建立与文化理念相符又富于感召力的文化符号。

（2）角色规范，是根据企业文化的理念设计具有普遍约束作用的行为规范，并根据企业文化理念和特殊岗位要求制定具有具体针对性的行为规范，然后以制度形式存在。

（3）角色示范，与一定的文化理念相符的行为样本以及这一样本的动态演示。

（4）角色模拟，让每个员工按照要求进行实验性操作，直接进行文化的行为方式的演练。

（5）角色进入，企业的员工（包括管理者），已经能够按照要求进行操作，进入角色，训练目的就已经达到。

(四) 支持稳固

在基本知晓和习得规范行为方式的基础上，通过各种正激励和负激励的手段以保持良好文化行为的持续性。这一过程同样要集约管理，要注意几个环节和向度。

(1) 支持方式，是柔性还是刚性支持，是奖励还是处罚，方式组合要得当。这些反映出企业的管理文化和管理者的素质。

(2) 支持内容，指的是物质奖励、精神奖励、提供发展空间和机会、旅游休假等多种手段以及这些手段的有效的组合。

(3) 支持力度，指的是支持的态度积极和坚决的程度以及支持手段量的要求。支持手段一定要达到一定的量和频率，才能起到激励的作用。总之，激励和支持手段不仅有质的要求，也有量的要求。

(4) 支持向度，指的是针对多数人、少数人，还是个别人的激励。激励手段应该有多种指向，这样才能调动更多人的积极性。企业文化是全体员工参与的工程，不仅要在企业文化中融合员工的个人目标，在企业文化的形成过程中也要让员工感到激励。因此，支持向度的设计是一个不可忽略的问题。

(5) 文化仪式，是文化社会化的一种方式，是一种集体活动。人们可以在这种集体活动中经历集体的心理体验，强化信念和文化认同，释放由于角色要求而带来的紧张。仪式有很多种，如入厂仪式和告别仪式、奖励仪式和惩罚仪式，缓解矛盾增进关系的融合仪式等。

表1　企业文化管理过程与评估综合示意图

评估内容 / 管理过程	做了什么（内容是否正确完整）	怎么做的（方式是否得当）	做得怎样（结果有效否及有效程度）	相关分析
理念认同	宣讲、教育、沟通、说服	是否体现企业核心价值观，是否体现人本主义	效果如何、有效程度、在哪些方面有效。有无团体意识、实现认同	在哪些方面需要保持和改进
行为训练	文化符号、角色规范、角色模拟、角色进入	柔性还是刚性进行，是否体现人本主义	效果如何、有效程度、在哪些方面有效。员工是否进入角色	在哪些方面需要保持和改进

评估内容 管理过程	做了什么（内容是否正确完整）	怎么做的（方式是否得当）	做得怎样（结果有效否及有效程度）	相关分析
支持稳固	支持内容、支持方式、支持指向、支持力度	柔性还是刚性进行，是否体现人本主义	效果如何、有效程度、在哪些方面有效。有没有起到应有的激励作用	在哪些方面需要保持和改进

　　创造优秀的企业文化，形成习惯性的行为方式，能推动企业的核心竞争力的自觉形成。企业文化的管理过程是一个动态过程，只有不断地评估、调整与完善，才能最终形成良好的企业文化。

理
论
篇

员工与组织匹配视角的
企业价值观塑造模式

朱青松　夏艳芳

（四川大学工商管理学院）

随着企业文化效能的不断彰显，越来越多的企业意识到企业文化的重要性，开始不遗余力地建设企业文化。企业价值观是企业文化的基石，企业价值观塑造成为企业文化建设的核心内容，是企业文化管理的关键。考察目前中国大多数企业的价值观塑造，基本模式如下：企业主要管理者构建提出一些普遍意义化、毫无企业特色和个性的企业价值观口号，然后通过标语、宣传栏一味地向员工灌输，强化员工接受企业价值观。这种企业价值观塑造模式无法使企业价值观深入员工内心，多流于形式，很难真正发挥企业价值观塑造的积极效能。为此，本文尝试从员工与组织匹配视角，创新性探讨企业价值观塑造模式。

员工与组织匹配是近年来西方组织行为学的新兴理论，主要探讨员工和组织之间如何实现匹配以及实现这种匹配的结果。国内外大量研究都已证明，员工与组织匹配对员工工作满意度、亲社会行为、工作绩效等都具有积极影响，实现员工与组织之间的高度匹配对于组织和个人都具有极其长远的战略意义。因此，本文从员工与组织匹配的视角，从员工如何匹配组织方面入手，通过文献和案例研究，深入探讨企业价值观塑造模式。

一、员工与组织匹配视角的企业价值观塑造模型

中国企业价值观塑造实践中通常存在以下几个误区：一是多以社会文化价值观取向，如务实、诚信、创新、进取等；二是国家政府目标取向，如成为纳税大户、解决失业问题等作为企业价值观，缺乏经营管理特色和个性，很难真正发挥企业价值观的导向和激励作用；三是企业利益取向，如利润最大化、产

值最大化、效益最优化等价值观取向，忽略员工的需求及价值观实现程度，很难发挥员工的主观能动性；四是宣传灌输取向，大多通过标语、宣传栏、员工手册等方式强势宣传和灌输企业价值观，企业价值观塑造的配套制度支持缺乏，使员工被动接受，企业价值观塑造流于形式。

针对中国企业价值观塑造流于形式、促进企业发展结果不尽如人意的现实，本文创新性提出员工与组织匹配视角的企业价值观塑造模式：首先，从员工与组织双向视角构建企业价值观，以核心管理者价值观为主导，同时注重员工价值观取向，即从核心管理者价值观中提炼出高度适合组织生存和发展的组织价值观，同时在广泛了解员工需求和价值观的基础上加以修正和完善，充分考虑员工的价值观实现程度，有效构建企业价值观；其次，从员工与组织匹配视角塑造企业价值观，即在员工选拔、培育、使用和保留的过程中都充分考虑员工与组织之间的高度匹配，注重长效机制的配套使用，确保组织价值观被员工接受并体现在日常的工作行为过程中。基于员工与组织匹配视角的企业价值观塑造模式如图 1 所示。

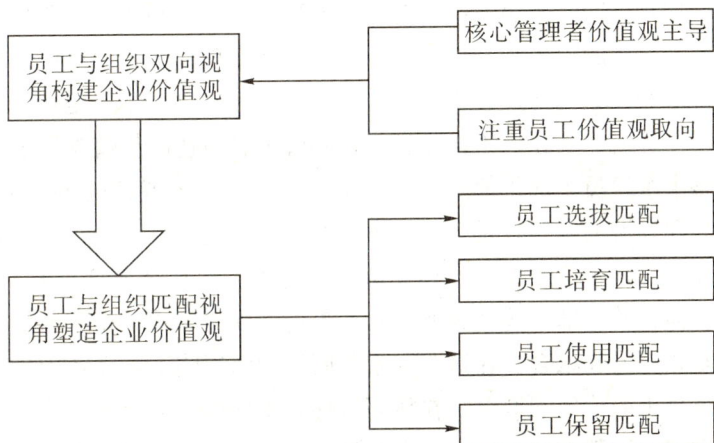

图 1　员工与组织匹配视角的企业价值观塑造模型

二、员工与组织双向视角构建企业价值观

1. 核心管理者价值观主导构建企业价值观

薛恩（Schein，1983，1990）提出，群体或组织建立伊始，其核心人物或者创始者的信仰、设想和价值观为这个群体或组织提供了具体行为和运作的模式。虽然最初在这个信仰、设想和价值观的实际运行中，有成功也有失败，但

是也正是在这样的过程中，群体或组织开始有了自己的运作经验，并且学会取舍，最终逐步生成共享的群体或组织文化。企业作为一个特殊的营利性组织，它的文化、价值观生成机理也不例外。企业建立之初，其创始者或者核心管理者依据自己的价值判断来制定企业的评估、激励制度，在自身的价值观的驱使下对关键事件和企业危机做出反应，以自身价值观为标准对企业员工进行选拔、培育、使用和辞退等。核心管理者的价值观在企业的生存和发展过程中发挥着至关重要的作用，也是企业最有特色和个性的文化体现，而且以核心管理者价值观为主导构建的企业价值观也更能够得到高层管理者的认同，更利于推广和传播。这样的成功案例在国内外屡见不鲜：惠普公司的创始人比尔·休利特（Bill Hewlett）和戴维·帕卡德（David Packard）主导构建的以"员工为导向"的"惠普之道"文化、沃尔玛公司的创始人山姆·沃尔顿（Sam Walton）及其家族主导"尊重个人、服务顾客、追求卓越"的沃尔玛文化、张瑞敏主导构建了海尔集团以"创新"为核心的企业文化等。

2. 注重员工价值观取向构建企业价值观

薛恩（1990）同时指出，组织的核心人物、创立者和传承者总是不遗余力地培育和推广自己的价值观和设想，但是也渐渐发现在组织的运作过程中，员工自身的价值经验也同样发挥着作用，有的甚至无法改变。于是在共同学习过程中逐步产生的组织文化，不再是组织核心管理者最初的价值观设想，而更多反映的是整个组织员工的价值经验。员工作为企业不可或缺的重要组成部分，是企业生存和发展的基石，是企业的核心竞争力，尤其是对公司发展做出卓越贡献的人才，更是企业千方百计想要留住的对象。而在企业这个开放系统中，很难避免多样化的外部环境对企业及其员工价值观的影响，企业内部的各种价值观也会互相碰撞和融合。在这些因素共同作用的影响下，企业价值观的构建就必须注重员工的价值观取向，在核心管理者主导构建的企业价值观基础上加以修正和完善，进行提炼和升华，在这种平衡中才能让更多的人认同、接受和实践企业价值观。国内外很多著名的企业都是注重员工价值取向构建企业价值观的成功案例，如瑞典宜家家居注重员工的自我实现和群体感知，构建以"平等和容忍"为核心的企业价值观体系；联想控股有限公司注重员工的价值观取向和心理需求，提出构建"平等、信任、欣赏、亲情"的"亲情文化"；德邦物流股份有限公司坚持"以人为本、人企双赢、适度竞争、宽严相济"的企业价值观，充分考虑员工与企业的共同发展。

三、员工与组织匹配视角塑造企业价值观

企业价值观在企业的发展过程中，具有导向、凝聚、规范和塑造企业特有形象等特殊作用（陈高赞，1996）。但如果只是站在员工与组织双向视角构建企业价值观，而不采取有效措施真正塑造企业价值观，就无法发挥这些特殊作用。正如20世纪被评为"最杰出的企业家"和"最成功的首席执行官"的通用电气公司前首席执行官杰克·韦尔奇（Jack Welch）所言："价值观是塑造组织的一个驱动力量"；"在（员工）录用、辞退以及晋升中应以价值观为指引"，"确保每一个（员工）都知道公司的价值观"。换言之，塑造企业价值观需要将其融入员工选拔、培育、使用和保留的各个环节中去，形成一个交叉反复的循环，才能发挥企业价值观的作用。而杰克·韦尔奇把塑造群体价值观作为带动公司发展的关键，使通用电气公司一直保持两位数的平均增长率，并被美国《财富》杂志和《金融时报》分别评为"全美最受推崇的企业"和"全球最受尊敬的企业"，这也是企业价值观塑造重要性的极好印证（朱春松，陈维政，2005）。因此，在构建企业价值观体系的基础上，必须从员工与组织匹配的视角，在员工选拔、培育、使用和保留四个阶段进行企业价值观的塑造。

1. 员工选拔匹配企业价值观

企业一般通过外部招聘和内部竞聘的方式选拔员工，满足自身对各个岗位的需求。前者是契合企业发展需求，运用向外发布信息和科学甄选应聘者的手段，选拔企业外部人员进入公司，并将其安排到合适的岗位上去；而后者是对内发布岗位需求信息，在企业内部选拔符合岗位要求的员工，一般通过晋升或者轮岗实现这种人力资源供给。员工选拔是人力资源管理的一项常规和复杂的工作，是人力资源管理体系比较靠前的环节，也是其他工作的前提和基础，故处于极其关键的地位。只有将企业价值观真正融入员工选拔的过程中，在员工选拔规划制定、实施，选拔前的宣传以及选拔的整个进程中都进行企业价值观的匹配，才能真正从源头控制员工的质量，降低之后培训、监督和企业文化渗透的各类成本（夏艳芳，2011）。

美国西南航空公司在员工选拔时，就成功地匹配了自身的企业价值观，成为管理学上一个十分经典的案例。他们通过一则招聘广告明确传达所渴求的员工的品质：课堂里老师训斥了一个孩子，因为他画暴龙时把颜色画在了框线外；而广告最后传达的信息是，如果你喜欢"在框线外面涂颜色"，那么你就可能是我们在找的那个人。这样的人渴望不受限制的发展空间，总是会在工作

中别出心裁，同时也不排斥紧张和高强度的工作。利用这则招聘广告，美国西南航空公司将自己的企业价值观鲜明地展示出来，然后重点关注那些给予了这种做法惊人反馈的人，因为他们才是对西南航空公司的企业价值观真正感兴趣、认同和接受的人（杜晓琳，2007）。

2. 员工培育匹配企业价值观

员工培育是企业发掘员工潜力、提高福利待遇、加强员工忠诚度的一个有效途径，本文将其分为员工培训和职业生涯规划与发展两部分内容。越来越多的企业开始在企业价值观的指导下，重视对内部员工有针对性的培养，信任和重用在培训过程中表现优异的员工，并且结合员工的需求开展职业生涯规划。

中兴通讯股份公司就是一个成功的例子。它成立于1985年，现已发展成中国最大的通讯公司之一，其快速发展与其企业价值观的塑造以及员工与企业价值观的匹配、相互推进是密不可分的。中兴公司在员工方面提出的核心价值观是"良好的个人发展空间，富有竞争力的薪酬待遇，公司内部互相尊重的和谐文化氛围"，而在员工培育方面，它有针对性地采取了"个性化职业生涯规划，三条线晋升：技术系统晋升、业务系统晋升、管理系统晋升"和"三级培训体系：通用性培训、专业培训和岗位培训、复合型人才培训"等具体措施，有效实现了员工培育阶段企业价值观的匹配，有力推动了企业的发展。除此之外，联想集团把"将员工的个人追求融入到公司的长远发展中"作为联想与员工共同成长的核心价值观，并通过"企业文化与发展战略、管理技能培训"等五大方面的培训，用制度保障可选择的职业道路的贡献与待遇相匹配等措施，保证这一价值观能够得到充分体现，并且融入员工培育的过程中，获得了员工极大的认同，进而促进了联想集团的成功。

这些成功的管理实践都说明了，在员工培育的过程中，注重企业价值观的匹配具有十分重要的意义；要对员工进行企业价值观的重点培训，并且将企业价值观融入员工在公司的整个职业生涯中，站在员工与组织匹配的视角进行企业价值观的塑造。

3. 员工使用匹配企业价值观

星巴克是众所周知的连锁咖啡公司，曾被《财富》评为100家"最值得工作的公司"之一，也是同行业中离职率最低的公司。这得益于星巴克一直秉承"平等快乐"的团队合作文化，并且通过"领导将自己视为普通一员"将员工称为"合伙人"，用"薪"对待员工、实施"咖啡豆股票"等具体措施将这一企业价值观融入员工的日常管理中。这正体现了用与企业价值观相匹配的制度和措施管理员工，将企业价值观真正落到实处，落到员工日常工作中的重要性。

除此之外，在员工使用过程中匹配价值观最重要的一个环节，是在企业价值观的指导下，进行良好的员工与岗位匹配，即将合适的人安排到最合适的岗位上去。企业员工岗位与匹配管理是人力资源工作的一项重要内容，在企业充分发挥员工主观能动性、提升人力资源利用效率，提高企业整体效能和市场竞争力等方面都具有十分重要的意义（金杨华，王重鸣，2001）。而员工与岗位匹配，包含三层相互对应的关系：一是岗位特定的能力、素质要求与相应的报酬对应；二是员工的岗位胜任力、动力（价值观）与岗位要求相匹配；三是动力（员工的价值观体现）与岗位报酬匹配（付继娟，张正堂，2004）。企业要想实现良好的人岗匹配，进而在员工使用过程中匹配企业价值观，就要首先实现这三重对应关系，充分开发员工的潜能，推动其提高工作业绩，最终使企业形成一个充满活力的系统。

4. 员工保留匹配企业价值观

员工保留匹配企业价值观，顾名思义就是辞退不匹配的员工、激励保留匹配的员工，只有与企业价值观相匹配的员工才能与企业共进退、同成长，真正发挥自身的主观能动性为企业的发展做贡献，这样的员工也是企业千方百计要保留的对象。所以越来越多的企业开始探索员工保留之道，注重员工福利待遇，丰富激励措施和手段，力图保留与企业价值观相匹配的员工。盛田昭夫的"鲜花疗法"、联想的多层次激励模式、星巴克的"咖啡豆股票"、百度的"员工期权制度"等都是已经实践成功的做法。

相反地，与企业价值观不匹配的员工按照自身经验行事，无法真正融入企业的文化氛围、运行模式中去，只会增加企业培训、监督的无形成本，甚至对公司造成巨大的损失。对于这样的员工，要像宝洁公司一样，"长痛不如短痛"，坚决辞退。有一个聪明强干的女孩，入职一年就被宝洁公司评为"最佳天分员工"，并获得公司 60 万元的购房贷款资助。但是不久这个女孩突然就被开除了，原因是她被认定为不正直诚信：公司年会抽奖时抽中了两张写有她名字的奖券，而事先就已宣布"每个人只能写一张票"的规则。她的这种行为与公司的价值观背道而驰，而宝洁公司将企业价值观视为天条，无论职位多大，付出的培养成本、代价多大，一旦违背企业价值观都会被坚决辞退。最严重的一次是宝洁开除了 13 个中饱私囊的品牌经理，占中国区品牌经理人数的 2/3，损失了大约 6500 万人民币的培养成本（杨旭，2012）。而正是因为对于企业价值观以及其与员工价值观匹配的高度重视，宝洁公司才有了今天傲人的成绩。

综上所述，我们提出的员工与组织匹配视角的企业价值观塑造模式，一是

理论篇

197

从员工与组织双向视角提出构建企业价值观，即以核心管理者价值观为主导，同时注重员工价值观取向；二是以员工选、育、用、留四个阶段为主线，塑造员工匹配企业价值观；同时通过文献与案例论述这一企业价值观塑造模式，希望为企业价值观塑造模式提出一个新的研究方向。

参考文献：

陈高赞. 关于企业价值观及其塑造的思考 [J]. 企业经济，1996 (11)：40—41.

杜晓琳. 企业文化影响下的招聘模式——美国西南航空公司的特色招聘 [J]. 商业文化：经管空间，2007，1 (1).

付继娟，张正堂. 人与岗位匹配的国内外研究综述 [J]. 中国人力资源开发，2004 (7)：15—18.

金杨华，王重鸣. 人与组织匹配研究进展及其意义 [J]. 人类工效学，2001，7 (2).

夏艳芳. 将企业文化真正融入人才招聘的过程 [J]. 经营管理者，2011 (5).

赵慧娟，龙立荣. 个人—组织匹配的研究现状与展望 [J]. 心理科学进展，2004，12 (1)：111—118.

朱青松，陈维政. 员工价值观与组织价值观：契合衡量指标与契合模型 [J]. 中国工业经济，2005，15 (5). 88—95.

Bretz R D Jr, Judge T. A. *Person-organization fit and the theory of work adjustment: Implications for satisfaction, tenure, and career success*. Journal of Vocational Behavior, 1994, 44：32—54.

Downey H K, Hellriegel D, Slocum J W Jr. *Congruence between individual needs, organizational climate, job satisfaction and performance*. Academy of Management Journal, 1975 (18)：149—155.

Kristof A L. *Peron-organization fit: An integrative review of its conceptualizations, measurement, and implications*. Personnel Psychology, 1996 (49)：1—30.

O'Reilly C A Ⅲ, Chatman J. *Organization commitment and psychological attachment: The effects of compliance, identification and internalization on prosocial behavior*. Journal of Applied Psychology, 1986 (71)：492—499.

Posner B Z. *Person organization values congruence: No support for individual differences as a moderating influence*. Human Relations, 1992 (45)：351—361.

Schein, E. H. *Organizational Culture* [J]. *American Psychologist*, 1990, 45 (2).

Tziner A. *Congruency issue retested using Fineman's achievement climate notion*. Journal of Social Behavior and Personality, 1987 (2)：63—78.

Vancouver J B, Schmitt N W. *An exploratory examination of person - organization fit: Organizational goal congruence*. Personnel Psychology, 1991 (44)：333—352.

国有企业践行社会主义
核心价值体系的伦理学诠释

李小平[1]　李　潇[2]

（1. 四川大学工商管理学院　2. 中国十九冶集团有限公司）

一、引　言

兼具"二元主体"的中国国有企业，在中国市场全面纳入 WTO 体系进程中，一方面竞争格局（计划—寡头—完全竞争）逐步演进，竞争环境更加严峻；另一方面，国有企业占据自然垄断行业、涉及国家战略与安全、提供重要公共产品与服务、先居行业支柱和骨干，社会对其给予了更多的要求和期望。企业的社会责任与商业伦理是社会普遍关注，也是学术界争论激烈的问题。特别是权属性质具有公共性的国有企业，以什么样的道德伦理姿态来运用科学的原理与方法开展生产经营服务，已经是摆在时代与我们国企相关利益主体（政府、经营者、劳动者）面前的紧迫课题。在新形势下如何坚持本色不变、发挥好"国家队"在社会主义经济建设中的积极作用？社会主义核心价值体系是指导我们社会主义事业建设的理论体系，作为社会主义伟大事业重要组成部分的国有企业，按照企业管理运行规律、运用企业管理理论在生产经营服务中践行这一价值体系既是时代使命，又是客观要求。

笔者结合有关企业管理理论，从普适的企业管理伦理的角度，结合我国国有企业的特征，对我国国有企业践行社会主义核心价值体系做如下理论阐释。

1. 社会主义核心价值体系与企业伦理之于国有企业的概念探讨

社会主义核心价值体系包括四个方面的基本内容，即马克思主义指导思想、中国特色社会主义共同理想、以爱国主义为核心的民族精神和以改革创新

理
论
篇

为核心的时代精神、社会主义荣辱观（陈亚杰，2007）。这里边既有立场，也有观点，同时还指出了一定的方法。企业多数表现为公司形式。什么是公司呢？笔者这里沿用被誉为现代管理之父的德鲁克赋予公司的定义："公司是为满足社会需求为目的，将人们联合起来的社会机构。"（Drucker P. F.，1946）中国国有企业（一般表现为有限责任公司、集团公司，如中国石油天然气集团公司、中国冶金建设集团公司、中国航天科技集团公司等，以下简称"国企"）是社会主义事业的重要组成部分，是国民经济的稳定器（李荣融，2010）。目前132家大型央企及地方政府所属企业都是国企，这些企业掌控着中国最基础的经济命脉，涉及国家安全，提供重要公共产品与服务。在其日常活动中，特别是经营管理活动中，自觉尊崇社会主义核心价值体系的要求也在情理之中。

企业伦理也称企业道德，因企业主要从事商务活动，不少学者将其和商务伦理（商业伦理、企业管理伦理）作为一个概念使用（孔南钢，2010）。美国学者约瑟夫·韦斯将企业伦理分为五层次：个人、组织、社团、社会与国际，认为伦理道德不仅是某个人的事情，了解可能发生在不同层次的伦理道德问题及其相互协调、相互转化将有利于问题的解决（韦斯，2005）。企业伦理通过企业经营管理活动发挥其作用，推进企业高效率（石林宁，1998）；企业在其经营管理活动中彰显其道德伦理，实现社会责任与价值。企业伦理为企业正确处理它和社会与生态环境之间的关系提供正确的指导原则。

企业作为一种生产经营单位，其经济功能是为社会、为市场提供有益的商品和服务，但在实现经济功能的过程中，它对社会和生态环境产生各种影响，有些影响是消极的、负面的，社会为了克服或忍受这种消极的、负面的影响，常常要支付一定的社会成本，这就要企业对社会与环境承担一定的义务和责任，要求企业分清有益和有害、正当和不正当、合理和不合理的伦理道德界限。这个界限哪里去找？企业伦理可以为企业处理上述问题和关系提供一种基本的理念、原则和方法，在企业和社会、环境之间建立一种融洽、和谐、协调发展的关系。

企业在经营管理活动中要协调处理所有者、经营者、劳动者三者之间的责权利关系问题。这涉及如何认识和评价资本、劳动、管理在企业生存和发展中的地位和作用，也涉及如何在分配过程中恰当地处理三者之间的利益关系，处理不当就会侵犯某一方的正当利益，影响某一方的积极性，进而影响企业的生存和发展。然而，解决这类问题的复杂性还在于，这三者在生产经营过程中的贡献及相应的利益关系，并不是完全能够依据技术原则、经济原则较好地进行定量确定。因此在处理这三者关系的时候，还不同程度地要依赖道德伦理原则，即在进行分配的时候，既要从技术原则、经济原则出发，根据三者的贡献去分配三者之所得，又要使三者所得的差距符合伦理道德上的公正合理等原则。

因此，国有企业践行社会主义核心价值体系，本质上就是选择具体的企业伦理来指导企业发展的问题。

二、国有企业践行社会主义核心价值体系的伦理学基础

国有企业具有公共性和市场性两重性质，有学者称其两重性为公共性和企业性（毛道维，杨江，2003）。所谓公共性主要指国有企业所有权的公共性；所谓市场性是指企业的经营自主性和内部效率性（植草益，1992）。大家知道，企业一般是按出资比例来承担经济责任与分享经营成果的。所有权的公共性从权属关系（也可理解为逻辑关系）决定了企业必须主动按照公共意志（国家意志、全民意志）来开展经营管理活动，规制的公共性则是对企业的所有权公共性提出的主观要求。在市场经济体制已经相对完善的时下，尽管各个层面对于企业性质的问题已经关注甚少，但我们要研究企业，毋庸置疑应当且必须从研究企业的出资人（所有者）出发。我国国有企业的出资人是代表一定范围（全国或者某区域）所有公民普遍意志的国家机构（在形式上可能是国家机构委托的具体个人）。国有企业在经营管理活动中，维护并实现国家意志、全民意志自然就是其逻辑起点与终极目标。

企业属于商业的范畴，国有企业也不例外。在一般意义上，企业的经济责任要先于其社会责任（Carroll，1979）。这里容易使人产生误解，因为学术上有的把企业的社会义务也纳入社会责任范畴，为便于理解。笔者采纳"企业社会责任是企业可以自由决定的责任"（李纪明，2009）这条定义。"社会义务是强制性的，社会责任是说明性的"（Sethi，1975），企业的经济责任要先于其社会责任，这既是我们经营企业（包括国企）的基本认识，也是国有企业践行社会主义核心价值体系的假设前提。

我们回顾一下社会主义核心价值体系的基本内容：强调民族精神以爱国主义为核心，价值目标是中国特色社会主义共同理想。这些内容与国家利益和全民利益是完全统一的。这就是说，社会主义核心价值体系体现了国家利益与全民利益；国有企业的公共性决定了其必须在经营管理活动中维护并自觉实现国家利益与全民利益。这就是国有企业践行社会主义核心价值体系的伦理学基础。

理论篇

三、国有企业践行社会主义核心价值体系的伦理学机理

社会主义核心价值体系对于国有企业来讲，本质是企业伦理问题。再具体一点，就是国有企业站在什么立场去行使企业权力、实现企业目标；以什么观点去看待企业所面临的各种问题；用什么方法去解决企业在发展中的各种难题。本文认为，国有企业首先是企业，在日常的经营管理活动中，其价值、功利、责任取向必须合乎一般的普适性的企业伦理要求。否则，企业则无法开展正常经营活动甚至无从生存。

综合学术界对企业伦理的阐释，从生态整体的眼光看，当代企业管理伦理探讨主要围绕"人""欲""权"而展开。"人""欲""权"分别对应当代企业管理的三个维度——管理思想、管理制度、管理实践。这三个维度构成了当代企业管理伦理探讨的整体视野：管理方向的选择是对管理思想（即管理的伦理理想、伦理尺度、价值原则和道德规范体系形成）的定位；管理模式的确立表征为管理制度的建立，管理制度的内在支撑是管理伦理理想，所追求的目标是伦理价值实现，其根本原则是道德原则，其形式规范定位则表征为道德规范体系的建立；管理实践是以法治与德治等途径展开企业生产运作，其现实目标是人权维护、权利保障和权力监约，首要前提是法治与德治必须合乎普遍平等的自然法则和合乎普遍人性要求（李小平，2009）。

人，当代企业管理伦理的起点和目标。管理伦理就是帮助企业管理正确认识人在企业中的应有存在地位、正确确立人在企业中的巨大生存价值，并以此构建起符合人性要求和实现人性塑造的管理方式、方法。正确确立人在企业中的存在地位和生存价值，首先需要解决企业与人的关系构成问题。人永远诞生于任何形式的企业之前，只有有了人、有了人对其生存手段方式的选择与谋取，企业才应运而生。企业只不过是人为其谋求生存与发展的手段、方式、途径而已。其次是解决企业管理与人的关系问题。由于企业是以人为本位，企业管理的根本任务是通过对组织、资本、环境的管理而服务、塑造人和提高、发展人。"松下生产人，也生产电器"（严欢，1997）松下幸之助曾为松下电器所制定的企业精神和管理宗旨，最为深刻地揭示了企业来源于人，企业得益于人，企业也必须回报于人的伦理思想。这一伦理思想决定了企业管理之于人只能是服务：企业管理就是使企业向所有同命运的人负责，就是促进企业员工人人成为企业的主人，自主地劳动、创造，自由地开发自身的潜能、自由而幸福地生活。第三是解决人与人的关系问题。"管理以人为本"和"管理就是服务

于人"的理念，要得到普遍的落实。人最直接地生活在文化和制度的社会环境中，但文化和制度的法则最终都来源于自然的法则，因为任何人都首先并且最终存在于自然社会之中而成为自然人，人与自然世界及其万物生命之间构成一种永恒的实然存在关系，这种实然存在关系的内在本质则是自然法则。

欲，企业管理伦理的人性动力。人作为一种存在事实始终是欲望横生的生命存在体。生命是欲望的载体，欲望是生命的本源与动力。人之所以生而有欲望，是在于人作为资源需要的生命个体，为了维持生命的存在，本能地燃烧起对生命资源的欲望和需要，而这一切却没有现成，必须自己付出劳动才能获取，因而欲望和需要激励行动，行动实践和满足自身欲望和需要，则构成了利益。在欲望、需要、利益之间，需要和欲望是对利益的需要和欲望，欲望和需要的满足是对利益的满足。所以，生命之欲的本质内容即是利益。生命之欲即是对利益的欲望与谋求，利益之欲之于人则构成了自私、利己、自爱，也构成了无私、利他、自我牺牲。因为"每个人的一切行为目的，都是为了满足自己的需要、欲望。但是，自己的需要（欲望）包括自己的自爱利己的需要（欲望）与自己的爱人利他的需要（欲望）。于是，'为了满足自己的需要'也就相应地分为'为了满足自己的利己的需要'与'为了满足自己的利他的需要'。显然'为了满足自己的利己的需要'是为了利己，属于目的利己的行为范畴；而'为了满足自己的利他的需要'则是为了他人，属于无私利他的行为范畴"（唐代兴，2004）。亚当·斯密在《国富论》里边的那句话是很好的印证，"追求个人利益的结果，是其经常地增进社会利益，其效果要比他真正想增进社会利益的更好"。

权，企业管理伦理的核心问题。"权"是"欲"的抽象呈示，而"权"的实项内容则是利益（诺兰，1998）在企业管理中，"权"的具体形态展开为个人之权和组织之权。个人之权包括人的企业存在人权和生存权利，前者主要指人人平等的生命权、自由权、自主权、保障权、幸福权；后者是人的企业存在人权的生存化展开形态，是人权赋予人的企业生存的基本权利和非基本权利的总和。它除了平等的生命权、自由权、自主权、保障权、幸福权这基本的权利外，还有平等的劳动权、个性发展权、创造权，平等的贡献权、索取权、合法生存利益的捍卫权，等等。而企业组织之权包括企业组织的立法权（比如企业的董事会权力就属于企业组织中的立法权）、行政权、监察权（比如企业组织中监事会、工会等机构权力就属于监察权的范畴）、企业知识话语权和企业舆论权。

从权利的分配与制约角度讲，企业管理的核心问题就是维权与治权的问题。维权是指维护企业员工（包括企业管理者）人权平等、权利平等，具体地讲，维权就是维护企业员工人人利益平等；而治权是指节制企业组织权力的限度运用。维权和治权是企业管理的对立统一，即企业管理治理的核心任务是人权维护、权利保障和进行权力监约，使人权维护、权利保障和权力监约之间达成协调与均衡。管理伦理研究就是为企业管理治理提供合法的思想基础和价值依据，即为企业管理方式、方法的选择、确立和管理治理，提供普遍平等的自然法则、人性论基础和人权维护、权利保障和权力监约价值尺度、道德原则、行动规范。

四、国有企业践行社会主义核心价值体系的伦理学路径

国有企业践行社会主义核心价值观的路径，也是其搞好经营管理、保持国有资产保值增值的路径。国有企业如何践行社会核心价值体系？在企业内部的经营管理层面，经营管理者要更多地从国家发展战略到国民整体利益层面来展开一切活动。除了舆论导向、教育培训、组织架构、制度安排等路径外，我们认为从伦理学角度应从如下四个层面展开践行路径：确立以普适价值为基本的功利取向；明确以限度生存为范围的发展原则；注重以生态协调为目标的伦理动因；突出以国家利益为特征的特殊使命。

1. 功利取向：普适价值

社会上有一种不好的思想倾向，认为国有企业是国家的，讲奉献、维稳定、促和谐、保就业、做增量等都要国企站出来承担。企业都应该履行一定的社会责任，国有企业正是因为其性质特殊，社会也可能给予了它更多的责任、期盼和要求。德鲁克认为，管理中的伦理和责任对组织（企业）与社会的连续性至关重要，普适的伦理原则应当应用于所有的组织和个人，而不能对企业组织提出特殊的伦理要求，因为企业没有特殊的地位（Drucker，1981）。他强调普适的伦理原则（标准）包含两个层面：有时一些企业被不公平地要求满足高于普通公民的道德标准；而另一些时候企业将不道德操守看作是合理的，因为这些企业认为它们对股东和雇员有其特殊责任。这就是说，企业既不应当获得，也不应该寻求不公平（或不对等）的对待（Drucker，1981）。普适价值有哪些内涵呢？答案的结果是个假设。或如一些学者说的"普适价值观是根据大家的认识中抽绎"（黄宜亮，2007）出来的获得多数人认同的观点、认识——以人为本、平等公正、趋利向善、诚信经营等都是目前多数人认同的企业应具有的普适价值观。就国有企业在价值取向中需要发展完善的以下两个方面

展开。

以人为本。以人为本就是符合人的自然本性和符合人的文化本性。人的自然本性即是万物平等的生物本性和万物自创生的生物本性。其展开为三个方面：第一，平等地善待自己并努力地使自己成为完整的人，这一原则要求企业所有成员，无论各自从事什么工作，居于什么职位，过去和现在做得如何，每个人都应以一种平等的态度来对待自己，在比自己强或地位、成就都比自己高的人面前，不要自卑，在比自己不如的人面前不要自傲。不卑不亢，堂堂正正地做人，自信地工作，尊严地生活。这是平等地善待自己并为人的基本要求。第二，平等地善待他人并努力使一切人成为完整的人，这一原则要求企业管理对凡是与企业同命运的人，包括本企业的员工、经销商、供应商、消费者以及其他一切与企业相连的人，都应以平等的态度善待他们，并通过企业自身的生存发展而使他们成为完整的人而尽其力量。第三，平等地善待一切生命并努力使一切生命成为完整的生命，这一原则要求企业管理在谋求企业创业发展过程中，必须关怀所有的生命，必须把保护一切生命、维护生态环境作为自身创业发展的基本任务。

平等公正。平等原则，就是明确确立员工人人平等的企业地位，包括企业员工的存在人权的平等配享、生存权利的平等保障以及平等地享有所有生存发展的机会权等。建立起推行权、责、利的分配应以人性—需要原则为基础，以普遍发展原则为范围规定理想目标，以动机与效果相一致的评价原则为评价尺度的企业公正分配制度（唐代兴，2003），在此基础上推行唯贡献原则，包括绝对平等的唯贡献原则和比例平等的唯贡献原则。前一个原则指人人创造企业的贡献平等决定了企业分配基本权利和基本利益必须普遍平等，即一个人只能享受一份权利，决不能享受几份权利。后一个原则指人人创造企业财富的贡献的比例平等，它决定了企业分配非基本权利和利益必须按照其具体贡献的大小而追求比例平等，即一份贡献只能获得一份权利；十份贡献必须分配十份的权利。以唯贡献原则为规范的分配公正，是企业公正和企业平等的伦理基础。

平等的另外一个含义是对等。对等主要是指责权主体在权利与义务关系上的对等，企业及企业中的员工要享有公正分配的权利义务。"公正分配的权利义务"是指：第一，这种权利义务对我来说是应当的；第二，这种权利义务对我来讲是正当的；第三，这种权利对我来讲是正义的。我的权利与你的义务之间这种对等的逻辑必然关系，和我的权利与我的义务之间的这种对等的逻辑必须关系，是企业分配的结果。企业分配给我某种权利必然要分配给他人同等的权利，企业分配给我某种义务时必然要分配给他人同等的义务。当企业遵循这一分配原则而对全企业每个人进行权利义务分配，其分配所达到的实际结果是：我的权利与我的义务同样相对等。当企业严格遵循这一对等原则进行权利义务分配，根本的企业公正和根本的个人公正必然形成。概言之，根本的企业公正是我的权利义务与他人权利义务相对等；根本的个人公正是我的权利与我的义务相对等。

以普适价值为基本的功利取向既是国有企业内在发展对社会的伦理诉求，又是社会提供给国有企业生存发展的基本商业伦理环境。

2. 发展原则：限度生存

从本质上讲，企业与人文环境的关系，既是精神与物质的关系，更是物质、精神与生存、幸福之关系。因而，协调企业与人文环境之关系的，即是真正构建起财富与生命或精神与物质的协调幸福观。基于这两个方面的要求，当代企业管理的一个基本任务就是全面抛弃物质霸权主义行动纲领和绝对经济技术理性行动原则，重建企业、环境、个人三者的生存关系，使企业、环境、个人之间协调生存、限度发展。限度生存要求企业必须建立起文化、思想、科学、技术、经济、建设的持续增长原则，从根本上解决资源的持续利用、开发与再生问题。企业经济持续发展观的建立，需要围绕如何实现人的物质、精神协调幸福这一目标，从深度和广度上开发员工的智慧力量，限度地、节制地开发科学力量和技术力量，使企业以维护、开发生态环境、促进资源再生和激励限度生存为主要任务。持续再生原则展开为两个具体性的实践原则，即可再生资源的持续开发原则和不可再生资源的持续利用原则。不可再生性资源为整个生物世界规定了一种绝对限度，企业利用不可再生资源时应建立起一种绝对限度观念和绝对限度机制，对不可再生资源要适度利用以满足当代人的最低限度的基本需要，但不能危及后代人的需要，并且其利用速度必须低于对可再生资源的利用速度。对可再生资源的利用，应以开发其资源再生力为前提。因而，对其可再生资源的开发速度一定不能慢于其利用速度；同时，在对可再生资源的开发利用过程中所造成污染物的排放速度必须低于环境的自净容量。

目前，尽管世界各国对多碳排放、过度开采等提出了相关要求，但在我国一些地区，存在工业项目（尤其是矿产项目）一哄而上的情况，一段河流上建设数十个电站的情况，也有为争夺项目开发权不惜降低成本而损害环境的情况。上述情况，有的是国家有法规监约的，有的是国家法规没有监约到的，作为国企来讲，要率先垂范，自觉按限度生存原则来发展企业，而不是只为经济目标或经营业绩。限度生存原则要求企业不仅要考虑企业员工有饭吃，也不仅考虑我们今天有饭吃，还要考虑企业的未来、考虑企业员工的子孙后代也有饭吃；企业绝不能"吃祖宗留下的饱饭，断子孙后代的活路"，企业对未来后代的公正要求，集中表现为为后代留下能够生存的资源。

限度生存原则的实践要求是代际储存，其具体的实践操作规范是企业应该建立起代际储存制度，确立明确的代际储存比例和与之相配套的资源利用开发战略；代际限度生存公正原则的基本精神是节俭精神，"人类不仅对现在的人们，而且对未来的人们负有某种责任。我们如何通过节俭地使用现有的资源，节俭地进行生产和消费来安排我们子孙后代的生活，是当前道德争论的核心所在"（唐代兴，2003）。

限度生存的发展原则是对国企的建设性要求，也就是说这是我们国企通过企业的主观努力能够实现的状况。

3. 伦理动因：生态协调

生态协调是人类自身与自然和谐共生而对企业发展提出的系统要求，与社会主义核心价值体系的内在要求相统一。

第二次世界大战结束后，随着科学技术迅猛发展，经济高速增长，人类干预自然、开发自然的能力日益增强。但是，由此产生的生态、资源、环境问题日显突出。资源过耗、生态破坏、环境污染、森林减少、沙漠扩大、土壤侵蚀、草原退化、物种锐减、湖河干涸、地下水位下降、二氧化碳水平上升、气温升高等生态、资源、环境问题接踵而至。另外，因为竞争激烈而产生的恶意宣传、不正当竞争、降低产品质量标准、损害劳动者利益等情况也时有发生。一谈生态，大家就想到环境，我们认为，企业的生态协调是个大系统，至少应包括三个方面的子系统协调。即自然生态协调、经济生态协调、社会生态协调。

自然生态协调。自然生态主要是指环境生态。传统的经济学、管理学研究与实践往往忽略了人类经济活动所赖以运行的基础——自然环境，导致以牺牲生态、环境为代价的单纯追求经济增长速度的偏向；而传统的生态学则又往往过分强调保持自然生态的原始状态，轻视人的利益和创造力，影响经济的正常健康发展和民生的改善。两者都没有将人类社会发展所必须解决的生态、资源、环境与经济、社会、民生之间的关系问题作为一个整体加以综合研究，得出完整、准确的结论。甚至产生了"生态至上"或"经济增长至上"的片面、错误理论。我们经营企业、发展经济，应不以降低生存发展环境条件为代价。实际操作中，政府对企业的建设环境影响及排污等都有相应的管制，企业要最大化地减小环境损害。

经济生态协调。生态经济学排斥和反对用孤立、片面的观点去研究经济发展问题，要求人们充分汲取当代生态学、经济学和人文科学等相关学科创新的理论、发展模式和实践经验，从生态、经济和人文复合系统及其新的内在运行模式上，从生态系统与经济系统、生态平衡与经济平衡、生态效益与经济效益的相互关系上，从人类的根本、长远利益上来研究经济社会发展的规律，因而能够正确地处理局部和整体利益、近期和长远利益、部分地区与其他地区利益的关系（张贵祥，2011）。经济生态协调的主要实现方式是企业经济运行从"三高一低"（高投入、高消耗、高排放、低效益）向"三低一高"（低投入、低消耗、低污染、高效益）的转变。举个例子：废污处理已经达标的企业，如果还有降低排放空间，一般情况下，可能民营企业就不愿意出钱来进行技术改造降低排放；但对于我们国有企业来讲，就有责任主动进行技改降低排放。

经济生态协调还有一个形式是国有企业要充分将科学技术成果与社会共享（涉及国家安全的技术不在此列）。特别是一些涉及民生、节约能源、提高效率、降低排放的技术，及早向社会推广，能为整个国家和社会带来福祉。

社会生态协调。除了自然生态（环境生态）与经济生态，还有一种生态形式就是社会生态。社会生态包括法律规制、政企关系、企业与社区及上下游客户关系等。从企业外部来讲，政府部门要为企业创造良好的发展社会环境（提供基础设施、配套保障，不要求承担过多的社会责任等）；从企业自身来讲，要维护好与其他企业以及社区的关系（不能因为资质多、项目多在同行中居功自傲、挤压他人，也不能因为员工福利待遇好而妄自尊大，更不能为谋求企业利益而触及国家法律或藐视公德）。

4. 特殊使命：国家利益

作为支撑社会经济发展的特别力量的"国家队"——国有企业，其与生俱来的特殊使命就是国家利益（金碚，2007），这是其权属关系上的公共性决定的。国有企业当然要获取利润，因为员工的工资福利、向权属主体的经济回报、缴纳国家的利税乃至社会责任的具体表达，都需要从利润中来。

若不谈国有企业国家利益这一特殊使命，那么在国有企业中讲践行社会主义核心价值观就显得意义甚微。对企业来讲，通过什么方式或者途径去履行"国家利益"这一使命，从形式上讲，要坚持并发挥当组织的先锋模范作用，加强社会主义核心价值体系宣传教育，保持国有资产保值增值；从内容上讲，要把所承担的特殊使命内化为提升企业竞争力的因素。所谓"把所承担的特殊使命和社会责任内化为提升竞争力的因素"，是指国有企业必须把自己的特殊使命转化为企业的价值观、凝聚力以及管理体制、经营战略、员工行为和文化氛围，成为企业竞争力的核心要素和企业发展的支撑力量。国有企业只有将所承担的特殊使命内化为竞争力的促进因素，才能真正形成核心竞争力（金碚，2007）。国有企业的竞争力不仅要体现在自身的活力上，而且要体现在具有化解风险、保证国家经济安全的能力上。从现实层面讲，内容更重于形式。长虹集团以"产业报国"为企业责任，茅台集团"为国争光"的企业精神，十九冶"西部铁军"的社会形象，都很好地将社会主义核心价值体系融入企业伦理的具体内涵之中，形成企业特有的软实力（Tang & Li, 2012），并不断促进企业自身竞争力的提升。

需要提出的是，国有企业讲国家利益履行特殊使命并与其遵循一般企业的普适价值不相矛盾。一般企业理论认为，企业是一系列契约的联系，其内在遵循的是博弈均衡的原则（张思强，2008）。国有企业遵循普适价值是基于企业的一般属性，遵循国家利益是基于其权属公共性。这两个伦理规范互补排他，在诸如回报股东权益等伦理规范上甚至完全一致。

国有企业践行社会主义核心价值体系的上述四个维度，分别从不同的层面对国有企业的企业伦理进行了诠释。普适价值是国有企业作为企业主体的基本伦理规范与伦理诉求，也是国有企业生存发展的价值条件与伦理前提；限度生存与生态协调是社会对企业发展状态的社会监约与愿景，同时也是国有企业践行社会主义核心价值体系的内在要求；而国家利益是国有企业践行社会主义核心价值体系的逻辑起点与终极目标。

五、结　语

国有企业践行社会主义核心价值体系是由国有企业的公共性决定的，其伦理学机理在于正确认识企业管理中"人""欲""权"的关系协调问题。国有企业践行社会主义核心价值体系的伦理学路径有四个维度：确立以普适价值为基本的功利取向；明确以限度生存为范围的发展原则；注重以生态协调为目标的伦理动因；突出以国家利益为特征的特殊使命。其中，国有企业遵循普适价值是基于企业的一般属性，遵循国家利益是基于其权属公共性，二者互补排他、协调统一。

理论篇

实　践　篇

文化为魂，品牌塑形，
推进"西部铁军"文化品牌建设

田 野

（中国十九冶集团有限公司）

中国十九冶诞生于"大三线"时期，并为"大三线"建设立下了不朽的功勋，建成了举世瞩目的西部钢铁钒钛之都——攀枝花钢铁钒钛基地。艰苦的创业环境孕育了"艰苦奋斗、追求卓越"的企业品质，锻造了具有钢铁般意志的"西部铁军"。

中国十九冶集团有限公司是以从事工业与民用建筑为主的综合性大型施工企业。作为全国唯一一家独立承担从冶金矿山到烧结、焦化、炼铁、炼钢、轧制全流程施工的企业，先后在国内 30 个省、市、自治区，香港特别行政区以及德国、英国、意大利、卢森堡、约旦、巴基斯坦、巴布亚新几内亚等国家承建过和正在承建冶建、房屋建筑、市政工程和交通、能源、建材、化工、电力、水利等行业的各类工程项目。创造了"鲁班奖"、国家优质工程奖等 100 多项国家、省（部）级优质工程和优质产品，多次荣获全国施工企业管理优秀奖、全国先进施工企业、全国施工企业技术进步先进企业、全国"五一"劳动奖状、抗震救灾先进集体等奖项和荣誉。中国十九冶首创的"西部铁军""文化—品牌"双核心管理受到企业界和学术界关注。

一、"西部铁军"文化渊源与建设历程

（一）红色根苗，血脉传承，基因萌芽（1966—1989）

1964 年 5 月 15 日，中共中央做出建设三线的重大战略决策。毛泽东主席指出，必须把三线的重工业特别是钢铁工业搞起来，这样，军事工业才有基础。1965 年，响应党中央的号召，全国冶金工业战线的优秀人才汇聚"七擒孟获"的不毛之地，开始了中国首个完全自主知识产权的钢铁基地建设。1966年 6 月 1 日，中国十九冶在攀枝花应运而生，负责攀钢和矿山建设，以冶金指

挥部体制统辖勘察、设计、施工、生产，对外又称第二指挥部，代号为二号信箱。

半个世纪前的攀枝花，南距昆明三百多公里，北距成都七百多公里，没有铁路大动脉，没有大城市依托，山高谷深，乱石嶙峋，在此建钢厂，难度可想而知。十九冶人在不毛之地扎下营盘，面对的是无路、无水、无电、无房的原始环境。但十九冶人头顶青天，脚踏荒山，激情豪迈，披荆斩棘，三块石头支口锅，帐篷搭在山窝窝；住的是干打垒，睡的是棒棒床；瓢舀金沙江水，夜伴狼嚎入眠。1970 年 7 月 1 日，攀钢一号高炉建成投产，十九冶人以汗水和热血，以巧夺天工的创造力，在一块仅 2.5 平方千米的坡地上，依山水之势建成了举世闻名的"象牙微雕"钢城、中国钒钛之都。

中国十九冶的创业历史承载了三线建设——首次西部大开发的国家使命。正是在那激情似火的年代，为革命不惜献身的岁月，十九冶人喊出了"革命加拼命，拼命干革命"，"搞建设四海为家、干革命一心向党"，"不想爹不想妈，不想孩子不想家，一心想着攀枝花，不出铁水不回家"这样的口号。

创业者用几代人的青春、热血，甚至生命炼铸了以自我牺牲为核心，以艰苦创业为内容，以自力更生为基础，以开拓创新为支柱的企业文化基因。这些文化基因，是中国十九冶的宝贵精神财富，它们通过一代代员工的言传身教，不断在十九冶人中传承。正是这种文化基因的传承，十九冶人成长为一支作风过硬、特别能战斗、特别能吃苦、特别能奉献的威武之师，被誉为"不穿军装的解放军"。

这些企业文化基因，既符合当时社会主义建设任务的核心价值要求，又具有十九冶人在特殊环境中形成的个性。十九冶的企业文化基因萌芽，是红色年代的血脉传承，是那个时代企业弘扬社会主义核心价值体系的典范。

（二）出山入海，二次创业，理念创新（1990—2003）

1989 年，攀钢二期工程建设进入高峰期，随之而来的是中国十九冶施工任务锐减。如果仅靠攀枝花这方有限的天地，根本无法解决几万人长期吃饭的问题。于是增强企业的竞争意识，及时适应市场经济的大潮，走出峡谷、走向全国、走向世界成为企业发展的必然选择。自此，中国十九冶步入计划经济向市场经济转型的"二次创业"旅程。

中国十九冶主动出击，沿长江流域的西南、华中、华东、华南等地区展开了激烈的市场角逐，以其特有的胆识和勇气在竞争中再次为企业发展夺得战略制高点，谱写了一曲酣畅淋漓的"出山入海"二次创业的壮歌。十九冶人以坚韧不拔的精神，咬紧牙关，自力更生，艰苦奋斗，从"等、靠、要"的计划依赖型企业发展到自己造血，自己发展，自己壮大的拓展型企业，创造了老三线大型国有企业转型的成功范例。

中国十九冶在二次创业中所展现的精神和理念，既秉承了自己的红色传统，又在市场拼搏中总结出了市场导向的服务精神，体现了国家经济转型对国有企业机制转变的核心价值要求，是转型时期企业弘扬社会主义核心价值体系的典范。

（三）北上东进，西部铁军，双核管理（2004—2012）

1997 年，我国钢产量突破一亿吨大关，国家又开始对工业产业结构进行大规模调整。冶金行业从量的扩大转向质的提高，致使基建投资减少，市场萎缩。经济大环境带来的风云骤变让许多三线企业猝不及防。在完成攀钢二期工程后，一直以来为企业提供"活水"的源头霎时间断了。此时的中国十九冶处于一个非常艰难的境地，企业的生存和发展面临着前所未有的严峻挑战。2003年，公司现任领导班子上任伊始，就提出"重心北移"的设想，力图将公司的业务向以成都为中心的西部腹地和沿海发达地区为主要市场的区域发展，这就是后来的"北上东进"战略的雏形。"北上东进"战略的实施，对其后以成都为中心的"西部市场核心"形成强力支撑，不仅提升了市场的竞争能力，而且增强了企业的综合实力。

2004 年，公司现任领导班子认识到，在市场的激烈竞争中，建筑行业赢得市场的关键要素除资金、技术外便是施工队伍的竞争，而施工队伍的塑造必须依靠企业文化和品牌。为此，公司在对"得天独厚"的历史文化资源进行挖掘、整理、提炼的基础上，响亮地提出打造"西部铁军"文化与品牌，并将其作为一种战略予以实施。

"西部铁军"文化与品牌的内涵是："西部铁军"意指中国十九冶总部地处中国西部、在西部诞生成长，是一支西部地区建设行业的精英之师；是一支忠诚贯彻党和国家方针政策、坚决执行集团公司战略决策，决策力卓绝、执行力到位的忠义之师；是一支不穿军装、作风过硬、征战南北、在任何条件下都能生存发展的威武之师；是一支永远以国家利益和民族利益为最大利益、以国家安全为最大责任、尽力为繁荣地方经济、提升行业发展水平、强壮国家竞争能力不断拼搏的责任之师；是一支以优秀企业文化为依托，以创建现代企业制度和一流的资源配置为手段，以人为本、以和谐为重，高知名度、高认可度、高信誉度的文明之师。

"西部铁军"文化与品牌的内涵确定，顺应了行业和竞争的要求。作为服务行业的建筑行业，其所给予客户的不是冷冰冰的产品，而是面对面的交流和体验。能否取得客户的认可和信任，不仅仅取决于资金、技术等资源要素，更重要的是取决于员工队伍即"人"的要素，取决于企业所拥有的资源实实在在给予客户的便利和帮助。

传统的品牌管理只注重产品和服务的宣传，达到销售目的就是品牌管理的终点，往往忽视企业内部管理的宣传和承诺。传统的企业文化管理注重企业文化对员工行为的约束和管理，对员工行为与外部客户和公众的互动以及对企业品牌的影响关注不够，企业文化的外部作用偏向企业的形象宣传而与产品和服务联系较少。因此，企业品牌与企业文化往往产生脱节甚至割裂的现象。而服务行业更是如此，企业的内部管理和企业文化都通过员工与客户的人际接触迅速传递。有鉴于此，中国十九冶与四川大学合作，进行"文化—品牌"双核管理的研究，提出了"西部铁军"不仅是中国十九冶的企业文化，也是中国十九冶的品牌。"西部铁军"的文化价值观，既是中国十九冶的企业文化价值体系，也是中国十九冶的品牌价值体系。企业文化和企业品牌的作用相互延伸，相互渗透。企业文化不仅统一企业内部的员工思想、约束员工行为，还延伸到企业外部，通过员工的言行传递给客户，让客户认知企业品牌价值观。企业品牌价值观不仅表达了公司向外宣传的产品和服务品质承诺，还延伸到企业内部，要求员工在工作中时刻牢记品牌诉求，牢记对客户与公众的承诺，随时用行动来维护和兑现这个承诺。"文化—品牌"双核管理是言行一致、内外统一的企业文化和品牌建设管理模式，是企业文化管理和品牌建设的有益实践。

二、"西部铁军"文化建设途径

近几年来，中国十九冶得以健康持续发展，概括起来就是"一手找活，一手抓魂"，即一手抓经济建设，一手抓文化建设。"西部铁军"文化建设是一项系统工程，中国十九冶主要从以下十个方面进行企业文化的建设，使"西部铁军"文化内化于心、外化于形、固化于制，提升企业的核心竞争能力。

（一）科学凝练与构建公司核心价值体系

2003 年，中国十九冶新班子上任后，深切意识到公司核心价值体系构建的重要性。通过上下互动、内外结合、借助外脑等方式，进行公司核心价值体系的凝练，对企业自身历史文化进行深度挖掘与系统整理，梳理与凝练出企业长期积淀下来的独特的优秀核心价值体系，即以"努力成为国内国际最优秀的建筑承包商"为愿景、以"勇担脊梁责任，彰显央企风范"为使命、以"传承铁军魂，永开英雄花"为宗旨、以"诚实守信，同进共赢"为核心的中国十九冶核心价值体系。

（二）注重"西部铁军"文化品牌与企业发展战略的融合

企业战略是企业具有全局性、长远性、前瞻性和根本性的综合体现。企业要发展，必须要有企业战略。企业要让客户认识、接受、信赖，就一定要通过文化品牌来传递企业的战略；企业要让员工愿意传递文化品牌承诺，就必须统一员工的思想，让员工有奋斗的方向。因此，"西部铁军"新一任领导班子上任之初，就对企业方方面面的情况进行了详细摸底，找到问题症结，重新对企业战略进行了定位，开始了自觉的"西部铁军"文化品牌建设历程。

中国十九冶成长于计划经济时代，长期在攀枝花封闭的地缘里生产、生活，缺乏战略谋划，企业管理粗放，资金严重匮乏，社会负担沉重。如何负重爬坡、迎难而上、置之死地而后生？这是当时每一个十九冶人必须面对而又必须回答的问题。思路决定出路，只有正确的观念才能找到正确的思路。2004年2月，在新班子上任不久后，重新对企业战略进行了选择与定位，制定了第一个五年规划——《中国十九冶2004年至2008年发展战略规划》（下称《规划》），其中，主要提出了以下战略："西部铁军"文化品牌战略，大营销战略，"一江八点"战略，"人才强企"战略，"走出去"战略。"西部铁军"文化品牌战略在这些发展战略中起着引领方向的灵魂作用。

在"西部铁军"文化品牌和《规划》的指导下，全体员工思想得到了统一，奋进有了方向，大家同心协力、积极应对复杂多变的市场环境，努力克服企业发展中的种种困难，基本完成了《规划》确定的六大目标，较好地实现了公司经济的持续稳定发展。"西部铁军"文化品牌初步得到了社会各界的认可。

随后，公司又相继制定和实施了《中国十九冶2009—2010年追赶式发展计划》《2011—2015年"三五"发展规划》。在这些战略规划中，"西部铁军"文化品牌战略始终贯穿其中，引领企业健康发展。

（三）开展"观念转变"活动，宣贯企业核心理念

通过各种形式的会议召开与各种活动的开展，让员工了解与熟悉"西部铁军"文化品牌战略与定位，打破因循守旧的思想藩篱，改变故步自封的精神状态，激活生产要素的各种潜能，调动广大员工的积极性和创造性，为员工认同和支持"西部铁军"文化品牌、帮助企业彻底走出困境、转向创新提升的新阶段奠定坚实的思想基础。

2009年上半年，公司围绕企业核心理念开展宣贯实践活动，抓住建设"双力十九冶"这个主题，在抓好自身学习的同时，公司领导班子主要成员根

据责任分工，抓指导、促推进，大力宣贯企业核心价值理念，让每一位员工成为企业核心价值观的践行者。

（四）健全制度，引领员工行为

行为是理念的折射。为了使员工认同并在行为中体现"西部铁军"文化所倡导的公司核心价值理念，为了使客户与公众能够被"西部铁军"文化所宣传的公司核心价值承诺所吸引，并能在施工项目与员工身上验证公司核心价值承诺，中国十九冶通过健全制度、创新机制的方式，将"西部铁军"文化所倡导的公司核心价值体系在不同平台上进行了制度化与行为化。通过各项管理制度、企业文化手册、"西部铁军军规"等，使员工对"西部铁军"文化的要求直观掌握，并通过深入班组的企业文化操作，实现了"西部铁军"文化的落地。

（五）制定企业文化发展规划，推进 CIS 系统建设

中国十九冶通过制定成文的《企业文化建设发展规划》，把企业文化建设工作作为常规工作、例行工作来抓，在编印《解码西部铁军》《西部铁军文化与品牌》等书籍与制定"西部铁军军规"的基础上，进一步推进 CIS 系统建设，对公司 LOGO、旗帜、文明工地标准配置、管理人员、现场施工人员着装等统一标识，塑造企业新的形象；努力办好《中国十九冶报》《铁军魂》杂志和中国十九冶网站等内部媒体，精心制作公司各种专题片、形象宣传片、宣传画册等，全方位推进 CIS 系统建设。

（六）注重"西部铁军"文化与品牌对营销工作的指导

营销工作是企业的龙头和第一车间。在冶炼与民建市场上，市场竞争异常激烈，企业争夺客户成本日益提高。如何与客户之间建立并维系一种长期紧密的关系，获取客户对本企业的长期好感，降低企业营销成本，成为企业不可回避的重要问题。

首先，我们通过"西部铁军"文化品牌建设，实施确定"大营销、大项目、大突破"战略，形成总部统一领导，区域间密切配合，集社会资源开拓市场的大营销格局，彻底改变过去分公司"本土市场"观念，全公司形成以市场为先、一手抓国内、一手抓国外；一手抓主业、一手抓多元；一手抓当前、一手抓长远的市场营销局面。在此格局下，又根据市场风云变化，确定了在"大营销"战略下的非 EPC 战略、西部市场核心战略和"走出去"战略，逐步打开了企业抢占市场制高点的通道，为企业持续健康发展发挥了重要作用。

其次，在营销过程中，我们把客户的要求和利益放在第一位，充分相信和

依靠员工，为业主提供满意的产品和优质的服务，并不断满足业主新的要求，寻求新的市场机会。树立创新观念，与时俱进；树立远大目标，开拓新的市场；树立效益观念，用尽可能少的劳动消耗与资源占用，提供尽可能多的符合社会需求的产品和服务。

第三，坚持"西部铁军"诚信文化，积极参与市场开拓，主动与业主、承包方沟通和交流。用真诚、热情和吃亏耐劳去赢取业主的信任，以"今天的现场是明天的市场"及"干一项工程，树一座丰碑"的思想去争取客户并接受客户的检验；想客户之所想，急客户之所急，力争与客户建立良好的长期合作、同进共赢关系。

（七）注重"西部铁军"文化与品牌在项目和现场管理中的重要作用

我们坚信，文化与品牌不是制造出来的，而是一步步干出来的，靠一个又一个工程项目的出色表现，靠一个又一个出色的业绩锻炼出来的；我们强调，对文化品牌的承诺要贯穿于日常工作中和各个环节、各个步骤各个节点上。我们的施工质量，为业主服务的水平，一言一行，都要体现"西部铁军"文化与品牌形象，满足与超越客户期望。在每一个项目上，在每一个车间里，甚至在远离祖国的荒漠和热带丛林中，我们都以自己的实际行动诠释着"西部铁军"铁的纪律、铁的作风、铁的品质及招之即来、来之能战、战之能胜的丰富内涵及精神实质。

第一，以项目为平台，注重队伍核心竞争力的打造。从生活、工作安全、职业发展等多方面关心员工，努力创造和谐环境，增强队伍凝聚力；引导员工从安全生产、质量控制、施工进度等方面认真做到对岗位负责、对班组负责、对公司负责，努力提升"西部铁军"的知名度和美誉度；要求员工用铁军将士的品质来严格要求自己，用行动展示"西部铁军"形象，诠释"西部铁军"内涵；在施工一线，中国十九冶所有项目部统一执行项目视觉识别系统。

第二，以项目为依托，培育员工的适应能力、学习能力与创新能力。因为我们承接的项目遍布国内外，常常面对艰苦的陌生环境、不同的文化风俗习惯、不同的法律制度以及新的技术难题等等，所以，我们非常强调员工的适应能力、学习能力与创新能力的培养。自 2005 年以来，中国十九冶有 23 项成果通过市级鉴定、18 项成果通过省部级鉴定。"热带雨林及复杂地质条件下路基施工技术研究"等 17 项科研成果通过中冶集团科技成果鉴定，其中两项达到国际先进水平、4 项达到国内领先水平，其余 11 项均处于国内先进水平。

第三，以项目为手段，强调实现与超越业主满意。为了体现"西部铁军"文化品牌承诺，实现与超越业主满意，我们不畏艰苦，不怕困难，追求卓越。

在接手项目时，常常由于初次合作，现场施工管理思维上会存在差异，导致进场就面临着质疑，给工程施工带来一些困难。为了克服这些因素带来的影响，我们在施工中主动从业主的角度去看问题，主动与业主交流，利用我们多年的施工经验，帮助优化、完善施工设计，赢取业主、总包信任。而且，在项目施工过程中，常常会遇到资金紧张、工期超短、图纸晚到、天气恶劣等困难，但是，为了在保证优质、高效的前提下按时或者提前完工，"西部铁军"全力以赴，通过积极创新、优化设计、加班加点，坚持不懈，绝不退缩，使工期向着目标快速挺进。在巴布亚新几内亚等国外项目，员工们自发地喊出"西部铁军，祖国放心"的口号，身体力行，践行自己的诺言。

随着"西部铁军"承建的各种项目在国内外的纵深推进，"西部铁军"文化品牌知名度和美誉度日益扩大，在此基础上，"西部铁军"文化品牌正走向海外，得到更加广泛的认可。

（八）注重"西部铁军"文化品牌与员工培养的结合

"西部铁军"作为一个队伍品牌，一个企业文化品牌，与传统的产品品牌建设存在很大区别。传统的产品品牌建设关注外部品牌形象，企业文化建设则强调企业文化的内部整合作用；而"西部铁军"的品牌建设是队伍品牌建设，是企业文化品牌建设，必须保证对外部客户的品牌承诺的真实性，并在企业内部有着坚实的支撑。

如何让企业员工坚信"西部铁军"对外的品牌承诺，用心加深与客户交往的信任度，确保企业行为与客户期待相互印证，达到客户的"信"，从而快速适应外部需求，同时实现内部整合，提升品牌形象，促进企业绩效，这成为我们人力资源工作的导向。因此，我们制定了以"人力资源管理创新"为主线、"企业文化创新"为纽带的"创新"战略，绘制了"创新用人机制、激活人力资源、提升人力资本、培养核心人才，努力创建一支招之即来、来之能战、战之能胜、百战百胜的西部铁军队伍"人才战略蓝图，锻铸"西部铁军"脊梁。

第一，为了保证企业员工对"西部铁军"文化品牌有一个非常清楚的了解和认识，在与客户交往时，能够展现出与"西部铁军"文化品牌承诺一致的态度和行为，我们特别强调建设以品牌为导向的企业文化，全面宣贯"西部铁军"品牌核心价值观，增强员工对企业与品牌的认同感。在新员工引进工作中，不仅仅考虑其专业技术水平，也非常看重其是否认同我们的品牌价值观、企业价值观；同时，我们十分注重培养和提拔符合品牌发展规划的企业人才，建立符合市场原则的激励约束机制。

第二，优化企业人才结构。五年来，我们在大幅减员的基础上，新招大学毕业生 917 名，其中本科以上 763 名；涌现出国家级的优秀项目经理、高级职业经理人和专家 25 名，省级优秀项目经理及在各条战线上的创新带头人 13 名，市级优秀企业家、有突出贡献专家及学术带头人和评标专家 22 名。同时，拥有一大批包括教授级高工在内的各类专业技术人员和高技能人才。

第三，为了打造一支敢管会理、降本增效的经营班子和工作团队，公司大胆地进行了符合市场原则的激励约束机制改革。一是，对二级单位经营领导班子实行年薪制，激励二级单位扭亏、盈利、争创高效益；二是，对两级机关管理人员实行绩效工资，以工作业绩来评判机关人员的工作态度和管理水平，进而提高服务水平；三是，对一线工人实行定额工资，彻底打破平均主义的大锅饭；四是，对项目管理人员，分类进行项目管理目标责任考核，并根据中间、终结绩效考核结果实施奖惩；五是，对专家、技师实行津贴工资，对有突出贡献的人才实行重奖。同时，公司还建立了"平者让、庸者下、能者上"的用人机制，出台了《干部考核办法》和《领导干部问责制度》，在不拘一格选拔人才的同时实施"责任风暴"。

（九）推进企业社会责任建设，提升"西部铁军"文化品牌形象

企业社会责任是中央企业"做强做优、世界一流"目标的内在要求。我们在社会责任建设方面主要从三个方面入手：一是努力做好主业，保证承接的每一个项目都质量过硬，构建和谐社会；二是对利益相关者负责，包括员工、员工家属、合作伙伴，构建和谐组织；三是，承担起央企应承担的社会责任，为所在社区、弱势群体提供帮助，构建和谐社区。在中国十九冶发展史上，责任从来没有旁落过，早期有三线建设、中期有国家重大工程项目建设、近期有抗震救灾和灾后重建，今后还有环保、节能、生态、社区、员工培训等。中国十九冶一直以"勇担脊梁责任、彰显央企风范"为动力，尽到其央企的责任，使"西部铁军"文化品牌内涵更加丰富，魅力更加恒久。

（十）"西部铁军"文化品牌双核管理为企业推行社会主义核心价值体系提供了现实可行的路径和方法

中国共产党第十七届中央委员会第六次全体会议通过的《中共中央关于深化文化体制改革推动社会主义文化大发展大繁荣若干重大问题的决定》中指出：社会主义核心价值体系是兴国之魂，是社会主义先进文化的精髓，决定着中国特色社会主义发展方向。必须强化教育引导，增进社会共识，创新方式方法，健全制度保障，把社会主义核心价值体系融入国民教育、精神文明建设和党的建设全过程，贯穿改革开放和社会主义现代化建设各领域，体现到精神文

实践篇

化产品创作生产传播各方面，坚持用社会主义核心价值体系引领社会思潮，在全党全社会形成统一指导思想、共同理想信念、强大精神力量、基本道德规范。

作为社会最基本的经济细胞的企业，不只肩负着创造物质财富的经济责任，而且也肩负着推行社会主义核心价值观的重要精神文化责任。中国十九冶在推行社会主义核心价值体系方面做了一些有益的探索：

一是，中国十九冶是社会生产力的承担者，努力让自己创造的产品和服务是物质财富和精神财富的复合体，让产品和服务除了具有物质功能外，都附加有精神功能。通过公司承担的工程建设，让用户和社会体会到"西部铁军"文化品牌倡导的"诚实守信、同进共赢"价值观。

二是，中国十九冶是生产关系的践行者。在生产经营中，努力处理好资本和劳动力之间的关系，既能保证资本的合理回报，也要保证员工的工作生活质量。通过生产关系的调整，中国十九冶致力于创造和谐的劳资关系，推行敬业、忠诚、团结、进取的企业精神价值。

三是，中国十九冶是所在企业生态系统微观中枢，连接着员工、顾客、供应商、政府、社区等利益相关者，相互之间是社会共生关系。中国十九冶的价值判断和行为方式极大地影响着利益相关者的福利，也极大地影响着这些利益相关者的价值观念。中国十九冶努力遵循社会主义核心价值体系进行经营活动和教育员工、影响利益相关者，努力让社会主义价值观体系成为活生生的生产力、生产关系和社会关系。

四、结语

中国十九冶通过提"神"炼"魂"，使"西部铁军"魂有所聚，魂有所系。"西部铁军"文化是中国十九冶健康持续发展的不竭动力。

红色根苗，血脉传承。致力于"西部铁军"文化品牌建设的中国十九冶，通过"自在"与"自为"的互动，文化建设和品牌建设协同发展，双核并驱，相促互动，交替上升，不断从社会主义核心价值体系中吸取养分，形成了独具特色的"文化—品牌"双核管理模式。我们将充分利用这次研讨会学习交流的机会，进一步改进和提升我们的企业文化管理，把握先进文化的前进方向，让"西部铁军"文化为企业推行社会主义核心价值体系建设做出自己应有的努力。

云岭路桥工程公司在"创先争优"中不断加强党建工作的几点做法

龚云娥

（云岭路桥工程公司）

云岭路桥工程公司从成立以来近六年的时间，在省公路投资公司党委的领导下，公司党委坚持"围绕中心抓党建，抓好党建促发展，检验党建看发展"的工作思路和原则，在抓稳定、促和谐、谋发展中，公司逐步在市场中站稳脚跟，"云岭新路桥"品牌也初步显现，得到了上级组织的好评。具体做法是：

一是找准切入点，将党建工作融入公司生产经营发展中，发挥好党委的政治核心和保障作用。公司作为最基层的生产经营单位、基层党组织就是要确保和抓好生产经营任务的贯彻落实，做到哪里有项目，哪里就有党支部，哪里有险情，哪里就有党员突击队。就是要充分发挥好党支部的战斗堡垒作用和党员的先锋模范带头作用。在 2010 年迎国检养护大修任务中，提出"国检树品牌、创先我参与、项目铸团队、争优争先锋"主题实践活动，"党员突击队""青年先锋队"在快速、安全、优质完成任务中发挥了战斗堡垒作用和先锋模范带头作用。在保山市瓦马乡发生特大泥石流自然灾害后，公司六曼党总支党员应急抢险队伍发扬"不排除险情不离开"的精神，保障通往灾区的"生命线"畅通。每年公司都要组织党员突击队到滇东养护路段开展"应急抢险、抗冰除雪"，保春运、保畅通。同时，在不同岗位上设置"党员先锋示范岗"，开展党员身边无事故、党员安全监督岗等活动。

二是找准结合点，将党建工作融入公司文化建设、品牌建设中，为公司实现科学发展营造良好的内外环境和氛围。文化是企业凝聚力和创造力的重要源泉，也是企业核心竞争力的主要体现。公司近几年在总公司"路畅人和"母文化创建活动中，积极开展以"同铸基石路"为理念的、具有自身鲜明特点的"云岭新路桥"子文化建设活动，推出了《企业文化手册》《项目文化手册》《员工行为手册》三项成果，制定了《施工项目管理手册》《养护管理办法》等八十多项管理制度和办法。在公司开展的以"理顺结构、严格管理、强化执行"为主题的管理年活动中,公司凝聚人心,启动"质量兴企、科技兴企"战略。2011年10月对公司成立五年来承建的十余个项目进行回访的结果看,合格率达100%。其中,安宁太平新区主干道二期工程BT项目获得了云南省优质工程一等奖,六曼代建管理课题通过省交通运输厅专家评审定为国内领先水平。

三是找准关键点,将党风廉政建设融入党员、干部的思想政治教育管理中,努力创建文明单位、平安单位。坚持"三重一大"集体议事制度,强化对管人、财、物等重点岗位的监督,与昆明市人民检察院开展路地共建廉政单位活动,共同开展廉政文化"十个一"活动(即签一份"廉政建设责任书"、开一次廉政教育课、办一次廉政文化征文活动、搞一个廉政文化宣传栏、读一本廉政书籍、观看一部廉政影片、召开一次廉政建设座谈会、组织一次廉政建设参观警示教育活动、写一篇廉政学习心得、出一本《廉政文化手册》),在公司内外营造文明、平安、和谐氛围。被省检察院和总公司联合表彰为预防职务犯罪、路地共建廉政单位先进集体,公司先后获得区、市级文明单位、平安单位,通过了省级文明单位、省交通运输厅精神文明创建先进单位的考评。

四是找准落脚点,以党建带工建、团建,实现公司科学发展、和谐发展、跨越式发展。积极支持、指导公司工会、共青团开展各项工作,在"创先争优""安康杯"竞赛、"三优四小五型""和谐家庭""平安家庭""让爱随高速公路延伸"和组队参加总公司运动会、文化艺术周等活动中,都取得优异成绩,被评为云南省"工人先锋号",获得云南省五一劳动奖状、全国加快交通基础设施建设重点工程劳动竞赛优质工程奖等,凝心聚力,为公司实现又好又快的发展提供人力、智力和动力保障。

五是找准关注点,把"四群"教育抓牢、抓实,切实解决职工群众最关心、最直接、最现实的问题。"面对面深入基层、心连心服务职工"是公司党委抓"四群"教育的出发点。为此,公司投入30多万元改造职工食堂,10多万元建立以铁飞燕名字命名的职工书屋和职工活动室,和41名优秀劳务派遣员工签订劳动合同,购买住房公积金,为一线养护点上的职工配备了消毒柜、电磁炉等生活用品,为嵩明、水富等地职工建盖和购买职工集体宿舍。把"四群"教育向外推广,为昆东管理处、昭通管理处解决职工之家宽带网建设和收费洗衣房建设。积极参与公司挂钩点劳动,为沾益县海子铺村和小海子村投入128.6万元资金,硬化了2.2公里村内道路,解决了村民出行难问题,充分彰显了云南公投"路畅人和"核心价值观,"云岭新路桥"的品牌形象深入人心。

以上是我公司围绕企业的发展开展党建工作的几点做法。当然，企业的党建工作作用发挥得如何，很大程度上取决于党委书记对自身定位的认识和党委一班子人发挥的情况。笔者认为企业的党委书记首先要认识到企业的中心任务就是组织好生产、搞好经营、提高效益、科学发展。企业党委必须围绕企业的中心任务抓好党的建设，做好企业员工的思想政治工作，调动广大员工的工作积极性和创造性。为了把握企业的发展方向，党委书记要摆正自己的位置，放平自身的心态，而不要与行政领导论高低、争功劳、比权力，多协商、多沟通、多补台、分工不分家。只有确保企业行政领导在企业的地位并能够正确行使经营权，企业经济效益提高了，企业发展了，职工利益有了保证，生活质量有了改善，才能视之为真正的政绩。其次，就是讲团结，关键在于党政主要领导要有大局意识，无私奉献的精神，要有推功揽过的胸怀，要同行政一把手处成好同志、好搭档、好朋友。要千方百计使党政领导班子、党员队伍、职工队伍团结得像一个人一样，做到同心同德、同心同向，凝聚起企业的一切力量聚精会神谋发展，一心一意搞建设。"人心齐、泰山移。"团结出生产力、出战斗力、出实绩、出和谐、出干部。最善于团结和与人合作的人是最有力量和智慧的人，也是最和谐的人。第三，增强服务意识，提高服务本领。做好服务基层、服务职工的工作，工作在一线、干部在一线、解决问题在一线。多做稳人心、暖人心、聚人心的工作，为民惠民是我们一切工作的关注点、出发点和落脚点，也是我们做好工作最坚实的保障。力争做一个"提得起，放得下，品行正，表率好"的党委书记。

总之，企业党建工作就是要紧紧围绕着生产经营和公司的发展，使党组织、行政组织、群团组织及每个人都能围绕公司发展的目标一道成长、和谐发展，把公司营造为大家美好的心灵港湾和共同的精神家园。这应是我们一切工作的出发点和落脚点。

弘扬东汽精神与文化强国思考

刘志前　邓艳梅

（东方汽轮机有限公司）

　　文化是民族的血脉，是人民的精神家园，是政党和国家的精神旗帜。当今时代，各种思想文化交流、交融、交锋更加频繁，文化在综合国力竞争中的地位和作用更加凸显，维护国家文化安全任务更加艰巨，增强国家文化软实力、中华文化国际影响力要求更加紧迫。没有文化的积极引领，没有全民族精神力量的充分发挥，没有人民精神世界的极大丰富，一个国家、一个民族不可能屹立于世界民族之林。物质贫乏不是社会主义，精神空虚也不是社会主义。随着经济建设的迅猛发展与科学技术的日新月异，当代中国现已进入全面建设小康社会的关键时期和深化改革开放、加快转变经济发展方式的攻坚时期。在此时期，文化越来越成为民族凝聚力和创造力的重要源泉、综合国力竞争的重要因素、经济社会发展的重要支撑以及人民对经济文化多样化需求的新期待。党的十七届六中全会为此及时对我国社会主义文化建设进行专门的研究和部署，并以打造文化软实力作为强国目标和以满足人民群众基本文化需求作为出发点和落脚点，向全党、全国提出"建设文化强国"的战略任务和奋斗目标。

　　与此相应，经历抗击"5·12"特大震灾血与火的洗礼和考验，传承与发扬胡锦涛总书记、温家宝总理等党和国家领导人一致首肯高度评价，李长春同志亲自总结提炼的"不怕牺牲、敢于胜利，坚韧不拔、艰苦创业，自主创新、勇攀高峰"的东汽精神，也在社会各界达成共识并在工交战线掀起学习的热潮。作为弘扬时代主旋律与构建社会主义核心价值体系的重要载体和组成部分，这也是通过塑造我国新时期精神标杆来提振人们的士气和鼓舞人们的斗志，从而对促进各项工作及事业提供强劲有力的精神支撑和前进动力。东汽作为我国大三线建设重点布局的骨干企业与研发制造大型火力、核能、风力，以及重型燃气轮机、太阳能光伏发电设备的重型装备与高新技术龙头企业，本身的产品技术含量、资本有机构成以及对员工队伍素质的整体要求都很高，从而是一个典型的资金、技术和智能密集型企业。传承与弘扬"灾难彰显、历史铸就、时代催生"的东汽精神更应牢固确立"文化自觉、文化自信、文化自强"的观念意识和责任使命，通过建设先进文化以及培育形成以社会主义核心价值体系为灵魂的企业文化、校园文化和社区文化，凝练形成导向鲜明、各具特色、富有凝聚力的行业精神文化，着力于增强参与经济全球化进程的市场竞争力、核心竞争力与国际竞争力，努力打造使经济社会具有发展后劲与生机活力的文化软实力。因此，对于追求"文化强国""文化兴企""文化立业"为己任的企业员工与各行各业来说，尤其应结合本地本职工作实践深入思考、探索和实践。

一、坚持观念意识上的"文化自觉"，重在统一思想、提高认识、认清形势、明确任务，切实增强建设"文化强国"的责任感和使命感

党的十七届六中全会精神内涵丰富、寓意深刻、高屋建瓴、统领全局，全会通过的《中共中央关于深化文化体制改革推动社会主义文化大发展大繁荣若干重大问题的决定》（以下简称《决定》），理论上有新概括，政策上有新突破，举措上有新实招，具有很强的政治性、战略性、指导性，更是当前和今后一个时期指导我国文化建设的纲领性文件，必将深刻影响中华民族文化发展的走向和未来。《决定》中格外鲜明突出、引人注目的重要内容包括，与时俱进地提出了"文化自觉、文化自信、文化强国"等一系列新的思想观点和价值取向。这犹如春风化雨对搞好文化建设注入了强劲动力和旺盛活力，尤其对于弘扬中华民族优秀传统文化使之成为传承民族精神、提升文化素养、规范道德行为的重要力量，全面贯彻"二为"方向、"双百"方针和"三贴近"原则，坚持以科学的理论武装人，以正确的舆论引导人，以高尚的精神塑造人，以优秀的作品鼓舞人，建设先进文化和中华民族共有精神家园，坚持中国特色社会主义文化发展道路，指明了前进方向并提出了新的任务和更高要求。

坚持"文化自觉"主要是以"天下兴亡、匹夫有责"的宽广胸怀和高尚情操，倡导一个国家或地区发展的精神启蒙以及对文化的深刻认知和自我觉悟，包括自觉认识文化在综合国力竞争当中的重要地位和影响作用，切实把握文化建设的特殊规律及其提高文化对历史进步、社会前行、人民幸福的时代担当和重要职责。尤其将推动社会主义文化大发展大繁荣纳入经济建设、政治建设、文化建设、社会建设"四位一体"的中国特色社会主义建设的总体布局，成为

建设富强、民主、文明、和谐的社会主义现代化国家的重要内容。这就促使我们国有企业与各行各业都应立足自身从眼前做起，始终坚持并牢固树立诸如科学技术是第一生产力，文化是软实力，人是生产力第一要素，创新是一个民族活力的源泉，依靠教育固本强基等重视人才培养、素质教育、智力支撑、精神激励的思想观念，继续实施包含科教强企、科教兴校、科教立业等在内的"科教兴国"发展战略，坚持把生产发展、经济建设与社会文明纳入依靠科技进步和提高劳动者和全体公民素质的轨道上来，深入落实"以人为本""全面协调可持续"和"统筹兼顾"的科学发展观，切实肩负与履行"文化强国"建设的重要责任和神圣使命。

二、坚持理想追求上的"文化自信"，重在对照差距、找准位置，奋起直追、跨越发展，继续增强"文化强国"的压力感和紧迫感

文化自信首先是对中华民族优秀的传统文化、我们党领导人民创造的先进文化与社会主义核心价值体系，尤其是全国各族人民共同认定选择的，坚持用马克思主义中国化的最新成果武装头脑、指导行动，坚持用中国特色社会主义的共同理想凝聚力量，坚持用以爱国主义为核心的民族精神与以改革创新为核心的时代精神鼓舞斗志，坚持用社会主义荣辱观引领风尚等理想信念。其中必然包括对党和国家在革命、建设、改革光辉历程中一贯倡导的长征精神、井冈山精神、延安精神、红岩精神、大庆精神、"两弹一星"精神、航空航天精神和奥运世博精神，还有抗震救灾精神。同时在思想多样、价值多元、思潮多变的当今社会，坚持市场经济条件下的文化多样性与中国化的马克思主义对文化建设一元化指导作用充满自信。而且，全面实现"文化强国"的目标要求确实是使命光荣、任务艰巨，我们对此既要找准位置、抓住关键，又要求实重效、真抓实干，更要将宏观把握落实在微观践行之中。尤其对处于"5·12"特大地震极重灾区的东汽来说，是百业待兴，为此在软硬件建设上要做的工作更是千头万绪和任重道远。

"人无远虑，必有近忧。"尽管几千年来在神州这片物产丰富、人杰地灵的广袤沃土上，我们祖先创造了灿烂的中华文化，并给炎黄子孙留下了"四大发明"等造福人类并具有深厚底蕴的文化遗产。当今时代经过全国各族人民包括东汽员工在内进一步的发明创造和培育积淀，还将给后人提供具有高端科学技术含量、深邃思想文化内涵、精湛艺术创作水准的现代物质文明财富与优秀精神文明成果。然而对照科学发展观的根本要求与强国富民的客观需求，我们现

实距离"文化强国"的目标愿景还相差甚远，祖国历史长期形成的得天独厚的传统和比较优势也并非一成不变，不可能永远高枕无忧而简单一味地赖以依靠。根据国家有关部门的统计分析，我国目前科研文化成果包括文学艺术创作虽然数量众多规模庞大，但绝大多数都令人遗憾地属于模仿、克隆和复制产品，既谈不上发明创造，又没有自主知识产权，从而不可能把握市场走向和引领发展方向。对于东汽所处的四川地区来说，也存在文化产品供给与巨大文化需求不相匹配，缺少展现中国气派、巴蜀风格的精品力作，文化创新能力以及与科技、经济深度融合还不够强等诸多问题。即使像东汽这样研发重大技术装备的支柱产业和龙头企业，目前虽已进军国际市场成为世界制造大型发电设备俱乐部的重要成员，但其许多产品仍消耗的是"煤、气、油"等不可再生能源。对研发核电、风电、光电等清洁高效可再生能源以及追求火电、气电发展的等级规模和质量水平而言，由于还缺乏对核心技术与关键产品的原始创新、集成创新、自主创新等独立自主的发展后劲和综合实力，提升品牌价值、扩大规模效益和壮大发展实力的需求缺口也显而易见。这些必然制约由"东汽制造"向"东汽创造"的迈进跨越，并从微观经济领域影响制约着建设"文化强国"理想目标的顺利实现。按照胡锦涛总书记的谆谆嘱托和温家宝总理的殷切希望，东汽人也清醒认识行业落后之处，尤其是与创办当代"国际一流电力设备企业"目标的明显差距，为此更要增强忧患意识并知耻后勇而奋起直追，真正在打造核心竞争力与国际竞争力上赶超世界先进水平。

三、坚持发展实践上的"文化自强"，重在应时顺势、激流勇进，锐意进取、开拓创新，不断增强"文化强国"的自信心和创造力

文化建设包括普及文化知识、传播先进文化、提供精神食粮，满足人民群众文化需求，保障人民群众基本文化权益的各种公益性、产业化的文化服务。因此，搞好文化产业、文化事业包括繁荣社会科学与文学艺术自然是题中应有之义和重要组成部分，无论对建设先进文化和精神文明，还是对促进经济发展与社会进步，同样具有特殊功能和重要作用。在抗击"5·12"特大震灾过程中，东汽人与灾区人民一样又以"三年任务两年完"的出色努力，创造了重建灾后物质家园与精神家园的新奇迹。在这当中，东汽员工不仅以东汽速度用不到两年时间兑现了庄严承诺，迅速实现新东汽在祖国大地的拔地而起和巴山蜀水的重新崛起，东汽作者还先后以记录三线建设创业发展为背景，以反映抗震

救灾、恢复重建为主线，以弘扬集我国伟大的民族精神、时代精神和抗震救灾精神于一体的东汽精神为主题，连续创作出版了《四川抗震文学书系》，推出了卷帙浩繁长达 80 万字的长篇纪实报告文学姊妹篇《浴火重生》《走向永恒》两部专著。同时成功实现了国家哲学社科基金重点项目"东汽精神在构建社会主义核心价值体系中的传承与弘扬"的申报立项和开题研究。按照上级领导与业内专家的高度评价，东汽人具有前瞻性、突破性的发明创造与著书立说的创新做法在全国企业界也是独树一帜、首开先河的，尤其对虽以生产经营为主与工程技术见长却主动参与人文社科研究创作等公共文化建设的大型国企来说，这确实是很不容易和难能可贵。不仅如此，东汽人震前就在自然科学范畴与社会科学领域取得丰硕成果，总共有数百万字的研究成果和理论文章已在《人民日报》《光明日报》《新华月报》，以及中国人民大学报刊复印资料等全国各级新闻媒体、学术期刊上发表和转载。这也从一个侧面体现了企业员工的"文化自觉、文化自信、文化自强"，并以"坚持经济效益与社会效益两手抓"与弘扬时代主旋律积极向社会奉献精品力作的出色业绩，书写了东汽人与全国人民共同建设先进文化的一个新的传奇。

然而在人类社会发展中，任何一种精神文化都是一定历史阶段的产物，必然具有当时的社会烙印和时代特征。而在促进历史发展、社会进步的实践过程中，只有不断地被注入新内涵和赋予新使命，才能丰富发展并永葆青春活力。特别对"5·12"灾区的人民来说，这也包括坚持物质文明和精神文明两手抓、文化事业和文化产业同发展，不断以思想文化新觉醒、理论创造新成果、文化建设新成就推动各项事业向前发展，在夺取抗震救灾和恢复重建伟大胜利历程中，凝练形成和大力弘扬伟大抗震救灾精神，深入开展感恩党、感恩祖国、感恩人民、感恩解放军、感恩社会活动，培育形成了浓郁的"感恩奋进"文化。所有这些也从文化自觉、自信和自强方面，生动诠释了社会主义核心价值体系。当前，全国上下都为认真落实"十二五"发展规划、全面建设小康社会而全力以赴。在这承前启后、继往开来的新世纪新阶段，建设文化强国也是企业员工与社会各界的共同诉求。由于长期处于大山深处的三线建设艰苦环境，没有"天时地利"但求"人和"优势的东汽人，一直格外注重企业党建工作、思想政治工作、精神文明建设以及具有"人和"特色的企业文化建设，以此不断为企业生存发展和参与市场竞争提供强劲动力，同时为提升员工幸福指数和增强队伍归属感凝聚力起到了极为重要的促进作用。

如今，在抗击灾难中"浴火重生"的东汽人对此头脑冷静同时也有一种危机感，尤其清醒看到自身在科技进步、素质提高、观念更新、人才造就等文化建设方面存在的许多软肋和瓶颈口，从而在打造文化软实力以增强市场竞争力、核心竞争力和国际竞争力方面，还应在面临与迎接更加严峻的挑战和考验中激流勇进、开拓奋进。自然规律和客观事实已经显示，在人类文明发展的历史长河中，器物可以照搬、技术可以模仿、管理可以参照，任何物质形态劳动成果更会随着千百万年的时光推移而腐蚀、化解和消失。但背后文化形态和精神层面的东西却能历久弥新，文化作为熔铸民族灵魂、汇聚群体智慧并能引领历史发展、推动社会进步的创造活力会永存于世。这些恰恰表明，建设包括弘扬东汽精神、培育优秀的企业文化、行业文化和产业文化、吸收借鉴人类文明优秀成果在内的先进文化意义甚大。这不仅促使东汽人为实现胡锦涛总书记创办"国际一流电力设备企业"的勉励嘱托与温家宝总理建设"技术一流、管理一流、装备一流、质量一流"等"四个一流"现代化企业的希望要求拼搏奋进，而且引领支撑全国人民为经济社会的发展进步创造新的业绩，并开掘与留下永不消逝的力量源泉和宝贵财富。

参考文献：

高举中国特色社会主义伟大旗帜为夺取全面建设小康社会新胜利而奋斗 [R]. 北京：人民
　　出版社，2007.

中共中央关于深化文化体制改革推动社会主义文化大发展大繁荣若干重大问题的决定
　　[M]. 北京：人民出版社，2011.

实践篇

华西"善建"企业文化理念识别及华西标志详解

四川华西集团有限公司党委

企业文化是企业的灵魂，是企业软实力、核心竞争力和企业管理的重要组成部分。四川华西集团一直高度重视企业文化建设，始终坚持用社会主义核心价值体系，引领思想，凝聚共识，推动发展。近年来，在集团党委领导下，集团企业文化建设工作组按照社会主义核心价值体系的总体要求，深入调研、认真讨论、反复提炼，充分挖掘华西六十多年的文化积淀，最终形成了华西"善建"企业文化体系（包括理念识别系统、形象识别和行为识别三大系统），构建起了全体华西人共同的思想基础和价值追求。其中，华西理念识别系统是这一体系最为集中的体现和表达。本文着重对华西"善建"企业文化理念识别系统的十三个理念和华西标志进行详细阐述和说明。

华西理念识别系统，由五个核心理念和八个执行理念组成，主要通过文本形式、形象识别系统和行为识别系统向外界深刻诠释和传达华西积极进取、管理规范、实力强劲、底蕴深厚、境界高尚的企业整体形象。其文本形式是《华西集团理念识别系统规范手册》。

一、华西集团"善建"企业文化核心理念的地位和主要内容

核心理念是华西"善建"企业文化的内核，在整个企业文化体系中居于主导地位，决定了执行理念的精神内涵。它由企业宗旨、企业愿景、企业价值观、企业精神、品牌推广语等五大理念组成。每一个核心理念都有极其深刻的内涵。

（一）企业宗旨：建时代精品 筑美好人生

两句首字可组成"建筑"一词，巧妙诠释出华西集团作为建筑企业的行业属性和主业方向。

建时代精品，体现了华西集团对质量的崇高追求，也是华西集团恪守职业道德、服务和谐社会的庄重宣言。表达了华西集团对自身要求严格、志存高远、敢于担当、立志打造经得起实践和历史检验的精品工程的豪情壮志。"时代"二字更体现了华西与时俱进的先进理念。

筑美好人生，体现了华西站在人本主义的高度对企业宗旨进行深刻思索，既致力于创造精品工程满足人们不断提升生活品质、拥有美好人生的需求，又在创造与奉献中充分实现自我价值，成就自己的美好人生。

（二）企业愿景：打造中国一流建设集成商

"集成商"（Integrator）一词，最早来源于电子行业，是指对硬件和软件资源进行整合，为客户提供系统集成产品与服务的专业机构或企业。

华西集团作为拥有六十多年光辉历史的大型国有企业，一直以来在西部、全国乃至海外都有着很高的品牌认知度和影响力。打造中国一流建设集成商的企业愿景表明，华西集团致力于通过整合建设领域各种资源，不断丰富和拓展产业链，实现业务门类、要素资源、服务管理、竞争优势的集成，全面提升综合竞争实力。这与华西集团紧紧围绕一条建筑产业链，进行资源整合，走"纵向一体化"与"相关多元化"相结合的发展道路的战略发展规划的取向是一致的。

"建设"比"建筑"涵盖的领域更为广泛，预示华西集团将追求更加宽广的发展空间。"中国一流"表明华西作为崛起于西部的大企业，既脚踏实地，又志存高远，不仅要在西部处于领先，还要成为全国一流。

（三）企业价值观：责任　诚信　合作　创新

企业价值观，是指企业在追求经营成功过程中所推崇的基本信念和奉行的目标，是企业全体或多数员工一致赞同的关于企业意义的终极判断。

责任：作为在新中国每个历史时期都做出过重要贡献的资深国有企业，华西对"责任"二字的分量、内涵的理解和体会极为深刻，无论是过去、现在还是将来，华西集团始终把责任摆在首位，以对国家、对社会、对人民高度负责的态度，努力打造良心建筑和精品工程。

诚信：诚信是基石，是企业的立世之本，华西集团坚持以诚信为根本，诚信守法，诚信履约，诚信服务，以诚信赢得全社会的尊重、信赖和认可。

合作：合作是现代企业实现发展的必由之路和必然趋势，华西集团非常重视与外界合作，真诚希望在全国及全世界范围内与各界朋友携手合作，互利共赢，共创美好未来。

创新：创新是推动发展的永恒动力，也是解决问题的重要途径。华西集团坚持用创新来寻求解决途径发展中问题，推动发展，符合客观规律。

（四）企业精神：秉德从道　善建天下

秉德从道：由《道德经·下篇》第五十一章"万物莫不遵道而贵德"变化而来。

秉德：语出《楚辞·九章·橘颂》"秉德无私，参天地兮"，意为保持美德。德的本意为顺应自然、社会和人类客观需要去做事。

从道：意出《道德经》"道大，天大，地大，人亦大"，"域中有四大，而人居其一焉"。道是人与世界的一种本原关系和一切实践活动的出发点和归宿。可分为天道与人道。天道，更多是和自然相联系，所谓"道法自然"。人道包含两个含义，第一个含义就是和人的关系，指人广义上的社会理想、文化理想、政治理想、道德理想，同时也表现于规范性。"道"也是一种规律，"从道"即按客观规律、社会和企业发展规律办事。

善建：语出《道德经·下篇》第五十四章"善建者不拔，善抱者不脱"。"善建者不拔"，意思是一个真正会建筑的人，插一根棍子在地下，别人也拔不掉。意指好的建筑者，他修建的建筑物不容易倒塌。

秉德从道　善建天下："德"是"道"的最高体现。有道者必具有高尚的德性，有了高尚德性才可得道。以"遵道"为本、"贵德"为用，从"修德于身"逐步展开，也就可以成为一个天下的"善建者"。作为建筑企业集团，华西集团的企业精神，表达的是华西人秉承中华民族传统美德和社会主义核心价值体系以及企业自身优良传统，既遵循自然规律，体现天、地、人的和谐统一，也遵守法规法纪和建筑行业规范，并以决策之善、管理之善、业精之善、创新之善、诚信之善等建设天下。

（五）品牌推广语：善建者·华西

善：在《说文解字》中为"众人口夸羊之美味"之意，后引申为美好的意思。现代汉语中，"善"既有擅长之意，又蕴含着善行的品格要求，友善的行为要求，尽善的卓越追求和精工的性情态度。"善"字丰富的哲理性内涵与华西六十余载所积淀的企业文化精神不谋而合。"善建"一词不仅阐释了华西立足于建筑的行业之道，更彰显出华西追求建筑的精工之道。

华西：意为中华西部之意，为华中、华北、华东、华西、华南五域之一。取华西一词，一则源于企业称谓，二则名寓独占一隅，有志于西部行业领先之意。

善建者·华西：字样选自中国"书圣"——晋代王羲之所书法帖。字体大气浑然，气韵生动，笔法秀逸。将华西的形象借寄中国书法最高意蕴的集大成者来表现，有华西立志铸就不可撼动巅峰地位的寓意，蕴含着华西的善建之道、善行之道、善德之道、善美之道。又或言，建者，善也；建者，华西也；华西者，善也。

具体使用上，按图案理解，图案主题为王羲之书法字体，使用形状，间距不能更改，可按大小同比例缩放，排法分横式和竖式，横式为主，条件允许均使用横式。

二、华西集团"善建"企业文化执行理念的构成和作用

执行理念由经营理念、管理理念、人才理念、安全理念、质量理念、环保理念、服务理念、廉洁理念等八大理念组成，是华西"善建"企业文化的执行标准和规范，也是华西集团企业文化核心理念的拓展与延伸，是整个企业文化体系中不可或缺的重要组成部分。每个执行理念都深刻反映了华西发展的某一个方面的工作规范和要求。

（一）经营理念：整合资源　巩固主业　结构集成　多元发展

整合资源：就是以系统化的思维模式，实施建筑产业纵向一体化战略，将集团内部彼此关联的职能、企业发展需要的关键要素资源整合起来，统筹配置，有机协调，有效利用，资源共享，获得核心竞争能力的提升。

巩固主业：就是按照"总包做大、专业做强"的总体思路，做大做强房建、土建施工业务单元，在重点发展区域继续拓展市场，在稳步扩大产值规模的同时，通过强化基础管理，逐步提升主业盈利水平，为集团战略转型提供有力支撑。

结构集成：就是依托六大业务板块的核心构架，向建筑产业价值链上下游延伸，通过组织制度安排和管理协调手段，将科研设计、建材建机、房地产开发、投资、专业施工、海外业务等战略性业务单元进行整合，实现业务结构的集成。

多元发展：就是坚持围绕建筑产业价值链条，以现有业务及资源为基础，调整产业结构，培育成长型业务，增加新的利润增长点，实现集团相关多元化发展。

经营理念与集团"316"战略发展规划的精神实质是一致的。

（二）管理理念：规范　精细　高效　卓越

规范：规范化的制度要求。通过制度规范决策、考核、组织、权责、奖惩、目标、流程等，保证每一个岗位、每一个活动、每一份资产，都始终处于受控之中。

精细：精细化的过程管理。将管理对象分解、量化为具体的数字、程序、责任，使每一项工作内容都能看得见、摸得着、说得准，使每一个问题都有人负责，使每一个环节都不松懈、不疏忽，环环紧扣、道道把关。

高效：快速化的效率追求。对问题有效预测、发现、解决和预防，保证决策正确、领导有力、督导到位和加强服务，追求时效强、速度快、效果好。

卓越：目标化的辉煌成果。立足规范、精细、高效，向更高标准、更高目标攀登，实现管理的创新、跨越和突破。

华西的管理理念，表达了从平凡到优秀、从优秀到卓越，成就卓越企业的管理目标。

（三）人才理念：尊重　培育　发展　成就

尊重：华西集团认同每一位员工为企业发展、变革与成功所带来的价值。尊重每一位成员的尊严和权利，倡导相互尊重、人格平等，以尊重人才、珍惜人才的态度，让每一位员工都能够畅享充分的人文关怀。

培育：华西集团秉持学科培养、系统培养、专业培养、分类培养的原则，将员工素质评价体系、素质档案体系、素质培训体系建设作为人才培养工程的重要突破口，为员工提供多层次、多角度、个性化的培训机会，让每一位员工成为华西永续发展的动力之源。

发展：事业留人、感情留人、待遇留人，归根结底是发展留人。华西集团理解鲲鹏展翅的理想和愿景，力求不断完善并帮助每位员工制订自我职业发展计划，让每一位员工都能够伴随着华西一同成长。

成就：努力为员工营造包容和宽松的工作、生活环境，允许员工在错误中成长，并以此获得工作的自信。乐意为员工提供富有挑战的工作，鼓励员工在领导和团队的帮助下，通过自身努力获得成功。充分信任员工，提供独立工作的空间和机会，让每一位员工都能获得自我价值的实现。

（四）安全理念：尊重生命　安全第一

对生命的尊重，是华西集团一切工作的基石。

尊重生命：是华西集团对人的人格与价值的充分肯定，充分体现了华西集团以人为本的治企观，为安全第一打下了坚实的思想基础。

安全第一：是华西集团尊重生命思想的集中体现，也是华西集团经营生产管理工作的指导方针。

尊重生命　安全第一：体现了华西集团坚持科学发展观，坚定不移走可持续协调发展道路的时代精神，以人为本，关注人、关心人、爱护人的人文精神和"秉德从道、善建天下"的企业精神；体现了华西集团始终坚定不移地贯彻"安全第一、预防为主、综合治理"的方针，珍惜员工生命，珍爱员工健康，搞好文明生产，实现企业员工生产、安全、健康、文明的协调发展和共同提高的安全观、生命观。

（五）质量理念：让用户满意　对社会负责

让用户满意：体现了华西集团以用户为中心，完全把用户放在首位，以用户的满意度为出发点和检验标准的质量观，符合现代企业的生存观和发展观。

对社会负责：有两层意思。一是表达了华西集团清醒认识自身使命，积极履行国有大企业集团社会责任的政治意识；二是表达了华西集团打造质量过硬的建筑精品，勇于对用户和社会负责的责任意识。

华西的质量理念既体现了华西集团用建筑精品赢得用户的思想境界；又传递了华西集团敢于担当，创新进取，讲政治、讲大局、讲奉献的社会责任意识。

（六）环保理念：绿色建筑　绿色华西

绿色建筑：在建筑的全寿命周期内，最大限度地节约资源，保护环境和减少污染，为人们提供健康、适用和高效的使用空间，与自然和谐共生的建筑。

绿色华西：第一层意思是指华西集团标志的标准色是绿色，第二层意思是指华西集团是一家绿色、低碳、环保的企业，第三层意思是寓意华西集团生机勃勃、青春永葆、欣欣向荣。

华西的环保理念表达了华西集团作为一家有强烈社会责任感的建筑企业集团，坚持以可持续发展为己任，将环境利益和对环境的管理纳入企业施工生产和经营管理全过程的发展境界和价值追求。

（七）服务理念：真诚服务　超越期待

真诚服务：就是坚持以业主为中心，以心换心，用心服务，始于业主需求、终于业主满意，真诚地为业主提供优质产品和人性化服务。

超越期待：没有最好，只有更好。业主的每一份期许，华西人都希望能考虑在用户前面，为业主做得更好，超越用户对我们的期待。

（八）廉洁理念：修身守廉　崇尚荣誉

修身：语出《礼记·大学》："欲修其身者，先正其心……身修而后家齐，家齐而后国治，国治而后天下平。"简而言之"修身齐家治国平天下"。它既是一种政治抱负，也是一种精神境界。坚持修身，有利于华西集团在经营生产管理中筑牢廉洁安全屏障，树立崇尚荣誉的正确导向。

守廉：是指把廉洁作为始终不渝的信念和精神家园进行守护并自觉遵守，是确保企业健康发展的重要保障。

修身守廉：是廉洁的基础，所谓心正则行正。它充分展示了一代又一代华西人自我完善、升华的历程，是形成和保持廉洁价值取向的方法途径，是华西人高尚品格的真实写照。

崇尚荣誉：即推崇、追求、向往荣誉。它既体现了华西集团净化企业发展环境的坚定信心，也展示了华西集团营造廉洁从业正气的坚定决心。有利于激发华西人的个人创造价值和集体荣誉感，增强企业的凝聚力、向心力和发展力。

华西的廉洁理念倡导廉洁之风、正直之气。坚持修德，修智，德才兼备，高度契合了当今时代的选人用人标准，是华西人修身的一种精神境界。有利华西人在打造中国一流建设集成商的进程中，自觉践行社会主义荣辱观，提高素质，全面发展，真正实现建一座工程，筑一道防线，树一座丰碑。

三、华西标志的内涵和使用

华西标志共由三部分要素组成，即"H"形标志主体；"华西集团"四个黑体汉字；"HUASHI"六个英文字母。

标志主体部分以"华"字汉语拼音第一个字母"H"为原型，中间缝隙处增加了简单的锯齿图案，细微的变化使标志产生了一种神奇的透视效果和立体感，如果把目光停留在标志中间缝隙处凝视片刻，你会感觉有无数个"H"整齐排列，一直向远处延伸，而此时的"H"图形就像一座座整齐排列的摩天大厦，让人仿佛置身于都市繁华的大街。摩天大厦、街道，自然而然让人联想到建筑、城市等，华西的建筑行业属性由此得到彰显。"H"图形高大、雄伟、端庄、沉稳，折射出华西集团作为拥有六十多年悠久历史的国有大企业实力强劲、管理规范、发展稳健、值得信赖的公众形象。

"H"形标志主体为绿色，此颜色的色标代码为固定数值（CMYK 为 C100M0Y100K20，PANTONE 为 S5－2，RGB 为 G204），称为"华西绿"，

"华西绿"也是华西整个视觉识别系统的主体色调，在整个系统中使用最为广泛。与华西环保理念"绿色建筑，绿色华西"相互印证，紧密相连，体现了华西强烈的环保意识。

六个英文字母"HUASHI"，是"华西"的英文翻译。六个英文字母整齐镶嵌在绿色"H"图形的中部，既增强了标志的现代感，又避免了颜色单调。

"华西集团"四字为"四川华西集团有限公司"的简称，与"H"形标志按固定比例构成一个整体，即华西LOGO，并已通过工商机关商标注册。

华西标志在使用过程中，颜色、字体等均不能擅自更改，只能因实际需要同比例缩放。

总之，华西"善建"企业文化理念，是在总结提炼华西集团六十多年来的文化积淀的基础上形成的完整体系，特别是"秉德从道 善建天下"的企业精神和品牌推广语"善建者·华西"语出经典、意采名著、字取法帖，内涵丰富，集中体现了华西"善建"企业文化的精髓。在国内同行业中未曾有过"善建"企业文化，是首创、也是独创。既继承发扬了华西集团优秀传统文化和光荣历史，又集中体现了华西人面向未来、开拓进取的坚定信念和昂扬精神。既有效解决了对华西集团企业文化理解不统一、使用不规范、传达不准确，企业精神不突出等难题，又有力增强了华西集团的凝聚力、向心力和核心竞争力，促进了企业发展。

实践篇

239

弘扬社会主义核心价值体系
又好又快推进大渡河水电开发

国电大渡河流域水电开发有限公司

引　言

　　社会主义核心价值体系包括马克思主义指导思想、中国特色社会主义共同理想、以爱国主义为核心的民族精神和以改革创新为核心的时代精神、社会主义荣辱观，涵盖经济价值观、政治价值观、文化价值观、社会价值观等诸多方面的丰富内容。国有和国有控股企业是我国主要社会经济力量，在党和国家工作大局中占有重要地位。在国有和国有控股企业中需要坚持以社会主义核心价值体系引领职工队伍思想，牢牢把握正确的舆论导向，推进社会主义和谐企业建设，使社会主义核心价值体系为广大职工所感知、所认同、所接受，以此转化为推进企业发展的思想源泉和不竭动力。

　　大渡河是国家规划的十二大水电基地之一，干流规划建设22座梯级电站，总装机容量2 340万千瓦。大渡河流域水电开发是一项任务重、建设周期将近三十年的宏伟事业。国电大渡河公司是国务院授权的投资主体中国国电集团公司的所属企业，主要负责大渡河流域水电的开发建设和经营管理。近年来，公司党委坚持全面把握社会主义核心价值体系建设的主要内容、基本原则、价值导向和具体任务，积极倡导、精心组织、全力推进、大胆实践，把社会主义核心价值体系转化为实现水电事业的愿景、加快企业发展的信念、弘扬大渡河精神和建设和谐团队的力量，又好又快推进大渡河流域水电开发，实现了公司的超常规、跨越式、可持续发展，以自己的行动诠释了社会主义核心价值体系的真谛。

一、坚持用马克思主义思想指导水电开发辉煌事业的宏大愿景

马克思主义指导思想，是社会主义核心价值体系的灵魂。科学发展观是指导经济社会发展的根本指导思想，是马克思主义中国化的最新成果，是马克思主义和新的中国国情相结合的新高度和新阶段。水电是清洁可再生能源，是发展低碳经济的主力军。大力发展水电是坚持以马克思主义思想为指导、坚持科学发展观的内在要求。党的十七届五中全会审议通过了"十二五"规划建议，提出了国家"十二五"发展的总体目标，强调在保护生态的前提下积极发展水电。大渡河水电开发事业是符合科学发展、节约发展、和谐发展要求的伟大事业，是发展清洁能源、拉动区域经济、助推社会和谐、实现全面小康的重要载体，也是两岸人民的热切期盼。根据当前水电开发工作的热点和难点问题，我们提出了坚持以马克思主义思想为指导、贯彻落实科学发展观，大力推进水电科学、合规、有序开发。第一，科学制定水电开发规划，坚持统筹好流域水电开发规划与国家产业发展以及能源发展规划的关系，积极争取水电开发项目进入国家和地方经济规划、进入民族地区等特殊地区优先产业项目发展规划，促进水电的持续快速健康发展。第二，我们坚持以人为本的理念，坚持"开发一个项目、拉动一片经济、造福一方百姓、诚交一批朋友、树立一座丰碑"水电工程开发理念，把大渡河水电开发事业与全面建设小康、构建社会主义和谐社会的总体要求结合起来，通过电站开发建设，拉动相关产业经济发展，加快当地人民群众建设全面小康社会的进程，将大渡河流域每一项水电工程建设成为水电行业和流域地区人民心中的丰碑。以瀑布沟水电工程为例，投资 300 多亿元，其中移民搬迁安置投入近 200 亿元，巨额的移民资金注入库区，大大促进了基础设施建设和改善移民生产生活条件，加上电站建设后的经济拉动作用，每年可为地方政府创造数亿元的财税收入。第三，我们在实践中形成了"以青山绿水为伴、让青山绿水更美"的环保理念，认真贯彻"在保护中开发、在开发中保护"的方针，科学研究在保护生态的前期下，水电项目开发的方式和规模，建立与生态保护相协调的水电开发管理体系，在水电建设的规划、勘测、设计、施工、运行管理等各个环节高度重视和精心抓好生态保护，实现水电开发与自然环境的和谐统一。到目前为止，我们在全国率先进行大渡河流域环境影响评估，在大渡河水电开发累计投入环保资金逾 10 亿元，实施了鱼类增殖站、珍稀植物培育基地、净水厂等超过 200 个环保水保项目。大渡河人在永无止境、创造一流的追求中，坚持用马克思主义思想中国化的最新成果科学发展

观指导包括两岸人民群众、广大建设者在内的全体大渡河人实现水电开发辉煌事业的宏大愿景。

二、坚持用中国特色社会主义共同理想坚定推进企业又好又快发展的信念

中国特色社会主义共同理想，是社会主义核心价值体系的主题。这一共同理想，就是在中国共产党的领导下，走中国特色社会主义道路，实现中华民族的伟大复兴。改革开放以来，社会主义制度又在除弊创新中自我完善和发展，经济社会发展取得了举世瞩目的伟大成就，更加坚定了全国各族人民实现共同理想的信念。中央企业是推进经济社会发展的主力军，是增强实现中国特色社会主义共同理想物质基础的根本力量。对国有企业而言，发展是硬道理。中央企业必须一心一意谋发展、聚精会神抓发展，实现国有资产的保值增值，为实现中华民族伟大复兴做出"共和国长子"应有贡献。在经济发展全球化的大形势下，中央企业必须顺应潮流，把握机遇，谋好战略，实现发展规模与发展质量、发展速度与发展效益、企业发展与社会发展的有机统一。我们秉承中国国电集团公司"家园、舞台、梦"的企业愿景，提出了"水能兴邦、电力报国"的理念，遵循"担历史重任、建百年伟业、塑时代形象、锻世纪英才"的企业宗旨，按照"装机一千五、流域统调度，沿江一条路、两岸共致富"的战略方针，努力建设成长大渡河、效益大渡河、科技大渡河、生态大渡河、和谐大渡河，实现了公司的持续、快速、健康发展。在中国国电集团公司的坚强领导下，在四川省委、省政府和有关部门的指导帮助下，我们确立了从水电工程建设为主向管理经营企业转变，从干流开发运营向全方位水电开发投资转变，从单一发展水电向以水电为主的综合性企业转变，从专业化公司向开放的、负责任的社会企业转变，建设效益型、开拓型、创新型、和谐型的国际一流流域水电公司的战略目标，在近年的艰苦努力，迈出了"四转四型、国际一流"的坚定步伐。截止到目前，公司取得了大渡河上 13 个项目的开发权，开发规模达到 1 700 多万千瓦；公司投产水电装机 595 万千瓦，成为目前四川省和集团公司投产装机最大的水电企业，为四川经济社会发展做出了积极贡献，荣获了全国五一劳动奖状，公司党委被评为中央企业先进基层党组织。

三、坚持用以爱国主义为核心的民族精神和以改革创新为核心的时代精神引领大渡河精神

民族精神和时代精神，是社会主义核心价值体系的精髓。民族精神和时代精神是一个民族生存和发展的精神支撑。在五千年历史演进中，中华民族形成了以爱国主义为核心的团结统一、爱好和平、勤劳勇敢、自强不息的伟大民族精神；在改革开放新时期，中华民族形成了勇于改革、敢于创新的时代精神。二者相辅相成、相互交融，共同构成中华民族自立自强的精神品格，成为推动中华民族伟大复兴的精神动力。大渡河波涛汹涌、激情澎湃；大渡河多民族和谐共融，婀娜多姿；大渡河的历史，是英雄辈出、充满传奇的历史；红军强渡安顺场、勇夺泸定桥的壮举，新时期大渡河扎根大渡河、水电铸丰碑的豪情让大渡河流淌着不怕牺牲、敢于胜利的英雄精神，和谐共生、自强不息的民族精神，艰苦创业、争创一流的时代精神。传承大渡河英雄精神、民族精神和时代精神，我们总结出了新时期大渡河"同一条河、同一艘船、同一个家""三同文化"，形成了"敢于碰硬、善于创新、勇于争先、乐于奉献"的大渡河精神。敢于碰硬，始终抱定"不达目的誓不罢休"的决心，敢于跟各种挑战和困难碰硬，跨越雄关漫道，实现发展的既定目标。善于创新，以思维创新、制度创新、管理创新和技术创新推动改革发展，把大渡河上的每项工程都建成百年工程、精品工程和样板工程。勇于争先，始终锁定"创行业一流、树系统样板"的目标，创出国内一流、国际领先的大渡河品牌。乐于奉献，以事业为先，以团队为家，以流域为根，以奉献为荣，艰苦创业，成就流域开发的宏伟大业。大渡河精神，是大渡河文化的核心、大渡河团队的灵魂，是我们坚定信心、战胜困难的动力，是敢于胜利、走向成功的源泉。大渡河精神闪耀着以爱国主义为核心的民族精神和以改革创新为核心的时代精神光芒。多年来，大渡河人用大渡河精神鼓舞自己、激励自己、鞭策自己、感召自己，让大渡河精神与自己的事业相伴、与人生相随，以坚定的追求、坚韧的意志和坚强的决心实践着水电产业报国，实现民族振兴的良好愿望。公司作为中国国电首批创新型试点企业，不断推进企业科技进步和管理创新，经过多年努力，建立了国内领先的流域梯级电站调度系统和水电生产自动控制系统，建立了现代水电建设管理和技术体系，解决了瀑布沟、猴子岩深覆盖层建设堆石坝、大岗山高地震区建设高拱坝、双江口高原建世界第一高堆石坝以及水电站大型地下洞室开挖等技术难题，获得多项国家和四川省技术创新奖和国家专利，既解决了企业发展的技术

难题，又丰富了我国水电技术创新的内涵。

四、坚持用社会主义荣辱观引导构建企业和谐团队的强大力量

社会主义荣辱观，是社会主义核心价值体系的基础。一个社会是否和谐，一个国家能否实现长治久安，很大程度上取决于全体社会成员的思想道德素质。实现事业发展、社会和谐的目标和追求，既需要巩固马克思主义在意识形态领域的指导地位，需要树立正确的理想信念，需要倡导伟大的民族精神和时代精神，也需要确立起人人皆知、普遍奉行的价值准则和行为规范。"八荣八耻"体现了中华民族传承的基本道德操守和行为准则，如何引导公司各级领导人员和广大职工知荣明耻，树立正确的世界观、人生观、价值观，用社会主义荣辱观凝聚构建企业和谐团队的强大力量，奋力推进大渡河流域水电开发的伟大实践，显得尤为重要和迫切。从 2006 年以来，我们坚持把树立社会主义荣辱观教育作为思想道德建设的基础性工程和长期任务，结合企业实际，把社会主义荣辱观教育做到与创建"四好"领导班子相结合、与构建先进性长效机制相结合、与创建文明单位相结合、与企业文化建设结合、与爱心帮扶和履行社会责任相结合，教育引导引导各级领导人员和广大职工理解树立社会主义荣辱观的重大意义、深刻内涵和基本要求，使社会主义荣辱观成为全体大渡河人的根本意识和自觉行动。一是根据八荣八耻的具体内容，我们提出了"讲学习、讲政治、讲团结、讲纪律、讲诚信、讲奉献、讲责任、讲结果"的领导人员"干部八讲"，引导各级领导人员做"八荣八耻"的积极实践者，以身作则、率先垂范，用自己的模范行动和人格力量为群众做出榜样。迄今为止，在公司没有发现领导人员在经济上、作风上有重大违规违纪行为，领导人员队伍始终充满活力。二是坚持把社会主义荣辱观教育与学习贯彻党章和党内若干制度条例结合起来，引导广大党员坚持党的宗旨，增强党的观念，发扬优良传统，牢记"八荣八耻"，进一步提高思想道德素质，增强党性、党风、党纪意识，用优秀党员标准要求自己。近年来，我们在每年的党员民主评议中，合格率均为100％。三是把社会主义荣辱观教育作为员工教育培训的一项重要内容，纳入日常工作，形成长效机制。同时，抓住创建文明单位的契机，引导教育广大职工在工作生活中，按照社会主义荣辱观的要求，树立高尚的思想品德、职业道德、社会公德和家庭美德，在全公司系统形成了讲正气、知荣辱、树新风、促和谐的文明风尚。近年来，公司获得四川省最佳文明单位，六家所属企业创建成为四川省文明单位，除了新成立的企业外，其余全部创建成为市级文明单

位。与此同时，我们积极倡导和组织全体大渡河人致力于社会慈善公益事业，积极履行企业的社会责任，我们建立了四川省持续时间最长、规模最大的专项爱心帮扶基金会，已累计为大渡河流域捐建了希望学校 15 所，爱心医院 13 所，捐助了 674 名优秀贫困学生，慈善捐款达 1.43 亿元。公司被中华慈善总会评为"中华慈善突出贡献企业"，荣获四川省"十佳"慈善企业称号，树立了企业良好的社会形象。

精细化管理也是一种文化的体现

范 华

（川庆钻井液技术服务公司）

老子说："天下难事，必做于易；天下大事，必作于细。"用这个"细"字组词有：精细、仔细、细节、细致、细化……笔者认为，无论哪个词，用在我们的工作中都可称"精细化"。

精细化在我们的实际工作中无处不在，具体到企业中表现为：管理精细化、服务精细化、质量精细化、业务流程精细化、产品开发精细化、企业文化精细化……精细化的结果是促进产品或服务质量更具竞争力，促进企业向更好更强的方向发展，并最终实现企业目标。精细化是一种意识，一种理念，是一种认真的态度，是一种精益求精的文化。

管理精细化即是我们俗称的"精细化管理"，是超越竞争者、超越自我的需要，是构筑卓越型企业的需要。精细化管理不仅是我们适应激烈竞争环境的必然选择，也是企业做大、做强，成为百年老店的必然选择。

"魔鬼存在于细节之中"——德罗是 20 世纪世界四位最伟大的建筑师之一，他用"魔鬼在细节"言简意赅地概括了成功的原因。这是真知灼见。的确，建筑设计方案无论如何宏伟大气，如果对细节的把握不到位，就不能称之为一件成功的作品，甚至是败笔。细节的准确、生动可以成就一件伟大的作品，细节的疏漏会毁坏一个宏伟的规划。任何一个战略规划的实施，都要想到细节，做到精细。任何对细节的忽视，都可能导致决策失误。笔者曾在中石油川庆下属的单位川西钻探公司工作七年，对这个成立也只有七年的单位了解得比较深刻。七年来，公司一直在推行精细化管理。

一是单井成本精细化。这种管理方式对企业最大的贡献在于良好的成本控制。从公司基层单位的实际工作中可以看到，一个将精细化管理落到实处的单位，一般都能够把成本控制到最优，因为管理的精细化能够优化流程、提高品质、降低不必要的损耗，把可以省的钱都省下来。通过推行精细化管理，公司基层领导在开展生产经营建设的同时，学会了算账、学会了管理。但是，笔者在参加的几次思想政治工作调研中发现，员工对推行精细化管理不太关心，他们认为这样那样的算账、管理是领导者的事情，与己无关，自己干好工作就行。通过这一点可以看出，员工对精细化管理的认识，实质上是进入了一个误区。

二是企业文化精细化。公司积极推行企业文化的建设，在秉承中石油集团公司企业文化理念的同时，结合基层队伍生产、生活实际，将企业文化进行了精细化，如基层场景文化、安全文化、廉洁文化、班组文化、先进文化等，并逐一打造。但是有员工认为企业文化就只是标语上上墙、口号到处喊、员工搞搞活动。实事求是地说，川西钻探公司所开展场景文化、安全文化、廉洁文化、班组文化等系列的企业文化建设，目前还停留在面上，具有"表象化"，因为还没有真正刻画出自己企业内部深层的东西，仅起了"包装"作用。

三是服务质量精细化。作为工程技术服务型企业，该公司坚持用科技占领市场，以优质的服务建设油气田，在员工中不断树立和强化服务意识。在钻井市场逐步开放、竞争越来越激烈的今天，实施精细化的人性服务，对公司树立品牌效应能起到潜移默化的作用。公司三支反承包队在与壳牌公司的合作过程中，积极学习西方企业先进的管理方式，配合开展好了各项工作，增进了互信，实现了共赢，受到壳牌公司高层的赞扬。当前公司两级机关正在持续加强作风建设，目的就是为了充分发挥好机关的服务功能，赢得基层的拥护和信赖，有效地指导基层建设科学发展。

四是业务流程精细化。近年来公司开始实施业务流程管理，在起初，没有引起员工的高度重视，此项管理工作有点流于形式化。今年随着风险与控制体系建设的铺开，笔者对流程管理工作有了全新的认知，也深信业务流程系统建立得到认真落实后，能确保企业有一个科学、规范的管理基础。

以上四种精细化管理，每一种管理都需要有一定的文化底蕴作为支撑，也需要每一个员工去思想，去行动，去支持，去执行。如果每一个步骤都精心，每一个工作环节都精细，那么我们做的每一项工作都会是精品。"精心是态度，精细是过程，精品是成绩。"

笔者认为在该公司现行的管理中，存在三种常见的"精细化陷阱"。

数字陷阱：精细化更多的是要求数字说话，但沉溺于数字，往往会被数字的假象所迷惑，而导致一些决策的失误。企业决策并不是一个透明的过程，必然要建立在若干假设之上，这其中就包括对数字的假设，对数字背后的假设。同样的，企业决策往往面临的问题是数字太多，但数字的真实性、有效性问题突出，往往是一些相互矛盾的数字同时出现，如何取舍、如何平衡，就是一门艺术，也是一门科学。但真正要掌握这门艺术与科学却是难上加难，更多的时候是要依靠经验去判断，但这却是有违"精细化"的初衷的。

效率陷阱：为了追求精细化，往往一些可以跳跃的步骤就变成不可缺省，有时候这是好事，但凡事都有两方面，不可避免地也会出现精细化导致效率降低的极端现象出现。这其中的关键在于精细化的"度"的把握上，还在于决策者的经验与知识，这又是偏离精细化的一个问题点。

执行陷阱：精细化的管理要落到实处，离不开人的执行。但很多时候，一些设计非常精良的精细化管理细则，却难以得到良好的实施，问题的关键就在于其操作性设计得不尽合理，没有充分考虑执行人的反应。往往是执行人不愿意执行推进，怕麻烦，怕得罪人；而后者是能力不足，无法保障，等等，最后导致精细化管理只能停留在纸面上、口头上。

要实现管理的精细化，很重要的一点，就是首先要学会规避精细化的陷阱。因此，决策者、执行者必须清楚精细化需要掌握的度：数字的度、效率的度、执行的度。要一切皆可操作、可实现、可控制。精细化管理最大要旨，在于人的思维模式的转变。"精细化"的背后，是对科学的执着追求，是一种上下一心追求极致的大众思维模式。精细化管理在企业中是"用心工作，真心服务"的企业思想在企业管理中的具体体现，其目的就是把大家平时看似简单、很容易的事情用心、精心地做好，达到企业可持续发展为目的。所以，精细化是一种思想，更是一种文化。因此，一个企业要推行精细化管理，首先要解决思想观念的问题，就是向大家灌输精细化管理的意义、必要性、可实现性。思想观念不解放，就没有思路，没有思路就没有出路。

如何做好精细化管理工作，适应我们这个时代的需要，笔者认为可以从以下"七抓"入手。

一是从机制要求抓起。每件事要求越明确、越具体、越有利于操作和精细化管理。这里的"要求"特指计划、方案、安排、规定等，做事无计划和计划不实在、计划不落实是一回事。在有了计划和安排的情况下，管理还要从运行机制抓起。精细化管理实际上是内部运行机制作用的结果，机制好了，就能使企业管理由粗变细；反之，精细化管理也会退化成粗放型管理。要有计划、有组织、有步骤地建立全方位的管理机制，开放管理岗位，实行岗岗摆擂台，人人可参加，上岗靠竞争，保岗靠业绩。依靠管理机制调动每个员工的工作积极性和主动性。

二是从建设人才抓起。精细化管理的核心问题是人员素质问题，强调以人为核心。精细化管理的本质更多的是对员工的职业化要求，把对员工的工作要求更多地通过提高职业素质、职业技能固化到每个人的工作习惯之中。人力资源作为企业最重要的资源，要创造最大效益，如何使其潜力得到最大程度的发挥，是精细化管理中面临的最大难题。因此，要真正实现管理的精细化，必须培养出一大批合格的职业人，通过人才的职业化实现管理流程的职业化、精细化、标准化。企业要为所有员工提供"人人都可成才"的机会，而不能以身份、学历、资历和年龄为限，人为地将一些员工排除在外。企业要尊重每一个人的人格，尊重员工的意愿，就是要做到职适其能、人尽其才，真正让那些有事业心、责任感、能干事、干成事的人到他渴望的岗位上工作。西门子公司是世界知名的跨国公司，在190个国家和地区有企业，员工达到44万人。管理这样宏大而遍布世界各地的企业的人事部最高管理委员会只有15人，具体从事一线管理的人事部只有7人，分别来自7个不同的洲际和地区，每人分管一个洲际和地区。每一个国家和地区又有1名人事主管，这样层层分解下去。最高管理委员会按照位于不同洲际国家的企业，不同的社会文化背景，不同的市场环境，不同的价值取向等制定出不同的人员管理评价标准。西门子公司对管理人员的评价考核一般从经济、雇员、顾客、决策过程四个方面入手。对优秀经营管理人员的要求是：积极性和工作热忱，独立和集中力量处理问题的能力，卓越的影响力，引导员工达成目标的能力等。每个层次的管理人员都面临同样的标准，唯一不同的只是层次差别，每年一度的考核评价全部输入电脑，与其薪酬待遇挂钩。最高管理委员会根据这些考核评价资料，在整个集团范围内选拔人才，形成了西门子公司全球范围内的人才经理市场。从上述情况我们不难理解和体会，当今的世界经济，既是产品的竞争，更是人才的竞争。

三是从培训考核抓起。在现代企业里，培训的重要性可以说是无与伦比，有句流行的话叫做"培训是最好的福利"，可见一斑。一旦员工发现自己在工作中存在不足并且亟待解决的时候，培训往往是他们首先做出的反应，抓住他们的需求，能起到事半功倍的作用。培训的形式是多种多样的，在企业中必须树立一个观念，那就是培训无处不在。德国的大型客货车生产厂家慢营车辆股份公司是有着一百多年历史的老企业，1999年年营业收入就达一百多亿马克，其成功的重要因素之一就是把各级各层人员的培训当作系统工程来抓。培训部经理麦希先生说，该公司1988年以前，80%的领导人是由外面培训的，或者是招聘来的，而现在80%是由公司自己培训出来的。当然，还要建立管理岗位业绩考评体系，坚持"管事看效果，管人凭考核"，根据客观公正的考评结果，让"能者上，庸者下"，用活人才，用好人才。企业要做到工作安排到了哪里，考核就跟到哪里，这样就能促进精细化管理的形成。使计划考核真正落到实处。

四是从过程环节抓起。环环相扣，一环不让，一环不差是精细化管理的关键。抓管理基本环节，基础管理是企业管理的主渠道，管理精细化了，生产率和质量就必然会大大提高。无论多么宏伟的工程，多么庞大的企业，其管理最终都要落实到每一个具体环节、具体操作，从细微之处加以完善，才能形成势不可挡的真正优势。上海地铁一号线是由德国人设计的，看上去并没有什么特别的地方，直到我国自己设计的二号线投入运营，才发现一号线中有那么多的细节在设计二号线时被忽略了。结果二号线运营成本远远高于一号线，使用起来还有许多不便之处。在战略方向正确的前提下，细节决定成败。德国人的严谨，德国人对任何工作细节的关注是良好素质的体现。正是凭着这种一丝不苟、严肃认真的工作精神，使德国在第二次世界大战后迅速成为世界第三号强国。

五是从执行力抓起。实施精细化管理，要求要有较强的执行力。企业精细化管理，必须在执行操作等层面做到精细化，"赢在执行"是实现企业目标的重要基础保障。企业要加大执行力度，把布置的工作执行到位。河豚肉质细腻，味道极佳，但这种鱼味道虽美，却毒性极强，处理稍有不慎就有可能致人死亡。在日本却鲜有因此而中毒、死亡的事情发生。原因是在日本，河豚加工程序是十分严格的，一名上岗的河豚厨师至少要接受两年的严格培训，考试合格以后才能领取执照，开张营业。在实际操作中，每条河豚的加工去毒需要经过30道工序，一个熟练厨师也要花20分钟才能完成。试想如果加工河豚与做其他海鲜一样，加工过程不耐心细致，烹饪过程也没有严格按照规范进行，其后果可想而知。如果从一个技术方案的执行而言，细节的意义更远大于创意，尤其是当一个方案在多个空间区域同时展开时，如果执行不力，细节失控，最终很可能面目全非。而每一个细节上的疏忽，都可能对整体的成功形成"一票否决"。

六是从企业文化抓起。精细化管理能否得到真正的贯彻执行，企业文化也是一个十分重要的因素。精细化管理最终要形成一种文化，这种文化既是企业领导的个体文化，也是企业团体的群体文化。只有企业文化的理念与制度被员工所掌握、认同和自觉执行，形成上中下互动、齐动的时候，它才能转化成巨大的物质力量，形成强大而持久的企业综合竞争力。例如德国海德尔纸业公司是一个有着150多年历史的家族企业，对公司人员的管理主要体现在企业文化上，公司将"持续、可靠、公开、诚实"作为企业的理念，不间断对员工进行价值观和传统教育，如怎样对待失败，怎样与同事友好相处，甚至生活与工作环境的清洁、秩序以及个人的外貌举止，都不当作小事处理。不但要求每个员工知晓，还要求中层以上干部起好表率作用，这样通过企业文化把人事管理十分自然的融合起来，极大增强了企业的凝集力和感召力。该公司生产的各种型纸占领了德国 2/3 的市场，欧洲 1/3 的市场，同时打入了美国市场，主营纸业年收入达到 31 亿马克。

精细化管理的实施是一个长期性工作，企业要不断进行精细化管理的推动工作，还要不断地利用精细化优势来壮大自己，不断运用精细化的分析和规划来修正自己的经营方针和策略，以适应外部环境的变化和竞争。伴随着社会分工越来越细和专业化程度越来越高，实施精细化管理已经成为企业做强、做大的根本途径。"针尖上打擂台，拼的就是精细"，精细已成为企业竞争中最重要的表现形式，精细化管理已经成为决定未来企业竞争成败的关键。

回顾企业管理中，只有工作过程管理的细致到位，执行得力，才有最终的收获。笔者感悟"企业管理无小事"，一切工作必须从细节入手，才能推动管理工作上台阶、上水平。

时代需要精细化管理，精细化管理也非常适应这个社会的需要。笔者深信，只要我们做到精细化管理，就离成功又近了一步，打造企业美好愿景、实现社会主义的价值目标的基础将更加牢固。

参考文献：

丁远峙. 管理方与园企业文化. 深圳：海天出版社，2008.

肖峰. 中小企业创业与经营：企业文化. 北京：中国纺织出版社，2008.

实践篇

"和谐"在企业文化管理中的应用

杨亚荣

（川庆钻探工程公司佳诚检测公司）

一、前 言

"和谐"是中国传统文化中的核心思想，是中华文化的"DNA"，乃中华民族优秀的文明资源。"和谐"主要是双赢，共存共赢，在实践中做到恰当合适。"和"之精髓已被国内外众多优秀企业所引用，并转化成企业做强做大的管理文化之重，显现出强大的生命力。特别是在党的十七届六中全会上进一步提出增强国家文化软实力，标志着文化建设真正进入了一个重要战略机遇期和攻坚期，文化建设获得了空前的有利条件，展示出令人鼓舞的美好前景。文化软实力建设的一个重点领域就是企业文化建设，企业文化并不是一般性的企业宣传包装，其核心就是商业伦理，主要指诚信与生态责任感，也是和谐文化的具体实践。如何以社会主义核心价值体系，推进和谐企业建设，从而正确引导员工把社会主义核心价值体系转化为企业奋发向上的精神力量，全面提升企业的整体竞争实力，是企业迫切需要研究解决好的重要课题。近年来，许多企业纷纷构建和谐企业文化，力行社会主义核心价值观。

二、时代发展需"和"之势

如今，我们满眼、满目都可感受到"和谐"的成分，"和谐"就是中华民族固有千年的财富，也是中华文明实现跨越发展的人文之道。我们祖国在飞速发展多年后，也在寻找永远发展之源与动力，"和谐"应势而生。

2004年，中国恰好跨入人均产值 800~1 000 美元大关，即进入利益分化、甚至利益冲突的多事之秋。社会发展进入了高风险区域，这是改革开放步步深入的标志，也将考验我们这个民族是否有智慧化冲突为和谐。

2004 年 9 月 19 日，党的十六届四中全会上，中国共产党正式提出了"建设和谐社会"的历史目标，并且提出那将是一个"全体人民各尽其能，各得其所而又和谐相处的社会"。中国共产党第一次鲜明地提出和阐述了"构建社会主义和谐社会"这个科学命题，具有重大的现实意义和深远的战略意义。

2011 年 10 月 18 日，党的十七届六中全会审议通过有关深化文化体制改革、推动社会主义文化大发展大繁荣的文件。这是自 2007 年党的十七大以来，中共首次将"文化命题"作为中央全会的议题，也是继 1996 年十四届六中全会讨论思想道德和文化建设问题之后，中共决策层再一次集中探讨文化课题，其战略部署和政治意义备受关注。

时代的发展赋予了责任与使命，这就需要我们寻"和谐"之道解今之难题。

我们先来探索构建和谐文化与管理的理论渊源。中国和谐文化是指先秦以来中华民族在长期实践中形成的，在处理人与自然、人与社会、个人与他人、个人自身的身心诸方面关系时，重人的价值、重整体、重和谐，通过融合矛盾、冲突，以达至共存共生、互济双赢的观念学说与行为方式的总和。

中国传统文化中，有关"和谐"的思想非常丰富。据考评，在甲骨文和金文中都有"和"字，在中国古代典籍中，"和"被广泛应用到家庭、国家、天下等方面，用来描述内部治理良好、上下协调一致的状态。"谐"，有协调、融洽的含义。

作为中国传统文化的主导——儒家文化，它的和谐意识包含天人关系的和谐与人际关系的和谐。关于天人关系的和谐，儒家提倡"天人合一"。孔子主张寓天道于人道之中，要在人道的统一性中见出天道的统一性，他还提出"和为贵"，从治理国家的角度肯定"和"的作用。荀子提出"和则一，一则多力"，认为一个组织内部人们和谐相处，就能取得一致，取得一致力量就会增大。孟子把天和人的心性联系起来，主张"尽心"而"知性"，"知性"而"知天"，以人性为中介将天和人沟通和统一起来。众人皆知，孟子提出的"天时不如地利，地利不如人和"，认为只要内部和谐，上下齐心合力，就能无往而不胜。

关于人际关系的和谐，儒家提倡"中庸"。"中庸"也称"中和""中行""中道"，都是同样的意思，即"和而不同"与"过犹不及"。这是中华传统文化的精粹之所在，也是未来中华文明取之"和谐"之妙。"和而不同"与"过犹不及"的实质乃是强调矛盾的统一与均衡，强调通过事物之度的把握以获得人际关系的和谐，避免和克服人与人、人与社会乃至国家、民族之间的对立和冲突。老子以"通"为其哲学的最高范畴，提出"万物负阴而抱阳，冲气以为和"，认为阴阳二气尽管相互对立、冲撞、激荡，却始终和谐地处在"道"的统一体中。明末清初的哲学家王夫之认为，从运动变化的角度看，阴气和阳气各有各的形象，因而相互对立、相互斗争。但是归根到底，它们是相辅相成的，并非始终对抗。因此二者的对立与斗争，最终达到"和谐"。这种思维方式，被后人称为"和谐的辩证法"。

"由于'和'的思想反映了事物的普遍规律，因而它能够随着时代的变化而不断变化，随着社会的发展而不断丰富其内容。现在，我们所说的'和'，包括了和谐、和睦、和平、和善、祥和、中和等含义，蕴含着和以处众、和衷共济、政通人和、内和外顺等深刻的处世哲学和人生理念。"（李瑞环同志2002年在英中贸易协会欢迎午宴上的演讲）

三、"和"予企业文化管理之践用

（一）企业管理的困惑

目前，作为社会组织主体的现代企业，其赖以生存的市场环境、技术环境、生产环境、人力资源环境、信息环境等均发生了天翻地覆的变化，资源与环境、发展与竞争、市场与技术、经营与法制、效益与责任、管理与人性等矛盾问题越来越难以调和，甚至逐渐成为制约企业成长和经济发展的瓶颈；组织生涯目标与员工职业生涯规划的现实冲突；企业官僚只注重过程细节的本位主义，忽视企业运作的整体性，部门间互相掣肘，管理者常常越位、缺位、错位，过度管理与管理盲点并存，企业创新管理缺失，组织变革乏力；管理原则、管理理论、管理行为往往与管理目标和结果相背离；信用、信任、信誉的危机就像病毒一样侵袭着企业的肌体；产业发展周期、产品市场周期、技术变革周期成为决定着企业生长周期的宿命；当代西方管理文化和管理行为模式正面临着文化"移植"和文明冲突带来的严重的"排异反应"。

（二）"和"妙之用

美国知名的管理大师詹姆斯·柯林斯（James Collins）曾经提到，"任何一个想要成功的企业一定要在两个很重要的理念间取得平衡和发展，这两个理念一个是不变的，一个是变的。不变的是企业的基本理念也就是企业的价值观；变的是企业所用的技术、管理方法等手段"。企业的基本理念是要清楚企业究竟要通过做什么来服务社会并取得成功。像惠普、索尼这类公司的基本理念就是要用其在技术和产品方面的领先优势取得成功，还有一些企业的理念是要以真正了解使用者或者客户的需求取得成功。企业中根深蒂固并且为企业员工所深信不疑的理念，就是要让每个人都知道企业的独特之处到底是什么。他的结论却与三千年前我们的老祖宗根据对自然界的观察而得出的一些基本理论完全吻合。

当代，企业管理提得最多的莫过于"儒商精神"，"君子爱财，取之有道"，"仁、义、礼、智、信"等儒家的道德准则对企业的影响。在经济全球化和企业国际化的背景下，中国企业如何运用儒家文化使企业发展壮大？应该重点把握以下三点：一是以信誉为立身之本。孔子曰："民无信不立"，"与朋友交，言而有信"。一个企业要想在社会上长久立足，必须对外取信于客户，取信于社会各界；在内部，职工之间、领导之间、领导与群众之间互相信任。二是"上下同欲者胜"。孟子曰："天时不如地利，地利不如人和。"在企业管理中，不提倡无原则的一团和气，而是提倡在目标一致下的有原则的人和。这同现代企业制度提倡职工参与管理，职工入股，提倡同心同德的企业文化是一致的。三是理解他人，克制自我。孔子提倡："己所不欲，勿施于人""不求人知己，患不知人也"的观点，与现代西方一些经营管理大师如卡耐基等人提倡的处世待人观点和我们现在提倡的多理解他人，站在对方的角度考虑是一致的。当今，只有把社会主义核心价值体系渗透到企业文化建设的各个方面，才能树立和谐的理念、培育和谐的精神，形成和谐的人际关系，才能形成共同的理想信念，营造和谐的发展氛围。

孔子的中庸之道、老子的无为而治、孙子的不战而胜，中华五千年博大精深的传统文化和管理思想与西方现代管理理念和实践的有机结合，是中国企业在市场竞争中立于不败之地的基础。中国企业的发展在借鉴现代管理理念的同时，更要领悟传统东方智慧的伟大力量和当代社会主义文化发展的趋向。特别是，我们应从"和"这个中华文明的经典文化中得到借鉴，为今天的企业经营管理服务，支持和帮助中国企业的经营管理实践。

企业文化建设必须坚持在社会主义核心价值体系的引领下，通过企业文化建设的理念灌输、渗透和行为养成，进一步调动与激发员工构建和谐企业，推进社会主义核心价值体系建设的积极性、主动性和创造性。川庆钻探工程公司于2008年按中国石油整体发展部署进行了企业重组，将原四川石油管理局和长庆石油勘探局的钻探及相关工程技术服务业务整合。两个企业不同的发展历史、文化背景、管理方式，以及由此形成的思想观念、行为养成等多方面有着明显差异。随着业务发展，用企业文化进一步整合了资源，将两者的文化精粹进行了融会贯通，提炼并形成了"攻克坚难，争创一流"川庆精神、"创新求发展，和谐兴川庆"发展理念、"立诚守信，合作共赢"市场理念，"我离不开川庆"人才理念等18项理念组成的企业理念体系，用共同的价值观统一了员工的思想观念和行为规范，形成共同的愿景和追求，使企业的兴衰荣辱和每一个员工紧密地联系在一起，形成了强大的凝聚力、向心力，真正实现了企业的文化融合、思想融合、制度融合、感情融合。在此基础上，不断推进企业文化建设向纵深发展，将中国石油大庆精神铁人精神和"三基"工作汇聚到员工基本行为养成训练，有效地提高了员工队伍的素质；广泛推广精细化、人性化管理，激发每个人为企业奉献才智的创造性和热情，让每个人、每个岗位都能成为实现价值、创造效益的源泉，使广大员工的个人目标和企业的目标、社会主义核心价值体系融为有机的整体，并自觉为之奋斗；以安全文化建设为切入口，引入杜邦先进的 HSE 管理理念与方法，推行安全行为养成和规范管理，坚持群防群治，为安全生产和企业和谐奠定了良好基础。和谐企业强大的合力，为企业的发展注入厚实的发展动力，2008 年至 2011 年间，川庆钻探工程公司业务领域不断拓展，业务收入大幅增长，企业影响力与文化辐射力得到全方位展播。

同时，"和谐"很注重天地人合一，也就是做事要充分考虑天时地利人和，做企业也同样如此。对于企业，天时也就是企业所处行业的形势及相关行业的形势，还有就是国家的宏观环境与政策，对于同行来说这是相同的；地利就是企业所处的地理位置及资源环境，对于企业也没有多大不同，因为现在的运输业很发达，交通也很便利。企业最关注的是人和，也就是我们经常讲的以人为本，只有一个具有强大合力、人才济济的企业才会在竞争中最终取胜，才会持久经营下去。其实，市场竞争中的双方具有竞和关系，这已成为企业家的共识。正确处理竞和关系，双赢策略已应当成为商家的最佳选择。双赢就需要"中庸之道"（其核心思想是"中道定理"），中国企业正从中寻求最佳的管理与文化的契合点，希望做到"和中有稳，稳中有升，升中有利，利中有信，信之于德"。

四、结论

现代企业管理是在一个全球化、多样化的环境中发展的，"和谐"管理之道显得尤为重要。坚持"和谐"之道，是现代企业管理、社会管理等方面保持可持续、长久发展的一条有益、有效的途径，也是社会主义文化价值观融入企业发展的具体化。

　　最后，我们以西班牙著名画家毕加索一幅名为《和谐》的壁画作结。这幅画中的金鱼在鸟笼里，鸟反而在鱼缸里。有人问毕加索，这幅画怎么叫"和谐"呢？毕加索回答：在和谐中一切都是可能的。真诚地希望社会与人生、管理都在"和谐"中漫步。

参考文献：

纪宝成. 重估国学的价值 [J]. 新华文摘，2005（17）：107－109.

朱学勤. 以民为主是和谐之源 [J]. 中国新闻周刊，2004（48）：24.

唐建光. 2004 中国社会的冲突与和谐 [J]. 中国新闻周刊，2004（48）：23.

虞云耀. 提高构建社会主义和谐社会能力 [M]. 北京：中共中央党校出版社，2005.

张耀灿. 中国传统和谐文化的当代价值 [N]. 中国教育报，2005-12-20（3）.

邵汉明. 儒家文化精神及其价值的现代透视 [J]. 新华文摘，2000（1）：32－34.

东方夫子. 国学与人生 [M]. 北京：海潮出版社，2007.

傅治平. 和谐社会导论 [M]. 北京：人民出版社，2005.

中共中央关于深化文化体制改革推动社会文化大发展大繁荣若干重大问题的决定. 北京：人民出版社，2011.

如何在工程项目管理中发挥党风廉政作用

黄玲玲　闵　娅

（川庆钻探公司）

工程项目是企业经济效益的重要来源。一个工程项目的管理是否科学合理，对企业的生存和发展都起着至关重要的作用。石油工程项目相对于其他的工程项目来讲，过程更加复杂，而且投入巨大，对项目管理的要求也更高。近年来，随着中石油国内外业务的日益扩展，越来越多的企业承担起了国家重点工程建设任务。在这些工程项目中，党风廉政建设是加强教育，改进作风，强化管理，反对腐败，打击违法犯罪活动，确保工程项目顺利完成的重要手段。项目建设中，党风廉政建设的好坏，直接关系到施工企业的经济效益，关系到企业的政治形象，关系到国有资产保值增值责任的落实。因此在当前，在石油工程项目中做好党风廉政建设工作，意义深远，责任重大。

一、工程项目建设中党风廉政工作存在的问题

随着各大企业不断加大对国内外项目的投资，石油施工企业规模不断扩大，工程分布呈现点多、线长、面广的特点。加之这样的项目投资动辄几十亿元，企业内部管理若不规范，特别是党风廉政建设工作跟不上，就会存在诸多漏洞，导致腐败现象发生。概括起来，工程项目中廉政管理存在的问题主要表现在以下几个方面。

在劳务队伍选用上，个别项目管理的领导人员利用手中的权力，把工程分包给自己的亲属和有特殊关系的劳务队伍，从中收受贿赂或与"包工头"相互勾结，形成利益共同体，联手侵蚀企业利益。

个别领导人员和物资设备管理人员，利用物资设备采购租赁权谋取私利，有的在材料采购中虚报冒领、套取公款；有的高价租赁外部机械捞取好处；有

的在废旧物资处置时收取回扣、贪污受贿。

个别项目管理人员在给劳务队伍验工计价时，采取多计工程量，多计工时、材料费等方式，从中收受贿赂。有的项目经理部私设"小金库"。

少数项目经理不履行或不正确履行职责，玩忽职守、失职渎职，致使项目管理混乱，发生返工窝工、重大安全质量事故等，造成巨额亏损。所有这些，严重扰乱了项目管理秩序，损害了企业的声誉，造成了企业效益的流失。

以上这些问题如果得不到及时有效地整治，必将导致项目管理失控，工期滞后，项目大面积亏损和国有资产大量流失。

二、工程项目建设中出现党风廉政问题的原因分析

导致上述问题和腐败现象产生的原因主要有：

个别项目管理人员政治素质差，党性观念和法纪观念淡薄，人生观、价值观扭曲，私欲膨胀。一些项目负责人认为，市场经济就是金钱经济、自由经济，讲求的是经济效益，搞项目就是为了捞钱发财。特别是在市场竞争激烈的大背景下，有些项目管理人员存在侥幸心理，借开发任务和承揽工程、搞公关之名，千方百计牟取私利。

个别项目管理人员特别是相关的技术人员、验工计价人员自律不严，在与包工队的交往中建立了不正当的利益关系，内外勾结、相互利用、中饱私囊，造成项目效益大量流失。

一些项目管理人员有意夸大施工期间与建设方、监理方和地方相关部门的矛盾，人为地加大经营招待费和赔偿费用的份额和支出，有的在工程分包和物资采购的过程中隐秘地抽取提成，拿回扣现象更是普遍存在。

企业党风廉政责任制得不到落实，企业内控制度不完善，约束措施不健全，监督管理乏力，导致项目管理有规不依、运行无序，一些项目管理人员的违纪违规行为得不到及时查纠，打击不力。

三、工程项目建设中加强党风廉政工作的对策

如何采取行之有效的措施遏制工程建设中腐败现象的滋生蔓延，确保建设工程既是优质工程，又是廉政工程？笔者认为，应从以下几个方面入手进行加强。

要加强学习，提高项目人员的廉政意识。作为项目管理层人员，要不断地

加强政治理论学习，特别是党风廉政教育的学习，牢固树立马克思主义世界观、人生观、价值观和正确的权力观、利益观、地位观，模范遵守社会公德、职业道德，永葆共产党人的先进性，坚定理想信念，自觉抵制各种腐朽落后思想文化的侵蚀，增强自身拒腐防变和抵御风险的能力，确保在任何时候任何情况下都不犹豫、不含糊、不动摇，矢志不渝地坚持马克思主义立场观点，坚持制度和原则。做到切实增强自己的法制观念，提高工程项目管理人员的综合素质。

要狠抓制度落实，加强监督制约。加强项目党风廉政建设，必须落实好党风廉政责任制和企业的各项内控制度，强化对项目的过程监控。各级纪检监察部门，要通过开设廉洁从业教育课程，对项目关键岗位管理人员特别是项目党政负责人推行上岗前的廉洁谈话、廉洁承诺和廉洁考核。让项目管理人员增强廉洁自律意识，了解和掌握党纪政纪法规、企业的基本管理制度以及岗位职责，了解自身在履行项目管理职责中须承担的廉政责任。未经上述廉洁教育、廉洁从业承诺的员工原则上不能直接进入项目部从事管理工作。同时，严格实行工程招投标制度、企业资质管理制度、工程总分包制度、合同管理制度、工程质量监督制度、工程竣工验收制度等，做到工程建设全过程实行阳光操作。严禁项目法人将未竣工验收或验收不合格工程交付使用。

要强化过程监控。要将惩治和预防腐败的各项制度贯穿、渗透到项目经营管理的关键环节，重点对物资设备采购、外部劳务使用、验工计价、资金拨付等方面加强监督制约。要完善和落实好项目部的各项监控制度，严格落实责任成本管理，堵塞效益流失黑洞。金钱是腐败的主要载体，必须严格执行财务制度，遵守"一支笔"审批制度和重大支出联签制度，完善非生产性开支的把关制度，树立"不赚钱乱花钱也是腐败"的观念，加强项目部工作流程监督，对私设"小金库"，乱报销，乱支出，乱借钱，乱担保，超付工程款，私自收取材料、设备供应商及包工队"回扣"和"好处费"等违法违纪行为及时发现，及时纠正，及时追究。堵塞"跑、冒、滴、漏"，防止效益流失，打击腐败行为。

要完善落实项目部议事规则。民主集中制原则和"三重一大"制度，是发挥项目班子整体功能和进行民主管理、民主决策的根本原则和基本制度。实践证明，发生在项目管理中的腐败现象，绝大多数都是由于没有进行集体决策，缺乏监督，独断专行，个人说了算或者少数人随便拿个意见，不走程序、没有规矩所造成的。从最近几年查处的一些国有施工企业项目负责人的贪腐案件来看，在项目招投标和项目经营管理的关键环节，特别是在工程分包、物资设备采购、外部劳务使用、验工计价、资金拨付等方面搞"一言堂"和"一手遮天"的现象占了绝大多数。可见，完善项目部议事规则、落实民主集中制原则和"三重一大"制度意义非常、刻不容缓。

要加强项目党风廉政建设，狠抓纠风办案力度。必须健全和落实项目责任成本管理监督和项目责任亏损追究的有关制度和办法，坚决查处在项目物资设备采购、工程分包、外部劳务使用、验工计价、安全质量事故等方面的违法违纪案件，加大对亏损和潜亏项目的整治力度，严肃查处责任人。重点查处失职渎职、胡作非为，造成项目严重亏损的案件；查处违规分包工程，不按物资设备采购招标规定进行招标，造成经济损失的案件；查处造成重大安全质量事故的案件。对案件的责任人，不管是谁，都要一查到底，严肃处理，决不姑息迁就。打击腐败，伸张正义，维护党纪国法和企业管理制度的严肃性，维护企业和职工群众的利益不受侵犯，保证国有资产保值增值和国家基础设施建设的顺利进行。

要不断加强建设体制改革。在机制方面，要进一步完善项目绩效考核与激励约束机制，把项目经理和经营班子的个人利益与项目经营效果直接挂起钩来，使其不仅关注企业利益，也从关心自身利益上竭尽全力经营、管控好项目。同时要科学配置权力，明确建设工程各环节的职务权限，加强权力制约。不断提高施工队伍素质，依靠自身技术力量，公平竞争。在此基础上，要充分发挥群众监督、舆论监督的作用，纪检、工会等部门要及时将工程项目的财务预算、招投标等关键环节，通过厂务公开等形式通报给职工群众，充分发挥职工群众在工程项目中的监督作用。

实践篇

新时期发挥多元文化优势之我见

——从延安精神谈企业文化建设

黄玲玲

（川庆钻探油建公司）

随着世界多元化经济快速发展，也迎来了文化多元发展的时代。其实，从大的方面说，文化多元并不是现代社会才有的现象。早在古代埃及和罗马，不同文化背景的民族就和睦地相处于一个社会；在前现代时期，一些社会甚至在法律上承认不同宗教的存在，并想方设法调和宗教派别之间的冲突。从小的方面而论，几年来，一个企业多元化文化融合也逐渐显现。从中国石油集团公司大庆精神、铁人精神等文化理念的宣传贯彻，到川庆油建精神文化实质的提炼推广，都是多元文化的相互促进和融合，从而更好地发挥文化教人育人、文化凝心聚力、文化引领发展的时代作用，提升企业发展的核心竞争力。

如何发挥多元文化的优势，更好推动企业发展，笔者认为应该从以下几方面努力，构建新形势下的企业文化教育。

一、做好文化与文化之间的融合促进

无论是一个国家还是一个企业，文化理念都是经过长期实践提炼出来的，相同的是它都是一个社会、一个团队、一个集体员工思想观念的升华，具有一定的代表性。不同的是，由于所处的社会位置、发展角度和思想观念不同，它们都有着自己独特的优势和特点。要想有效发挥这些文化的优势，只有抓住文化融合这个关键，"博众家之长、补己家之短"，求同存异，才能更好地促进企业发展。

以延安精神来和川庆油建精神来说。延安精神被美誉为"中华魂""民族魂""党的瑰宝"，它是以毛泽东同志为代表的中国共产党人在延安时期培育起来的一种高尚的革命精神，是中国共产党把马克思列宁主义的科学思想体系与中华民族的优秀传统风范相结合的结晶，是中国共产党在民族解放战争时期先锋模范作用的凝练和升华，是我们党在这个时期革命斗争实践活动的产物，是我们党的性质宗旨、思想风范、优良作风、奋斗精神、崇高品德、伟大情怀的集中体现。坚定正确的政治方向，是延安精神的灵魂；解放思想、实事求是的思想路线，是延安精神的精髓；全心全意为人民服务的根本宗旨，是延安精神的核心；自力更生、艰苦奋斗的创业精神，是延安精神的显著特色。而川油精神，是一代代四川石油人在"榔头罗盘找构造""背起背篼去送料""人踩泥浆""蒸汽动力顿钻打井""白天油污一身，夜晚地铺一张；三块石头支口锅，风餐露宿在井场"的创业实践中提炼出来的，"艰苦奋斗、求实创新"，这是川油精神的精髓。

在学习中，我们体会到延安精神是一种大思想、大文化、大方向。从文字上看，自力更生、艰苦奋斗、求实创新是两种精神文化的融合点。从实质分析，不难看出忠诚是贯穿两种精神的主线。而坚定正确的政治方向，解放思想、实事求是的思想路线，全心全意为人民服务的根本宗旨恰恰是对川油精神的完善和补充，也是作为一名合格石油人所具备的素质。

延安精神与川油精神虽不能够同日而语，但是面对企业国际化、多元化发展的形势，企业文化工作会面临更加复杂的形势。所以，面对多元文化的交流，就要求一个企业的企业文化工作需要在历史的总结中、时代的发展中不断完善提炼，要学会"取其精华而用之，去其糟粕而舍之"，发挥文化引领作用，培养员工的正确人生价值观，助力企业持续发展。

二、做好多元文化的教育和引导

企业文化是企业在生产经营实践中逐步形成的，为全体员工所认同并遵守的、带有本组织特点的使命、愿景、宗旨、精神、价值观和经营理念，以及这些理念在生产经营实践、管理制度、员工行为方式与企业对外形象的体现的总和。它是企业的灵魂，是推动企业发展的不竭动力。

大家熟知，中国石油、海尔等一些国有大型企业都有自己独特的企业文化，一些私有企业同样有着自己的文化特点。在多元文化交流中，有些是有利于企业发展和员工需求的，相反有些文化是制约两者的发展和进步的。

北大某管理咨询公司所服务的某四川地区客户（下称 A 公司）被其母公司（下称 B 公司）收购的案例非常典型地代表了目前国内企业并购对企业文化整合重视不够的现象。A 公司从事汽车发动机关键核心零配件的生产制造，被收购以前在所处行业中处于领先地位，是该行业首家上市公司，于 20 世纪 90 年代末期被现在的母公司所收购。B 公司是湖南省某大型酒店集团，在湖南省内所经营的酒店业绩独树一帜，遥遥领先于其他竞争对手。出于增长和分散风险的战略考虑，B 公司对 A 公司进行了收购。但是 A、B 公司所处的地区文化和行业特点相差甚大，然而在并购之前 B 公司根据其以往在同行业内的收购经验，仅仅只针对 A 公司的财务状况进行了调研和分析，并没有考虑到地域文化、行业文化、企业文化将给二者之间的整合带来的问题，更没有考虑如何有针对性地提出解决方案，因此在并购后因为文化、理念上的冲突使得当时的行业龙头企业人员流失严重，被竞争对手远远抛在身后，甚至还一度濒临破产。

反之，在中华传统文化教育中，我们也能够深刻体会到多元文化融合交流所发挥出的积极作用。以延安精神为例，2004 年 4 月，胡锦涛同志在陕西考察工作时指出："延安精神是我们党的优良传统和宝贵财富，过去是、今天仍然是我们战胜困难、取得胜利的法宝。"历史的和现实的革命建设的实践充分说明，延安精神具有永恒的时代价值。尽管时代不同了，条件变化了，党的历史任务也不一样，但延安精神并没有过时，而且永远都不会过时。这是因为，就延安精神的基本内涵及其精神实质来说，它既不是一个只局限于某一地域性的概念，也不是受时间限制的一个词汇，而是一种在革命和建设的社会实践中具有永放光芒性质的超越地域和时限的强大精神力量。

面对企业文化复杂发展形势，多元文化的融合固然亟待实现，但是加强员工对多元文化的教育和引导也同样至关重要。川建人在发挥自身企业文化优势的同时，不断汲取多元文化营养，促进企业文化工作的提档升级，为企业发展注入不竭活力。

三、抓好企业文化的提炼提升

企业精神文化是最具有稳定性的部分，它被赋予独特的企业属性，是企业整体的有机组成部分，是企业生命力的源泉。

企业文化只有与时俱进才能成为企业发展的强大动力。

延安精神是我们民族的"瑰宝"，同样也需要在实践中赋予其新的时代内涵。2004 年 7 月 6 日，李长春同志在参观"延安精神永放光芒"大型展览时，具体深刻阐明了延安精神新的时代内涵："我们今天讲坚持坚定正确的政治方向，就是要坚持以毛泽东思想、邓小平理论和'三个代表'重要思想为指导，坚定走中国特色社会主义道路不动摇；坚持解放思想、实事求是的思想路线，就是要与时俱进，开拓创新，牢固树立和落实科学的发展观、求真务实的政绩观、以人为本的群众观、广纳群贤的人才观，不断推动当代中国先进生产力和先进文化的发展；坚持全心全意为人民服务的根本宗旨，就是要始终代表最广大人民的根本利益，立党为公、执政为民，权为民所用、情为民所系、利为民所谋；坚持自力更生、艰苦奋斗的创业精神，就是要清正廉洁，励精图治，无私奉献，着力解决改革发展当中遇到的各种矛盾和问题，扎扎实实推进各项工作。"

一个国家的文化发展尚且如此，一个企业更要身体力行。

几年来，中国石油国际化发展不断加快，精细管理、科技创新、拓展国际等重点工作赋予了大庆精神、铁人精神新的时代内涵。川油人迈着时代的步伐，也为川油精神增添了新的内涵。他们把创新作为川油精神的内核，把精神不灭、创新不止、改革创新作为发挥文化支撑作用、推动企业科学发展的持续动力。在四川油气田建设发展的进程中，每一次可喜可贵的进步，都凝结着创新的光辉。只有秉持改革创新精神，才能在四川盆地这样独特的地质条件以及石油天然气开采这样独特的行业，在一穷二白的基础上建立发展的基业，不断获取进步的动力和持续创新的能量，实现坚实的跨越。

文化的提炼、提升让四川石油人步子越迈越大，道路越走越宽。2004 年实现了"川气出川"，建成了我国首个天然气年产量 100 亿立方米的大气区；2006 年生产天然气超过 130 亿立方米，成为全国首个以生产天然气为主的千万吨级大油气田，供气区域扩大到川、渝、云、贵、湘、鄂等西南、华中六省市，天然气在川渝两地市场占有率达 86%，有机地形成了从资源到市场的一体化产供销体系，形成集勘探开发、炼油化工、产品销售、工程技术服务、油气田地面建设、装备制造、科研、矿区服务于一体、上下游综合协调发展的格局。

法国前文化部长朗哥有句名言："文化是明天的经济"。中外大量成功企业的发展雄辩证明：优秀的企业文化一旦与企业生产经营活动结合起来，就必将成为推动企业发展的强大动力。但如果企业文化不与时俱进，缺少创新，企业文化不但起不到预期作用，相反会成为企业进一步发展的桎梏。

实践篇

科技兴院，产业报国

中昊晨光化工研究院（以下简称晨光院）1965年因国家"三线"建设为国防军工配套，由全国24家科研院所内迁四川省自贡市富顺县组建而成，原名化学工业部晨光化工研究院，1999年转制为科技型企业，2000年资产划归中国昊华化工（集团）总公司并更名为中昊晨光化工研究院，为我国高分子合成材料研发、生产的重要基地。晨光院现占地近2 000亩，员工3 000余人，其中，科研人员1 200余人，资产总值近24亿元。

建院以来，晨光院已发展成为以有机氟、有机硅、新型工程塑料等化工新材料为主导的科技创新型企业，是国内从氟石生产出氟化氢、氟利昂等基础原料，再合成全氟辛酸、四氟乙烯、偏氟乙烯、全氟丙烯等含氟精细化学品，进一步聚合成氟树脂、氟橡胶到氟制品成型加工的最完整配套的生产单位，产品涉及20多个大类，200多个品种、千余种规格，广泛应用于航空、航天、电子、石油、化工、煤炭、纺织、机械等国民经济领域，在国内外享有较高的声誉。

经过47年不懈努力，晨光院荣获多项国家级荣誉及称谓，被国家认定为"全国企业技术中心""全国高新技术企业""国家创新型企业""中国化工500强企业""中国自主创新能力行业十强"、"全国知识产权示范单位"等，"晨光CHENGUANG"被认定为"中国驰名商标"。2012年4月15日，李嘉院长被授予"2011中国优秀经济女性"称号，是2011年中国化工集团公司唯一获此殊荣的女性企业家。

国家的繁荣在于经济，经济的发展在于企业，企业的兴衰在于管理，管理的活力来自企业文化。

近年来，晨光院企业文化不断完善，特别从2010年9月9日新一届院党政领导班子上任以来，加强企业文化建设，特别重视企业理念对企业发展的引领作用，并对企业文化理念进行了梳理、提炼、推广。

愿景目标：科技晨光，绿色晨光，和谐晨光，开放晨光；

企业精神：团结、务实、创新、高效；

治院方针：以人为本，创新为魂，诚信至上；

企业使命：科技兴院、产业报国；

安全环保理念：零伤害，零事故，零排放，零职业病；

廉洁理念：不义之财不想取，不义之财不可取，不义之财不敢取。

晨光院经过47年的发展历程，始终保持着稳健的企业文化，并且一些方面正得到不断的突出和强化，形成了晨光院特有的企业文化软实力，有力促成了晨光院自己的科技辉煌，度过了发展史上的重重困难，迎来今天的蓬勃发展。

近两年，晨光院捷报频传，2010年产值、销售收入实现"双十亿"，2011年乘势前进、再接再厉，产值、销售收入均达"双二十亿"，实现了跨越式大发展。

在47年企业文化的积淀过程中，晨光院逐步形成了一套企业理念体系，其中最显著的是它所承载的厚重的历史使命感，用八个字概括——"科技兴院、产业报国"，这也是晨光院长盛不衰的本源。

以"知识型员工"为主体的晨光院建院靠科技（科学技术及其科学技术的主体科技人才）。1965年，国家按照"科技兴院"理念，挟高科技之清风入蜀，调集全国24家科研院所及其生产企业的"好人、好马、好枪"内迁千年古县富顺沱江之滨完成了晨光院的组建。

"好人"——来人大多是24家科研院所及其生产企业的科研生产骨干，另外更多的是中专及以上毕业生。清华大学曾有一个班的毕业生都分到晨光院，全院干部职工数最多时超过9 000人，其中不乏成为部级领导者，有许多成为国内著名的专家或学者，一段时间内，享受国务院津贴的专家多达12人。民间有"中国有三大院——国务院、中科院、晨光院"之说，足以彰显晨光院人才和科技一时之鼎盛。

"好马"——大批先进的成套科研生产装置被调运到晨光院，有些单位还整体（人员和装置）搬迁到晨光院，另有全新购买的装置。

"好枪"——大批先进的科研、生产工艺技术，门类众多的资格（质）证被带到晨光院，被晨光院大量使用。

依靠这些"好人、好马、好枪"，晨光人栉风沐雨，薪火相续，共取得科研成果 500 余项，其中获国家、部省级奖励成果 250 项，专利授权 80 余项，为民生和社会、经济发展尤其是我国航空、航天等高科技领域提供了大量优异的化工高分子合成材料，做出了突出贡献，屡次受到中共中央、国务院和国防科工委的嘉奖。

然而，随着国家 1992 年开始由社会主义计划经济体制向社会主义市场经济体制转型，晨光院由于体制、机制和 20 世纪 80 年代后期至 90 年代初进行的由内地往大城市的迁建，并陆续在国内多个地方设立窗口单位等诸多原因，曾经一度辉煌的晨光院到 1997 年竟跌入濒临破产的境地。后来，晨光人通过自身的坚守、不懈奋斗和上级公司及时给予大项目支持，使晨光院逐步走出困境。紧接着，1999 年晨光院又遭遇转制（由事业转为企业）的阵痛，但晨光院不懈怠、不折腾，聚精会神搞建设，一心一意谋发展，最终实现"破茧化蝶"。这其中，同样依靠的是科技，依靠的是市场经济中未"东南飞"而留下来的怀抱"科技兴院"理念，"把青春献给国防军工事业"，"团结、实干、创新、攻坚、奉献"的一批甘于淡泊、忠诚献身的有机硅、有机氟等专业科技人才和各类管理人才。装置上除上级公司给予的一个大的项目支持外，还有至今仍在发挥作用的一些先进生产装置。最终自有核心工艺技术通过这些装置持续转化为生产力，推动晨光院一路向前发展。

2010 年后，晨光院进入第三次创业发展期（1965 年建院为第一次创业，1997—1999 年为第二次创业），第三次创业还是依靠科技。

一、打造科技人才队伍

（一）筑巢引凤，安居才能乐业

晨光院科技公寓从 2007 年 3 月开工建设，共建成各类设施一应俱全的三幢欧式风格住房 96 套提供给院内生产、科研等各条战线的科技骨干人才入住。

（二）力行四个留人，培养和造就一支具有创新精神和创新能力的高层次人才队伍

通过"待遇留人""情感留人""事业留人""环境留人"，立足"高水平、高质量、高效益"，加大科研基础设施建设等多方面努力，为科技创新提供人才支撑。设立"博士后创新实践基地"，促进晨光院"产、学、研"相结合，提高科研和管理水平，加速科技成果产业化。

（三）与员工共同创造，让员工共享发展成果

2010年来，企业着力提升职工各类福利待遇和在册员工薪资标准，解决历史原因造成的转制前、转制后职工收入差异大问题。仅工资一项，2010年，我院职工工资水平平均比上年增长13%；2011年，工资水平又比上年增长25%。

（四）建立促进成果产业化的奖励制度

晨光院制定了系列科技奖励制度，根据技术成果转化产生的经济效益和社会效益予以奖励，包括科技成果转化奖、科技进步奖、科技开发项目完成奖、专利成果奖、技术转让奖等，加大了对科技人员的创新奖励力度。例如：科技成果转化奖，规定对已投入的新产品、新技术在试生产阶段和完成鉴定的3～5年内，以销售毛利或与原工艺比较，新增毛利的3%～5%按季提取奖励。近几年，企业用于技术创新方面的奖励资金达到近千万元；对在本企业、本地区经济发展中做出重大贡献的科技人才，按照市、省、国家级科技政策奖励，提升其经济、政治、社会待遇和地位；在企业人均收入普遍不高的情况下，实行向科技人员倾斜收入分配政策，对工程中心、设计所等科研核心单位，人均工资水平按照全院其他单位平均水平的2倍核定；对大学生和院、市、省部级学术和技术带头人，分9个档次，由高到低，每月分别给予300～2 000元不等的技术骨干津贴等。

晨光院实行责任工程师、主任工程师、副总工程师、总工程师系列专业技术职务，并相应享受一级中干和二级中干工资待遇。保证了多数技术骨干身处技术岗位，也能享受相应级次的领导干部待遇，安心于本职工作，潜心于技术钻研。

上述措施较好地起到了稳定、激励企业科技队伍的作用，目前，企业拥有各类科技人才上千人。其中，中高级专业技术人才600人以上，有多人次获得本地区20万元"科技创新突出成就奖"。企业工程技术中心、设计所等骨干科研单位已经出现了"70后""80后"年轻科技人才勇挑重担的可喜局面，这也是晨光院在高分子合成材料领域开发始终处于领先地位的有力保证。

二、掌握前沿自主核心科技，放大自主核心科技产能装置

近几年来，晨光院承担了国家科技部项目9项，国防科工委科技项目12项，承担四川省重点技术创新项目32项，四川省专利实施项目3项，四川省

重大产业化技术创新项目 1 项，四川省重点新产品项目 1 项；研发成功的 3 种新产品被认定为国家新产品；科技成果荣获省、部、市级科技进步奖 9 项，研发技术、成果获 20 项专利授权，其中"外加热式 F_{22} 与水蒸气混合裂解方法及加热装置"获中国第十届专利优秀奖。

晨光院以技术创新、组织创新将一批批科技成果实施产业化，打造企业核心竞争力，打破了国外技术壁垒，赢得了国内外市场竞争优势。例如：晨光院采用自主开发的光氧化、水解工艺成功将一种全氟羧酸聚醚用于氟橡胶、四氟树脂工业化生产，得到西方发达国家市场认可，大量销往海外。晨光院还是我国第一家大规模采用 PFOA 替代技术进行产业化转化的厂家，解决了国外利用 PFOA 制约我国氟橡胶产业发展的关键性技术难题。同时，产业化也促进了企业的自主创新能力。例如：晨光院研制了相当数量和种类的 F_{23} 系列的氟橡胶和树脂，解决了我国国防工业的燃眉之急，突破了国外对我国的封锁。

晨光院在有机氟领域拥有 15 项核心专利技术，自主研究开发的氟橡胶、氟树脂的整体生产工艺代表着国内最高技术水平，四氟乙烯、偏氟乙烯、全氟丙烯、氟橡胶、有机氟残液处理等单元技术达到国际先进水平。

晨光院先后采用先进设备放大氟橡胶、聚四氟乙烯树脂、四氟乳液、六氟丙烯、二氟一氯甲烷、AHF 等多条产业化生产线，使晨光院氟橡胶装置产能迅速跃居国内前列。

三、坚持科技创新

晨光院深知科技"以人为本，创新为魂"的道理，十分注重从理念、制度、机制、实践（科技、科研、产业化等）、环境等诸多环节上进行创新，并力争形成体系。

晨光院"科研型企业科技成果产业化开发管理"荣获第十七届国家级企业管理现代化创新成果一等奖；"化工科技创新型企业的信息化营销管理"荣获 2011 年四川省企业管理现代化创新成果一等奖。

晨光院以科技信息化技术融入营销，从管控手段上进行创新，从自身实际出发，投入大量人力、物力、资金建成了"晨光院分销管理系统"，对分散在国内的 16 个经营部实现了适时管控，极大地提高了晨光院产品的市场盈利能力，在国内具有典型示范意义。

四、打造国内一流研发平台

在已建成有机氟材料四川省重点实验室的基础上，积极筹建国家级有机氟企业技术中心和国家级有机氟材料重点实验室，力争用5~10年的时间建成具有国际水平的开放式研究平台，重点培育集成创新能力和消化再创新能力，突破影响行业发展的关键技术瓶颈，努力开发出一批拥有自主知识产权的技术和产品，关键技术达到国际先进水平。

几十年的科技进步和技术沉淀，使晨光院发展成为"国家企业技术中心""国家创新企业""四川省有机氟工程技术研究中心""有机氟材料四川省重点实验室""有机氟聚合物合成试验中试基地"，成为涉及多学科、多专业、拥有国内一流、现代化配套设施齐全的有机氟、有机硅等化工新材料的科技研发中心，并成为在含氟高分子材料学科领域研究开发、人才培养、成果转化的最好科研基地和优秀服务平台。

五、产业报国

为了在激烈的市场竞争中得以生存、站稳脚跟，晨光院充分发挥自身优势，加强科技创新体系建设，并将科技成果产业化，不断探索建立与现代科技型化工企业生产相适应的组织机构和运行机制，加强科研与生产、科研与市场的紧密衔接，加快科研成果的产业化进程。2010年，新一届院党政领导班子上任后牢记任建新总经理"有所不为才能有所为"的指示，积极探索晨光院科技兴院与产业化发展战略，在秉承"科技兴院"理念的基础上，准确把握国有企业定位，提出"产业报国"理念，并提炼出"报效祖国，造福社会，幸福员工"的核心价值理念，从而形成了晨光院完整的企业使命"科技兴院、产业报国"，力争在实现科研院所成功转型的基础上逐步实现向身担行业话语权、负责任、受人尊重的大院（大公司）形象转变。

"产业报国"就是要通过科技创新和产业化，把研发优势转化为产业优势，把产业优势转化为市场优势，从而向世界一流企业挺进。坚持以市场为导向，"从市场中来、到市场中去"，走"尊重科学、求真务实；找准优势，突出主业；有所为，有所不为；差异化发展的道路"。

首先，选准项目，看准高端，项目安排上坚持"研发一代、转化一代、生产一代、储备一代"的原则。重点项目集中力量打"歼灭战"，不贪大求洋，不乱铺摊子，力争实施一个见效一个。以突破制约我国有机氟行业发展的关键技术瓶颈为支撑，重点研发含氟高、新、特种化工新材料，进军高新尖端产业市场。"四氟乙烯新工艺""千吨级氟橡胶""高纯六氟丙烯""高、中压缩比聚四氟乙烯分散树脂"和"等离子体焚烧技术开发"等一大批新技术、新产品的成功开发与转化应用，解决了我国有机氟生产的关键环保技术和发展瓶颈，推动了我国有机氟行业的科技进步和发展。

其次，充分发挥有机硅领域几十年的品牌和技术优势，加大有机硅下游产品开发和应用研究，进一步延长产品链，提高产品附加值，奠定企业持续快速增长的技术基础。

在核心技术的支撑下，晨光院有机氟产业快速壮大。目前晨光院拥有1个有机氟研发平台（包括5个实验室）、1个产业化设计平台、1个中试基地和1个博士后创新实践基地，先后投入1亿多元，建立和完善了具有各项研究开发及实验条件的基础设施。

目前，晨光院已发展成为氟化工行业中集科技创新、成果转化、工程设计、产业化生产和市场营销为一体的科技创新型企业，在国内外享有盛名。凭借自身的研发优势，在全国有机氟行业中率先实施氟橡胶、聚四氟乙烯树脂产业化，先后实施了500吨/年氟橡胶、2 500吨/年聚四氟乙烯树脂、千吨级氟橡胶产业化技术开发、3 000吨/年六氟丙烯、20 000吨/年二氟一氯甲烷、2 500吨/年四氟乳液等多项产业化项目，同时开发了氟橡胶、氟树脂新品种达20余种，成为企业发展的重要支柱。特别是年产5 000吨特种聚四氟乙烯分散树脂和年产4 000吨氟橡胶等重大产业化项目建设，使晨光院氟橡胶产能国内第一，氟树脂产能第二，成为中国有机氟行业重要的技术创新和产业化基地，综合实力国内名列前茅。

晨光院以企业产业优势内含的科研实力和经济实力，积极主动承担相应的社会责任。曾于2003年启动应急科研机制，仅用七天时间成功研发出抗"非典"药用裂解装置，为我国在特殊时期战胜严重自然灾害做出了重大贡献。用企业自主开发生产的高品质化工新材料保证了"神舟"系列飞船成功飞天，受到国家相关部门的表彰和奖励。

在持续推进产业化的同时，晨光院还持续加大投入进行与产业化配套的科学治污。近年来，建成了省市重点环保项目等离子体固体焚烧装置、四氟乙烯尾气回收装置、残液回收全氟丙烯等20余套环保装置（设施）。每年将减少污水排放761万吨，减少尾气排放20万 Nm^3/a，减少酸性废水6万 Nm^3/a。建设成的四氟乙烯尾气回收项目，年回收四氟乙烯单体350吨。晨光院一系列先进的节能减排措施为保护大气环境，保护沱江、长江水质及改善三峡库区环境质量做出了贡献，被认定为"自贡市环境友好型企业"、"国家新材料自贡核心基地"。

企业的自我发展和市场竞争能力得到显著增强，迅速增长的科技、人才、装置、经济实力为进入国际新材料市场，参与国际竞争创造了有利条件。一些国外知名企业纷纷寻求与晨光院合作生产核心产品或共同开辟国际市场。

47年的发展史见证了晨光院把"科技兴院、产业报国"作为企业使命的正确性。展望未来，尤其是当前我院正处于第三次创业发展时期，我们要坚持这一理念不动摇，搞好"新材料、新科技、新未来"的战略定位，坚持科技创新、加快成果产业化，着力打造"技术创新化、产业集群化、制造信息化、标准国际化和资源集约化"为特征的"中国化工昊华氟化工科技产业园"，把其建设成为国际一流的现代化工企业，力争通过"十二五"的建设和发展，使核心产业产能进入世界前三，工业总产值达到100亿元，利税20亿元。

践行社会主义核心价值体系
引领企业科学发展

陈兴鹏

（中铁八局）

近年来，中铁八局党委深入贯彻落实科学发展观，紧紧围绕企业中心工作，努力推进"四个融合"，把社会主义核心价值体系的要求融入企业改革发展的全过程，贯穿企业生产经营和管理的各领域，体现在企业文化建设的各方面，切实推动社会主义核心价值体系转化为企业发展战略和企业使命、基本理念和具体举措，转化为企业员工的自觉追求和实际行动，转化为企业奋力开拓新局面的坚定意志和强大动力，取得了显著成效，企业营业收入由组建当年的32亿元，提升到2011年的268.7亿元，连续7年进入四川省企业百强，并入选"四川省最佳诚信企业"。

一、坚持与学习型组织建设相融合，强化理论武装，着力打造学习力

党的十七届四中全会指出，"党员、干部模范学习践行社会主义核心价值体系，是建设马克思主义学习型政党的重要任务"。中共中央办公厅《关于推进学习型党组织建设的意见》也明确把"学习践行社会主义核心价值体系"作为建设学习型党组织的主要学习内容之一。中铁八局党委坚持以理论武装为首要任务，扎实推进学习型党组织建设，把社会主义核心价值体系作为党委中心组和领导干部理论学习的重点内容，组织广大党员干部深入学习中国特色社会主义理论体系以及党的最新理论成果，进一步深化了广大党员干部对党的理论创新成果的理解与认识，坚定了走中国特色社会主义道路的自觉性，增强了发展壮大国有经济的信心和决心。

1. 抓认识，树立正确的学习观

学习是做好任何一项工作至关重要的前提，尤其是社会主义核心价值体系属于精神层面或者说是意识形态领域的问题，更需要通过不断地学习，坚定理想信念，增强工作本领，形成为实现企业科学发展努力奋斗的共同思想基础。中铁八局党委采取领导宣讲、专题党课、理论调研等多种形式宣传创建学习型党组织的重要性和必要性，促进广大党员特别是党员领导干部时刻把学习作为重要手段，增强学习的自觉性，坚持用科学的理论武装头脑和指导工作，坚定了理想信念，提升了政治理论素养和专业知识水平。

2. 抓关键，建设学习型领导班子

中铁八局党委坚持把抓好集团、公司两级中心组和领导干部学习放在创建活动的首位，以提高领导干部学习质量为重点，一方面组织中心组成员和广大领导干部深入学习马克思列宁主义、毛泽东思想、邓小平理论、"三个代表"重要思想和科学发展观，认真领会贯彻党的十七大和十七届五中、六中全会精神，深刻把握中国特色社会主义理论体系的科学内涵，努力提高决策的科学化水平。另一方面紧密结合企业改革发展面临的新形势、新任务，针对各级领导干部在思想观念上存在的安于现状、因循守旧、求稳怕乱以及本位主义、形式主义等突出问题，进一步加强政治理论教育、理想信念教育和形势任务教育，努力促进思想观念转变，切实增强发展意识和忧患意识，真正把心思用在推进企业科学发展上，用在提高发展质量和效益上，用在全心全意为员工谋利益上。2011年，针对铁路建设市场的新变化，中铁八局党委中心组结合企业面临的严峻形势和自身分管工作学理论、搞调研、理思路、定措施，并进行了两次集中学习和研讨，及时果断调整经营战略，为全局下一步工作指明了方向。

3. 抓基层，推进党员教育全覆盖

中铁八局党委坚持依靠和推动子公司、项目经理部党委（党工委）抓好机关、项目各级党组织和广大党员创建学习型党组织活动的落实，引导广大党员学理论，提高思想素质；学业务，提高工作本领。各基层组织通过动员会、现场会、领导宣讲、企业网、宣传栏、学习园地等载体广泛动员和宣传，把社会主义核心价值体系建设贯穿于学习全过程，充分运用党的历史、中国国情、社会主义实践开展理想信念教育、国情省情教育、革命传统教育和改革开放教育，营造了全员学习的浓厚氛围，不断深化广大党员干部对社会主义核心价值体系的认识。

实践篇

二、坚持与企业文化建设相融合，注重文化引领，着力提升竞争力

优秀的企业文化是社会主义核心价值体系建设的重要实践，社会主义核心价值观必须融入企业文化建设之中。中铁八局党委坚持以社会主义核心价值体系为引擎和统领，使之贯穿于企业价值理念、规章制度、形象标识、日常行为各个层面，有机融通，形成了具有自身特色的企业文化，有力增强了企业发展的软实力。中铁八局也先后荣获全国企业文化建设50强、文化部2008年中国优秀企业形象十佳单位、建国60周年中国企业文化典范单位"中国企业文化建设十大杰出贡献单位""全国企业文化建设社会责任先进单位""企业文化建设百家重诚信单位"。

1. 倡导"五种精神"，构建核心价值体系

作为新建局，在推动企业文化融合的同时，中铁八局党委提出了大力倡导"五种精神"，即有令必行、有禁必止的顾全大局精神；艰苦奋斗、勤俭节约的实干创业精神；团结一致、同心同德的互助协作精神；顽强拼搏、勇争第一的建功立业精神；廉洁自律、两袖清风的无私奉献精神。"五种精神"贯穿于对员工的思想道德教育、企业精神文明建设、企业规章制度之中，融入全体员工日常工作和生活中，使其内化为员工的价值观念、外化为员工的自觉行动，最大限度地形成对企业核心价值体系的共识，形成了全集团上下奋发向上的精神力量和团结和睦的精神纽带，重塑了中铁八局核心价值体系。

2. 培育"争先文化"，构建企业核心理念

在企业文化建设中，中铁八局坚持时代特征与企业特色相结合，积极倡扬和实践"内争先进，外争先行"的"争先"核心理念。一方面搭建平台鼓励内争先进，在开展日常考评的基础上，组织各单位开展"单位夺金杯、重点工程夺红旗""六比六创"等劳动竞赛活动以及各种党建主题实践活动，激发党组织的战斗堡垒作用和共产党员的先锋模范作用。在广大员工中深化开展"创争"活动，引导大家争当"首席员工""金牌员工""专家型技术工人"。同时，通过评选"劳动模范""安全标兵""知识型员工"等选优树典活动，促进优秀人才脱颖而出，在企业生产经营主战场上建功立业。另一方面创新机制引导外争先行，鼓励和引导在自主创新领域争做"先行者"，通过大力弘扬创新精神和创新意识，建立健全创新体制，完善创新激励机制，积极培育企业自主创新的土壤和源泉。目前，中铁八局在铁路综合工程、铁路客运专线工程、长大桥

梁和隧道、无砟轨道、无砟道岔、CA砂浆配方及施工、成套施工设备等多个领域拥有技术领先地位，形成了一批拥有自主知识产权的技术和标准，实现了核心技术和系统集成能力的突破，连续五年创造了29项中国企业新纪录，获得国家专利98项，国家级工法7项，主、参编了26项部级以上标准和规范，参与完成的"遂渝线无砟轨道关键技术研究与运用"项目获2010年度国家科技进步一等奖，中铁八局技术中心也被认定为国家级企业技术中心。

3. 弘扬抗震救灾精神，培育责任意识

2008年5月12日汶川地震灾情发生后，中铁八局先后派出了20支抗震救灾突击队，3 400余名突击队员，2 000余台（套）机械设备，积极参加了都江堰市、理县、彭州小鱼洞大桥、宝（鸡）成（都）线金龟岩大桥、德（阳）天（池）线、广（汉）岳（家山）线、达（州）成（都）线余家沟大桥及什邡、沙溪坝火车站等地方和铁路的抢险救援工作，为抗震救灾工作，特别是打通通往灾区的"生命线"发挥了重要作用。突击性工作结束后，中铁八局进一步把"万众一心、众志成城，不畏艰险、百折不挠，以人为本、尊重科学"的抗震救灾精神转化为团结奋进的强大力量、开拓进取的坚定意志、科学发展的实际行动，将工作重心转移到了灾后恢复重建的任务中，先后承担了东汽灾后重建、成都至都江堰铁路建设、青川县竹园新区梁竹大桥和碑梁路建设、广汉市金雁大桥等12项灾后恢复重建工程。其中德阳东汽灾后恢复重建工程荣获2010—2011年度中国建设工程"鲁班奖"。此外，在重庆抗旱救灾、武隆山体垮塌抢险、宝成铁路石亭江大桥抢险等自然灾害和突发事故面前，中铁八局一次又一次地伸出援助之手，自觉履行了央企的社会责任，展示了良好的企业形象。

三、坚持与和谐企业建设相融合，强化队伍建设，着力增强凝聚力

人民群众是践行社会主义核心价值体系的题中主体，践行社会主义核心价值体系既要体现人民群众的根本利益，又要努力解决人民群众关心的主要问题。中铁八局党委坚持把以人为本、构建和谐企业作为践行社会主义核心价值体系的重要内容来抓，切实保障了广大员工的利益，形成了同心同德、群策群力促转型的良好局面。

1. 强化共享共建，建设温暖之家

坚持以人为本，真诚关心和服务企业职工，让职工共享改革发展成果，是

社会主义核心价值体系的应有之义。中铁八局坚持发展依靠职工、发展成果由职工共享，积极引导职工坚定中国特色社会主义理想信念，凝聚广大职工推动企业科学发展的智慧和力量。实践中，中铁八局坚持走群众路线，真诚倾听群众呼声，真实反映群众愿望，真情关心群众疾苦，真心为群众办好事、办实事，使职工能够全身心地投入到企业的各项工作中。坚持完善评价考核体系，结合企业实际认真开展全集团薪酬调研工作，并指导各单位完善了薪酬分配体系，确保了员工收入特别是生产一线员工的收入得到适度合理增长。坚持开展"面对面、心贴心、实打实服务职工在基层"活动，持续深化"三工"建设、"送温暖""送清凉"活动以及"三不让"承诺工作，提高员工大病医疗救助标准，扩大困难员工救助范围，进一步增强了企业的凝聚力。特别是自 2010 年 9 月开始，中铁八局在全司开展了以"职工生日有人祝贺、生病有人关心、遇事有人张罗、退休有人欢送"为主要内容的"四有"，收到了良好效果，赢得了广大职工特别是生产一线职工的一致好评，已经成为中铁八局的一个特色工作品牌。

2. 推进人才工程，提高员工素质

人才是企业的第一资源。按照建设一流队伍，培养企业发展的中坚力量的要求，中铁八局积极探索政治上引导、思想上劝导、心理上疏导、生活上指导的方法。一方面加强人文关怀和心理疏导，培育员工自尊自信、理性平和、积极向上的社会心态；积极关注员工诉求，着力解决员工工作和生活中的热点和难点问题。另一方面大力开展"创建学习型企业，争当知识型职工"活动，积极推进素质提升工程，在全中铁八局开展了以安全、质量、工期、成本、效益、文明施工为主要内容的"六比六创"和"单位夺金杯，重点工程项目夺红旗"劳动竞赛、"增收节支创效益，我为八局献良策"为主题的"合理化建议月"等多种形式的群众性建功立业活动以及电焊工、车工、试验工等职业技能大赛，最大限度地激发了职工群众的劳动热情和创造活力，引领职工岗位成才。同时，以施工现场培训为重点，以优化培训质量和效果为目标，每年自办培训班 500 余期，培训领导干部 400 人次，专业技术干部 6 000 余人次，工人 5 000 余人次，外协劳务工近万余人次，提高了员工队伍素质，为职工成长成才提供了广阔舞台。

3. 坚持"五同"管理，扩大覆盖范围

当前，农民工已经成为企业劳动力的主体，是企业生产活动的主力军。为激发农民工积极向上的思想追求和工作热情，增强企业的吸引力，中铁八局牢固树立互利共赢的理念，全面推行农民工与企业职工同学习、同劳动、同管理、同生活、同报酬的"五同"管理，按照生活上关爱、工作上提高、政治上依靠、文化上感召的要求，着力通过加强技能培训，提高农民工干事创业的本领；通过开展劳动竞赛，搭建成才建功的舞台；通过典型引路，树立爱岗敬业的标杆，把企业发展与农民工工作紧密联系起来，精心构建农民工凝聚工程。

四、坚持与企业中心工作相结合，力求取得实效，着力提升发展力

致力于行，力求取得实效，这是社会主义核心价值体系建设的落脚点和着力点，是增强社会主义核心价值体系影响力、感召力、凝聚力的重要手段。近年来，中铁八局党委坚持把学习和践行社会主义核心价值体系与企业中心工作结合起来，把社会主义核心价值体系要求融入企业改革发展的全过程，贯穿到企业生产经营管理的各个领域，为企业科学发展提供了强力支撑。

"十二五"时期是中铁八局贯彻落实科学发展观，着力推动企业深化改革，实现企业持续健康发展的关键时期，中铁八局牢牢把握"稳中求进"的总体思路，以转型升级为主线，在公司开展了"转变发展方式，提高发展质量"的教育活动，引导公司员工以改革创新精神加快转变发展方式，提高发展质量，努力推动企业科学发展、健康发展。面对铁路市场的急剧萎缩，中铁八局结合企业自身的实际情况，本着"有所为、有所不为"的原则，攻坚克难，快速转型，加快向基建新兴领域发展的步伐，加大了对公路、城市轨道交通、市政工程等非铁路市场的经营力度，积极投入城镇化建设、中部崛起、新一轮西部大开发和中央援疆、援藏等热点经济区域，着力转移和调整企业经营的重心。同时稳步推进房地产业务、加快推动物流物贸业务、创新发展汽车业务，产业布局由原来较为单一的建筑施工，发展为建筑施工、房地产开发、物流物贸、汽车销售服务、海外等业务协调并进的发展格局，初步解决了一业独大、风险集中、发展后劲不足等问题，增强了企业发展的协调性，提高了经济运行质量，提升了企业整体实力和抗风险能力。

加强社会主义核心价值体系建设是国有企业增强综合实力的必由之路，中铁八局党委将切实提高建设社会主义核心价值体系的使命感、紧迫感，深入学习贯彻党的十七届六中全会精神，认真学习兄弟单位的先进经验，以改革创新精神推进社会主义核心价值体系向企业核心价值理念转化，向企业发展的内在动力转化，加速推进企业转型升级、科学发展，以优异成绩迎接党的十八大胜利召开。

实践篇

加强"核动力"源建设，引领企业安全高效发展

丁建波　华月强

（中核燃料元件有限公司南方分公司）

党的十七届六中全会突出强调了社会主义核心价值体系的重要性，并提出要在改革开放和社会主义现代化建设各领域推进社会主义核心价值体系建设。社会主义核心价值体系是社会主义意识形态的本质体现，是全党全国各族人民团结奋斗的共同思想基础。国有企业是中国特色社会主义的重要经济基础，践行社会主义核心价值体系，是建设中国特色社会主义对国有企业的必然要求，也是国有企业科学发展，做大做强，发挥主体作用的内在要求。企业践行社会主义核心价值观直接体现为企业价值观建设。所谓企业价值观就是指职工对本企业存在和发展的目的和意义的认识和评价，以及反映在生产经营活动中的精神境界、理想追求和是非标准。企业价值观是在企业长期实践过程中形成的较全面的价值观念体系，它是团结激励职工的精神力量，是企业文化的核心、"核动力"源，决定和影响着企业存在的意义和目的。结合中核燃料元件有限公司南方分公司的具体实践，加强企业价值观建设，笔者以为应重点从以下三个方面着力。

一、"教育"为基，注重价值引领

社会主义核心价值体系和企业"开放、包容、合作、共赢"的价值取向，应成为广大职工共同追求、共同向往、共同奋斗的思想基础和精神动力。加强企业"核动力"源建设，要突出三个重点。

1. 在教育对象上突出党员干部这个群体

党员领导干部是企业的组织者、管理者、领导者，他们的思想观念，价值追求不仅关系到企业的发展方向、盛衰兴败，而且也关系到企业的文化建设、

精神文明建设，关系到能否带领广大职工积极践行社会主义的核心价值体系。因此，以"教育"为基，首先要抓好党员干部特别是领导干部这个重点。抓住了这个重点，就抓住了企业价值观建设的关键，构建企业社会主义核心价值体系的关键。中核南方公司，针对企业深化改革、重组分立面临的新情况、新问题，始终把推进中国核燃料元件事业建设，做强做优具有核心竞争力核燃料保障体系；坚持继承创新，开拓进取；保持党员干部队伍的先进性、纯洁性作为加强党员领导干部教育的重点。通过领导干部中心组学习，举办党员干部培训班等，不断增强党员领导干部的政治意识、大局意识、责任意识、竞争意识、创新意识和党性意识，并把教育与深入开展创建"四好"领导班子建设、基层组织建设年活动、党风廉政建设和党员干部创先争优活动相结合，使各级领导班子和广大党员干部在推进企业改革发展中保持了良好的精神状态。同时，也使党员干部成为学习宣传和践行社会主义核心价值观的带头人。公司落实党风廉政建设责任制，强化勤政廉政教育，明确各级领导干部在党风廉政建设中的责任，并将党风廉政建设责任制在班子成员中进行分解，与中层领导干部层层签订党风廉政建设承诺书，纳入党员领导干部的年终考核中，责任到人；领导干部公开做出承诺，接受监督，增强党员领导干部拒腐防变的自觉性；执行述职述廉制度，把党风廉政建设与其他业务工作同重视、同布置、同落实、同考核，从而增强各级干部职工的拒腐防变能力。

2. 在教育内容上突出共同理想和职业道德

共同理想是社会主义的本质要求，是社会主义核心价值体系的灵魂，是凝聚各族人民力量的共同思想基础。坚持党的领导，坚定地走中国特色社会主义道路，是中国人民的共同理想、共同选择，更是国有企业广大职工共同的心声。中核南方公司坚持开展理想信念教育，把爱国主义、集体主义与热爱企业、热爱岗位结合起来，把倡导改革创新的时代精神与企业的管理、机制、科技创新等结合起来，将广大职工为共同理想而奋斗的精神，融入推动企业改革发展的各项工作中去。

在思想道德教育中，突出职业道德教育。职业道德是职工从事职业应遵守的道德规范和行为准则。它不仅关系到职工个人的道德品质，更关系到企业的形象、信誉和核心竞争力。在对职工进行社会主义荣辱观和"四德"教育中，公司从遵纪守法、文明生产、优良秩序等方面规范职工的行为，引导职工树立敬业爱岗、诚实守信、优质服务、竭诚奉献的道德风尚，激发职工的创造性和能动性，提高了职工队伍的整体素质，取得了良好的效果。

实践篇

3. 在教育作用上突出促进公司安全高效持续科学发展

企业的中心工作是生产经营工作。公司是我国最大的压水堆核电燃料组件生产基地，作为高风险流程工业，促进企业安全高效持续科学发展，保障核电站的安全、稳定运行及公众安全，不仅是企业价值观建设的出发点和落脚点，也是思想政治工作有没有生命力、战斗力的体现。因此，无论进行理想信念教育，还是开展职业道德教育，最终都要落实到促进企业改革发展上，落实到为企业安全高效科学发展提供精神动力和思想保证上。公司在大力宣传社会主义核心价值观的同时，针对不同阶段、不同情况，深入开展改革发展形势任务和政策教育、科学发展观学习实践活动等系列学习，先后举办了"解放思想，跨越发展""学习实践科学发展观，创新体制机制"等论坛，引导职工认清形势和任务，以思想的大解放激发观念的大转变，以观念的大转变促进发展的大突破。深入组织开展以"技术创新创效"为主题的劳动竞赛和合理化建议活动，"安全、质量、成本、进度"为主要内容的"立功奉献"竞赛活动，有力地推动了生产工作的顺利进行。近年来，公司广大职工提各类合理化建议 10 762 条，采纳实施 10 489 条，创效 2 021.72 万元。组织开展的以"创新、创效"为主题的"双争双创""青年科技讲坛""青年科技创新攻关"等活动，提高了青工岗位技能，发挥团员青年在生产经营和各项工作中的生力军作用，努力推进青年素质工程建设。2011 年公司完成工业总产值（现行价格）352 137 万元；工业产品销售产值 366 032 万元；出口交货值 33 778 万元；工业增加值 53 716 万元；主营业务收入 263 394 万元；利润总额 5 184 万元。目前，公司已累计向秦山一期、秦山二期、广东大亚湾、岭澳、岭东、田湾、红沿河、宁德等核电站制造并提供了 6 000 多组高质量的燃料组件，为各座核电站的安全、稳定、经济运行做出了积极的贡献，并将陆续为福清、昌江、阳江等核电站提供燃料组件，被誉为"核电粮仓"。

二、"建设"为本，注重以文化人

1. 构建企业文化，培育价值取向

企业作为社会的细胞，企业文化是社会文化的重要组成部分，企业核心价值观也是社会主义核心价值体系在经济体中的具体体现。企业文化是企业经营理念、价值追求和思想行为的总和，是企业"精、气、神、魂"的综合表现。构建企业文化就是把企业的经营思想、价值理念和企业精神，通过文字、图标、书刊等有形的东西表达出来，成为教育、引导、鼓舞、激励广大职工建功

立业的行动指南。中核南方公司根据公司发展的需要和企业精神文明建设的要求，形成了反映企业使命、企业追求、价值取向、经营思想、企业精神等内容的企业核心文化。其中在价值取向上，倡导奉献核工业、奉献南方分公司元件事业的发展，提出了工作境界是统一价值导向，维护公司形象；工作方法是善于分析研究，解决主要矛盾；工作习惯是相互沟通，精诚合作；工作作风是清廉勤勉，实干尽责；工作态度是学无止境，开拓进取；职业道德是敬业诚信，奉献快乐等要求。这些思想，既体现了社会主义的价值观，也体现了企业的特点，成为鼓舞职工献身核燃料元件事业的精神动力。坚持把企业文化融入生产经营管理等各项工作之中，以文化人，着力加强安全、质量文化建设，初步形成了具有南方特色的"核安全文化""质量文化"框架；公司大力倡导"安全第一""质量是企业的生命""质量是顾客的安全""质量提升效率""质量创造价值"等理念，认真落实目标责任制，严格考核，强化管理，消除隐患，有效扼制了事故的发生，确保安全和质量。大力开展现场及作业场所整治工作，创造了清新的现场环境，改善了生产工作条件。公司实现"五无"安全管理目标，始终保持了良好的安全生产态势。目前，公司核设施均安全受控，"三废"处理设施正常有效运行，"三废"排放符合国家和地方标准规定的要求，厂址周围环境空气、水体、土壤以及生物中的放射性物质的含量处于本地区的最低水平，公司周边环境和公众得到有效保护。公司荣获国防科技工业首批质量文化建设示范单位称号。

2. 树立先进典型，发挥榜样作用

企业先进典型是在两个文明建设中涌现的先进集体和先进个人。他们的先进事迹，体现的是社会主义核心价值和企业精神。组织开展向英模和身边先进人物的学习教育活动，充分利用广播、电视、报纸等宣传媒体，大力宣传各类先进典型，影响带动广大职工，进一步弘扬爱岗敬业、无私奉献，开拓进取、廉洁自律的精神，努力营造"比学赶帮、甘于奉献"的舆论氛围。先进典型不仅成为企业价值观、精神文明建设的重要素材，而且真正成为职工干好工作的标杆，追求进步的楷模。

3. 加强载体建设，夯实创建基础

公司一方面在推进基层标准化建设过程中，积极改善职工生产生活条件，美化环境，让职工在良好的文化环境和舆论氛围中潜移默化地受到熏陶和教育。另一方面，积极开展主题活动，确保企业文化落地。组织开展了"爱厂爱岗、敬业奉献""讲理想、比贡献""学英模、争先进"为主题的教育活动，引导广大职工爱厂爱岗，敬业奉献，增强了广大职工的责任感、使命感，使广大职工的工作热情、工作干劲在工作中充分释放；开展了以"传承历史、再铸辉煌"为主题的文艺汇演、神剑作品展以及篮球、排球赛等寓教于乐、健康向上的文化体育活动，丰富了职工业余文化生活；开展了以"知荣辱、树新风、构建和谐企业"为主题的荣辱观教育、感知荣辱图片文章有奖征集大赛、"文明标兵"评选、推荐"荣"事"耻"事等活动，进一步引导广大职工知"荣"明"耻"，普及文明礼仪常识，践行礼仪规范，提升职工文明素养，构筑起抵御不良风气的思想道德防线，为构建和谐企业营造良好的舆论氛围。

三、"培育"为源，注重行为养成

企业价值观是企业文化的"核动力"源，其能量渗透到企业的目标、战略、政策、日常管理及一切活动中，反映到每个部门、每个职工、每个产品上，也辐射到企业的外部。企业核心价值观能焕发全体职工的责任感、荣誉感、工作热情和创新精神，由表及里地约束、引导和激励着全体职工的行为乃至整个企业的行为，形成企业文化的力量，给企业带来巨大的收益。因此，把思想观念、价值追求落实到行为、行动中的问题，是企业核心价值观建设能否取得成效的关键问题。

1. 突出实践，倡导以文化行

公司根据核燃料元件企业的特点，以"核元件、高科技、高品质、南方造"为最高标准和追求，编制了体现岗位职责、规范、操作规程、行为规范等的《管理手册》《文明礼仪手册》及《质量文化手册》《安全文化手册》，成为职工行动的指南。同时，组织开展多种形式的培训教育活动，对各级管理干部、专业技术人才和技能型人才进行了有计划、有针对性的专业能力及综合素质培训，先后完成了秦山、大亚湾换料、焊工、锅炉工及管理岗位人员的培训任务，共培训干部职工 30 000 余人次，调动了干部职工学习科学知识和业务技能的积极性；举办各类管理知识专题讲座，2 000 余人次参加了培训，增强了价值观建设工作的动力。

2. 完善制度，规范职工行为

企业的各项规章制度是保障企业稳定发展的必要条件，它能协调企业内部的各种关系，是企业制度建设的重点。加强制度建设，完善制度体系，可以不断增强职工的权利意识、自主意识、法律意识和责任意识，调动职工的积极性、主动性，促进职工的自我发展，塑造健康和谐的人格，从而进一步提升职工的精神境界，规范职工行为，形成相互信任、共同发展的生活环境，促使每个职工认同企业的发展目标，在实现职工个人发展的同时，推动企业和谐发展。职工的行为事事处处代表着企业的形象，反映着企业的服务水平和质量，关系到企业的生存和发展。公司建立了比较完善的制度体系，先后制定发布了100多个管理制度，对管理体制、投资决策、生产经营、财务管理、质量管理、安防环保、核材料管理、监察审计、保卫保密、精神文明等工作内容做出了规定，使企业各项工作完全处于受控状态，并以此规范职工行为，树立并提升了公司的整体形象。

3. 持续改进，提升职工素质

公司坚持"一切求更好"的工作理念，不满足已经建立的规章制度和取得的成绩，着眼市场变化的需求，着眼转型发展的变化，着眼流程改进和职工素质的提升。一方面不断提升工作的标准和要求，另一方面适时修改和完善行为规范和操作规范。同时不断查找企业运行过程中存在的问题。对职工在生产经营过程中发生和存在的过失、过错和不良行为，不断修正，不断改进，努力使企业价值观建设成为提升企业竞争力，促进企业发展的重要推手和持久动力。2012年1月，公司被中央文明委授予"全国文明单位"称号。

企业核心价值观是企业最具价值的无形资产，并且在不断地创造新的价值。对内，能够增强全体职工的凝聚力和向心力，发挥全员的积极性和创造性；对外，能够提高企业的品牌形象，提高企业的影响力和竞争力。可以说，企业核心价值观是一个企业的灵魂，也是新时期企业持续科学发展所必需锻造的内核驱动力，更是中国特色社会主义市场经济价值取向的生动体现。

实践篇

五粮液集团企业文化建设研究

——积极践行社会主义核心价值观，以文化力推动生产力

当前，企业管理理念经历了由经验管理到制度管理、由制度管理再到文化管理的升华。文化管理作为一种高级形态的管理理念和管理手段，它以价值观管理为核心，涉及战略、组织、人力、流程、营销等各个层面，又与企业上至领导下至员工关系紧密。

管理是生产力，文化管理更是生产力的核心。五粮液集团作为一家以酒业为主、多元发展的国有特大型现代企业集团，要想在"十二五"末期顺利实现千亿发展目标，进一步建成世界知名的大公司大集团，就必须要重视管理，尤其要重视企业文化管理在推动企业发展方面的关键作用。

对于五粮液集团来说，企业文化管理如何推进？笔者认为，要在社会主义核心价值观的指引下，结合企业实际状况，开展企业文化建设：运用企业文化相关理论，对已有的企业文化资源进行诊断分析，分析定位企业固有的关键核心价值理念，提炼成一套系统完整的企业文化体系，进而通过相关的行为准则，贯彻到企业管理的各个层面，最终落实到组织绩效的提升。我们之所以强调管理学视角下的企业文化建设，是因为对作为市场经济主体的企业来说，企业文化建设的最终落脚点是要在实现利润、提高生产力上，而不能孤立地来看企业文化建设。

一、五粮液集团企业文化建设的现状

改革开放以来，五粮液集团取得了卓越的成绩，关键原因之一就在于其独具特色的企业文化。

（一）独特的酿造文化

酒是冰与火碰撞的结晶，是二者优点的融合，五粮液在对冰与火的控制上总结出：五种粮食经过优选和处理，通过"包包曲"糖化发酵剂，采用"跑窖

循环""固态续糟""双轮底发酵"等发酵技术和"分层起糟""分层蒸馏""按质并坛"等业内独特的酿造工艺，创造性地将计算机勾兑专家系统与人工勾兑技术结合起来（我国白酒勾兑历史上独一无二的"勾兑双绝"），实行全程质量控制，酿造出了每一瓶至臻至美的五粮液酒。

传统生产技艺与现代科学技术的完美结合，继承与创新，形成了五粮液独特的酿造文化。

（二）过硬的质量文化

质量是企业生存和发展的生命线。作为食品加工企业，五粮液集团始终坚持"质量是企业的生命、质量是市场、质量是员工的饭碗"这一基本理念，始终坚持质量管理在企业管理中的中心地位，在五粮液发展历史上至关重要的几个发展阶段，无论是以成就"中国酒业大王"为目标的第一次创业中的"质量效益型"发展、"质量规模效益型"发展，还是以打造"世界名牌公司"为目标的第二次创业中的"凸显酒业、优化多元"战略，五粮液集团始终牢牢抓住质量这个"牛鼻子"，从质量意识教育、职业技能培训、质量过程管控、质量行为监督、质量品质检验等各个方面不断加强全员、全面、全过程的质量管理，连续数十年杜绝了质量安全事故，出厂产品合格率长期保持为100%，市场满意度稳中有升，保持在95%以上。五粮液集团从20世纪80年代即开始推行全面质量管理，横向到边、纵向到底的质量管理体系一直运转有效。在业界率先通过了方圆认证等一系列国际国内产品认证，继1990年、2003年获得全国质量奖之后，2011年再次获得该殊荣，成为国内唯一三度问鼎全国质量管理奖的白酒企业。

（三）先进的营销文化

五粮液集团于20世纪90年代初确立"厂商一家、实现双赢"的经营思想，大力整合社会经销商资源，在行业率先推行"总经销商模式"。同时率先实施多品牌战略，细分质量，使资源利用更加充分；不断微分市场，更好地满足各层次顾客的需求。这种创造性的营销文化，不仅有效拓展了公司市场，丰富了企业文化，而且影响了整个行业营销方式的转变。总经销模式和多品牌战略现已成为全行业的主流文化。在此基础上，2010年12月25日，五粮液集团在华东地区成立"华东营销中心"，并尝试建立区域型销售公司，开启了公司由品牌管理模式向区域管理模式的改革探索。

在五粮液集团的司旗广场上，有一块很显眼的镜碑，上面镌刻着这样的箴言——"敬业奉公、精艺克靡"。我们为消费者而生而长，先天下消费者之忧而忧，后天下消费者之乐而乐，如此而已，别无他求。五粮液集团的营销模式虽然在不断地与时俱进，但是五粮液集团的使命宗旨不会改变，那就是——为消费者而生而长，一切为了消费者。

（四）高效的管理文化

五粮液集团从 1985 年开始推行严格的制度化管理。通过多年的探索、改进和完善，在人流、物流、资金流等各个方面都形成了一套系统、规范、严密的管理制度体系。这套制度体系的高效运行，保证了企业运转的规范性、持续性、操作性和先进性。

公司管理职能明晰，坚持构筑追求卓越、高效精干、扁平化的组织结构。在全公司范围内推行小机关、大车间，机关职能部门设置严格遵循因事设职、定职定编的原则，并及时动态调整。各岗位尽可能推行一岗多责、一职多能的人员编制定式，公司的管理人员占全体员工的比例不足 2%，生产经营管理成本低、效能高。

（五）领先的环保文化

五粮液集团坚持走可持续发展的新型工业化道路，20 世纪 90 年代中期就提出"'三废'是放错位置的资源"这一科学利废观，着力实施了具有五粮液特色的"资源化、无害化、减量化、效益化"处理工业"三废"的系统工程，使五粮液从粗放式高消耗高污染的传统生产经营模式转变为集约化低消耗高增长的循环经济发展模式，成为白酒行业唯一一家国家循环经济示范单位。

（六）卓越的安全文化

公司坚持深入贯彻"安全第一、预防为先、万无一失"的安全方针，以"三个预防常行、安全警钟长鸣、安全奖惩常在"为工作思路，以"职工健康、生命至上，公司安全、稳定至上"为任务目标，生产安全、食品安全、防火安全、环保安全、保卫安全、保密安全等各大安全体系高效运转，连续二十多年杜绝了生产安全事故与食品安全事故，被授予"全国安全文化建设示范企业""全国安全生产标准化建设示范企业"等称号，安全管理水平一直领跑行业。

（七）突出的创新文化

五粮液坚持传统与现代有机结合，用现代科技改造传统酒业，"计算机勾兑专家系统""双开高排酒曲发酵室的设计应用""特大综合型发酵车间设计与应用""UASB 及煤与沼气混烧污水综合利用技术"等数十项重大科研成果获得省部级以上奖励。公司坚持走产学研相结合的道路，2000 年建立业界第一个博士后工作站。引进了一大批世界最先进的技术装备，加以利用、改造、创新。2011年投资数亿元建成的中国酒类技术质量检验检测中心，显著提升了中国酿酒行业的技术装备水平和质量保证水平。

（八）浓郁的和谐文化

五粮液集团的和谐文化浓郁深厚，正如"各味谐调，恰到好处"的五粮美酒，不但传承着传统文化的和谐内涵，更昭示着社会主义先进文化的和谐本质。

公司坚持"两手抓、两手硬"方针，以物质文明、精神文明协调共进求稳定，用持续扩大的发展成果和细致入微的人文关怀，扎扎实实推进公司和谐文化建设，正确处理好与劳动者、合作者、社会各方的利益平衡，取得了"十里酒城"风清气正、相关方心齐气顺、各项事业欣欣向荣的良好发展局面。

"科学发展，构建和谐，员工富、企业强、社会贡献大的世界名牌公司"作为五粮液人第二次创业的目标，企业发展方向更加明确，公司正行走在构建和谐企业、为构建社会主义和谐社会添砖加瓦的道路上。

（九）新型的人本文化

对科学发展观的核心"以人为本"，公司有独到而深刻的见解。不是简单地满足于在一般层面上理解和体现其"为了人""依靠人"这两大内涵，而是从企业实际、员工思想实际和思想政治工作实际出发，创造性地发展和提升人本文化，取得突出绩效，获得多项殊荣。

公司独创的"无意识思想教育工作法"，把落实食品工业生产的行业要求、塑造和传递企业形象、灌输先进思想意识与文化理念和贯彻以人为本时代理念、改善员工生产生活环境条件有机地结合起来，下大工夫营造内部环境，已建成中国名酒文化的一座精品荟萃、典雅别致的"大观园"。

当然，我们也应该正视公司存在的一些不良文化因子，如老作坊式生产方式所衍生的封闭保守习气、"端着金饭碗，过着好日子"的惰性心态、有待完善的体制机制等。这些还需要逐步地加以纠正扭转。

二、结合企业文化理论和社会主义核心价值体系理论进行诊断分析

社会主义核心价值体系是党的十六届六中全会首次明确提出的一个科学命题。社会主义核心价值体系在中国整体社会价值体系中居于核心地位，发挥着主导作用，决定着整个价值体系的基本特征和基本方向。社会主义核心价值体

系包括四个方面的基本内容，即马克思主义指导思想、中国特色社会主义共同理想、以爱国主义为核心的民族精神和以改革创新为核心的时代精神、以"八荣八耻"为主要内容的社会主义荣辱观。这四个方面的基本内容相互联系、相互贯通，共同构成辩证统一的有机整体。建立社会主义核心价值体系，必须坚持马克思主义在意识形态领域的指导地位，牢牢把握社会主义先进文化的前进方向，大力弘扬民族优秀文化传统，积极借鉴人类有益文明成果，充分调动积极因素，凝聚力量、激发活力，进一步打牢全党全国各族人民团结奋斗的思想道德基础，形成全民族奋发向上的精神力量和团结和睦的精神纽带，为构建社会主义和谐社会提供精神动力支持。

中国共产党第十七届中央委员会第六次全体会议通过的《中共中央关于深化文化体制改革推动社会主义文化大发展大繁荣若干重大问题的决定》中指出：社会主义核心价值体系是兴国之魂，是社会主义先进文化的精髓，决定着中国特色社会主义发展方向。必须强化教育引导，增进社会共识，创新方式方法，健全制度保障，把社会主义核心价值体系融入国民教育、精神文明建设和党的建设全过程，贯穿改革开放和社会主义现代化建设各领域，体现到精神文化产品创作生产传播各方面，坚持用社会主义核心价值体系引领社会思潮，在全党全社会形成统一指导思想、共同理想信念、强大精神力量、基本道德规范。

我们可以看出，社会主义核心价值体系是社会主义先进文化的精髓，是中国特色社会主义前进的旗帜和方向。同样的，作为行业龙头的五粮液集团也有着自己的核心价值体系，它支撑着五粮液由一个传统酿酒小作坊发展到一个以酒业为主、多元发展的国有特大型现代企业集团，并昂首向世界 500 强、世界知名大企业迈进。那么，五粮液集团的核心价值体系是什么？它与社会主义核心价值体系又是怎样的关系？

通过调查研究发现，五粮液集团企业文化建设成果丰硕，企业文化资源十分丰富，酿造文化、质量文化、营销文化、管理文化、环保文化、安全文化、创新文化、和谐文化、人本文化等，企业文化在物质、行为、制度、精神层面都有涉及。但更值得注意的是，它们从各个侧面折射着五粮液集团的核心价值体系，从中可以提炼出几大极为重要的核心理念。比如发展，在市场经济环境下，竞争惨烈，优胜劣汰，"大鱼吃小鱼，快鱼吃慢鱼"，发展才是硬道理，发展是第一要义，五粮液人所做的一切努力无不是为了更好更快地发展。近三十年来，五粮液销售收入、利税和资产，各增长了数千倍，2011 年，集团公司实现销售收入 487 亿元、利税 139 亿元，资产总额达到 590 亿元。五粮液品牌价值跃升为 586 亿，连续 17 年雄踞行业榜首，成为唯一能与海尔、联想等电子工业航母并驾齐驱的食品工业企业。比如和谐，无论是五粮液美酒独具特色的"各味谐调，恰到好处"，蕴含着传统文化的和谐本质，还是公司坚定不移地走新型工业化道路，科学发展，可持续发展，循环经济，还是促进民生，发展成果惠及广大员工等，处处都体现着和谐、科学、创新的核心理念。比如坚持，五粮液有着远大的志向，"千亿目标""世界 500 强""世界蒸馏酒引领者""世界名牌公司"等，掷地有声，振奋人心。五粮液更有着为了远大志向而坚持不懈的执着精神，老老实实、一丝不苟、吃苦耐劳、艰苦奋斗、坚韧不拔、持之以恒，正是这样一种精气神让五粮液长盛不衰，充满战斗力。这些核心理念恰好完美地隐含在公司的企业愿景里，就是：科学发展，构建和谐，员工富、企业强、社会贡献大的世界名牌公司。

可以看出，这些核心理念都是对社会主义核心价值体系的回响，是社会主义核心价值体系在五粮液集团中的具体体现。

社会主义核心价值体系的精髓是马克思主义指导思想。中国共产党把马克思主义基本原理同中国具体实际相结合，形成了毛泽东思想、邓小平理论和"三个代表"重要思想，形成了科学发展观和构建社会主义和谐社会等重大战略思想。这些理论成果是中国化的马克思主义。五粮液集团作为国有企业，在上级党委政府的领导下，为实现国有资产的保值增值，为巩固公有制的主体地位，致力于科学发展、构建和谐、贡献社会，这正是对马克思主义、中国化的马克思主义的身体力行。

社会主义核心价值体系的主题是中国特色社会主义共同理想。在中国共产党领导下，走中国特色社会主义道路，实现中华民族的伟大复兴，这是现阶段中国各族人民的共同理想。改革开放以来，五粮液取得了骄人的战绩：中国酒业大王，销售收入、利税、资产迅猛增长，行业领军者，唯一三度荣获全国质量管理奖的食品企业，等等，不仅促进了一方经济社会事业的发展繁荣，更是为中国特色社会主义事业做出了巨大的贡献。随着公司"十二五"规划的逐步推进，五粮液集团必将做出更大的贡献。

社会主义核心价值体系的核心是以爱国主义为核心的民族精神和以改革创新为核心的时代精神。五粮液集团酒圣山上有一座"奋进"雕塑，寓意"不进则退"；五粮液集团的"厂花"——仙人掌，寓意艰难困苦，玉汝于成；"勾兑双绝"，传统技艺与现代科技的完美结合；中国酒类企业第一家技术质量检验检测中心，科技兴企，占据高端；"创新求进、永争第一"的企业精神更是言犹在耳，振聋发聩，等等。这些都无一不昭示着以改革创新为核心的时代精神。建立"五粮液—国防大学国防教育基金";荣膺"全国拥军模范单位";闯世界,与世界名牌一较高低;捐资助学,扶贫帮困,等等。这些不正是以爱国主义为核心的民族精神的生动体现吗?

社会主义核心价值体系的基础是社会主义荣辱观。以"八荣八耻"为主要内容的社会主义荣辱观,是与社会主义市场经济相适应、与社会主义法律规范相协调、与中华民族传统美德相承接的社会主义思想道德体系。社会主义荣辱观旗帜鲜明地指出在社会主义市场经济条件下,应当坚持和提倡什么、反对和抵制什么,为全体社会成员判断行为得失、做出道德选择、确定价值取向,提供了基本的价值准则和行为规范。五粮液集团也有着自己的传统"24 字作风":老老实实、一丝不苟、吃苦耐劳、艰苦奋斗、坚韧不拔、持之以恒。还有"诚信碑"、崇尚科学等。它们都是社会主义荣辱观在五粮液集团的投影。

五粮液集团正是从以上这些方面践行着社会主义核心价值体系。企业文化资源中所蕴含的核心理念,正是社会主义核心价值体系在五粮液集团中的具体体现,也应该是五粮液集团不断发展的精神指针。

三、对五粮液集团企业文化建设的建议

(一) 在企业文化建设实践中,提炼出符合社会主义核心价值体系的核心理念

在接下来的企业文化建设中,我们应该按照企业文化建设相关理论,在社会主义核心价值体系的指引下,进一步对已有文化资源进行梳理,并从中提炼出核心价值理念,比如上文提到的"发展""和谐""坚持""创新""质量"等,进而体系化,从企业愿景——科学发展,构建和谐,员工富、企业强、社会贡献大的世界名牌公司——之中,离析出企业核心价值观、企业愿景、企业精神等,明确企业使命、企业作风、经营方针和管理方针等,以适应五粮液集团更高层次发展的需要,将文化力转化为生产力。

(二) 建立健全符合社会主义核心价值体系的制度管理体系

建立健全符合社会主义核心价值体系的制度管理体系,本质要求是建立健全"产权清晰、权责明确、政企分开、管理科学"的现代企业制度。目前五粮液集团正朝着这一方向推进改革,"股权多元化""完善的法人治理结构""'四化'人力资源制度""卓越绩效管理机制"等,正是五粮液集团在制度管理体系方面的探索和努力。

（三）通过企业文化行为体系塑造员工符合社会主义核心价值体系的行为模式

充实完善"24字作风"的内容，制作成便于实际操作的行为守则，比如"十个坚持"的企业公约和"八个必须"的员工守则等，进而落实到企业管理的各个层面。

（四）借助企业文化形象体系塑造有形的产品形象和无形的服务形象传播社会主义核心价值体系

以一流的产品和服务为载体，传播社会主义核心价值体系，传播企业先进文化理念。五粮液作为食品饮料行业的标杆企业，秉承"质量为先、优中选优"的精神，以"五十分之一大于一"的卓越品质，为企业传承了优良的口碑，打造了坚实的社会信誉，更带动了整个食品行业更加健康地发展。

参考文献：

刘光明. 企业文化教程［M］. 北京：经济管理出版社，2008.

王学秀. 文化传统与中国企业管理价值观［M］. 北京：中国经济出版社，2007.

宜宾五粮液集团有限公司. 五粮液志［M］. 成都：四川科学技术出版社，2011.

实践篇

深化企业文化建设
践行社会主义核心价值观

邓丹雯

（东方电气集团东方锅炉股份有限公司）

　　党的十六届六中全会明确了社会主义核心价值观的内容与任务。党的十七大再次提出，要建立社会主义核心价值体系，增强社会主义意识形态的吸引力和凝聚力。企业作为社会主义经济建设的主要承担者和社会的基本细胞，应率先践行社会主义核心价值观，把社会主义核心价值观融入企业文化建设之中。企业文化建设要以社会主义核心价值观为引擎和统领，使之贯穿于企业价值理念、规章制度、形象标识、日常行为各个层面，使二者有机融通。

　　社会主义核心价值观即为社会主义核心价值体系。由坚持马克思主义指导思想，坚持中国特色社会主义共同理想，坚持以爱国主义为核心的民族精神和以改革创新为核心的时代精神和坚持社会主义荣辱观组成。

　　企业文化是指企业在一定的社会经济条件下通过社会实践所形成的并为全体成员遵循的共同意识、价值观念、职业道德、行为规范和准则的总和，是企业的软实力和核心竞争力。今日的东方锅炉股份有限公司（简称东锅）已走过四十多年的历史，正在向"产值超百亿，企业创百年"的目标前进。当回眸东锅波澜壮阔的发展历程，正是由于"东锅精神"的支撑，"社会、企业、员工和谐统一"核心价值观的引领，一代代东锅人自强不息、披荆斩棘、克服困境，经历了荣辱、辛酸、喜悦，迎来了辉煌。对于东锅而言，企业文化不仅仅只是一个概念，它是企业发展的灵魂，与企业的兴衰成败息息相关。它承载着企业发展的源动力和企业职工的凝聚力，正如李太顺老领导总结的"技术是根，人才是本，质量是命，文化是魂"。

一、启动、提炼

作为东方电气集团的子企业之一，东锅拥有自己的控股、参股子企业，工作地域跨自贡、成都、德阳等地。东锅对企业文化工作高度重视，党委根据国务院国资委《关于加强中央企业文化建设的指导意见》的精神，以及集团"五统一、两渗透"企业文化建设重要实施方向的要求，对企业文化建设进行系统规划，并分步推进了企业文化的理念、视觉、行为三大识别系统，使企业文化建设走上了一条规范化、系统化道路。

在四十多年波澜壮阔的发展历史中，东锅沉淀出了具有自身特色的企业文化。1985 年，党委提炼出"求实、创新、拼搏、超越"的东锅精神。多年来，公司不断完善和丰富东锅精神的内涵和外延，形成了东锅《理念识别系统》12 个方面的内容。2005 年，根据东方电气集团公司统一集团理念的要求，将公司的企业文化充分融入到以"社会、企业、员工和谐统一"为核心理念的集团大文化之中。

经过归纳整理，党委在《东方锅炉员工行为手册》的基础上，按照党委副书记李世林"合法性、一致性、针对性、普遍性、简洁性"的要求，制定了《东锅员工行为识别系统》并进行漫画设计。

根据《东方电气企业形象视觉识别系统"VI"手册》的内容，公司统一在名片、内外网页、刊物、纸杯、信封、员工工作手册等上面使用集团公司标志。

正如总经理徐鹏总结道："东锅企业文化建设经历了初步形成、自我论证、发展前行的过程，在引领东锅员工不断创造一个又一个辉煌成绩的过程中，起到了重要的凝聚作用和激励作用。"

二、渗透推广

要让这些思想和理念被广大员工真心认同、自觉实践，文化理念才能落地生根并焕发出蓬勃的生命力，推动企业的全面发展。公司党委宣传部充分发挥电视、广播、报纸、网络、宣传栏的舆论宣传作用，全面、深入地宣传企业精神、文化理念。出版了《英模谱》《企业文化文集》《管理之声》等内部刊物，下发到各部门、班组。公司开办了企业文化建设培训班，特邀企业文化专家王吉鹏为公司中层管理者进行专题培训。公司从实际出发，突出共性，兼顾个性，根据各车间的特点设计了具个性化特色的宣传标语和公开栏。

公司还通过大力开展主题演讲比赛，先进劳模事迹报告会，"理念故事化、故事理念化"征文、巡回宣传系列活动，"感动东锅、感动用户"主题活动，用先进人物的事迹激励职工，对职工的行为进行引导，使东锅的文化理念逐步深入人心。

三、深入践行

企业文化不能只仅仅停留在精神文化的层面上，真正"落地"，必须找好与生产经营管理种种具体实践融合的切入点和着力点，使企业文化真正融入企业的软实力，成为不可或缺的核心竞争力。党委积极拓展企业文化工作的领域和空间，开展创新文化、安全文化、诚信文化、廉政文化、和谐文化建设，把精神文化理念和价值理念融入企业各项生产经营管理制度中，贯彻到生产经营管理的实际过程，促进了企业文化与经营管理的有机融合。

四、创新文化，增强动力

创新是一个企业实现持续健康发展的重要保证。公司充分认识到创新文化是提升企业核心竞争力的重要手段。低碳经济的大环境下，公司正面临着产业结构的调整，提出了"在做精锅炉产业的基础上，持续拓展环保、核电、辅机产业，大力发展服务、容器产业，积极开拓气化炉等新产业，到'十二五'中期，一定要实现非锅炉产业产品收入占主营收入的30％以上"的目标。党委积极采取措施，把东锅"没有永恒的产品，只有更新的追求"的创新理念带到企业的技术创新、管理创新中去，进行创新实践。

公司努力营造鼓励创新、宽容失败、敢为人先、敢于超越、持续创新的企业创新氛围。深化学习型组织建设，引进了时代光华管理学院卫星远程培训系统，为职工学习提供了良好的条件。近年来，东锅不断完善企业技术创新机制，全面推进公司科技进步。以"志存高远，卓越领先"的企业理念为指导，制定了"十一五"科技发展规划。重视人才队伍的建设，重视和尊重人才，在东锅第六次科技大会上，评选了首届科技创新杰出贡献奖，对获奖者一次性奖励人民币20万元，开创了东锅重奖科技人员之先河。同时公司在各领域广泛开展职工质量控制活动，并对其成果进行发布和奖励，有力地调动了职工创新的积极性。公司把管理创新与精益管理、流程管理、合理化建议活动结合起来，每年对管理进步奖进行评选并对获得者进行重奖，极大地提高了职工创新的积极性和主动性。

五、生命至上，安全为天

安全生产是企业持续健康、快速发展的根本保障。温家宝总理在中央经济工作会上强调"要牢固树立安全发展理念，把人的生命放在至高无上的地位"。

公司强化安全文化建设，重视安全理念教育，努力实践公司"把握生命、情系幸福"的安全文化理念并提炼出人性化的安全生产警句，如"妻儿盼你毫发无损，父母望你遵章守纪""让爱人留恋不流泪，生命只有一次，请君多珍惜"等进行大力宣传，举办了"安全环保在我心中"知识竞赛。通过这些措施使职工牢固树立"安全第一"和"生命至上"的安全生产理念，让每个职工把对自己生命和他人生命的珍爱融入到自己的工作中去，营造了"安全为我，我要安全"的氛围。

公司以开展"安康杯活动"、职业健康安全教育体系运行、"6S"管理活动及创建省级安全文化示范企业为契机，努力培育具有东锅特色的安全、环保、消防文化，全面提升公司职业健康安全环境和消防管理水平。

六、以信求存，以质取胜

"人无信不立，企无信难存。"在市场竞争中，诚信无疑是企业的无形资产，质量是企业取胜的关键。企业诚信体系是一个复杂的系统，它涵盖了企业价值链上的全部环节，其中质量诚信是最基础和最核心的部分。

2006年10月，王计董事长在集团公司质量工作座谈会上提出了"用三年时间建立起比目前水平更高、内容更为丰富的质量诚信体系，并取得初步成效"的要求。

公司首先从加强员工的思想道德教育入手，引导员工树立正确的诚信观念。让职工们深刻认识到"东方锅炉"品牌是经过几代东锅人艰苦不懈的努力创造出来的，要像珍惜自己的生命一样爱惜它。牢固树立"质量是企业的生命""一次干对、一次干好、持续改进"的理念，提高实物质量；发扬"24小时服务"精神，按照"终身服务，持续改进"的服务理念，真诚善待用户，提高服务质量，确保公司重大质量事故和重大用户投诉为零。

公司广泛开展了"保质量、保安全、保工期、控成本、守诚信"比赛活动，不断深化活动内容，加强教育引导和经济考核，调动了广大职工的积极性，进一步增强了职工的质量、合同意识，经过几年的实践，"努力成为一流企业，向用户交付一流产品，提供一流服务"的目标，逐步深入人心成为全员共识。大力推进"质量诚信体系"构建，在职工中形成了人人争做"诚信员工"的氛围。

七、关爱职工，构建和谐

和谐的劳动关系、人际氛围，能够使员工心情舒畅，高效地完成各项工作，这也是企业文化建设的目标之一。在东方电气集团"企业、社会、员工和谐统一"的核心价值观指引下，东方锅炉提出了"坚持科学发展，构建和谐东锅"的号召，大力构建员工之间、人企之间、干群之间、企业与社会的全方位和谐。

以稳定和谐的劳动关系为基础，党委深入实施关爱员工温馨工程，建立困难职工帮扶制度，公司领导坚持对困难、伤病职工的走访慰问；每年为过生日的员工送上精美的纪念册和主要领导签名的贺卡，把祝福送到员工工作岗位上。党委积极做好来信来访工作，妥善处理改制过程中的遗留问题，确保东锅大院的稳定和谐。

为丰富职工业余文化生活，公司开展了各种健康有益、丰富多彩的文娱活动，如迎奥运环厂健身跑、职工趣味活动、国庆文艺演出等，将企业文化建设与各项活动融为一体。全力推进家属区、车间厂房、洗澡堂等改造和群众性公用活动设施建设，改建游泳池、新建体育馆和职工活动中心，不仅使厂区环境得到进一步美化，企业凝聚力也得到进一步增强，全员共建和谐企业取得明显成效。

"一方有难、八方支援"的民族精神在东锅员工中得到了升华，2008 年 5 月 12 日汶川特大地震发生后，公司立即成立抗震救灾领导小组，全力以赴做好支援灾区工作，为灾区提供了人、财、物的支持。哪个地方有了灾难，哪里需要帮助，公司全体员工都伸出帮助之手。几年来，全体公司员工多次向贫困区、台湾"莫拉克"台风、玉树地震灾区、抗旱洪涝灾区人民捐款。

由于公司地域跨三地，公司党委加强了三地企业文化建设的同步规划，实践三地文化的和谐统一。

八、廉洁文化，发展保证

企业廉洁文化是企业文化渗透在企业廉政工作中的重要内容形式，是企业文化的重要组成部分。加大企业廉政文化建设，不仅要加强思想道德教育，还要进一步加强制度建设，强化监督，使权力在阳光下运行。

公司利用宣传阵地强化对廉政知识的宣传，通过举办党风廉政建设专题培训、提炼廉洁文化用语和理念活动，开展党风廉政建设巡回宣讲，组织公司中层以上干部、"三管六外"人员参观监狱等活动，增强了党员干部的廉洁自律意识，营造了"廉洁光荣、不廉洁可耻"的廉洁文化氛围。

与此同时，公司加强惩防体系的建设，贯彻落实"一岗双责"制度，严格贯彻"三重一大"制度，与全体中层管理者签订了"双廉"责任承诺书，向供应商发出廉政告知函等，加强了党风廉政制度建设。

九、丰硕成果

在科学先进的企业文化的引领下，公司迎来了跨越式的发展，极大地提高了自身的核心竞争力。2006 年至 2009 年，公司连续产值超亿。2008 年，公司先后荣获了"2007 年度中国工业'锅炉及辅机设备制造'行业排头兵企业""2008 年四川工业企业最佳效益 500 强龙虎榜第五名""2008 年四川工业企业最大规模 500 强龙虎榜第七名""四川省最佳文明单位""自贡市 2006—2007 年度四好领导班子""抗震救灾先进企业""先进党组织""宣传思想工作思想政治工作奖"等多项荣誉称号。这些成绩的取得，是全体员工智慧和汗水的结晶，是大家辛勤劳动的成果。

站在新的历史起点，公司将坚持贯彻落实科学发展观，坚持社会主义核心价值体系建设，与时俱进，继续拓展企业文化的空间和内涵，以"产值超百亿，企业创百年"为目标，不断深化企业文化的丰富内涵，为公司的持续发展提供源源不断的文化支持，践行好社会主义价值体系。

核心价值观与文化建设模式初探

赵启宛　李代林　文桂芳

（川庆地研院）

近年来，中国各石油集团纷纷推行"市场化、低成本"战略，实施 EVA 考核新政，给所属各公司的经营管理提出了新的更高要求。为深入贯彻党的十七届六中全会精神，全面落实科学发展观，充分发挥企业文化在提高管理水平、增强核心竞争力、促进科学发展中的积极作用，根据中国石油企业的特点，结合基层单位实际，对中国石油企业核心价值观、企业文化建设模式进行研究，以期推动中国石油企业文化大发展、大繁荣。

一、核心价值观与文化建设的目的意义

企业核心价值观是企业员工在企业长期的生产经营活动中形成的、为全体员工所遵守和信奉的价值观念、基本信念和行为准则，是企业凝聚和激励全体员工的重要力量，是企业的灵魂和精髓，是企业持续发展的精神支柱和动力源泉，也是企业核心竞争力的重要组成部分。建设先进的企业核心价值观，是企业深化改革、强化管理、快速发展的迫切需要，是建设高素质员工队伍、促进企业与员工全面发展的必然选择，是提高管理水平、增强凝聚力和核心竞争力的战略举措。建设先进的企业文化，旨在有效地改善和提升企业的形象，使企业保持旺盛的生机和活力。

中国石油企业形成了诸如"大庆精神""铁人精神""三老四严""四个一样"等一系列传统文化。党的十七届六中全会以后，许多分公司纷纷组织学习《决议》精神，颁布《企业文化手册》《视觉形象应用手册》《员工行为规范手册》和《行为安全规范手册》等，为其基层单位推进企业文化指明了方向。中国石油企业所属基层单位，广泛宣传企业文化，规范应用企业标识，打造企业

工作场景，弘扬大庆精神、铁人精神，培育提炼特色理念，研究发展定位、发展战略和发展目标，宣传特色技术、拳头产品和企业形象，着力塑造企业品牌，努力提升核心竞争力，取得了丰硕成果。但随着中国石油企业走出国门、融入世界并快速发展，中国石油企业的核心价值观培育、企业文化建设与国外石油噱头相比尚存明显差距，与企业自身发展相比明显滞后、存在诸多不足。有效培育企业核心价值观、推进企业文化建设已成为中国石油企业内强素质、外塑形象、参与竞争、实现更大发展的必然选择。把培育核心价值观、强化企业文化建设工作作为一项系统工程，持续有效地抓紧、抓好、抓出成效，对于企业"做强做大、又好又快"发展具有十分重大的现实意义和深远的历史意义。

二、核心价值观与文化建设的指导思想

坚持社会主义先进文化的前进方向，按照全面协调可持续发展的总体要求，以安全清洁生产、文明优质服务为中心，以业主满意为目标，构建符合时代特征和我院发展战略需要的、具有石油企业特色的文化体系。推进精细管理，打造安全型、和谐型企业，营造良好的环境氛围，着力提升核心竞争力，为实现"做强做大、又好又快"发展提供强有力的文化支撑。

三、核心价值观与文化建设的基本模式

中国石油企业，多数为国有企业，具有投资高风险、安全高风险、施工作业队伍分散等特点。笔者认为，其企业文化建设，应按照"分工合作、分步实施、典型引路、有序推进、动态考评"的原则，努力实现核心价值观与文化建设"3411"基本模式，从而营造和谐、创新、发展的企业环境，进一步增强员工对企业的归属感、责任感和自豪感，不断增进企业凝聚力、向心力，为其长远发展提供保障。

"3411"基本模式，是指丰富精神、行为和物质三大要素；推进安全、廉洁、场景和班组四个子文化建设；形成具有"中国石油特色"的核心价值体系；建立与时俱进、紧跟企业发展的核心价值观与文化建设长效机制。具体内容如下。

（一）丰富三大要素

中国石油企业，在长期以来的生产经营活动中，不同程度地形成了一些自

实践篇

己的文化要素，但不够系统、完善。一是要丰富精神要素，精神是支撑企业文化体系的灵魂。在现有理念识别系统的基础上，传承中华民族和中国共产党的优良传统作风，创新、完善和挖掘适合中国石油企业发展的基本理念、系统理念，总结提炼发展定位、发展理念、创业理念、管理理念、公仆理念、安全理念、价值理念等等，使企业的理念识别系统更加完善，并具"中国石油企业"特色。通过宣传教育，倡导企业精神和企业价值观，为全体员工所熟知、认同，并内化于员工的自觉行为。二是要丰富行为要素，行为文化是员工在科研生产和人际关系中产生的活动文化。要完善各类技术标准、技术规范和员工岗位操作规范，抓好员工仪表仪容、岗位纪律、工作程序、现场环境等工作，促进员工的行为养成和规范形成。开展社会主义荣辱观和职业道德、社会公德、家庭美德、个人品德教育，充分展示中国石油企业员工的行为作风和精神风貌。三是要丰富物质要素，物质文化是企业生产、经营和文化娱乐等方面的环境、条件、设施等物质要素的总和。要应用好标识，统一标准名、标准字、标准色，规范办公用品、员工服饰、领导名片，清洁美化工作环境、生产环境和生活环境。抓好员工书屋、活动室、板报、网站等文化载体和阵地建设，形成浓厚的企业文化氛围。做好企业形象宣传，扩大企业的知名度和美誉度。

（二）推进"四个子文化"建设

加强安全、廉洁、场景和班组四个子文化建设。场景文化是基础，安全文化是前提，班组文化是关键，廉洁文化是保障。一是场景文化，企业场景相当于人的外貌，给人们第一感知，是一个企业的形象所在。不断深入地对工作、生活场景进行整治，改善员工工作、生活环境，形成整洁、规范、风格统一的场景和浓郁的文化氛围，不断影响并转变员工的价值观念，改变员工的不良习惯，全面提升企业形象和企业整体文化建设水平。二是安全文化，作为高安全风险行业，安全生产、清洁生产十分重要。强化 QHSE（质量、健康、安全、环保）方面的管理原则、管理理念，牢固树立"工作、操作中的每一个细节都关系自己和他人的生命"和"一切事故都是可以避免"的意识。全面推进QHSE 管理体系建设，实现员工从"要我安全"到"我要安全"的转变，从根本上消除事故隐患。三是班组文化，班组是企业的"细胞组织"，是构成企业的微小单元，班组文化的建设水平直接展现企业整体文化建设的水平。要形成完善的班组文化建设教育与管理体系，不断提高员工综合素质和技能，增强团队意识，提升协作能力。强化纪律观念，提升遵章守纪、安全作业的自觉性和工作能力，夯实基础管理。四是廉洁文化，石油属于高投资风险行业，就中国而言，国有投资居多，要把廉洁工作放在重要位置来抓。要强化诚信守法、廉洁敬业的理念，倡导廉洁奉公、诚实守信、爱岗敬业、公道正派，不断规范生产经营活动，加强警示教育，筑牢思想道德防线，规范、约束广大党员干部和员工的行为。健全完善教育、制度和监督并重的惩治和预防腐败体系，建立长效预警和监控机制，营造清正廉洁的环境氛围。

（三）形成一个核心价值体系

通过丰富企业文化"三大要素"，加强"四个子文化"建设，形成健全完善、充满活力、具有"中国石油企业"特色的企业核心价值体系，培育一支忠诚企业、技术精湛、管理规范、作风过硬、执行有力的员工队伍。

（四）建立一个核心价值观与文化建设长效机制

要完善企业文化建设管理体系，宣传贯彻企业文化建设纲要，成立相应组织机构，着力强化领导人员的企业文化建设意识。要落实企业文化建设规范，明确职能和分工，落实企业文化建设责任。健全企业文化建设规章制度，分工合作、齐抓共管，形成与时俱进的核心价值观与文化建设长效机制。

四、核心价值观与文化建设模式的实现途径

要采取"递次推进、分步实施、目标分解、动态考评"的基本思路，着力选树一批子文化建设示范点，组织企业文化建设经验交流、培训指导。要通过选树表彰一批企业文化建设先进单位和个人，全面整体推进，从而建立完善、科学、规范的核心价值体系，形成核心价值观与文化建设的长效机制。

（一）大力宣传核心价值观与文化建设的重大意义

要建立起核心价值观与文化建设的组织领导和管理体系，形成以宣贯骨干为主体的核心价值观与文化建设理论宣传队伍，着力宣传社会主义核心价值观和中国石油企业文化建设的重要性、必要性，统一思想，提高认识，并结合中国石油企业的实际情况，完善其应用理念系统。要进行核心价值与文化建设工作的目标分解，修订完善相关规章制度；要加大全员培训力度，选树命名子文化建设示范点；要统一全院各办公点、作业点场景，编印企业形象宣传画册，制作企业形象宣传视频和企业文化建设示范点、先进典型宣传视频等，加大对内、对外宣传的力度。

（二）逐步构建"3411"核心价值与文化建设模式

要加强核心价值观与文化建设的培训，深入推进"四个子文化"建设，交叉推进安全、场景和廉洁文化示范，扩大班组文化示范点数量。宣传贯彻推进

理念识别、视觉识别、员工行为规范识别系统，加强本企业特色技术、拳头产品的宣传，进一步规范机关、基层单位以及班组、施工作业队伍的对外视觉形象，着力打造企业品牌。通过总结企业文化宣传贯彻经验，对企业文化建设先进单位及先进个人进行命名表彰等手段，以点带面，全面整体推进。要深入开展形式多样的宣传教育，促使核心价值观和企业文化由"员工认知"向"员工认同"转化，将核心价值理念贯穿于日常科研生产和经营管理各项活动之中，逐步把广大员工的思想和意志统一到中国石油企业的核心价值观上来，统一到企业使命、发展目标和发展战略部署上来。促使员工成为牢记神圣使命、战略目标，严格遵守行为准则的合格执行人，成为企业文化的传播载体、建设主体。规范员工着装、仪表，推行文明礼貌用语，整顿工作秩序，提高工作效率，塑造与企业相适应的员工形象。着力提升服务质量，塑造讲诚信、有能力、负责任的优秀企业形象。

（三）循序渐进提升企业核心价值观与文化建设水平

企业核心价值观与文化建设是一项系统工程，不可能一蹴而就。在建立企业文化建设"3411"模式的基础上，要不断持续改进、深入推进，不断提升企业文化建设的水平和档次。要用典型案例诠释、升华企业文化，对基层单位的企业文化建设进行绩效评估，从高度、深度、广度上巩固提升企业文化建设水平，全面系统地总结宣传核心价值观和企业文化建设的成果，完成企业文化手册的改版升级。完善企业核心价值体系和长效机制，使推进工作常态化、动态化、标准化、规范化。对在企业核心价值观与文化建设推进工作中做出突出贡献、取得优异成效的先进单位和个人进行表彰奖励，加强对基层单位的检查指导。

（四）建立良好的核心价值观与文化建设考评机制

企业核心价值观与文化建设工作，要按照职能分工，由不同部门具体负责组织实施。安全文化建设应由质量安全环保部门牵头，安全监督、QHSE体系推进等部门配合实施；班组文化建设应由企管法规部门牵头，市场、党群、生产、技术等部门配合实施；廉洁文化建设应由纪检监察部门牵头，组织、人事、劳资、党群等部门配合实施；场景文化应由党群部门牵头，总经理办、党委办、QHSE体系推进办等部门配合实施。要对各单位核心价值观与文化建设推进工作进行检查考评，在日常指导的基础上，力求每半年组织一次抽查，每年一次检查考评和总结交流。日常检查由相关部室人员组织完成，年终考评集中进行。要设立企业核心价值观与文化建设专项资金，以确保企业文化建设深入、持久、有效地推进。

参考文献：

高举中国特色社会主义伟大旗帜　为夺取全面建设小康社会新胜利而奋斗［R］．人民出版
　　社，2007.

王万方，高山．创建"五型"班组百问百答［M］．北京：中国工人出版社，2009.

中共中央关于深化文化体制改革推动社会主义文化大发展大繁荣若干重大问题的决定．北
　　京：人民出版社，2011.

中共中央宣传部．社会主义核心价值体系学习读本．北京：学习出版社，2009.

实践篇

践行核心价值理念，推进和谐稳定发展

——浅析社会主义核心价值观对中核建中公司发展的促进作用

田 利

（中核建中核燃料元件有限公司）

《易经》中高屋建瓴地留下了"观乎人文，以化成天下"的精辟论述。千年之后，我们在市场竞争日益激烈的今天再来品读，对于文化所蕴含的力量应该有着更加深刻的认识。由文化所产生的核心价值观不仅影响着国家命运，而且对于企业来说更是举足轻重，这已成为 21 世纪人类的普遍共识。中核建中核燃料元件有限公司（以下简称中核建中公司）隶属于中国核工业集团公司，始建于 1965 年，作为我国重要的核品生产基地，中核建中公司努力践行社会主义核心价值观，秉承军工企业"国家利益高于一切，国防事业重于一切"价值理念及"热爱祖国、无私奉献、自力更生、艰苦奋斗、大力协同、勇于登攀"的优良传统和"特别能吃苦、特别能战斗、特别能攻关、特别能奉献"的精神文化财产，在半个世纪的发展进程中，在我国核电事业发展和国防现代化建设方面发挥了重要作用，为我国社会主义现代化建设做出了自己的贡献。

一、光荣的发展史和独特的企业文化为践行社会主义核心价值观奠定了坚实基础

长期以来，中核建中公司坚持以社会主义核心价值观铸就企业文化之魂，用企业文化"软件"聚人心、塑精神、促发展。本着"敬业报国、求精创新"的企业精神，以"建设成为适应市场经济要求的军民复合型企业"为奋斗目标，以"一切求更好"为企业文化建设的核心，指导和促进企业发展，使企业文化融会于两个文明建设之中，实现了企业和谐、稳定、健康发展。

1. 履行责任、发挥作用，以优异成绩践行社会主义核心价值观

中核建中公司不但在主营业务上业绩突出，而且勇于承担社会责任，将"感恩社会、回报社会"的理念落到实处。每年春节前公司都对困难职工、困难党员、社区困难居民进行"送温暖"慰问活动。公司还利用企业优势，做好重庆市石柱县，四川省高县、屏山县的定点扶贫工作，先后投入600多万元帮助定点贫困地区改善生产生活条件，促进了乡镇经济的发展，帮助部分农户脱贫致富，树立了公司良好的社会形象，得到了当地政府和人民群众的好评。近几年来，公司已相继荣获全国"五一"劳动奖状、全国模范劳动关系和谐企业、全国质量效益型先进企业、全国实施卓越绩效模式先进企业、国家技能人才培育突出贡献奖、全国设备管理优秀单位、全国先进基层党组织、全国思想政治工作优秀企业、中央企业先进基层党组织等荣誉称号。2003年被中央精神文明建设指导委员会授予"全国精神文明建设工作先进单位"荣誉称号，2005年被中央精神文明建设指导委员会授予"全国文明单位"荣誉称号，2009年被中央精神文明建设指导委员会办公室授予"全国精神文明建设工作先进单位"荣誉称号。2011年，公司再度被授予"全国文明单位"荣誉称号，受到了中央文明委的通报表彰。同年，被国务院扶贫开发领导小组授予"全国扶贫开发先进单位"荣誉称号；被中共中央宣传部、中华人民共和国司法部评为"2006—2010年全国法制宣传教育先进集体"；公司荣获四川省国防科技工业"先进基层党组织"荣誉称号；公司纪委荣获四川省国防科技工业"纪检监察工作先进集体"荣誉称号，可谓成绩斐然。中核建中公司两个文明的协调发展全面地反映了社会主义核心价值体系的内在要求，激励着建中人开拓进取，勇往直前。

2. 牢记使命、开拓创新，发扬优良传统践行社会主义核心价值观

中核建中公司自成立以来便长期承担着党和国家赋予的历史重任，经过四十多年的艰苦创业和几代建中人的顽强拼搏，终于发展成为我国最重要的核品生产基地之一。同时拥有我国最大的金属锂生产线、最大的专业柱式锂电池生产线，是世界最大的人工合成洋茉莉醛研发基地，在我国国防现代化建设中承担着重要任务，发挥着重要作用，不仅为国家和社会积累了大量的精神和物质财富，同时也形成了具有建中特色的企业文化。一代代建中人不辱使命，秉承"两弹一星精神"，为共和国的国防建设事业不断创造出优秀业绩，同时也为三线建设者和先进典型人才不断成长与施展才华提供了广阔舞台。

3. 夯实基础、文化引领，以打造高素质员工队伍践行社会主义核心价值观

中核建中公司的成就与整个企业员工队伍的素质密不可分。这样一支高素

质的员工队伍正是在中核建中公司这样具有崇高使命和光荣历史的军民复合型企业中锤炼而来。为了培育职工队伍，公司大力弘扬社会主义核心价值观和企业文化，推行精细化管理，倡导安全文化，培育廉洁理念，增强员工认同感、归属感，提升企业凝聚力和向心力，使员工具有着眼大局、认真负责、严谨细致、兢兢业业、严守纪律的态度；尽心尽责、不怕吃苦、不计得失、无私奉献的品质；专心致志、艰苦奋斗、精益求精的作风；讲求效率、开拓创新、追求卓越的追求；"人无我有、人有我优"的目标。

4. 创新载体、强化组织，在宣传教育活动中践行社会主义核心价值观

公司各级党组织坚持不懈地坚持以社会主义核心价值观教育全体员工，大力开展社会主义精神文明建设活动，深入进行学习型党组织建设，开设思想政治宣传的网络阵地，举办了"解放思想，跨越发展""学习实践科学发展观，创新体制机制"等论坛，充分利用中心组学习制度和员工学习制度，采取专家授课、专题辅导、播放电教片等方式，组织人生观、价值观、世界观教育活动，强化理想信念和形势任务教育，倡导爱国、敬业等道德规范，积极参与宣传先进模范活动。加强党风廉政建设，深化民主管理，保障员工诉求反应机制，尊重员工权益，加强对员工的人文关怀和心理疏导，倡导"以人为本"，增强思想政治工作的针对性和有效性，促进企业和谐发展。

二、社会主义核心价值观赋予中核建中公司与时俱进的精神动力

当今社会，各种思想文化交流、交错日益激烈，部分人的价值取向存在迷惘甚至偏差。在企业改革力度、发展速度、维稳难度日益加大的复杂形式下，作为军民复合型国有企业，中核建中公司始终坚持将构建核心价值体系工作融入企业发展大局，纳入常态工作常抓不懈，通过精神文明建设带动物质文明发展。

1. 注重时代特点，体现先进性

在改革开放和现代化建设的今天，中核建中公司明确提出实践社会主义核心价值观就是要坚定爱国、爱党、爱社会主义的信念，就是要爱岗敬业、刻苦钻研科学理论技术，就是要有乐于奉献、全心全意为人民服务的品质，就是要发扬艰苦奋斗、忘我工作的优良作风，从而使社会主义核心价值观始终成为企业发展的"方向标"。

2. 注重层次多样，体现群体性

一是加强各级各类先进典型的选树工作，形成不同层次的先进模范群体。中核建中公司长期开展各种形式的宣教实践活动，在这些活动中大力发掘先进模范，总结经验教训，归纳先进事迹，树立宣传标兵。每年开展文明单位、文明标兵、青年文明号、优秀党员、优秀团员、先进党支部等评选表彰，机关部门开展创先争优评比、学习型组织评比，生产部门开展安全评比、节能评比、劳动模范评比活动，形成评比系列化、常态化机制。二是开展"知荣辱、树新风、构建和谐建中"主题系列活动。举办了"文明在建中"签名仪式、"厂容厂貌管理规定"宣传、"公民道德日有奖竞猜与漫画展"、"共建和谐社会图片展"、感知荣辱图片文章有奖征集大赛、"八荣八耻"征文、进一步引导广大员工知"荣"明"耻"，不断提升道德素养，为构建和谐建中营造良好的舆论氛围。三是倡导健康生活方式和高尚生活追求，开展"与文明同行、创和谐建中"主题系列活动。举办了"讲文明、树新风、促和谐"知识竞赛；举办了以"为中国喝彩、为企业增辉"为主题的演讲比赛；常年坚持开展以"塑形象、展风采"为重点的"公民道德建设宣传教育月"和"公民道德建设宣传教育日"活动，采取展板宣传、挂图宣传、现场知识答题、发放宣传单等形式，教育引导广大员工家属自觉遵守社会公德，弘扬中华民族传统美德。四是开展"我们的节日"主题系列活动。以元旦、春节、国庆节、重阳节等为重点，举办以"诵中华文化、听榜样故事、传建中精神"为主题的"诵读""讲述"比赛；组织开展以"传承历史、再铸辉煌"为主题的"我感恩祖国 我回报建中"讨论会，"感恩 责任 奉献"辩论赛，"建中之声"文艺汇演，开展"激情广场大家唱"活动。组建书法、书画等多个文体协会常年开展活动，举办神剑书画、摄影作品展以及足球、篮球、排球、乒乓球、羽毛球比赛等寓教于乐、健康向上的文化体育活动，丰富了员工业余文化生活。组织开展"青年志愿者为民服务"活动，为广大职工、家属做好事、办实事，以实际行动践行社会主义核心价值观，形成了全面动员人人参与的氛围。

3. 注重精神提炼、体现传承性

中核建中公司在不同的历史阶段都有体现鲜明时代特征的目标，激励着一代代建中人为社会主义建设事业艰苦奋斗。在建中人身上提炼出的"敬业报国、求精创新"精神，充分体现了社会主义核心价值观的要求。同时，新一代的建中人在继承光荣传统的同时，又在实践社会主义核心价值观的过程中，不断赋予建中精神新的时代内涵。

实践篇

309

三、探索特色载体，构建长效机制

多年以来，中核建中公司积极探索实践社会主义核心价值观的长效工作机制，加大力度，创新形式，注重传统方式与现代手段的结合，实现活动常态化。

齐抓共管，形成合力。中核建中公司党委、行政高度重视，把践行社会主义核心价值观与安排生产经营任务和研究业务工作一起部署，一起落实，一起检查，一起考核；各级党组织、各级工会、团青组织、企业文化领导小组、精神文明领导小组等等紧紧围绕践行社会主义核心价值观，发挥整体优势，形成了齐抓共管、相互依托、相互支撑、协同作战的良好格局。

制定规划，稳步推进。中核建中公司把构建价值体系作为提升企业软实力和企业综合素质的重要内容，列入企业发展的战略目标，作为公司"十二五"规划之一，系统谋化，明确责任，细化具体措施，定期分析研究，并结合实际，开展相关活动，扎实稳步推进，确保战略目标和规划落到实处。

注重教育，以"德"塑人。中核建中公司始终坚持"以人为本"的方针，认真抓好"三个教育"：一是抓思想道德教育。坚持以社会主义核心价值观激励员工加强学习，把学习的知识转化为谋划发展的正确思路、促进发展的工作措施、破解难题的科学方法。同时引导员工认清形势和任务，以思想的大解放激发观念的大转变，以观念的大转变促进发展的大突破。二是抓职业道德教育。认真落实《公民道德建设实施纲要》的具体要求，突出抓好员工的职业道德教育。举办了中层干部培训班、管理干部技能培训班、党支部书记培训班；广泛开展"创学习型企业，争做知识型、技能型员工"、岗位练兵、技术比武等活动；举办各类管理知识专题讲座；坚持以"服务企业、服务青年"为宗旨，组织开展以"创新、创效"为主题的"双争双创""青年科技讲坛""青年科技创新攻关"等活动。一个立足岗位学文化、学科学、学技术、比贡献的热潮在全公司蓬勃兴起。三是抓社会公德教育。深入开展了"公司十不规定""十要十不要"及"五五""六五"普法教育教育员工"八小时内做一名好员工、八小时外做一名好公民"，在全公司形成了"崇尚文明、奉献社会"的良好氛围。

四、践行社会主义核心价值观促进了中核建中公司的全面发展

1. 丰富和发展了企业文化的内涵

本着实事求是的精神消化吸收，社会主义核心价值观已经融入"敬业报国、求精创新"的建中精神，融入"一切求更好"的建中理念，支撑着建中人的精神家园。

2. 造就了一支高素质的员工队伍

通过不断的宣传贯彻，社会主义核心价值观潜移默化地根植于广大员工心中，成为建中人永远的灯塔，使得职工队伍整体素质不断提高，激励着大家不断开拓进取。

3. 促进了和谐企业的建设

通过大力弘扬社会主义核心价值观所蕴含的以人为本的思想、顾全大局的意识、乐于助人的品质、诚信奉献的风格、无私奉献的精神、艰苦奋斗的作风，使得广大员工基本做到了正确处理个人利益与集体利益、局部利益和全局利益、眼前利益与长远利益的关系，牢固树立了集体主义的理念，以敬业报国、助人为乐作为一种习惯、一种快乐，从而为维护中核建中公司改革发展的大局，构建平安建中、和谐建中奠定了坚实的基础。

4. 推动了公司的改革与发展

在改革开放大潮汹涌的时代背景下，社会主义核心价值观始终是激励中核建中公司广大职工与时俱进、顽强拼搏、不断创新、追求最好的动力源泉，确保了公司在调整改革的新形势、新任务、新挑战下继续保持和谐、稳定、健康的发展势头。

在未来的工作中，中核建中公司将结合自身实际情况，继续丰富企业文化内涵，不断提升核心竞争力，一如既往地践行社会主义核心价值观要求，以社会主义核心价值体系促进企业和谐、稳定、可持续发展，为我国国防事业、为中核集团又好又快安全发展、为实现我国核工业由大变强的根本性转变做出新的、更大贡献。

实践篇

"激情成飞"，履行企业社会职责

邵激扬　　陈定春

（成都飞机工业集团公司）

近年，中国航空工业集团公司（简称中航工业）成都飞机工业集团公司（简称成飞）党委创新思想政治工作，深入、持续地开展"激情成飞"宣传活动，点燃员工"航空报国，强军富民"的激情，营造了浓烈的激情进取的氛围。

一、超常发展，新的精神动力在哪里？

中航工业成飞集团是我国航空武器装备研制生产和出口的主要基地、民机零部件重要制造商。近年来，中航工业成飞集团的经济总量大幅跃升，年销售收入从 2001 年的十几亿元一跃突破百亿元。枭龙、歼十战机的研制成功，极大地提升了中航工业成飞的影响力。快速发展、全面进步的背后，却是员工人数下降 10％的现实；是生产能力受到严重挑战的现实。

面对千载难逢的机遇和空前严峻的挑战，中航工业成飞集团党委意识到，特别特别需要一种新的精神动力，来激发干部职工的斗志；特别需要以一种鲜明的企业形象来展示中航工业成飞集团的精神和个性。经过精心策划，一项名为"激情成飞"的宣传活动在中航工业成飞集团开展起来。

二、如何亮出"激情成飞"的名片？

2005 年 2 月，中航工业成飞集团党委下发《关于在公司开展"激情成飞"宣传活动的通知》，对活动内容作了具体的部署。"激情成飞"宣传活动正式拉开帷幕。

"五一"节后，员工们惊奇地发现，仿佛一夜之间发生了变化，公司生产区、生活区主要干道的路灯上，一字排开挂起了整齐醒目的"激情成飞"宣传广告，耀眼夺目；公司大门内，竖起了大型的广告宣传牌；公司的主要会议室里，挂上了"激情进取，志在超越"的牌匾；电视台、广播电台连续播放"激情成飞"公益广告；潇洒遒劲、极富动感的"激情成飞"LOGO，随处可见，营造了浓厚的激情氛围。

三、"激情"的定义是什么？

氛围营造出来了，就是造了一个好的"场"，场的主角就是"激情成飞"人物（集体）。

在"激情成飞"活动中，"激情"的定义究竟是什么？是不是只能把"激情"锁定在工作中？如果这样，那评选出来的人物、集体又和劳模、先进有什么差别？

通过系列研讨，"激情成飞"活动的导向价值及定位逐渐明朗，激情人物、集体的评选标准也逐渐完善，即人物、集体事件发生在本年度，或者人物、集体在本年度引起社会广泛关注；为推动成飞发展做出杰出贡献，获得重大荣誉并引起广泛关注；爱岗敬业，在平凡的岗位上做出了不平凡的事迹；为社会公平正义、和谐成飞建设做出贡献；个人的经历或行为，代表了社会发展方向、社会价值观取向及时代精神；个人在生活、家庭、情感上的表现特别感人，体现中国传统美德和良好社会风尚，如见义勇为、敬老爱亲、拾金不昧、扶贫济困等；已经当选年度劳模、模范共产党员的，原则上不参评。

四、如何寻找"激情成飞"人物和集体？

"激情成飞"年度人物、集体的推荐过程非常简单：各分党委（总支）在年度内推选出认为合适的候选人物、集体，并写明推荐理由以及事迹材料就行。公司领导可直接推荐候选人。宣传媒体开辟专栏，制作专题节目，连续宣传各候选人物、集体。截止 2010 年，共宣传候选激情人物、集体 307 个。他们中，有歼十飞机的主管工程师；有奋斗在科研生产一线的员工；有热心助人的"成飞好人"；有勇于创造奇迹的技术攻关组；有激情四溢的女分党委书记；也有 80 多岁仍热心公益事业的"80 后"……覆盖面相当广。

五、"激情成飞"年度人物和集体怎样出炉？

每年年底，中航工业成飞以特刊彩报形式，隆重推出几十名年度候选人物和集体。数千名员工参与投票，选出前 20 名，专家评委及公司领导再对这 20 名候选人物、集体推选、投票，推选出"激情成飞"年度人物、集体。2007 年，特别增设了年度大奖，颁给荣获国家科技进步特等奖的歼十飞机工程 13 名获奖代表；另外，"激情成飞"活动增设了特别奖，颁给已故飞机设计师屠基达院士，以及两位激情拼搏、英年早逝的员工。

六、怎样揭晓"激情成飞"年度人物和集体？

中航工业成飞党委精心策划了揭晓、颁奖晚会，对每位获奖人物度身定制宣传，制作宣传短片、撰写颁奖词、设计精美而又独具匠心的奖杯。颁奖晚会上，随着一部部短片在大屏幕播出，一个个年度"激情成飞"人物现场揭晓。获奖人发表获奖感言是颁奖晚会最吸引人的部分，真挚和朴实在获奖感言中相互交融。晚会当中穿插的文艺节目，让人激情振奋；台下各分党委组织的方阵也夺人眼目。

七、如何让激情延续、拓展？

"激情人物"评选颁奖在中航工业成飞引起了强烈的反响。中航工业成飞党委宣传部为当选的年度激情人物制作了广告宣传牌，竖立在整个生产区和生活区的主要干道；以震撼视觉的画面和精炼的广告词制作"激情"文化墙。晚会内容每年都专门制作成光盘下发给各单位。许多员工表示，希望"激情成飞"活动一直坚持走下去，更希望自己能成为下一届的"激情成飞"人物。

八、"激情成飞"宣传活动有何启示？

作为思想政治工作创新的载体，"激情成飞"活动打造了一个有辐射力、有影响力的宣传平台，已经成为中航工业成飞亮丽的名片，产生了"品牌效应"。六年的"激情成飞"活动实践与探索，带来如下启示。

思想政治工作创新要坚持做好策划。企业整体的、系统的思想政治工作，必须要从企业发展的全局做好精心策划。中航工业成飞以"激情成飞"宣传活动为载体，通过对整个活动的精心设计策划，从而使"激情"在中航工业成飞无时不在、无处不在。

思想政治工作创新要营造氛围。营造氛围就是营造"场"，这个"场"充满着巨大的吸引力、渗透力和影响力。处处可见的"激情成飞"宣传广告，媒体上不间断宣传的激情人物，潜移默化地影响着员工；充满着激励和情感的"激情成飞"颁奖晚会，使"激情"可触可感，成为新的激情的发动机。"激情"成为一个最耀眼的名词，一种特质，甚至成为中航工业成飞的代名词。

思想政治工作创新要坚持全员互动。互动就是要坚持让员工成为参与者、创造者，并分享思想政治工作的成就和快乐。"激情成飞"宣传活动，注重细节设计，坚持全员互动。要成为年度激情人物、集体，必须要有广泛的群众基础，由群众投票产生；颁奖晚会由公司党群部门共同举办；各分党委（总支）为本单位当选的年度激情人物组织"拉拉队"等。正是在全员瞩目、全程参与的过程中，"激情成飞"宣传活动深入人心，收到了实效。2009 年，成功入选全国 40 个思想政治工作优秀案例。